Anton Zischka

Kampf ums Überleben

Anton Zischka

Kampf ums Überleben

Das Menschenrecht auf Energie

Econ Verlag
Düsseldorf · Wien

31.–40. Tausend 1979

Gesetzt aus der Times der Linotype GmbH
Papier: Papierfabrik Schleipen GmbH, Bad Dürkheim
Druck und Bindearbeiten: Richter-Druck, Würzburg
Printed in Germany
ISBN 3 430 19964 6

Inhalt

Zum Thema dieses Buches und zur Legitimation des Autors

Wenn es etwas gibt, das *jeden* Menschen zutiefst berührt und wovon die Reichsten und die Mächtigsten der Erde ebenso völlig abhängig sind wie die Ärmsten und Unbedeutendsten, dann ist es die Energie. »Kampf ums Überleben« heißt dieses Buch, weil heute die Nutzung der größten aller bisher erschlossenen Energiequellen und die einzige, die den in naher Zukunft drohenden Energiemangel überwinden kann, in Frage gestellt wird. Und so könnte der Titel »aktualisiert« auch lauten:

BRAUCHEN WIR DIE KERNENERGIE? UND FALLS JA: IST SIE SICHER GENUG?

Nur um diese beiden Fragen geht es hier im Grunde, und zwar, weil heute auf diese *Lebensfragen* allzu viele allzu rasch antworten.

Schon aus der ersten aber ergeben sich grundlegende weitere:

WELCHE EXISTENTIELLE BEDEUTUNG HAT DIE ENERGIE?

Und das wiederum heißt: In welcher *Art* von Welt leben wir? Ist sie zu verändern? Ist der Mensch zu verändern? Und welche *Art* Wirtschaft ist »seinem Wesen gemäß«?

Wer die Frage beantworten will, ob wir die Kernenergie brauchen, muß wissen, welch andere Energien es gibt; *wer* sie besitzt oder nicht besitzt; *wie* lange sie reichen.

Um zu wissen, *wieviel* Energie wir brauchen, müssen wir uns ein Bild der zu erwartenden Bevölkerungsentwicklung machen und die essentielle Frage beantworten, ob *alle* Menschen ein Recht auf Energie haben oder nur die heute Reichen.

Um den wirklichen Energiebedarf abzuschätzen, muß man wissen, wer heute zu wenig, genug oder zu viel hat; ob und wieviel Energie vergeudet wird und wieviel morgen eventuell gespart werden könnte. Vor allem aber geht es da um die Frage

WIRTSCHAFTSWACHSTUM ODER KEIN WIRTSCHAFTSWACHSTUM?

Und da wiederum um die Frage qualitatives oder quantitatives Wachstum? Ist eine »Entkoppelung« des Energiebedarfes und der Bruttosozialprodukts-Entwicklung möglich? Jede Wachstumsdiskussion wirft *grundsätzliche* Fragen der Wirtschafts- und Gesellschaftspolitik auf, und so heißt es z. B. offen zugegeben (auf Seite 202) in Robert Jungks »Atomstaat«: »Zur Debatte steht nicht nur die künftige Form der Energieversorgung, sondern auch die der Herrschaft. Der Konflikt geht nicht nur um eine bestimmte Technik, sondern um alle Erscheinungsformen und Machtabhängigkeiten der großindustriellen Technologie. Dahinter steht die noch umfassendere Frage, ob die bisherige, auf Unterwerfung und Ausbeutung zielende Richtung des wissenschaftlich-technischen Fortschritts für den Menschen noch länger taugen kann.«

Sich über die Notwendigkeit der Kernenergie eine eigene Meinung zu bilden, setzt also die Beschäftigung mit sehr vielen Fragen voraus. Und da die Wirtschaft der Hochindustrialisierten längst nur durch intensiven Außenhandel funktioniert, müssen die Energiefragen global betrachtet werden, geht es doch auch um Fragen der Außenpolitik und der Entwicklungspolitik und um Krieg oder Frieden.

Ist die Kernenergie sicher genug?

Wie soll man das abschätzen, wenn man nicht die Gefahren kennt, die die Nutzung anderer Energieträger mit sich bringt? Und sicher für wen? Den einzelnen oder die Völker? Sicher, was Strahlungen angeht, oder auch sicher im Zusammenhang mit der »Proliferation« von Kernwaffen?

Bei der Kernenergiediskussion geht es um Vertrauen in die Redlichkeit der Argumente. Wie soll man die einschätzen, wenn man nichts über die Personen und die Unternehmen weiß, durch die es zum »Atomzeitalter« kam? Wie soll man dieses »Atomzeitalter« einschätzen, wenn man nicht weiß, wie das »Erdölzeitalter« entstand und welche weltpolitische Rolle das Öl spielte und spielt, dessen drohender Mangel nur allzuleicht einen Präventivkrieg auslösen könnte, durch den ein Nuklearkrieg droht?

Zwei scheinbar ganz klare und einfache Fragen führen zu Dutzenden anderen, und die zu ignorieren, wie das heute meist geschieht, ist verbrecherisch. Das kann zum Untergang unserer Zivilisation und zu Hunger und Elend und einem Kampf aller gegen alle führen, wie ihn die Welt noch nicht sah. Und so bleibt nur, ein ganzes Buch zu schreiben, in dem vom Leben der Buschleute und dem Waldschlächtergeist Amerikas ebenso die Rede ist wie vom Glanz und der Not Indiens;

von Sonnenenergie und Meerwärmekraftwerken; von Kohle und Erdgas wie von der Firma Siemens oder dem Rheinisch-Westfälischen Elektrizitätswerk. Da bleibt nur, die »Industrielle Revolution« und die totale Wesenswandlung des Krieges, die echte Macht der Sowjetunion wie die Vorsorgemaßnahmen der Schweiz klarzumachen. Die Bedeutung der Meerwasserentsalzung zur Befruchtung eines Drittels der Erde ebenso zu schildern wie die Folgen des deutsch-brasilianischen Kernkraftwerkvertrages oder die Verhinderung der Uranförderung im Norden Australiens. Denn wir leben nun einmal in einer Welt, die ein einziges System kommunizierender Röhren wurde, in das *nichts* mehr gelangen kann, das sich nicht bis in die feinsten Kapillaren auswirkt. In einer *unentrinnbaren* Welt gegenseitiger Abhängigkeiten, die in allem dem menschlichen Körper gleicht: Der wehrt ein Leben lang alle erdenklichen Gefahren ab. Aber ein falscher Schritt genügt, um ihm den Tod zu bringen. »Kampf ums Überleben« heißt dieses Buch, weil Unwissende oder Verblendete, aber auch kalt-zynische Planer die *Grundlage* unseres heutigen Lebens, eine ausreichende Energieversorgung, bedrohen. *Was* dies stets bedeutete und heute mehr denn je bedeutet aber glaubt der Verfasser zu wissen, denn der beschäftigt sich mit Energiefragen sowohl in ihren weltpolitischen und weltwirtschaftlichen als auch in ihren menschlichen Zusammenhängen, seit er Bücher schreibt: Sein erstes, 1933 bei Payot in Paris erschienenes hieß »La Guerre Secrète pour le Pétrole«, erschien deutsch 1934 als »Kampf um die Weltmacht Öl«, 1940 als »Öl-Krieg« und erneut 1965 als »Weltmacht Öl« sowie in 14 anderen Sprachen. Es brachte ihn in Kontakt mit Ölmagnaten wie Sir Henry Deterding, aber auch mit dem Erfinder der Kohleverflüssigung, dem Nobelpreisträger Friedrich Bergius, dessen Weltwirtschafts- und Weltpolitikberater er bis zu dessen Tod blieb und der ihm (wie der Begründer der Makromolekularchemie, der Nobelpreisträger Hermann Staudinger, den er in den gleichen Fragen beriet) Erste-Hand-Material für sein 1936 erschienenes Buch »Wissenschaft bricht Monopole« lieferte.

Anton Zischka behandelte bereits 1953 in »Befreite Energie« die sozialen Fragen, die mit der Energieversorgung zusammenhängen, veröffentlichte 1958 als erste Datensammlung dieser Art »Vom Tretrad zur Atomenergie«, 1961 »Kohle im Atomzeitalter« und 1976 »Europas bedrohte Hauptschlagader« über die Gefahr und die Folgen einer Sperre der Straße von Hormus, durch die heute drei Millionen Tonnen Öl täglich nach Westeuropa und Japan gebracht werden.

Waren das eine Art Generalstabsarbeiten, so besitzt Anton Zischka aber auch reichlich »Fronterfahrung« auf den verschiedensten Energieschlachtfeldern: Er lernte als Volontär bei Siemens in Wien die Elektroindustrie kennen; arbeitete 1925 als Schlepper auf der Zeche »La Providence« im belgischen Borinagerevier; im Jahr darauf als Ölarbeiter in Ploesti in Rumänien. Zischka kam 1930 und 1931 als Begleiter General Brémonds zu König Abdul Asis Ibn Saud, dem Begründer Saudi-Arabiens, der damals Holland und – als die holländische Regierung ablehnte – andere »Neutrale« einlud, die Bodenschätze seines Landes zu entwickeln. Zischka versuchte bis 1934 (als sich die Amerikaner Arabiens Ölschätze sicherten), maßgebende Europäer zum Langfristdenken zu bringen; nahm als Chefkorrespondent des »Paris-Soir« am Ölkrieg im Gran Chaco teil und lernte im Irak die Führer der Ölländerrevolte gegen die Ölkonzerne kennen. Nach dem Zweiten Weltkrieg hielt er Vorträge in drei Sprachen, um die europäischen Zechenschließungen zu verhindern und einen Energie*verbund* statt des sinnlosen Verdrängungswettbewerbs des Öls gegen die Kohle zustande zu bringen. Bereits 1966 schrieb er deshalb auch »Die Ruhr im Wandel: Ruinenfeld oder Retter von morgen?« Und nicht erst heute ist ihm die Bedeutung des Umweltschutzes klar: Zischkas Buch »Ausbeuter der Natur« erschien im Jahre 1935.

Was echtes Unternehmertum ausmacht, lernte Zischka durch seine langjährige enge Zusammenarbeit mit Albert Plesman kennen, dem Gründer der KLM, der ihn 1954 zum Studium des heute »Nord-Süd-Problem« genannten Fragenkomplexes auf eine Weltreise sandte; durch Heinrich Nordhoff, dessen Biographie er auch schrieb; und durch zahlreiche andere, wahrhaft Schöpferische, für die er Dokumentationssonderaufträge ausführte.

Heute ist Europa nicht nur in Gefahr, eine seiner größten Chancen, die *Führung* bei der friedlichen Kernenergienutzung zu verspielen, sondern die *Grundlagen* seiner Existenz und seiner Weltgeltung zu zerstören. Und so nimmt der Verfasser erneut den Kampf auf, obwohl er weiß, daß ein Schriftsteller selber wenig *tun* kann. Aber er gleicht einem Schleifstein, der zwar selber nicht schneidet, ohne den jedoch kein Werkzeug scharf wird.

Der Verlag

I
Kampf ums Überleben?

Die zunehmende geistige Verwirrung
und die Gefahr der rückwärts gerichteten Utopien

Die Welt, in der wir leben, ist reich und *bleibt* reich, und sie ist voll von ungenutzten Möglichkeiten. Aber daß es die *gibt,* genügt bekanntlich nicht, man muß sie auch nutzen *wollen,* und dieser Willen droht im Westen – und *nur* hier – zu erlahmen: *Das* ist die große Gefahr.

Vereinzelt wurde sie erkannt, und so ist ein harter, unerbittlicher Kampf ums Überleben im Gange, obwohl es die meisten der Betroffenen noch nicht merkten. Nicht durch Mangel an Raum, an Rohstoffen oder an Energie droht uns der Untergang; nicht weil die Großstadtluft weniger rein ist als die des Hochgebirges oder chloriertes Trinkwasser weniger wohlschmeckend als frisches Quellwasser, sondern weil mehr und mehr Menschen keine Ahnung haben, *wer* sie am Leben erhält und *worauf* ihr Wohlstand beruht. Wogegen wir mit allen Mitteln kämpfen müssen, ist

EINE VERWIRRUNG DER GEISTER, DIE DAZU FÜHREN KANN, DASS WIR AUS ANGST VOR EINGEBILDETEN GEFAHREN SELBSTMORD BEGEHEN.

Die heute meistdiskutierte dieser Gefahren ist die angeblich durch die Nutzung der Kernenergie verursachte, und zu behaupten – wie das hier geschieht –, daß vom Ausgang der Kernenergiediskussion das Schicksal der Menschheit oder zumindest der westlichen Zivilisation abhängt, scheint grotesk. Dennoch *ist* es so. Denn dieser Streit ist ein Verfallssymptom. Dieser neue »Glaubenskrieg« ist ja nur ein Beweis mehr für die gefährliche Unsicherheit und die tiefen Angstgefühle, die zahllose Menschen beherrschen und die skrupellos von jenen ausgenutzt werden, die nicht länger durch politische Propaganda (die sich als wirkungslos erwies), sondern durch Energiemangel das westliche Wirtschaftssystem zerstören wollen. Der Kampf um die Nutzung der Kernenergie zeigt, *wie* tief sich bereits

DER WOHLSTANDS-ÜBERDRUSS UND DIE WISSENSCHAFTS-, TECHNIK- UND UNTERNEHMER-FEINDSCHAFT in die westlichen Industriegesellschaften einfraßen und wie das schlechte Gewissen, das der eigene Wohlstand in einer Welt der Armut gerade bei den Besten auslöst, den Propagandisten eines für uns wie die noch Unterentwickelten tödlichen »Wachstumsstopps« zugute kommt. Wir *sind* in einem Kampf ums Überleben begriffen, nicht weil es zu viele Menschen und zu wenige Ressourcen gibt; nicht weil die Welt ein stinkendes Armenhaus zu werden droht, in dem schließlich niemand mehr menschenwürdig zu leben vermag; sondern weil mehr und mehr geistig »Führende« desorientiert sind und mehr und mehr Wähler keine Ahnung haben, in *welcher* Art Welt sie leben und *was* ihren Wohlstand ermöglicht. Weil eine zutiefst materialistische Weltanschauung die überragende Bedeutung der geistig-seelischen Einstellung zum Leben verkennt.

Fragt man z. B.:

WIESO KONNTEN DIE VEREINIGTEN STAATEN SO RASCH ZUR (ZEITWEILIG) REICHSTEN UND MÄCHTIGSTEN NATION DER ERDE WERDEN?

so heißt es so gut wie immer: Weil das ein einmalig fruchtbarer und an Bodenschätzen außerordentlich reicher Riesenraum zwischen zwei Ozeanen ist, in dem es nie Zollgrenzen gab. Aber das Fruchtland und die Bodenschätze gab es auch schon zur Zeit der Indianer. Erst Europas 44 Millionen Einwanderer machten Amerika reich. Und *nicht* nur deren Fleiß, deren Kenntnisse, Ersparnisse und Kinder, sondern weit mehr noch deren Pioniergeist und deren Glauben, in »Gottes eigenes Land« und in ein »Land der unbegrenzten Möglichkeiten« gekommen zu sein, in dem man *alles* erreichen konnte. Diese Einwanderer kamen aus den verschiedensten Ländern, sprachen die verschiedensten Sprachen, hingen verfeindeten Religionen und Ideologien an und waren kulturell oft um Jahrhunderte voneinander getrennt. Aber etwas hatten sie alle gemeinsam: den unbeugsamen *Willen,* hochzukommen. Den Drang, ihr Schicksal selber zu gestalten. Und *alle* besaßen sie einen unerschütterlichen Zukunftsglauben. Keine der vielen schweren Wirtschaftskrisen, die es von Anfang an in den Vereinigten Staaten gab, vermochte ihren Optimismus zu dämpfen. Wenn es statt der Zollgrenzen weit einschneidendere Transportkostengrenzen gab, so überwanden sie sie, wie sie alle Schwierigkeiten überwanden, weil sie generationenlang ein Selbstvertrauen beseelte, das der Amerikaner Ralph Waldo Emerson 1849 mit Recht »das erste Geheimnis des Erfolges« nannte.

Ähnlich war es anderswo. Nicht die Bodenschätze oder die leeren

Räume gaben den Ausschlag, sondern stets die *Art* der Menschen, deren Einstellung zum Leben, zum Diesseits und Jenseits, zu ihren Mitmenschen, zur Arbeit und zum Geld. Nach wie vor wird nur ein Zwanzigstel Iberoamerikas land- oder forstwirtschaftlich genutzt, während die Millionenstädte dieses »Kontinents der Zukunft« immer krebsartiger wuchern. Wieso? Weil die Menschen hier anders denken und fühlen als die Einwanderer, die es heute nicht mehr gibt. Weil die Einstellung der Massen zum Leben hier eine andere ist als bei uns.

Und diese Einstellung zum Leben, die natürlich auch politisch und nicht nur religiös bedingt ist und heute mehr denn je von der *Art* der Wirtschaftsordnung und der sozialen Organisation abhängt, entscheidet das Schicksal der Völker, gleich welcher Rasse sie angehören. Da bleiben trotz aller Ausgleichsversuche der Regierung die Malayen Malaysias arm und dessen Chinesen reich, und da erarbeiten die 17 Millionen Chinesen Taiwans auf ihrer kleinen Insel einen größeren Außenhandelsumsatz als die 860 Millionen Chinesen der riesigen Volksrepublik. Wenn die amerikanische Verfassung den Glauben ausdrückt, »daß alle Menschen gleich geschaffen sind«, so sitzen nichtsdestoweniger Indonesiens 140 Millionen Menschen darbend auf zwei Millionen Quadratkilometern voller unausgebeuteter Rohstofflager, während Japans 114 Millionen auf weniger als einem Fünftel dieser Fläche und praktisch ohne alle Rohstoffe ein Elftel der Weltgüterproduktion erzeugen:

> WAS MACHTE JAPAN VON EINEM MITTELALTERLICHEN FEUDALSTAAT, IN DEM DIE MASSEN HUNGERTEN, BINNEN EINEM EINZIGEN JAHRHUNDERT ZUR ZWEITBEDEUTENDSTEN INDUSTRIENATION DER ERDE?

Weder Naturschätze noch fremde Finanzhilfe oder Einwanderung wie im Fall der Vereinigten Staaten. Sondern einzig und allein eine *geistige* Wandlung. Eine *neue* Einstellung zum Leben und zur Umwelt, ausgelöst durch die gewaltsame Öffnung seiner Häfen durch die Amerikaner im Jahre 1854; durch den Japans Patriotismus anstachelnden Schock der »erniedrigenden Verträge«, die die USA der japanischen Regierung abzwangen: Um nicht in die Händel der Kolonialmächte verwickelt zu werden, hatte sich das Inselreich im Jahre 1615 hermetisch von der Umwelt abgeschlossen, sich völlig auf seine eigenen, naturgegebenen Möglichkeiten beschränkt und seine Bevölkerung durch drakonische Geburtenbeschränkungsgesetze diesen Ernährungsmöglichkeiten angepaßt. Nun *mußten* die Japaner umdenken und auf eine andere als die bisherige Art zu leben versuchen. 1868 übernahm Kaiser Meiji die Gewalt, bildete eine Plankommission und die faßte das neue Staatsprogramm in die zwei Worte »Sangyo rikkoku« = »Aufbau durch die Industrie«. Klima und Rasse blieben unverändert. Aber zum alten, künstlerischen Gewerbefleiß der Japaner trat ihr diesseitsorientierter Pragmatismus und die Hilfe der Naturkräfte, und so entstand ein völlig neues Japan. Als dessen Gesamtwirtschaftsleistung 1887 erstmals bewertet wurde, betrug sie etwa 500 Millionen Mark. Im Jahre 1977 – drei Generationen später – waren es auf dem *gleichen* Raum und durch das *gleiche* Volk erarbeitet mit 1 425 Milliarden DM fast dreitausendmal soviel. Da war Japans Bruttosozialprodukt das nach dem amerikanischen zweithöchste der Welt und das Inselreich, das für diese Welt bis 1854 praktisch nicht bestanden hatte, einer ihrer wichtigsten Handelspartner.

Beweist Japan

DIE UNGEHEURE BEDEUTUNG, DIE GEISTIGE WANDLUNGEN FÜR DAS SCHICKSAL EINES VOLKES HABEN KÖNNEN,

so nicht minder Indien, das kein Entwicklungsland, sondern ein ruiniertes Land ist. Hier wurde die Art des Wirtschaftens *nicht* den veränderten Gegebenheiten angepaßt, und so wurde (wie im 3. Kapitel geschildert) aus einem der höchstentwickelten und reichsten eines der ärmsten Völker und ein warnendes Beispiel für Europa. Denn auch bei uns wird heute verlangt, daß 400 Millionen Menschen leben sollen wie gestern 40 lebten, und auch in Europa *gab* es ja bereits eine geistig-seelische Wandlung, durch die wir unser antikes Kulturerbe und die antike Technik aufgaben und ein Jahrtausend lang Wissenschaftsfeindschaft und blinder Dogmenglauben die Entwicklung hemmten. Da galt auch bei uns Arbeit als Fluch und die ewige Seligkeit als viel wichtiger als die Bekämpfung der irdischen Not. Die absolute Herrschaft der Kirche aber war nicht durch Gewalt aufgerichtet worden, sondern durch ihr Lehr- und Informationsmonopol.

Und droht solch ein Monopol nicht erneut?

Die wirksamsten der Massenmedien z. B., die Rundfunkanstalten, befinden sich bei uns zwar im Besitz des »Volkes«. Aber das Volk wie die von diesem Volk gewählten Politiker bleiben auf eine Intellektuellenschicht angewiesen, die Stunde für Stunde und Tag für Tag die Informationen auswählen und kommentieren; die selber diese Medien *sind* und die stets Mittel und Wege finden, die Meinungen durchzusetzen, die ihren eigenen entsprechen. Ihr Publikum aber ist praktisch hilflos. Denn wir leben in einer Welt, in der wir alle auf Einrichtungen angewiesen sind, die *andere* erdachten und die wir kaum je selber wirklich verstehen werden. Wir leben in einer Welt, die längst viel zu kompliziert und durch die Arbeitsteilung viel zu vielfältig wurde, um mehr als den eigenen, eng begrenzten Arbeitskreis überblikken zu können, und so kam es zwangsläufig

VON DER ARBEITSTEILUNG ZUR URTEILSTEILUNG:

Wie man sich der Werkzeuge bedienen *muß*, die andere schufen, so der Urteile, die andere fällen. Der einzelne *kann* die sozio-ökonomischen Systeme nicht mehr durchschauen. Die Zahl der Informationen, die ein Mensch verarbeiten, das heißt zur eigenen Meinungsbildung verwenden kann, ist begrenzt, und *so* viele stürmen heute auf ihn ein, daß, will er geistig gesund bleiben, ihm gar nichts anderes übrigbleibt, als *vorgefaßte* Meinungen, Schlagworte und Klischees zu akzeptieren. Die eigene Meinung wird nicht länger auf Grund von Tatsachen gebildet, sondern nur *die* Information akzeptiert, die die vorgefaßte Meinung unterstützt. Und Angst hat der einzelne heute nicht vor den Mängeln seiner Urteilskraft, sondern vor der Isolierung: Stellt er fest, daß er mit der herrschenden (oder sich gerade durchsetzenden) Meinung übereinstimmt, so stärkt das sein Selbstvertrauen und erlaubt ihm, sich gefahrlos zu exponieren. Erfährt er umgekehrt, daß seine Überzeugungen an Boden verlieren, so wird er unsicher und hält seine Ansichten zurück. Somit kommt durch die Tendenz zum Reden der einen und zum Schweigen der andern ein Prozeß in Gang, der die von den »Meinungsbildnern« lancierte und propagierte Meinung immer fester und fester als »herrschende« Meinung etabliert.

Auf *die* aber und nicht auf Tatsachen und Notwendigkeiten kommt es heute an, denn die *Massen* wählen die Regierungen.

Vor zwei Jahrhunderten befand sich die Menschheit in einer ähnlichen Lage wie heute: *Der* große Energieträger war damals das Holz. Jahrtausendelang war es die einzige Wärmequelle gewesen und zum Eisenschmelzen als Holzkohle so unentbehrlich wie als Brennstoff zum Ziegelbrennen und Salzsieden, als Holzasche unentbehrlich für die Seifenherstellung und zum Bleichen der Textilien. Die Wälder in den entwickelten Ländern aber drohten zu verschwinden. Schon die berühmten Städtebilder Merians zeigen, daß heute wieder dicht bewaldete Berge unweit größerer Siedlungen im 17. und 18. Jahrhundert völlig kahlgeschlagen waren. Und so *mußte* ein neuer Energieträger gefunden werden, und da die Kohle meist tief im Boden lag, mußten zur Wasserhaltung Dampfpumpen erfunden werden. Beides geschah.

Heute werden Erdöl und Erdgas knapp. Wie zur Zeit Watts und Boultons *gab* es rechtzeitig Erfinder und wagemutige Unternehmer, die einen neuen Energieträger entwickelten. Die Kernenergie *könnte* durch Kohlehydrierung und Kohletotalvergasung die Lebensdauer der natürlichen Kohlewasserstoffverbindungen vervielfachen und alle Energiesorgen beheben. Aber heute entscheiden *nicht* Wirtschaftspioniere darüber, ob die nötigen Anlagen gebaut werden oder nicht, sondern letzten Endes Wähler, die oft nicht wissen, wem sie glauben sollen: denjenigen, die die Kernenergie einen »Pakt mit dem Teufel« nennen und von den Kernkraftwerken als den »sanften Mördern« reden, oder denjenigen, die in der raschen Nutzung der Kernenergie die *einzige* Möglichkeit sehen, den Rückfall in die Barbarei zu verhindern.

Für oder gegen die Kernenergie, das wuchs sich zur Parteinahme für alles Üble der Welt oder das Eintreten für das Gute aus. Worum es heute wirklich geht, ist gegen die Industriegesellschaft oder für sie. Immer und überall aber erwies sich:

AUF DIE ART, WIE DIE MENSCHEN LEBEN UND WIRTSCHAFTEN WOLLEN, KOMMT ES AN.

Und *die* ist heute im Westen zum erstenmal umstritten. *Wirklich* umstritten. Denn beim Sozialismus und Kommunismus geht es ja nur darum, *wem* die Produktionsmittel gehören sollen und *wie* die Produktion »gerecht« verteilt werden kann. Daß rationell produziert werden muß, leugnet auch in der Sowjetunion niemand. Im Westen aber – und *nur* hier – wird nicht nur »Wachstumsstopp« gefordert, sondern eine »dem Wesen des Menschen gemäße Wirtschaft«. Schon vor zwei Generationen, im Jahre 1919, schrieb Paul Ernst: »Was die Menschen heute wollen, das ist nicht länger Gütererzeuger zu sein, sondern Menschen. Die wirkliche Revolution,

DIE AN DIE WURZEL FASSENDE REVOLUTION,

wird kommen, wenn die Leute das einsehen.«

Heute sehen sie es ein. Diesem »Menschseinwollen« verdanken wir das neue Umweltbewußtsein, aber auch die Wohlstands-Verdrossenheit und die Katastrophenangst, die auch die Gegnerschaft gegen die Kernenergie auslöste. Und diese Gegnerschaft, die wie gesagt nur ein Symptom der im Westen um sich greifenden Geisteshaltung ist, enthüllt eine Gefahr der Selbstzerstörung, wie es sie *niemals* zuvor gab. Mit Recht wollen die Menschen der hochentwickelten Länder heute nicht mehr nur »haben«, sondern »*sein*«. Sie suchen den Wert ihrer Existenz in sich selbst und nicht nur in ihrem materiellen Zubehör. Zugleich aber betrachten sie die materiellen Lebensgrundlagen als »selbstverständlich«. Da vergessen sie, daß ohne diese materiellen Grundlagen keinerlei menschenwürdiges Dasein möglich ist. Da verkennen sie, was sie persönlich und was alle Gemeinschaften am Leben erhält, die *existentielle* Bedeutung der Energie:

> ENERGIE IST DIE LEBENSKRAFT. UND SO BEDEUTET ENERGIEMANGEL DEN TOD DES INDIVIDUUMS WIE DEN UNTERGANG ALLER ZIVILISIERTEN GEMEINSCHAFTEN.

Durch elektronische und elektro-optische Hilfsmittel kann man heute z. B. genau verfolgen, was bei einem tödlichen Herzinfarkt vorgeht und was die Natur tut, um den Herzmuskel in Gang zu halten: Die Nervenimpulse werden immer heftiger und folgen immer rascher aufeinander. Krampfartige Zuckungen versuchen die Blutzufuhrbehinderung zu sprengen. Aber sie richten nichts aus. Die Energiezufuhr zum Herzen stockt, dessen eigene Energievorräte gehen rasch zu Ende. Minutenlang ringt der Organismus noch um seine Existenz, dann steht das Herz still. Und *wie* dieser Lebenskampf das Herzmuskelgewebe verändert, ist im Elektronenmikroskop zu sehen: In der Nachbarschaft der bis zuletzt intakt gebliebenen Gewebezellen liegen die Reste zahlloser anderer herum, die als Notnahrung von den noch gesunden verwendet wurden. Das Herz versuchte durch eine Art Selbst-Kannibalismus am Leben zu bleiben.

Tagtäglich spielt sich das im Körper sehr, sehr vieler Menschen ab. Das kann sich morgen aber auch in der Welt abspielen, denn wie *jede* Art von Leben eine Umsetzung der Energie und diese das Lebenselexier der kleinsten biologischen Produktionseinheit, der Zelle, ist, so ebenso die Lebensquelle des größten Staates. Stockt der Blutkreislauf des Menschen und werden seine lebenswichtigen Organe nicht länger mit den vom Blut transportierten Energieträgern versorgt, so tritt der Tod ein. Das gleiche gilt heute für die Existenz der Staaten, für all unsere Lebensgemeinschaften. Und

> NATURGEGEBEN WIRD UM DIE EXISTENZ BIS ZUM LETZTEN ATEMZUG GEKÄMPFT.

Wie jeder Herzinfarkt einen furchtbaren Kampf bedeutet, so würde der Zusammenbruch unserer Energieversorgung einen furchtbaren Kampf bedeuten. Nicht erst wenn die Transporte auf den Kontinente überspannenden Eisenbahnlinien ausfallen, es keinen Überseeverkehr mehr gibt oder die Millionen und Abermillionen Kilometer Hochspannungs-, Öl- oder Gasleitungen nicht mehr funktionieren, bricht *alles* zusammen, was in den vergangenen zwei Jahrhunderten des »Industriezeitalters« aufgebaut wurde, sondern schon, wenn die Lebensmitteltransporte mit Lastautos ausfallen, bedeutet das Hunger für die zwei Milliarden Menschen, die heute in Städten leben. Energie in *allen* ihren Formen wurde lebenswichtig, gleich ob es sich um ATP, das für alle Muskelbewegungen unentbehrliche Adenosin-Triphosphat, handelt, oder um Mineralöl und Erdgas, um Kohle- oder Wasserkraft-Strom. Die Naturkräfte-Nutzung schuf unsere heutige, reiche Welt. Aber durch sie wurde

ENERGIE DIE TITANENPEITSCHE, DIE UNS ALLE UNERBITTLICH VORWÄRTSTREIBT,

und jedes Aufbegehren ist nicht nur zwecklos, sondern bedeutet den Untergang.

Dieses Aufbegehren äußert sich heute vor allem im Kampf gegen die Nutzung der Kernenergie. Und was es bedeuten müßte, wenn die *nicht* rechtzeitig die Öl- und Erdgasvorräte der Erde streckt und die Dauer ihrer Verfügbarkeit vervielfacht, ist leider noch immer Millionen und Abermillionen Menschen nicht klar. Die begreifen nicht, *wie* dicht die Welt vor einem Herzinfarkt steht und welchen *Umfang* allein schon die Wirtschaftskatastrophe hätte, die durch akuten Ölmangel ausgelöst würde.

Bestenfalls wird daran gedacht, daß man zum Autofahren Benzin braucht. Aber nur wenige wissen, was alles von den heute 300 Millionen Kraftfahrzeugen abhängt, die es auf der Welt gibt. Was es z. B. bedeuten müßte, wenn Ärzte keine Autos mehr haben, es keine Krankenwagen mehr gibt oder die Feuerwehrfahrzeuge ausfallen. Wenige wissen, daß die Automobilfabriken, die 1977 auf der Welt 41 Millionen Fahrzeuge, darunter 31 Millionen PKWs, herstellten, Montagebetriebe sind, von denen oft 20 000 Zulieferer mit ihren Leuten leben. Und daß die Autofabriken in den USA, Westdeutschland und Japan direkt und indirekt ein Fünftel der Gesamtwirtschaftsleistung stellen und Benzinmangel keineswegs nur 180 000 Tankstellen in den USA oder 35 000 in der Bundesrepublik trifft, sondern ebenso zahllose Garagisten und Automechaniker, Versicherungsagenten oder Autoverkäufer, Pächter von Autobahn-Raststätten oder alle, die mit dem Straßenbau und dem Straßenunterhalt zu tun haben. Und natürlich alle Finanzminister, für die die Mineralölsteuern fast überall die wichtigsten aller indirekten Steuern wurden.

Treibstoffmangel bringt den Luftverkehr zum Erliegen, der 1977 rund 620 Millionen Passagiere beförderte. Viele zu ihrem Vergnügen. Aber Luftreisen sind heute auch essentiell für das Zustandekommen von Exportaufträgen. Und wer denkt schon daran, daß das

Versiegen der Ölquellen, falls wir nicht *rasch* etwas tun,

DAS ENDE DER SCHIFFAHRT UND DES WELTHANDELS

bedeuten muß, weil heute mehr als 99% *aller* Schiffe mit Heiz- oder Dieselöl betrieben werden?

Was wird aus den Werften, wenn es kein Öl mehr gibt?

Die können Schiffe mit Kernantrieb bauen.

Aber die wird es nur geben, wenn der Kernantrieb *rechtzeitig* technisch und wirtschaftlich reif geworden ist und vor allem, falls die immer groteskere Formen annehmende Anti-Kernenergie-Propaganda zum Erliegen gebracht werden kann, durch die Atomschiffen zahlreiche Häfen versperrt bleiben und heute amerikanische Reaktorbau-Firmen ebenso ihre besten Leute verlieren, wie schon gestern unser Kohlebergbau und dessen Zulieferfirmen.

Alle, die direkt oder indirekt mit dem Straßenverkehr, mit der Luftfahrt und durch diese mit dem Tourismus, und alle, die mit der Schiffahrt und dem Schiffbau zu tun haben, müßten also nachzudenken beginnen. Nicht nur die Werftarbeiter und die zahllosen Zulieferer der Werften, sondern ebenso die Hafenarbeiter, die Kühl- und Lagerhausbesitzer, die Spediteure, die Makler und die Versicherungsgesellschaften. Und ebenso *alle,* die mit dem Außenhandel zu tun haben. Denn

NUR DIE KERNENERGIE KANN AUF DIE DAUER DIE WELTSCHIFFFAHRT UND DAMIT DEN WELTHANDEL IN GANG HALTEN.

Zwar war jahrtausendelang der Wind die Antriebskraft aller Seeschiffe, und einer der prominentesten Wortführer der amerikanischen Umweltschutz- und Anti-Kernenergie-Bewegung, Amory Lovins, predigt unaufhörlich »Windkraft ist einfacher, menschlicher und sicherer als Kernenergie«. Aber

WIR KÖNNEN INS SEGELSCHIFFZEITALTER SO WENIG ZURÜCKKEHREN WIE CONTAINERSCHIFFE MIT SONNENKRAFT BETREIBEN.

Und wir können ebensowenig zu Kohledampfern zurückkehren, nicht nur, weil die Kohleförderung nicht rasch genug gesteigert werden kann; und nicht nur, sondern vor allem auch, weil unsere Häfen längst zu klein für Schiffe wurden, die acht Tage zum Bunkern brauchen. Als Kohle den Schiffsantrieb bestimmte – 1913 –, gab es 213 Millionen Tonnen Welt-Seegüter-Transporte. 1975 waren es 3 170 Millionen. *Das* ist der Hauptunterschied zwischen gestern und heute. Und auch hier ist keine Zeit zu verlieren, denn eine Umstellung der Welthandelsflotte, die heute 32 000 Einheiten mit gut 400 Millionen Tonnen Tragkraft umfaßt, erfordert aus finanziellen wie aus organisatorischen Gründen mehrere Jahrzehnte.

Die Kernkraftdebatte läßt heute noch zahllose Menschen kalt. Wenn es keinen Atomstrom gibt, werden wir eben weiter Kohlestrom verbrauchen. Aber allein schon der Kernkraftschiffsantrieb entscheidet über das Schicksal Europas, denn *das* ist die weitaus führende Welthandelsregion, und auch in Deutschland geht es um Millionen Arbeitsplätze und die Existenz Hunderttausender Unternehmen. Unabänderlich wie unsere Maschinenwelt ist

DIE WELTWIRTSCHAFTLICHE VERFLECHTUNG DER HOCHENTWIKKELTEN.

Keines dieser Länder ist heute mehr in der Lage, mit seinen eigenen Ressourcen auszukommen, auch die Vereinigten Staaten oder die Sowjetunion nicht und wir schon gar nicht: Der Export von Gütern und Diensten stellt ein Drittel des westdeutschen Bruttosozialprodukts. Wenn die Außenhandelsabhängigkeit der Bundesrepublik – ausgedrückt in Prozent der Gesamtwirtschaftsleistung – 1960 mit 8,5% etwas niedriger als im Deutschen Reich mit 1937 etwa 8,7% war, so betrug sie 1970 mehr als das Doppelte und wird sich in naher Zukunft erneut auf etwa 37 bis 40% verdoppeln.

Aber wem unter den vielen, die sich heute im höchsten Wohlstand der Weltgeschichte nicht wohl und in den freiesten Ländern der Erde nicht frei fühlen, ist das klar? Wie banal das auch klingt, das Grundproblem unserer Zeit ist, daß der Satte, der nie gehungert hat, nicht ermessen kann, was Hunger bedeutet; und daß erst dem Kranken bewußt wird, daß Gesundheit nicht selbstverständlich ist. Lebensgefährlich ist weiter, daß die überwiegende Mehrheit der in den – *heute* – reichen Ländern Lebenden sich nicht der weltweiten Abhängigkeiten bewußt ist und nicht begreift, daß der Kampf um die Nutzung der Kernenergie

BUCHSTÄBLICH EIN KAMPF UMS ÜBERLEBEN

der gut zwei Milliarden Menschen ist, die heute noch fast ohne jede Maschinenhilfe auskommen müssen und ohne Naturkrafthilfe morgen zum Verhungern verurteilt sind. Und daß damit die Kernenergiefrage auch für *unser* Überleben und keineswegs nur für unseren Wohlstand entscheidend wichtig wurde. Denn schon am »Nord-Süd-Konflikt« müssen wir zugrunde gehen, wenn wir ihn nicht rasch überwinden. *Niemand* stirbt heute mehr lautlos und in sein Schicksal ergeben, nicht einmal mehr die Inder. Wenn wir den Menschen, denen wir in der Nutzung von Öl und Erdgas so weit voraus waren, daß wir ihnen von diesen Energieträgern nur mehr sehr wenig übriglassen, nicht bei ihrer Existenzsicherung durch *neue* Energiequellen helfen, muß es zu Revolten kommen, die alles in den Schatten stellen, was es bisher gab. Was im Mai 1978 mit den Weißen in Katanga geschah, war nur eines von vielen Warnzeichen.

Beim Kampf um die Kernenergie geht es deshalb keineswegs nur darum, ob dieses Kraftwerk gebaut werden darf und jenes nicht. Sondern es geht im Grunde um die Frage:

WER DARF LEBEN? UND WER BESTIMMT, WER LEBEN DARF?

Seit es Menschen gibt, übernahmen einzelne Starke die Verantwortung für die Schwächeren. Echte Eliten erkannten stets, daß sie besondere Pflichten besaßen, aber keine besonderen Rechte, erst als sie entarteten, pochten sie auf Privilegien, und um sich die zu sichern, sprachen sie schließlich den weniger Begünstigten sogar das Lebensrecht ab: Bereits der Hofprediger Robert Malthus schlug 1798 in seinen »Principles of Population« die Abschaffung der Armenunterstützung und aller Armenhäuser vor. Die sozial schwachen Schichten sollten derart kleine und schlechte Wohnungen erhalten, daß sie möglichst spät heirateten und so zur Geburtenbeschränkung beitrugen. Kurz:

WACHSTUM NULL FÜR DIE ARMEN, DAMIT DER BESITZSTAND DER REICHEN ERHALTEN BLEIBE.

Damals war England die »Weltmacht« und Malthus nicht nur Reverend, sondern auch einer der Direktoren der »East India Company«, die mit Recht die »Muttergesellschaft des Britischen Reiches« genannt wurde, halbe Kontinente beherrschte und ihren Reichtum am besten dadurch zu schützen glaubte, daß sie *andern* Völkern den Verzicht auf jeden Nachwuchs predigte.

Englands Glanz verging, und die Vereinigten Staaten stiegen zur »Führungsmacht« auf. Und so war es der Amerikaner William Vogt, der 1948 in seinem Buch »Road to Survival«, zu dem Bernard Baruch, die »Graue Eminenz« von vier amerikanischen Präsidenten, ein Vorwort schrieb, als »wirksamste Entwicklungshilfe« amerikanische Prämienzahlungen für Massensterilisierungen verlangte. Vogt, der hervorhob, als welch »unermeßliches Glück« er es empfinde, in den USA geboren worden zu sein, forderte von Japan die »Anpassung an die Naturgegebenheiten«, nämlich die Beschränkung »auf eine Bevölkerung wie die Skandinaviens« von damals 14 Millionen. Vogt sagte eine Weltkatastrophe voraus, falls es nicht rasch zu einer Welt der auserwählten Überlebenden komme, und das tun heute erneut die »Eliten«, deren Bibel »Die Grenzen des Wachstums« ist. Der Co-Autor dieses Buches, Jay Forrester vom Massachusetts Institute of Technology, und Dr. Garret Hardin, Professor für Humanökologie an der Universität von Kalifornien in Santa Barbara, entwickelten

DIE »RETTUNGSBOOT-THEORIE«:

Ein Boot, das überlastet wird, sinkt, und alle Insassen gehen zugrunde. Allen eine Chance bieten wollen, bedeutet Untergang für alle. Wer schon an Bord *ist,* hat das Recht, das Zusteigen zu vieler zu verhindern. Gleiches Recht für alle gibt es in der Natur nicht.

Wir befinden uns aber nicht in einem Rettungsboot, sondern in einer Welt, die unermeßlich reich *bleibt* und *allen* Menschen Lebensmöglichkeiten bietet. Wir befinden uns auch nicht auf einem »Raumschiff Erde«, dieser Vergleich ist falsch, denn ein Schiff ist auf seinem Weg von einem Hafen zum andern völlig auf sich allein gestellt, die Erde aber empfängt ständig ungeheure Energiemengen aus dem Weltall, und schon wenn sie agrarisch genutzt werden, genügen sie für ungleich mehr Menschen, als es heute gibt. Darüber, wer leben darf, hat *nur* die Natur zu entscheiden. Die läßt die Menschheit so wenig endlos weiterwachsen, wie sie Bäume in den Himmel wachsen läßt. Aber den sechs oder acht Milliarden, mit denen wir zu rechnen haben, ermöglicht sie bereits mit unseren heutigen Mitteln ein durchaus menschenwürdiges Dasein.

Aber *nur* mit den heutigen und *nicht* mit den gestrigen Mitteln. Diese Mittel – Technik, Naturkräftenutzung und Industriegesellschaft – sind schon für uns selber völlig unentbehrlich, *nur* sie halten uns am Leben, und so sind

DIE RÜCKWÄRTS GEWANDTEN UTOPIEN,

wie sie heute die Kernenergiegegner und extremen Umweltschützer in Umlauf bringen, in ihrer Gefährlichkeit gar nicht zu überschätzen. Und da stellen auch sie eine *neue* Gefahr dar.

Denn Utopien (was »Land Nirgendwo« heißt), Schilderungen gesellschaftlicher Idealzustände, denen alle menschlichen Mängel fehlen, gibt es zwar seit Jahrtausenden, stets aber waren sie bisher *Zukunfts*visionen und damit manchmal »Wahrheiten vor der Zeit« und Denkanstöße. Träume von einem angeblich besseren Gestern aber fordern zum Zerstören des Vorhandenen zugunsten des Unwiederbringlichen auf.

Wäre das Auf und Ab der Menschheitsgeschichte allein aus dem Zwang der materiellen Bedürfnisbefriedigung zu erklären oder durch neue geistige Erkenntnisse und Erfindungen, so wäre auch diese »Zurückbewegung« nicht weiter ernst zu nehmen. *Stets* aber wurde unser Schicksal auch von Wunschträumen geformt, ob die nun die

Form neuer Religionen oder neuer politischer Ideologien annahmen, und immer wieder bestimmten *Irrlehren* den Lauf der Welt. Der Mensch entdeckte sein Leben verändernde Wahrheiten – und glaubte immer wieder die albernsten Torheiten. Und so sollten wir uns daran erinnern, daß schon in der zweiten Hälfte des 18. Jahrhunderts, als von England aus die »Industrielle Revolution« die Welt zu verändern begann, in Frankreich die Aufklärung und die Herrschaft der Vernunft von einer Gefühlswelle überrollt wurde, die mit der Französischen Revolution endete und Europa eine Generation lang durch die Napoleonischen Kriege entvölkerte und in Hungersnöte stürzte. Da gab es ja bereits

ROUSSEAUS RUF »ZURÜCK ZUR NATUR!«,

der keineswegs nur sentimentale Frauen wie Königin Marie-Antoinette begeisterte, sondern ebenso den Begründer des politischen Terrorismus Robespierre, der Rousseaus Buch über den Ursprung der Ungleichheit seine »Bibel« nannte.

In diesem »Discours sur l'origine de l'Inégalité« behauptete Jean-Jacques Rousseau 1755, erst Zivilisation und Kultur hätten die Menschen ungleich und damit einander feindlich werden lassen. Es müsse darum dieses Menschenwerk zerschlagen und hinweggefegt, die Monarchien vertrieben und das Eigentum aufgehoben werden, um wieder paradiesischen Frieden und ein glückliches Leben für *alle* Menschen zu sichern. Und das spornte nicht nur Robespierre, sondern so gut wie *alle* Führer der Französischen Revolution an, die elf Jahre nach Rousseaus Tod ausbrach. Behauptungen wie dessen »Die Mehrheit irrt *nie!*« gelten bekanntlich in unseren Demokratien noch heute. Nicht minder wie Rousseaus unerfüllbare Forderung »Freiheit *und* Gleichheit« (die einander ausschließen) noch heute (ergänzt durch Brüderlichkeit) eingemeißelt an allen französischen Amtsgebäuden steht. Und so müssen wir uns leider auch mit rückwärts gerichteten Utopien wie denen von Dennis L. Meadows und mit der »soft energy« von Amory B. Lovins befassen, weil die bei der heutigen Geisteshaltung unzähliger »Gebildeter« so wirksam werden könnten, wie Rousseaus »Zurück-zur-Natur«-Aufruf es war.

Dennis L.Meadows ist bekanntlich mit Jay Forrester der Verfasser von »Die Grenzen des Wachstums«, das 1971 erschien. Im Grunde wird hier nur gefordert, was Samuel H. Ordway bereits 1953 in seinem Buch »Resources of the American Dream. Including a Theory of the Limit of Growth« forderte, nämlich, den Verbrauch eines Kapitals zu beschränken, zu dem nichts hinzukommt. Nur wurde nun ein

Wust von Computerberechnungen als Beweismaterial für das nahe Ende der Menschheit vorgelegt und die Untergangsprognose vom »Club of Rome« lanciert, dem die Volkswagen-Stiftung dazu eine Viertelmillion Dollar schenkte. Da nur wenige Leute daran denken, daß aus einem Computer stets nur herauskommt, was man ihm eingibt, wurden die »Grenzen des Wachstums« eine Weltsensation, und obwohl inzwischen selber der »Club of Rome« zahllose Fehler und Fehleinschätzungen zugab, wirkt die »Wachstums-Stopp«-Forderung weiter, weil inzwischen die Zeit »reif« wurde: Schon 1950 hatte J.F. Dulles geschrieben: »Wir haben die schlimmste Prüfung zu bestehen, die über ein Volk kommen kann, die Prüfung, die da heißt: Wohlstand.« Bereits 1930 stellte José Ortega y Gasset in seinem »Aufstand der Massen« fest: »Jedermann kann beobachten, wie töricht heute Ärzte, Ingenieure, Finanzleute etc. ... in den allgemeinen Lebens- und Weltproblemen denken, urteilen und handeln. Die *teilweise* qualifizierten Menschen sind ... in nicht unbeträchtlichem Ausmaß die Träger der gegenwärtigen Herrschaft der Massen, und ihre Barbarei ist der unmittelbare Grund zur Demoralisierung Europas...«

Nun aber geht es nicht länger um die geistige Demoralisierung, sondern um die Zerstörung der *materiellen* Grundlagen Europas und des ganzen Westens. »Wachstumsstopp« verewigt ja nicht nur das heutige Elend von gut zwei Milliarden Menschen, er müßte in Europa auch Arbeitslosigkeit ungeheuren Ausmaßes verursachen – und das Ende der »Kauffreiheit« natürlich auch das Ende *jeder* Freiheit bedeuten. Die Forderung extremen Umweltschutzes, die Forderung des Nullwachstums wie der Kampf gegen die Kernenergie mögen bei vielen Menschen ideelle Beweggründe haben. Praktisch führen sie zur totalen Staatswirtschaft, denn

NUR IN EINER VÖLLIG »GELENKTEN« WIRTSCHAFT IST JA EIN WACHSTUMSSTOPP, RICHTIGER GESAGT STAGNATION, DENKBAR.

Wie die Geburtenzahlen staatlich festgelegt werden müßten (und in Japan, wie erwähnt, zwei Jahrhunderte lang festgelegt *wurden*), so müßte die Berufswahl vorgeschrieben, die gesamte Produktion und *jede* Art Verbrauch zentral dirigiert werden. Da könnte die Wahl des Wohnorts dem einzelnen so wenig überlassen bleiben wie die Verwendung seiner Freizeit, und *irgendein* frei Entscheidender wäre so »systemwidrig« wie selbstentscheidende Unternehmer. Aber es gäbe gute Posten für ein riesiges Heer allmächtiger Dirigisten ohne jedes Eigenrisiko. Und – wie sie hoffen – Führungspositionen für die heutigen Systemveränderungs-Propagandisten, die in einer auf Leistung beruhenden Gesellschaft keine Chance für sich sehen.

Aber nicht erst die Verwirklichung des Wachstumsstopps hätte verheerende Folgen. Die Unheilpropaganda und die Katastrophenprognosen wirken sich bereits heute negativ aus, denn die steigern die Lebensunlust und untergraben den Leistungswillen von Unzähligen. Erfolg im Leben hängt von vielerlei Faktoren ab. Aber einer der wichtigsten ist, an die Zukunft zu *glauben;* bewußt oder unterbewußt überzeugt zu sein, daß es *Sinn* hat, sich voll einzusetzen und Opfer für kommende Generationen zu bringen. So wichtig wie die Lebensmöglichkeiten ist, wie schon gezeigt, der *Wille,* sie zu nutzen. Die entscheidenden persönlichen wie die entscheidenden Gemeinschaftserfolge bringen die aus gesundem Selbstvertrauen geborene Sicherheit, so oder so alle Schwierigkeiten zu überwinden. Nur das Leben bejahende Völker und nur Optimisten setzen sich auf die Dauer durch. Bereits Sigmund Freud sagte: »In dem Augenblick, in dem ein Mensch den Sinn und den Weg des Lebens bezweifelt, ist er krank.«

Nun gibt es bekanntlich Untergangsprognosen ebenso wie Utopien seit Jahrtausenden, seit jeher üben sie auf viele Menschen eine Art morbide Faszination aus. Seit sie »wissenschaftlich« begründet werden, beeinflussen sie aber auch mehr und mehr Leute, die lebenswichtige Entscheidungen zu treffen haben, und *das* ist die Gefahr, dadurch kann die Katastrophenfurcht, wie sie sich in der Kernenergiegegnerschaft äußert, *nie* wieder gutzumachende Folgen haben. Denn

> DURCH DIE VERHINDERUNG RECHTZEITIGER ENERGIEVERSORGUNGSMASSNAHMEN WIRD DIE WESTLICHE WIRTSCHAFT TÖDLICH GETROFFEN UND DADURCH AUTOMATISCH DEM KOMMUNISMUS ZUM SIEG VERHOLFEN,

weil es in keinem kommunistischen (und in keinem Entwicklungs-) Land zweifelnde Führungskräfte gibt. Da werden von Moskau Katastrophentheorien und Forderungen nach einem »Wachstumsstopp« nicht unterdrückt, sondern in der Sowjetunion gar nicht gestellt. Solche Forderungen erhob *keiner* der zahlreichen sowjetischen Emigranten. Auch der berühmteste sowjetische Bürgerrechtskämpfer, der Friedensnobelpreisträger Andrej Sacharow, erklärte am 19. Dezember 1977:

> »EINE DER NOTWENDIGEN VORAUSSETZUNGEN FÜR DIE BEWAHRUNG DER WIRTSCHAFTLICHEN UND POLITISCHEN UNABHÄNGIGKEIT EINES LANDES IST DIE KERNENERGIE ... UND DABEI GEHT ES

NICHT NUR UM UNSERE EIGENE FREIHEIT, SONDERN AUCH UM DIE BEWAHRUNG DER FREIHEIT UNSERER KINDER UND ENKEL...«

Was Wachstumsstopp *wirklich* bedeuten würde, wird einigen Gewerkschaftsführern langsam ebenso klar wie einigen Politikern, und so entwickelten die Gegner unseres Wirtschafts- und Sozialsystems eine neue Taktik: Der »harten« Energie aus Kohle, Öl und Uran, die für dieses System völlig unentbehrlich ist, wird

DIE »SACHTE« ENERGIE

Amory B. Lovins entgegengesetzt, der die amerikanische Umweltschutz- und Anti-Kernenergie-Organisation »Friends of the Earth« in England vertritt und der in der Diskussion »Schnelle Brüter Pro und Contra«, die am 19. Mai 1977 im Bonner Bundesministerium für Forschung und Technologie stattfand, offen sagte: »... Beim ›soft path‹-Ansatz wird die Energie nicht als Selbstzweck betrachtet, sondern als Mittel zur Erreichung gesellschaftlicher Ziele.«

Welcher Ziele?

»Weiche« oder »sachte« Energie soll »jeweils nur in der Qualität und der Menge geliefert werden, die für eine bestimmte Aufgabe benötigt wird. Dieser Ansatz erspart praktisch die Kosten und Verluste der Energieumwandlung und Verteilung... Investitionen fließen nicht mehr in die zentrale Stromversorgung, sondern werden auf drei neue Aufgaben verwendet, die in den nächsten 50 Jahren bewältigt werden müssen... Diese Aufgaben sind Einsparung von Energie, rasche Entwicklung ›weicher‹ Technologien wie Sonnen- und Windenergienutzung, Biogas etc. und für die Übergangszeit Wirkungsgradverbesserung bei der Nutzung fossiler Energien bei gleichzeitig erhöhter Umweltfreundlichkeit.«

Dr. Peter Penczynski, ein Siemens-Forscher aus Erlangen, verbrachte etwa ein Jahr beim »Internationalen Institut für Angewandte Systemanalyse« in Laxenburg und beschäftigte sich im Rahmen des dort von Professor Wolf Häfele geleiteten Energieprogramms vor allem mit der »Soft-Hard«-Debatte. Amory B. Lovins und Dennis Meadows waren gleichzeitig anwesend, so daß alle Argumente aus erster Hand stammen. Die Quintessenz der »Soft-energy«-Forderung ist Penczynski zufolge:

Die zunehmende Zentralisierung in Technik und Gesellschaft muß durch eine Gesellschaft überwunden werden, die nicht auf materiellen Wohlstand ausgerichtet ist, sondern die Besinnung auf geistige und kulturelle Werte zum Inhalt hat. Lovins zufolge können diese Werte *nur* in einer dezentralisierten Bevölkerungs- und Machtstruktur zum Tragen kommen. Diesem sozialen und politischen Wandel muß deshalb auch die Struktur des Energiesystems als einer der wichtigsten Komponenten einer jeden Gesellschaft angepaßt werden. Die Energieumwandlung soll deshalb in kleinen, dezentralisierten Einheiten, beruhend auf regenerativen Energiequellen, erfolgen. Dadurch verringert sich die Belastung der Umwelt, und die soziale Wohlfahrt nimmt zu. Lovins zufolge steht sein »soft path« in totalem Gegensatz zu unserem gegenwärtigen »hard path«, und eine Mischung der »soft«- und »hard«-Technologien lehnt er scharf ab, da die jeweiligen Energieoptionen Entscheidungen für entgegengesetzte Wertsysteme beinhalten.

DIE AUSSCHLIESSLICHKEIT DER »WEICHEN« UND »HARTEN« ENERGIEWEGE

beruht nicht auf technischen, sondern auf sozialpolitischen Argumenten. Der heutige Weg führt – Lovins zufolge – zu einer »demütigenden, unkontrollierten Technologie, zu einer zunehmenden Bürokratisierung, zur Entfremdung«. Sie enthält »große soziale und wirtschaftliche Risiken und verstärkt die Verwundbarkeit und Paramilitarisierung des zivilen Lebens«. Der »soft path« hingegen bietet »Werte wie Sparsamkeit, Einfachheit, Mannigfaltigkeit, Nachbarschaftlichkeit, Menschlichkeit und Kunstfertigkeit«. Er gewährt größere persönliche Freiheit, besseres Verständnis und größere Teilnahme an den technischen und sozialen Einrichtungen. Lovins verlangt »eine Energieversorgung, die jedermann versteht, wie jedermann ein Wasserrad oder eine Windmühle verstand«.

Nun ist, was meist vergessen wird,

UNSERE MODERNE ENERGIEWIRTSCHAFT ERST DREI GENERATIONEN ALT:

Die Welt-Steinkohleförderung betrug im Jahre 1800 ganze 12 Millionen Tonnen. Die Braunkohleförderung wird erst seit 1865 statistisch erfaßt, und damals wurden insgesamt 5 Millionen Tonnen gewonnen. Die Welt-Mineralölgewinnung begann 1859 in Amerika mit 67 000 Tonnen, und Erdgas wird praktisch erst seit 1884 genutzt. Es gab also jahrtausendelang *nur* »weiche« Energien und erst seit ganz kurzem »harte«. Was Herr Lovins verspricht, kann also an dem abgeschätzt werden, was es *gab:* Die »weiche« Energie beherrschte das Leben der Menschheit während der Jahrtausende der Sklaverei und der regelmäßig wiederkehrenden Hungersnöte und Kriege. Rückkehr ins »weiche« Paradies?

Quintessenz der Lovins-Vorschläge und der *aller* Kernenergiegegner und Umweltextremisten ist

DIE DEZENTRALISIERUNG DER ENERGIE-VERSORGUNG als »erster Schritt zur humanen Energieversorgung«. Aber wenn im Jahre 1800 von den damals rund tausend Millionen Menschen nur 4% in Städten lebten, so 1978 von 4,2 Milliarden Menschen 48%, das heißt rund 2000 Millionen Menschen auf der Erde *können* schon heute nicht anders als zentral versorgt werden, und da es bereits 1976 statt der elf des Jahres 1900 nun 216 Großstädte gab, heißt »zentral« zugleich Großkraftwerke. Diese Entwicklung geht weiter und hat ihre Hauptursache *nicht* in der Industrialisierung, sondern in ungleich komplizierteren sozialpsychologischen Veränderungen. In Venezuela z. B. beschäftigt die Industrie heute nur knapp ein Zehntel der Bevölkerung. Aber mehr als deren Hälfte wohnt in Städten.

Sollen die Städter also *gewaltsam* aufs Land zurückgebracht werden, wie das 1977-78 in Kambodscha und Laos und teilweise in Süd-Vietnam geschah?

Darauf geben Lovins und Meadows so wenig eine Antwort wie auf die Raumfrage.

DIE »HUMANE ENERGIEVERSORGUNG« DER SCHWEIZ z. B. würde bei Beschränkung auf Holz, Biogas und Sonnenenergie, Wasserkraft und Wind bei der heutigen Bevölkerung folgendermaßen aussehen:

Notwendige Sonnenauffangfläche: 1800 Quadratkilometer = der gesamte heutige Siedlungsraum.

Für die Holznutzung (beim heutigen Forstertrag) erforderliche Waldfläche: 7,8 Millionen Hektar = Das Achtfache der vorhandenen und um 3,7 Millionen Hektar mehr als das gesamte Staatsgebiet.

Biogas statt Erdgas: 6 Millionen Stück Großvieh. Mehr als das Dreifache der heutigen Zahl, die weitgehend durch Importe ernährt wird, und etwa ein Stück je Einwohner.

Dennoch, in manchen Ländern *könnte* neben der zentralen die dezentralisierte Energieversorgung Sinn haben. Unbestritten kommen Kernkraftwerke keineswegs überall in Frage, und gewiß waren auch einzelne sowjetische Riesen-Industrie-Kombinate eine Fehlinvestition, die die Chinesen vermieden. Lange bevor Lovins (der 1948 in Washington geboren wurde) 1976 seinen Programm-Artikel »Energy Strategy: The Road Not Taken« in der Außenpolitik-Zeitschrift »Foreign Affairs« veröffentlichte, schrieb Ernst Fr. Schumacher 1973 bereits sein »Small is Beautiful«, das damals nicht viel Aufsehen machte, 1977 aber vor allem durch den neuen Untertitel »A

Study of Economics as if People mattered« (»Klein ist schön. Eine Wirtschafts-Studie, als ob es auf die Menschen ankäme«) zum Welterfolg wurde und ungleich realistischer ist.

Schumacher, der 1911 in Bonn als Sohn eines Professors der Staatswissenschaften geboren wurde, nach England emigrierte, als britischer Besatzer zurückkehrte und dann zwei Jahrzehnte lang beim britischen Coal Board arbeitete, verlangte:

»DIE WIRTSCHAFT HAT DEM MENSCHEN ZU DIENEN, NICHT DER MENSCH DER WIRTSCHAFT«,

und das ist gewiß berechtigt. Aber seine heutige Anhängerschaft stürzte sich vor allem auf Schumachers »buddhistische« Wirtschaftsanschauung im Gegensatz zur »materialistischen«: Der Buddhist will ein Maximum von Wohlbefinden mit einem Minimum von Verbrauch erreichen. Der Materialist glaubt, je größer der Verbrauch, desto größer das Glück. Schumacher (der 1977 starb) verdammte keineswegs das Maschinenzeitalter und auch nicht Größe an sich. Aber er verlangte, den Menschen die Maschinenhilfe zu bieten, die sie jeweils brauchten. Er gründete eine Beraterfirma, die »Intermediate Technology Development Group«, die vor allem Entwicklungsländer-Regierungen auf einfache und billige Hilfsmittel zur Linderung der Massen-Not aufmerksam machte. Eine handbetriebene Vorrichtung zum Blechbiegen z. B., die 35 Mark kostet statt der 4000, die für die billigste derartige Maschine investiert werden müssen. Oder eine Methode, mit Kosten von 80 Mark ein Wasserreservoir von 100 000 Liter Inhalt zu bauen. Und für ähnliche Dinge stellte der US-Kongreß 1977 den Entwicklungsländern 20 Millionen Dollar zur Verfügung. Was Schumacher wollte, war

ANPASSUNG DER TECHNOLOGIE AN DIE JEWEILIGEN LOKALEN BEDÜRFNISSE,

und das ist ein überaus nützliches Bestreben, das übrigens die österreichische Regierung bereits 10 Jahre vor Schumachers Appell und dem amerikanischen Kongreßbeschluß praktizierte, indem sie steirische Sensenschmiede als Entwicklungshelfer nach Afghanistan sandte und dort Bergstämmen half, statt wie bisher Sicheln Sensen zum Getreideernten zu verwenden.

Schumacher war weder ein Umweltfanatiker noch ein Kernenergiegegner. Er trat – wie jeder Vernünftige – auch in der Wirtschaft für ein »Sowohl-als-Auch« und gegen das lebensgefährliche »Entweder-Oder« der Scheuklappenträger ein. Nur unterschlugen die Sektierer all seine Ideen, die nicht in ihr Programm paßten. Und Meadows und Lovins *müssen* auf die »Ausschließlichkeit« der »weichen Energie« dringen, denn nur die allein bedeutet ja die Möglichkeit des Systemwandels. Eines Systemwandels auf die »sachte« Art. Ohne Revolution und Bürgerkrieg, deren Ausgang stets unsicher bleibt. Ohne eigenes Risiko. Denn der »soft energy path« heißt, wie immer das gedreht und gewendet wird:

RADIKALE VERRINGERUNG DES ENERGIEVERBRAUCHS UND DAMIT REDUZIERUNG DER INDUSTRIELLEN TÄTIGKEIT UNTER HINNAHME DER DAMIT UNVERMEIDLICH VERBUNDENEN REDUZIERUNG DES MASSENWOHLSTANDES.

»Sachte Energie« bedeutet *Erzwingung* der Massenaskese durch eine sich elitär verstehende winzige Gruppe, die keinerlei politische Legitimation besitzt, mit Hilfe von Energie*mangel*. Zu dieser »Elite« gehört z. B. als bekanntester Umweltschützer Englands der Gründer des »Ecologist«, Eddie Goldsmith, der ältere Bruder und Mitinhaber der Firmen von Sir James Goldsmith, dem außer einem Nahrungsmittel-Konzern, der nach Unilever und Nestlé der drittgrößte der Welt ist, auch die weltweit tätige »Banque Occidentale pour le Commerce et l'Industrie«, die »Anglo-Continental Investment & Finance Co.« und unter vielem andern das führende Pariser Nachrichten-Magazin »L'Express« gehört. Wie Lovins und Meadows betreibt Eddie Goldsmith »biologischen« Landbau, dessen Verluste er ja von der Steuer absetzen kann. Und Mr. Goldsmith verdanken wir durch einen Brief, den er zusammen mit den Mitherausgebern des »Ecologist«, Peter Bunyard und Nicholas Hildyard, am 14. Februar 1978 an die Londoner »Times« schrieb, ein wichtiges Geständnis. Denn in diesem Brief heißt es u. a.: »... Das Beunruhigende an der Kernenergie ist nicht ihre Abstammung von der Atombombe, sondern die unwiderruflichen sozialen, politischen und Umweltfolgen einer ziel- und zwecklosen Wachstumspolitik mit dieser Energie als Grundlage ...« Und als entscheidenden Satz: »Selbst wenn die Kernenergie völlig sicher und vollkommen rein wäre, dürfte nicht übersehen werden, daß sie Industrien unterhalten hilft, die – sozial und was die Umwelt betrifft – zerstörerisch wirken.«

Die »Soft energy«-Anhänger sehen in der Kernenergie (mit Recht) eine unentbehrliche Stütze unserer heutigen Lebensart. *Darum* darf sie nicht genutzt werden. Alle Argumente der »Alternativ-Energie«-Anhänger sind leicht zu entkräften (und werden das im einzelnen im 5. Kapitel), aber unterschätzen dürfen wir ihre *emotionale* Wirkung nicht. Denn ideal ist unsere heutige Mensch-Maschinen-Welt gewiß nicht, und daß sie verbessert werden muß, bestreitet niemand. Und werden Ideenassoziationen verwendet, wie z. B. von August Haußleiter unter dem Titel »Gestrandete Riesen« anläßlich der Ölkatastrophe vom März 1978 an der Nordküste Frankreichs, so kann das viele Gutwillige zu falschen Entschlüssen führen. Da hieß es: »Wir leben im Zeitalter der technologischen Riesen, der Ungeheuer, der Giganten ... Und wir sind entschlossen, das Wachstum der Katastrophen nicht mehr hinzunehmen, das mit dem ›volkswirtschaftlichen Wachstum‹ so untrennbar und unlöslich verbunden ist. Jede Produktionssteigerung (nichts anderes ist ihr ›Wachstum‹) enthält in sich eine Katastrophensteigerung. Dies ist ein Gesetz. Die Tragödie von Seveso, die entsetzliche Vergiftung einer ganzen Landschaft, wäre noch vor 50 Jahren undenkbar gewesen... Die Technik wird im Zuge der Gigantomanie nicht sicherer, sondern auf höllische Weise unsicherer, alptraumhafter, komplizierter und ebendaher labiler. Nun strandet vor unseren Augen einer jener Supertanker, die unsere Weltmeere zu Binnenseen zusammenschrumpfen lassen, an der bretonischen Küste, eine Ölpest von ungeahntem Ausmaß breitet sich aus, riesige Landschaften werden verseucht, ganze Tiergattungen gehen zugrunde, Menschen werden berufslos, alte Frauen im verpesteten Fischerdorf weinen leise vor sich hin... Öl, Öl, Öl – und wer sich dann nicht vornimmt, diese Welt, diese Gesellschaft, diesen Zwang zum immer noch Größeren zu verwandeln, zu ändern, zu überwinden, dem ist nicht zu helfen... Wenn wir uns ganz nachdenklich befragen, dann wissen wir es plötzlich: Dies sind alles nur

VORLÄUFERKATASTROPHEN, WARNSIGNALE, ERSTE VOR-APOKALYPSEN

des Größenzwangs, dem sich die Menschheit unterworfen hat. Wenn erst das allererste Atomkraftwerk seinen GAU, seinen großen Unfall, erlebt, wenn dann Hunderttausende hilflos umkommen, wenn Millionen radioaktiv vergiftet dahindämmern müssen, wenn ›Schnelle Brüter‹ hochgehen oder wenn aus kleinen Brandherden sich der große, nächste Millionenkrieg entwickelt – dann werden die Giganten sich ihr eigenes Ende bereiten... dann wird die Gigantomanie an sich selber sterben...«

Katastrophen, die es gab, durch purste Phantasie in Zusammenhang gebracht mit Katastrophen, die es noch *nie* gab. Voraussagen, die durch keinerlei Tatsachen gestützt werden. Reinste Emotion. Aber wie leicht Menschen durch Emotionen zu beeinflussen sind, zeigt eine Analyse, die Ortwin Renn 1977 für die Kernforschungsanlage Jülich durchführte. Die gleiche Behauptung wurde verschieden formuliert, und es wurde gefragt, ob sie stimme oder nicht stimme. Da hieß es nüchtern: »Kernkraftwerke können wie eine Bombe explodieren.« »Stimmt«, sagten 13,1%. »Stimmt nicht« 78,4%. Aber die gefühlsmäßige Formulierung: »Wann wird die Menschheit endlich lernen, sich zu bescheiden? Hat nicht die furchtbare Wirkung der A-Bombe gezeigt, welche Gefahren und Katastrophen die Atomenergie mit sich bringt?« brachte 24,5% oder fast doppelt so viele »stimmt« und nur 72,1% »stimmt nicht«.

Haußleiter fuhr fort: »Was wir Menschen tun können, um die immer noch größeren Katastrophen, um die Verwüstung des ganzen Sterns, der unsere Heimat ist, um die Zündung jener ›Weltuntergangsmaschine‹ zu verhindern...? Nun, wir sollten wieder lebendige Menschen werden, die sich selber in Freiheit ihr Maß setzen. Wir sollten nicht mehr Nummern in einem uns beherrschenden Produktionsprozeß sein, dem die Gigantomanie eingeboren ist: Wir sollten zurückkehren zu einer Wirtschaft, die unserem Wesen gemäß ist und die wir in Freiheit gestalten können. Wir sollten unsere Wirtschaft dezentralisieren, wir sollten uns wieder eigenständig als schöpferische Persönlichkeiten entfalten, wir sollten wieder mit der Natur zu leben beginnen...«

August Haußleiter ist Vorsitzender der AUD, der »Arbeitsgemeinschaft Unabhängiger Deutscher«. In der gleichen Nummer der »Deutschen Gemeinschaft« (vom 1. April 1978), in der er

»ZURÜCKKEHR ZU EINER WIRTSCHAFT, DIE UNSERM WESEN GEMÄSS IST«,

fordert, sagt der »Arbeitskreis Lebensschutz Tübingen« und der »Kreisverband Neckar-Alb der AUD« in »Überlegungen zu einer neuen Politik«: »Immer mehr Menschen erkennen, daß die herrschende Industriegesellschaft unsere Erde und damit die Grundlagen unseres menschlichen Lebens zu vernichten beginnt. Nicht unsere wirtschaftlichen Bedürfnisse, sondern Profit- und Machtinteressen der großen Industrien bestimmen die Gesellschaft, in der wir Menschen zunehmend zu bloßen Werkzeugen zur Aufrechterhaltung der bisherigen wirtschaftlichen und politischen Struktur gemacht werden... Da wir erkannt haben, daß es notwendig ist, die Ausbeutung der Natur durch den Menschen und damit konsequent die Ausbeutung des Menschen durch den Menschen zu überwinden, wenn wir überleben wollen, machen wir uns die Grundsätze einer neuen Politik zu eigen. Diese geht von neuen Werten aus, die ein Umdenken jedes einzelnen erfordern:

Nachhaltige Lebensqualität hat Vorrang vor kurzfristigem Lebensstandard.

Kleine, lebendige, organische Gemeinschaften ersetzen große, technokratische Machtsysteme.

Sinnvolle und bewußte Verzichte treten an die Stelle von überflüssigem Wegwerfkonsum und sinnloser Verschwendung. *Konkret* heißt das zum Beispiel:

Keine Energie aus Atomkraft. Statt dessen ein durchdachtes System von Energiesparmaßnahmen und Förderung der Gewinnung von Energie aus natürlichen Quellen wie z. B. Sonne, Wind, Erdwärme, Wasser und Gezeiten.

Beschränkung des motorisierten Individualverkehrs. Statt dessen Auf- und Ausbau von Verkehrsverbundsystemen der öffentlichen Verkehrsmittel, Erhöhung ihrer Attraktivität. Keine weitere Landschaftszerstörung durch Straßen- und Flughafenbau.

Durch die Anwendung umweltfreundlicher, materialsparender Techniken… und energiesparender, arbeitsintensiver Verfahren Schaffung von genügend sinnvollen Arbeitsplätzen für alle.

Statt immer weitergehender Verwendung von Chemikalien und pharmazeutischer Produkte: Aufbau einer biologischen Landwirtschaft zur Erzeugung gesunder Nahrungsmittel…«

Sparsames Umgehen mit Grundstoffen und Energie. Verbesserung der öffentlichen Verkehrssysteme. Gesunde Nahrungsmittel: Wollen wir das nicht alle? Und das *kann* erreicht werden. Aber nicht mit weniger, sondern nur mit *mehr* Energie und *mehr* Technik und *mehr* Wissenschaft. Wir *werden* Luft und Wasser rein halten. Wir *werden* Tankerkatastrophen und ein neues Seveso verhüten helfen. Aber das setzt z. B. teilweise doppelte Schiffskörper und ein Drittel mehr Stahl voraus. Umweltschutz zu predigen und gleichzeitig gegen Kernkraftwerke zu kämpfen ist schizophren, denn gerade Kernkraftwerke *vermeiden* die Umweltbelastung der heute vorherrschenden Kraftwerke.

GERADE WENN WIR DIE UMWELT RESPEKTIEREN UND SPARSAM WIRTSCHAFTEN WOLLEN, BRAUCHEN WIR NICHT WENIGER, SONDERN MEHR ENERGIE,

denn Hunderttausende Abwasserreinigungsanlagen z. B. müssen auf der Welt noch gebaut werden, und Entstaubungsanlagen kosten ebenso Energie wie umweltfreundliche chemische Verfahren. In der

1977 im Auftrag des Bundesministeriums für Forschung und Technologie von der Stuttgarter Firma »Fichtner Beratende Ingenieure« durchgeführten Studie »Technologien zur Einsparung von Energien« wird z. B. die zukünftige Änderung des Energiebedarfes der deutschen Mineralölraffinerien abgeschätzt. Zu erwarten sind die Senkung des Bleigehaltes im Motorenbenzin und die Senkung des Schwefelgehaltes im schweren Heizöl durch die entsprechenden Umweltgesetze. Energieeinsparung wird durch verbesserte Energierückgewinnung, verbesserte Prozeßkontrolle, durch verbesserte Wärme-Kraft-Koppelung sowie durch verbesserte Katalysatoren erwartet. Gegenüber dem Eigenenergieverbrauch der Raffinerien im Jahre 1973 ergibt sich für die Jahre

		1980	1990	2000
in Prozent:	Summe der Einsparungen	15,4	29,3	38,3
	Summe des Mehraufwands	16,6	33,8	44,8
	Netto-Mehraufwand an Energie	1,2	4,5	6,5

Inzwischen wurden in Europa und in den Vereinigten Staaten Dutzende solcher konkreter Berechnungen angestellt. Ausnahmslos *steigt* der Energiebedarf, wenn die Sünden der Vergangenheit wiedergutgemacht und neue vermieden werden sollen.

Und der Energiebedarf steigt natürlich noch ungleich mehr als durch den Umweltschutz durch naturgegebene Entwicklungen, wie z. B. das Abnehmen der reichsten von der Natur selber angereicherten Erzlagerstätten: Bergbau wird seit Jahrtausenden betrieben, und den aufzugeben fordern selbst die blindesten Verfechter des »naturgemäßen« Wirtschaftens nicht. Daß zuerst die am leichtesten zu gewinnenden Erze abgebaut wurden, ist logisch. Aber

NATURGEGEBEN SIND DIE DISPERSEN METALLVORKOMMEN, HOCHKONZENTRIERTE LAGERSTÄTTEN BILDEN DIE AUSNAHME.

Auch Metallmangel ist nicht zu fürchten. Aber je geringer der Metallgehalt eines Erzes wird, desto größer der Energieaufwand für seine Nutzung. Die äußerste, etwa 120 Kilometer starke Erdhülle z. B. heißt »Si-Al-Schicht« weil sie vorwiegend aus Silizium und Aluminium besteht, aus Kieselerde und Tonerde. Man kann praktisch keinen Schritt tun, ohne auf Leichtmetallrohstoffe zu treten. Aber um eine Tonne Aluminium zu gewinnen, sind 14 000 bis 17 000 Kilowattstunden Strom nötig. Leichtmetalle vermindern das »tote« Gewicht und sparen Energie. Aber zuerst einmal müssen sie gewonnen werden. Kupfererz galt lange nur dann als abbauwürdig, wenn es mindestens 3% Metall enthielt. Heute sind auch Erze von 0,3% durchaus rentabel. Aber das bedeutet, daß nun alljährlich etwa eine Milliarde Tonnen Gestein verarbeitet werden muß, um die rund 8 Millionen Tonnen des Welt-Kupferbedarfes zu decken. Die dispersen Metallvorkommen der Erde – von dem ungeheuren Metallgehalt der Meere nicht zu reden – genügen für jeden vorstellbaren Bedarf. Um so mehr, als bereits heute 40% des Kupferbedarfes aus Abfall gewonnen wird und bekanntlich unsere Stahlindustrie durch das Siemens-Martin-Verfahren des Jahres 1864 zu mehr als der Hälfte nicht länger auf Eisenerz angewiesen ist: Sie verwendet Schrott und damit nicht nur Eisen- und Stahlabfall, sondern auch einen Teil der zum Eisenschmelzen aufgewendeten Energie. Statt des Durchschnitts von etwa der Hälfte können Elektrostahlöfen 90% Schrott verwenden. Aber die brauchen *sehr* viel Strom, und *jede* Art »Recycling« und *jede* sorgsame Naturschätzeverwendung erfordert Energie, und zwar in einer Form, die Wind und Erdwärme und Sonnenstrahlen *nicht* zu liefern vermögen.

»Zurückkehr zu einer Wirtschaft, die unserem Wesen gemäß ist«, das heißt praktisch:

VERZICHT AUF UNSERE INDUSTRIE UND VIER FÜNFTEL UNSERER BEVÖLKERUNG.

Denn die Größe unseres Wirtschaftsraumes ist gegeben, mehr als ihre heutigen 248 131,30 Quadratkilometer werden den jetzt rund 61 Millionen in Westdeutschland Ansässigen *niemals* zur Verfügung stehen. Rein »biologisch« *wurde* auf dieser Fläche jahrtausendelang gewirtschaftet. Aber das genügte bereits zu Ende des 18. Jahrhunderts nicht mehr, und damals lebten auf dem Gebiet der heutigen Bundesrepublik etwa 10 Millionen Menschen. Der Dreißigjährige Krieg hatte die deutsche Bevölkerung halbiert, und so gab es zeitweilig Raum für die Dreifelderwirtschaft und genügend Dünger durch eine Viehhaltung, für die Albrecht Thaer als Raumbedarf je Stück Großvieh nannte: 3 Morgen Acker und 3 Morgen Wiese zum Heuen, dazu 3 bis 5 Morgen Fettweide oder 10 bis 15 Morgen magere Waldweide. Zusammen also für *ein* Rind 3 bis 7 Hektar Bodenfläche. Als die Bevölkerung wieder wuchs, wurde mehr Wald gerodet. Dann wurden Wiesen zu Äckern gemacht. Schließlich wurde die Ruhezeit der Äcker, die Brache, verkürzt. Das Vieh bekam immer weniger zu fressen und lieferte immer weniger und schlechteren Mist. In Deutschland gab es 1709, 1740, 1771 und 1772 furchtbare Hungersnöte, und immer mehr Bauern wanderten aus. Zur Zeit Albrecht Philipp Thaers, der seit 1789 die Fruchtwechselfolge durchsetzte und 1807 die erste Landbauhochschule der Welt gründete, war der Futtermangel so groß, daß jeden Winter ganze Herden verhungerten und die überlebenden Milchkühe so schwach waren, daß man sie im Frühjahr auf Schleifen auf die Weide bringen mußte, weil sie nicht mehr selber laufen konnten. Das Durchschnittsgewicht eines Rindes betrug im Jahre 1800 in Deutschland 140 Kilo statt heute 500, und ein Schwein wog nach 36 Monaten 40 Kilo statt heute nach 9 Monaten 100. Damals waren vier deutsche Bauern nötig, um einen Städter mitzuerhalten. Nur um heute die 22 Millionen Menschen der sechs größten Ballungsräume der Bundesrepublik zu versorgen, würden »rein biologisch wirtschaftend« 88 Millionen Bauern gebraucht. *Nur* weil heute jeder landwirtschaftlich Tätige bei uns 32 andere Menschen und in den USA 68 andere ernährt, werden wir satt. Und bereits Thaer wußte: »Landwirtschaft und Manufakturen gehen nur Hand in Hand sicher vorwärts... Um eine zu heben die andere niederdrücken wollen, heißt: einen Fuß lähmen, damit der andere besser fortschreiten könne...« Deutschland ist heute keineswegs imstande, seinen gesamten Nahrungsbedarf aus dem eigenen Boden zu decken. Dennoch brauchen wir jährlich (auf reinen Stickstoff, Phosphor und Kali umgerechnet) gut fünf Millionen Tonnen chemische Düngemittel, das heißt Nährstoffe für unsere Pflanzen. Sollen wir die ebenfalls durch Sonnen- und Windenergie gewinnen? Und zum Holzpflug zurückkehren, weil unsere Stahlindustrie »harte« Energie braucht? Können wir die öffentlichen Verkehrsmittel in kleinen Gewerbebetrieben herstellen und auf unsern Export verzichten?

Die Welt ohne Kunstdünger war *nicht* gesünder als die heutige, in ihr wären unsere Systemveränderer noch 1880–1900 bestenfalls 40 und nicht wie heute 72 Jahre alt geworden. Dafür aber waren in ihr Hungersnöte die Regel und nicht die Ausnahme. Hunger gehörte bis zu Liebigs Agrikulturchemie, die aus dem Jahre 1840 stammt, und bis zur ersten Mineraldüngerfabrik, die Lawes 1845 in England gründete, zum menschlichen Leben wie Seuchen und Kriege. Im Jahre 1750 zählte ein französischer Gelehrter 239 große Hungerkatastrophen auf, die es seit Christi Geburt gegeben hatte, und wenn Deutschland im Jahre 1125 die Hälfte seiner Bevölkerung durch Hunger verlor, so Frankreich noch 1715 ein Drittel. Da starben 1846–47 in Irland eine Viertelmillion Menschen Hungers, und William Digby zufolge kosteten in Indien im 19. Jahrhundert 31 große Hungersnöte mindestens

32 Millionen Menschen das Leben, allein 1876–1900 achtzehn mit 26 Millionen Toten. Hunger aber gibt es auch heute noch. Der FAO zufolge sind gut 500 Millionen Menschen ungenügend und 1000 Millionen mangelhaft ernährt. Und setzen sich die Kernenergiegegner und Umweltfanatiker durch, so werden nicht nur die *niemals* satt werden, sondern auch die heute »Hochentwickelten« wieder im Elend versinken.

»*Zurück* zu einer Wirtschaft, die unserm Wesen gemäß ist«, das widerspricht allen Naturgesetzen, denn ein Zurück *gibt* es im Leben nicht, unser Weg führt geradlinig von der Geburt zum Tod, und nicht eine Sekunde ist ungeschehen zu machen. Bereits Heraklit, der im fünften Jahrhundert vor Christus lebte, lehrte: »Alles fließt!« Leben ist ständiger Wandel, ständiges Vergehen und Wiedererstehen. Wir werden in eine Welt geboren, die von jedem ihrer Wesen verlangt, daß es sich behauptet. Es ist ihr oberstes Gesetz, daß sich jedes Geschöpf unter Einsatz all seiner Kraft und all seiner Fähigkeiten den *jeweiligen* Lebensbedingungen anpaßt. Diese Lebensbedingungen ändern sich schon durch die wachsende Zahl der Menschen unaufhaltsam weiter. Auch

LEBEN UND WACHSTUM SIND IDENTISCH.

Ein Baum, der zu wachsen aufhört, ist tot, denn wenn keiner je in den Himmel wuchs und kein Lebewesen größer wird, als es seiner Natur gemäß, das heißt ihm durch sein Gen-Erbe vorbestimmt ist, so *erneuert* es bis zu seinem letzten Atemzug ständig seine Zellsubstanz. Wachstum bedeutet nie und nirgends allein quantitative, stets auch qualitative Veränderung, aber jeder Stillstand bedeutet das Ende der Existenz, ob es sich nun um das schlagende Herz oder die Entwicklung einer sozialen Gemeinschaft handelt.

Nichts kann ungeschehen gemacht werden. Wir können die heutige Welt verbessern oder verschlechtern. Versuchen wir, in die gestrige Welt zu flüchten, muß das unsern Untergang bedeuten. Und ebenso beherrscht

EIN UNERBITTLICHER FRIST-EINHALTUNGS-ZWANG

alles menschliche Leben. Wir sind an eine bestimmte *Zeit* gebunden, innerhalb welcher etwas geschehen muß. Wie ein Verdursteter auch durch noch so viel Wasser nicht mehr zum Leben zu erwecken ist, so helfen auch die leistungsstärksten und billigsten Solarzellen im Jahre 2020 niemandem mehr, wenn unsere Wirtschaften bereits im Jahre 2000 durch Öl- oder Strommangel zusammenbrachen. Energie gibt es in unermeßlichen Mengen, und *alle* Energieträger werden wir morgen besser als heute nutzen, auch den Wind und die Erdwärme und die Sonnenenergie. Aber

DIE KONTINUITÄT DER ENERGIEVERSORGUNG IST SO LEBENSWICHTIG WIE DIE VERSORGUNG SELBER.

Pausen können wir da so wenig einlegen wie beim Essen und Trinken. Wenige Tage oder höchstens Wochen genügen heute, um eine Großstadt auszuhungern, wenn die Lebensmitteltransporte ausfallen, und so baut die Schweiz z. B. nicht nur Kernkraftwerke, sondern der Bund ließ aus dem Zweiten Weltkrieg stammende deutsche Holzvergaserkonstruktionen verbessern und für landwirtschaftliche Traktoren und Armeelastwagen adaptieren und bereitete bereits 1977 alles vor, um solche Vergaser im Fall des Falles *rasch* in den nötigen Mengen herstellen zu können.

Muß Energie stets *rechtzeitig* zur Verfügung stehen, so sind aber auch nur sehr wenige Energieformen untereinander austauschbar. Wie der Autofahrer heute mit Elektrizität so wenig anfangen kann wie ein Hüttenwerk mit Wasserkraft, so stehen uns die »sachten« Energien, von denen die Kernenergiegegner faseln, nicht nur noch längst nicht zur Verfügung, sondern selbst *falls* es sie termingerecht gäbe, kämen sie stets nur als Ergänzung, niemals als Ersatz der »harten« in Frage.

Vor allem aber: Wieso ist unsere heutige Wirtschaftsform nicht »unserem Wesen gemäß«? Ist die Welt, in der wir heute leben, nicht überwiegend Menschenwerk? Entstand nicht gerade durch das einzigartige Wesen des Menschen die *unauflösliche* Symbiose zwischen Mensch und Maschine, die unseren heutigen Entwicklungsstand kennzeichnet? *Was* ist der Mensch nun eigentlich? *Welche* Welt schuf er sich? Und *wodurch* wird diese Welt in Gang gehalten?

II
Mensch – Energie – Technik

Das Werden unserer heutigen Welt

So unglaublich das klingt, den Begriff »Energie« schuf der französische Ingenieur Jean-Vicor Poncelet erst im Jahre 1826. Das »Gesetz von der Erhaltung der Kraft« stellte der Heilbronner Arzt Julius Robert Mayer erst im Jahre 1842 auf, und nur langsam setzte sich seine Erkenntnis durch, daß Bewegung, Wärme, Licht, Elektrizität und chemische Energie »ein und dasselbe Objekt in verschiedenen Erscheinungsformen« sind; daß Energie niemals entstehen und niemals vergehen, stets nur umgewandelt werden kann. Und schließlich dauerte es bis 1905, ehe Albert Einstein die Identität von Energie und Materie errechnete.

Aber seit es unsere Erde gibt, war Energie, was das griechische Wort »energeia« besagt:

»DIE WIRKENDE KRAFT« ODER »DAS TREIBENDE«.

Von der Energie – im Falle unseres Planeten von der Sonnenenergie – hing immer schon *alles* ab, und von ihr hängt mehr denn je alles ab, ihr Mangel bedeutet Hunger und Elend heute wie seit jeher, aber nun nicht nur für einige Millionen, sondern für vier Milliarden Menschen.

Und nun fürchtet (einer EMNID-Umfrage des Jahres 1976 zufolge) jeder vierte Bundesbürger Energiemangel. Die Ölpreisvervierfachung des Jahres 1974 gilt vielen als »Anfang vom Ende« unseres Wohlstandes. Aber im März 1978 stellte der Bundesverband der Deutschen Industrie fest, daß für Kohle- und Kernkraftwerke geplante Investitionen von 30 Milliarden DM in der Bundesrepublik nicht realisiert werden konnten, weil gegen sie Gerichtsverfahren anhängig gemacht oder Genehmigungsverfahren in die Länge gezogen wurden.

Verwirrung der Geister also.

Immer neue Katastrophentheorien und ein zur Lebensfeindlichkeit anwachsender Pessimismus, der unsere Jugend zermürbt und der sich heute völlig anders als gestern auswirkt, weil er nicht länger nur eine hauchdünne Schicht Bücherleser erfaßt, sondern durch die Massenmedien Millionen. Und weil das nicht länger passive »Untertanen« sind, sondern Wähler.

Was diesen Millionen, was durch die Alltagslast aber auch mehr und mehr »Meinungsbildnern« fehlt, sind klare Begriffe und das Erkennen der Grundlagen unserer Existenz. Niemand hat mehr Zeit, sich selber Klarheit über die Kräfte zu verschaffen, die sein und unser aller Leben seit Urzeiten formen und immer formen werden, und um die Grundströmungen zu erkennen, die völlig unabhängig von allen Ideologien die Zukunft bestimmen. Durch die Weltfremdheit vieler Philosophen geriet die Wissenschaft von den »Prinzipien«, von den Voraussetzungen des Wissens, Erkennens, Seins und Handelns, in Verruf. Aber noch nie war eine einheitliche Welt- und Lebensanschauung so wichtig wie heute und ganz konkret klare, eindeutige Antworten auf die Fragen:

WAS IST DAS EIGENTLICH, »DER« MENSCH?
WIE KAM ES ZU UNSERER HEUTIGEN WELT?
UND WODURCH?

Im meistgebrauchten Sinn sind »der Mensch« und vollends »die Menschheit« völlig abstrakte Begriffe, denn de facto gibt es nur sehr verschiedenartige Menschen und höchst ungleich entwickelte Völker. Alle »globalen« Betrachtungen der Untergangspropheten und der Weltverbesserer sind sinnlos, weil bekanntlich nicht einmal alle Deutschen gemeinsame Wirkungsmöglichkeiten besitzen, geschweige denn die Europäer oder die Weißen. Aber für unser Thema entscheidend ist, daß es nichtsdestoweniger etwas *allen* Menschen Gemeinsames *gibt:* »Der Mensch« als Spezies ist zwar nur ein Lebewesen unter Millionen anderen. Auch seine Möglichkeiten sind beschränkt. Aber wenn der Vogel fliegen *muß* und der Fisch *nur* im Wasser zu leben vermag, so *können* wir fliegen und unter dem Wasser ebenso leben wie auf dem Mond, müssen es aber nicht. *Alle* Lebewesen mußten sich ihrer Umwelt bedingungslos anpassen.

NUR DER MENSCH VERMOCHTE DIE UMWELT SEINEN BEDÜRFNISSEN GEMÄSS ZU VERÄNDERN.

Ob immer zum Guten, steht hier nicht zur Diskussion. Entscheidend ist allein, daß der Mensch das *einzige* Lebewesen ist, dem – in naturbedingten Grenzen natürlich – Selbstbestimmung möglich ist. *Nur* der Mensch vermochte sich unabhängig von den Umweltbedingungen zu machen und sich auch in lebensfeindlichen oder ihm völlig fremden Umgebungen einzurichten. Der Schwerkraft z. B. gehorchen Sonne, Mond und Sterne. Ihre Gesetze dulden keine Ausnahme, nicht im Weltall und nicht auf Erden. Aber der flügellose Mensch fliegt dennoch. Sein Wille erwies sich der Gravitation überlegen, als er der Schwerkraft entgegenwirkende Naturkräfte für seine Zwecke einsetzte. Und zwar dank seiner Geistesgaben. *Nur* der Menschengeist ist grenzenlos und weder durch Raum noch Zeit gebunden. *Nur* der Mensch vermag durch geistige Wechselbefruchtung zu nutzen, was weltweit und nicht nur irgendwo, sondern auch irgendwann, auch vor Jahrhunderten oder Jahrtausenden, gedacht oder erfunden wurde. Ein Korallenstock oder eine Schafherde ist eine Summe von Einzelwesen. Menschliche Gemeinschaften bilden Kraftfelder, in denen jedes Teilchen auf das andere einzuwirken vermag, das Einzelwesen wird hier *potenziert.* Die Wirkstoffe der Menschenwelt haben zudem Dauer, Zeugungsfähiges übersteht nicht nur alle Katastrophen und Kriege, es überdauert auch Dutzende Generationen des Vergessens: Es wirkt, sobald die Zeit »reif« ist, sobald zur alten oder neuen Idee die nötigen Verwirklichungsmöglichkeiten treten und vor allem ein neuentstandener Bedarf. Jeden Tag neu keimt Saat, die aus diesem oder jenem Grund steril geblieben war, öffnen sich Blüten und wird Frucht, was in unermeßlichen Tiefen wurzelt. Und so ist der Mensch nicht wie alle anderen Lebewesen auf sein körperliches Erbgut beschränkt. Und das heißt:

Der Mensch kann sich rasch und rechtzeitig neuen Gegebenheiten anpassen

und nicht erst in Zeiträumen, wie sie die materielle Evolution erfordert und wie sie unzählige ausgestorbene Tier- und Pflanzenarten nicht zu überstehen vermochten. Die Existenzsicherungs-Möglichkeiten des Menschen sind *einmalig* in der Natur und werden seit der Menschwerdung genutzt, die etwa drei Millionen Jahre zurückliegt. *Nichts* spricht dafür, daß wir sie nicht auch in Zukunft nutzen werden. Und schon das müßte uns überzeugen, daß die Unglückspropheten falsche Propheten sind. Oder Leute, die ihre wahren Absichten tarnen, um uns den Lebensmut zu nehmen und uns zur Selbstverstümmelung oder zum Selbstmord zu verleiten.

Der Mensch ist also ein Lebewesen, das seiner Natur gemäß *alle* Probleme zu lösen vermag. Aber nur dank seiner Geisteskräfte, die er durch andere ergänzen *muß.* Denn sind seine Geisteskräfte einmalig in der Natur, um so begrenzter sind seine Körperkräfte. Der Mensch ist ein Wunderwerk der Schöpfung. Aber körperlich ein sehr schwaches Wesen, unzählige andere übertreffen ihn an Kraft und Ausdauer, und jedes Pferd leistet das Zwanzigfache des besttrainierten Athleten. Als »Muskelmotor« taugt der Mensch nichts. Körperlich beträgt unser Wirkungsgrad nur zwei Prozent, nur ein Fünfzigstel der Nahrung, die wir zur nackten Existenz brauchen, vermögen wir in verwertbare Arbeit umzusetzen, und kein Mensch muß nur für sich selber sorgen, keiner vermag isoliert für sich zu existieren, seit jeher waren und bleiben wir auf kleinere oder größere Gemeinschaften angewiesen. Allen Energieüberlegungen und allen Wertbegriffen müßte die unanzweifelbare und für *alle* Menschen gleich welcher Hautfarbe und gleich welcher politischen Einstellung geltende Tatsache zugrunde liegen:

> Im Weltdurchschnitt entspricht die verwertbare Jahresmuskelleistung pro Kopf etwa 12 Kilo Kohle oder knapp 9 Kilo Mineralöl.

Denn es gibt ja nicht nur Produktive, auch Kinder und Greise müssen miterhalten werden. In den meisten hochentwickelten Ländern erfordert der Dienstleistungssektor, der ja nur indirekt produktiv ist, bereits mehr Menschen als die Industrie und die Landwirtschaft. Wir brauchen Schlaf und Freizeit und müssen unsern Arbeitsplatz aufsuchen, und so entspricht unsere verwertbare, körperliche Arbeitsleistung eben nur ein paar Handvoll Kohle oder umgerechnet rund hundert Kilowattstunden pro Jahr.

Das ist naturgegeben und wird sich *niemals* und *nirgends* ändern.

Ebenso naturgegeben ist der Nahrungsbedarf des Menschen. Als Durchschnitt ganzer Bevölkerungen wird heute angenommen: 2800 Kalorien täglich für die Männer, 2400 für die Frauen, 2000 für Kinder unter 15 Jahren. Jeder Mensch verbraucht also jährlich rund tausend Kilowattstunden Energie allein in Form von Nahrung, und vom Gesamtenergieverbrauch der Welt entfielen 1975 nur etwa 12% auf die menschliche Nahrung und etwa 16% auf das Futter der Tiere. Und das heißt:

> Seit jeher braucht der Mensch zehnmal soviel Energie, als er selber aufzubringen vermag. Nie war er imstande, selber für sich zu sorgen.

Auch zur Zeit, als er keinerlei maschinelle Helfer besaß, nicht.

Aber *wie* lebte er da?

Als Jäger und Sammler nutzte der Mensch die von der Natur in Pflanzensamen, in Tierfleisch oder in Brennholz gespeicherte Sonnenenergie – und das tun etwa 8000 Buschleute der Kalahari noch heute, Menschen wie wir, nur Menschen *ohne* Maschinen und (mit Ausnahme des Feuers) *ohne* alle Naturkraft-Hilfe. Als älteste Bevölkerung des südlichen Afrika und wahrscheinlich als älteste lebende Menschenrasse blieben die Buschleute stehen, wo die Menschheit in ihrer Urzeit stand. Sie halten kein Vieh, nicht einmal Hunde. Sie pflanzen kein Getreide, kennen weder Ackerbau noch Weidewirtschaft. Sie bauen keine Häuser oder andere Unterkünfte. Ihre Sprache ist unartikuliert. Aber man hat ihre natürliche Intelligenz geprüft, und die nimmt es durchaus mit der des heutigen Durchschnitts der amerikanischen und europäischen Hochzivilisierten auf. Die Buschleute kennen ihre Umwelt ungleich besser als der normale Städter die seine, und sie sind auch erfindungsreicher, können viel, was wir längst verlernten. Und »Wilde«? Vom Kunene und Sambesi bis zum Kap gibt es Felsgravierungen und mit Kohle, Metall- und Erdfarben ausgeführte Malereien, die von den Vorfahren der heutigen Buschleute stammen und hohe künstlerische Begabung zeigen, ebenso wie die Verzierungen, die jetzt von Buschleuten auf Straußeneiern angebracht werden. Diese »Primitiven« haben sehr geschickte Finger, und sie geben den Forschern noch manche Rätsel auf. Jedenfalls aber: Auch heute *kann* der Mensch noch als reiner Jäger und Sammler leben. Die Frage ist nur, wie *viele* Menschen. Und darauf geben die Buschleute der Kalahari eine klare und unwiderlegbare Antwort: Ihr Gebiet umfaßt etwa 120 000 Quadratkilometer. Dividiert durch 8000 macht das

FÜNFZEHN QUADRATKILOMETER LEBENSRAUM PRO KOPF:
Für Menschen auf dem Stand der Jagd- und Sammelwirtschaft ist unsere Erde nur groß genug, solange es nicht mehr als zehn Millionen gibt.

Nun wurden bekanntlich aus den Sammlern und Jägern Tierzüchter und Ackerbauer. Heimste der Mensch zuerst nur ein, was sich ohne sein Zutun an Nahrung fand, und lebte er als Jäger von der »Arbeit« der Wildtiere, so als Nomade und Hirte von der seines Viehs. Als Ackerbauer schließlich von Kulturpflanzen, die die Sonnenenergie mit einem höheren Wirkungsgrad in Nahrung umsetzten als die Wildpflanzen, und von Sklavenarbeit. Aber auch diese Wirtschaftsart erforderte bis in die jüngste Vergangenheit *sehr* viel Raum. Die frühesten Kulturen entstanden auf dem Schwemmland großer Flußmündungen, der des Nils, des Indus und Ganges z. B., die durch die Sinkstoffe des Wassers ständig fruchtbar gehalten wurden. Oder in den Lößebenen Chinas, deren Fruchtbarkeit die Wüstenwinde aus der Gobi ständig erneuerten. Wo die Natur die Felder nicht düngte, mußten sie früher oder später aufgegeben und immer wieder Neuland gerodet werden. Da gab es auch immer wieder Raubkriege; um Neuland zu gewinnen, wurden im 19. Jahrhundert ihrer Prärien wegen die Indianer umgebracht wie im 9. die Normannen in England einfielen und die Uiguren in China.

WIRKLICH SESSHAFT WURDE DIE MENSCHHEIT ERST 1840 durch die Agrikulturchemie Justus Liebigs, der zeigte, wie der Boden durch den *Menschen* fruchtbar erhalten werden kann. Damals betrug die Weltbevölkerung etwa tausend Millionen, und für viel mehr gab es keine Lebensmöglichkeiten. Aber bereits 1769 hatte James Watt die Dampfmaschine und Richard Arkwright den mechanischen Spinnstuhl erfunden, hatten sie die »Industrielle Revolution« ausgelöst, und die *zusammen* mit der Agrarrevolution, mit der Mineraldüngung, der Züchtungsforschung und den anderen landwirtschaftlichen Rationalisierungsmaßnahmen, die den Bodenbedarf radikal verringerten, schufen unsere heutige Welt.

Was charakterisiert diese Welt? *Was* unterscheidet unser Leben von dem aller früheren Menschen?

Vor allem, daß wir nicht länger in einer naturgegebenen Welt leben und auch nicht in einer Welt der Menschen, sondern in einer

WELT DER MENSCHEN UND MASCHINEN, DURCH EINE SYMBIOSE, DIE IRREVERSIBEL IST, DIE NIEMAND UND NICHTS MEHR AUFHEBEN KANN.

In einer Welt, die *erfunden* wurde durch die Verschmelzung unserer Geisteskräfte mit den Naturkräften, das heißt dank der *Technik* zustande kam.

Technik heißt »Können«, »Fähigkeit, etwas zu erzeugen«. Technik gibt es, seit vor etwa eindreiviertel Millionen Jahren systematisch das Feuer genutzt und damit der entscheidende Schritt zur wahren Menschwerdung getan wurde. Was damals begann, *blieb* der wichtigste Bereich der Technik, nämlich die Energiefreisetzung und Energiewandlung. Technikfeindschaft ist nicht nur sinnlos, sie bedeutet Selbstvernichtung. Denn

TECHNIK IST DIE INTUITIVE, METHODISCHE, ERFINDERISCHE UND PRAKTISCHE ANWENDUNG VON NATURGESETZEN IM DIENSTE DES MENSCHEN

und ihr Sinn und ihre Mission eindeutig der, »den Menschen frei zu machen, er selber zu sein«. Wie alles kann auch die Technik mißbraucht werden. Aber *nur* sie ermöglichte und ermöglicht die Nutzung immer wieder *neuer* und damit zusätzlicher Naturkräfte.

Millionen Jahre lang stand dem Menschen nur die Sonnenenergie zur Verfügung, die er auf dem Umweg über die Pflanzen und die pflanzenfressenden Tiere und in Form des Holzes nutzte. Und so unglaublich es klingt,

NOCH IM JAHRE 1850 DECKTE BRENNHOLZ IN DEN VEREINIGTEN STAATEN NEUN ZEHNTEL DES GESAMTENERGIEBEDARFES.

Kohle war hier erstmals 1825 zur Dampferzeugung verwendet worden, und 1850 betrug die Kohleförderung der USA knapp 8 Millionen Tonnen. In der Sowjetunion lieferte Holz noch 1932 ein Fünftel aller (nicht als Nahrung oder Tierfutter verwendeten) Energie und selbst 1958 noch ein Zehntel. Wälder wie heute in der Sowjetunion oder in Brasilien gab es schon zu Beginn des 19. Jahrhunderts nur noch sehr wenige, und in England, dessen Eisen wie damals überall mit Holzkohle erschmolzen wurde, waren sie schon Mitte des 18. Jahrhunderts fast abgeholzt. Die Engländer *mußten,* wie gesagt, ihre Steinkohle nutzen. Da die tief lag, *mußten* Dampfpumpen zum Wasserfreihalten der Schächte erfunden werden. Zum Bau der Dampfmaschinen war Eisen nötig, Kohle und Eisen trieben sich gegenseitig hoch, die gleichzeitig entstandene Textilindustrie finanzierte diese Entwicklung, schuf das erste Massenexportgut, das zum Bau von Eisenbahnen und Dampfschiffen zwang, und so blieb es: Jeder Fortschritt gebiert dank der Technik Dutzende andere. Unsere heutige Welt kam durch Leistungs*ketten* zustande. Und wie durch das Energie*kapital,* das heißt die in Jahrmillionen gespeicherte Sonnenenergie in Form der Kohle und des Mineralöls, so durch in Form von Geld*kapital* gespeicherte menschliche Leistung.

Und so war auch und bleibt mehr denn je die Frage wichtig:

»KAPITAL«, WAS IST DAS IM GRUNDE?

Und da lautet die Antwort: *Nicht* wie viele, und vor allem die Marxisten behaupten, dem Arbeiter »gestohlener« Mehrwert. Sondern Arbeitsleistung, die nicht unmittelbar verbraucht wird. Im Grunde eine Energieform, die speicherbar ist, die man einsetzen kann, um zu leben und alle Kosten zu decken, die während der Zeitspanne entstehen, die zwischen dem Errichten von Produktionsmitteln und der ersten verkäuflichen Produktion liegt. »Kapital« wurde als »jeder Besitz, der arbeitsloses Einkommen abwirft«, definiert. Aber es ist von »caput« – »Stammsumme« abgeleitet und liegt dem französischen Wort »cheptel« – »Herde« zugrunde. Vieh ist die Urform des Kapitals, und das wirft gewiß nicht ohne Arbeit Zinsen ab. »Kapital« ist längst nicht mehr auf Geld beschränkt, sondern ein Komplex von Ideen, Methoden und persönlichen Beziehungen ebenso wie gespeicherte Energie und so *allen,* auch den kommunistischen Wirtschaftsformen, unentbehrlich. Auch in der Sowjetunion *muß* gespart werden und zahlt deshalb die Staatsbank Zinsen. Ohne Reservenbildung ist *jede* Art Leben undenkbar, die von den Pflanzen gebildeten Samen sind »Kapital« wie die Wasserspeicher der Sukkulenten oder der Steiß der Fettschwanzschafe. Nichts enthüllt die Ahnungslosigkeit unserer Kernkraftgegner besser als die Plakate auf dem besetzten Baugelände von Wyhl: »Für das Leben! Gegen den Profit!«

Jahrtausendelang aber war *echter* Gewinn, ein möglichst großer Unterschied zwischen Aufwand und Ertrag und damit die Kapitalbildung, überaus schwierig, denn jeder zusätzliche Arbeiter und jedes zusätzliche Lasttier bedeutete ja zugleich zusätzliche Verbraucher, auch Sklaven konnte man nicht verhungern lassen. Dementsprechend gering blieb die heute als »Profit« verteufelte »Gewinn«-spanne zwischen Erzeugung und Verbrauch, dementsprechend gering die Ersparnisse, die allein die Vergrößerung, Verbesserung und Erneuerung des Produktionsapparats ermöglichen. Erst die Dampfmaschine machte die

PRODUKTION UNABHÄNGIG VON DER MENSCHENZAHL.

Wir wurden reich durch die *beliebige* Produktionssteigerung mit Hilfe des Energiekapitals der Erde und die erst dadurch ermöglichte Geldkapitalbildung im *benötigten* Ausmaß. Als Erzeugung und Verbrauch *nicht* länger biologisch aneinandergekettet waren, konnte unsere heutige Welt entstehen, die Gütererzeugung *rascher* als die Menschenzahl zunehmen. In Millionen Tonnen Steinkohleeinheiten SKE, das heißt in den Energiewert der Kohle umgerechnet, betrug der Primärenergieverbrauch der Welt etwa:

1820	20
1870	218
1920	1425
1970	7000

Während das Energieaufkommen auf das 350fache stieg, nahm die Weltbevölkerung aber nur auf das etwa Vierfache zu: *Das* schuf unsere heutige Welt. Denn zugleich bedeutete die vervielfachte Naturkräftenutzung ja auch

EINE GEWALTIGE MULTIPLIKATION DER MENSCHLICHEN LEISTUNGSFÄHIGKEIT und damit völlig *neue* Lebensmöglichkeiten. Nicht daß Kohle ungleich energiereicher als Holz ist, war das Entscheidende, sondern daß sie nicht nur Wärme gab, sondern dank der Dampfmaschine auch in *Arbeit* umgesetzt werden konnte. Energie war immer schon das »Treibende« gewesen. Aber jetzt schuf sie eine Welt, die für *Milliarden* Menschen und nicht nur für einige Millionen groß genug ist. Ob man das als Segen oder als Fluch betrachtet, ist eine Anschauungssache. Aber mehr als vier Milliarden Menschen *gibt* es heute nun einmal, und die haben alle ein Recht auf die Hilfe von Maschinenkräften.

Welche Kräfte das im Vergleich zu unseren eigenen sind, ist leider nur sehr wenigen Menschen bewußt:

Jede Handvoll Kohle enthält soviel Arbeitskraft, wie ein gutgenährter, kräftiger Muskelarbeiter während acht Stunden höchster Anspannung aufbringt.

Ein Bergsteiger z. B., der nach Überwindung von 1200 Meter Höhenunterschied völlig erschöpft durch Schweißausbrüche und Sehnenschmerzen zum Rasten gezwungen wird, hat nur geleistet, was einer Drittel Kilowattstunde gleichkommt oder dem Strom, den während der gleichen Zeit eine 40-Watt-Lampe verbrauchte.

In Kilowattstunden ausgedrückt, betragen die *Jahres*-Leistungen:

Mensch bei acht Stunden Arbeit täglich	100
Pferd, durchschnittlich	1 500
Bockwindmühle alter Konstruktion	12 000
Das erste öffentliche Elektrizitätswerk (Edisons New Yorker Pearl-Street-Zentrale des Jahres 1882)	270 000
In Millionen Kilowattstunden jährlich leisten rund:	
8000-kW-Elektrolokomotive	53
30 000-kW-Walzwerksmotor	180
Jeder Turbogenerator des Hoover-Damm-Kraftwerks	345
Biblis-A-Kernkraftwerks-Block, 1976	5 437

Nun konnte das Zwanzigstel einer Pferdestärke, die der Mensch aufzubringen vermag, zwar auch schon durch Flaschenzüge und Hebebäume, Rollen und Schlitten derart summiert werden, daß die Pyramiden zustande kamen, und ebenso wurde das bis heute größte Bauwerk aller Zeiten, die Chinesische Mauer, ohne Maschinenhilfe errichtet. Aber für sehr viele Arbeiten kommt die Summierung der

Menschenkräfte schon durch Raummangel nicht in Frage, und stets bedeutete diese Summierung unvorstellbare Fron. Wenn heute manche Leute meinen, sie seien in ein »Tretrad« eingespannt, so *gab* es die jahrtausendelang und in 54 englischen Gefängnissen noch bis zum Jahre 1870. Da war »Galeerensträfling« bekanntlich kein Wortbild, sondern furchtbare Realität für Unzählige und so die Transportmechanisierung keineswegs nur ein materieller Fortschritt.

Was der Einsatz der Naturkräfte für die Schiffahrt und damit den Welthandel bedeutete, zeigt der folgende Vergleich:

	Tonnen Schiffsraum je Mann Gesamtbesatzung
Im Jahre 1350, dem Höhepunkt des Galeerenbaus:	0,1
Durchschnittsgröße der Fahrzeuge 45 BRT, 420 Ruderer und 30 Aufseher)	
Im Jahre 1850, dem Höhepunkt der Segelschiffsentwicklung:	26,0
(Viermaster von 4500 BRT, durchschnittlich 115 Arbeitskräfte zum Segelsetzen etc.)	
Im Jahre 1959 Frachter von 7200 BRT mit 24 Mann	300,0
Tanker von 45 000 BRT mit 40 Mann	1125,0
Im Jahre 1978 Supertanker von 420 000 dwt, 42 Mann	10 000,0

Ist die Verhunderttausendfachung der menschlichen Leistung, wie sie der Vergleich von Galeeren mit Supertankern ergibt, selten, so aber

DIE VERTAUSENDFACHUNG DER MENSCHENKRÄFTE

fast allgemein und für unser heutiges Leben vor allem auch

DIE WECHSELWIRKUNGEN ZWISCHEN ENERGIEVERSORGUNG UND GRUNDSTOFFERZEUGUNG

entscheidend wichtig. Da ist mit Hilfe der »sachten« Energien niemals die Metall- und Baustoffgewinnung möglich. Ein Blick auf die Veränderung der Weltproduktionszahlen während der vergangenen 150 Jahre zeigt den *grundlegenden* Unterschied zwischen der vorindustriellen und der industriellen Grundstoffgewinnung und die völlige Unmöglichkeit, auf diese Art Einsatz der »harten« Energie zu verzichten:

	1820	1970
Roheisengewinnung, Millionen Tonnen	1,5	438
Rohstahlerzeugung, Millionen Tonnen (Erste Statistik 1867: 22 000 t 1900: 11,5 Mio. t)	keine	593
Aluminium, Millionen Tonnen (Erzeugung 1854: 300 *Gramm* 1880: 2400 *Kilo*	keine	9,5
Zement, Millionen Tonnen (Weltgewinnung 1900: 12 Mio. t)	keine	588
Kunststoffe, Millionen Tonnen (Erste großindustrielle Produktion 1910: 32 000 t)	keine	40

Ohne die heutige Art der Naturkräftenutzung ist unser Leben also undenkbar. Längst aber auch der Einsatz von Muskelarbeit unrentabel: Der Wirkungsgrad des einzelnen menschlichen »Muskelmotors« beträgt zwei Prozent, der Wirkungsgrad der schlechtesten Maschine 15% (und der besten 98%) und die Durchschnittskosten der menschlichen Nahrungskalorien das mindestens Zwanzigfache des »Brotes der Maschinen«, von Kohle, Öl oder Uran. Und das heißt

Die schlechteste Maschine ist einhundertfünfzigmal rentabler als der beste Muskelarbeiter.

Dementsprechend entwickelte sich die Weltarbeitsleistung: Im Jahre 1850 entfielen von ihr auf den Menschen 13, auf die Tiere 53 und die Maschinen 34%. Im Jahre 1950 waren es 0,9 und 0,6 und 98,5 vom Hundert der Gesamtleistung. Die vier Milliarden Menschen schließlich, die 1976 auf der Erde lebten, leisteten bei je 100 kWh pro Jahr zusammen 400 Milliarden Kilowattstunden. Die genutzten Naturkräfte entsprachen 8640 Millionen Tonnen Steinkohleeinheiten (SKE) oder 70 400 Milliarden kWh:

Das Verhältnis der menschlichen Arbeitsleistung zur Maschinenleistung verhält sich heute wie 1 zu 176.

Man kann das auch so ausdrücken: Jedem Menschen aus Fleisch und Blut stehen heute 176 unsichtbare Helfer zur Verfügung, »Eiserne Sklaven«, die er durch das Niedertreten eines Gaspedals, durch das Betätigen eines Schalters zur Arbeit zwingen kann. Ohne diese unsichtbaren Helfer wären wir *völlig* hilflos.

Ohne Maschinenhilfe wären heute mindestens drei Viertel der Menschheit zum Untergang verurteilt.

Diese schon durch die Bevölkerungszahlen der vorindustriellen Ära unbestreitbare Tatsache muß all unseren Energieüberlegungen zugrunde liegen. Die wäre auch dann nicht aus der Welt zu schaffen, wenn unsere Maschinen tatsächlich »Stahldämonen« wären, wie sie 1863 Samuel Butler nannte. Die Industrialisierung brachte und bringt Strukturwandlungen mit sich. Aber wenn Schaufelradbagger leisten, was 11 000 Handschaufler zustande brächten, so machen sie keine 11 000 Leute arbeitslos, denn so viele Handschaufler gab es nie. Ebensowenig wie es je genug Glasbläser gab, um genug Glühlampenkolben herzustellen, und *nur* die entsprechenden Automaten die elektrische Beleuchtung ermöglichten. Arbeitslosenprobleme *gibt* es. Aber vor allem als Umschulungs- und Umstellungsprobleme. Denn allzulange wurde nicht nur nicht gefragt, in *welcher* Art Welt wir nun eigentlich leben, sondern auch nicht, *wie* diese zustande kam. Wie schon gesagt:

Unsere heutige Welt entstand durch die Verschmelzung der menschlichen Geisteskräfte mit den Naturkräften.

Sie trägt der *naturgegebenen* Tatsache Rechnung, daß der Mensch zum Denken und Lenken und nicht zu körperlicher Fron geschaffen ist. »Ingenieur« kommt von »ingenium«, und das heißt »Geist«. Unsere heutige Welt wurde *erfunden,* stets waren die Millionstel Volt unserer Gehirnströme die wichtigste aller Energieformen, und dem müßten endlich auch unsere Staats-, Wirtschafts- und Sozialpolitik angepaßt werden. Denn von der menschlichen Schöpferkraft hängt unsere Zukunft und der Wohlstand *aller* ab.

Wie sehr ist leider auch vielen »Führenden« nicht bewußt, dabei aber klar berechenbar: Nach dem Dieselprinzip arbeitende Motoren z. B. leisten mit der gleichen Treibstoffmenge um ein Drittel mehr als die früheren Verbrennungsmaschinen. Was seit Rudolf Diesels Erfindung des Jahres 1893 an Öl gespart wurde und bis zur Entdeckung eines besseren Prinzips immer weiter gespart werden wird, ist einfach auszurechnen. Das sind bisher rund zwei Milliarden Tonnen Öl im Wert von etwa 500 Milliarden DM. Jede Tonne Öl entspricht 11 600 kWh. Setzt man den Energiewert der Muskelarbeit eines Menschen auf das Jahr bezogen mit einem Millimeter in ein Schaubild ein, dann müßte bereits heute die geistige Leistung Diesels mit 232 000 Kilometern eingesetzt werden, mit fast der Entfernung der Erde zum Mond, und diese Geistesarbeit wirkt weiter…

Wie sich ein Millimeter zu 232 000 Kilometern verhält, so verhält sich die körperliche Leistung des Menschen zu seiner geistigen.

Oder besser nicht »des« Menschen, sondern nur ganz weniger schöpferischer, die deshalb mit allen erdenklichen Mitteln gefördert werden müßten. Was wir zu allererst zu überwinden haben, ist das materialistische Einbahndenken, die verheerende Malthusmentalität, die nur den Bauch des Menschen berücksichtigt und nicht sein Gehirn. Schon Godwin aber antwortete Malthus damals: »Eines Tages werden wir uns aus einem Blumentopf ernähren, kraft unseres Geistes!« Und dem Menschengeist gelang bekanntlich auch noch weit mehr, besser dem Geist *zweier* Menschen, Haber und Bosch: Wir leben inmitten des »Luftozeans«, und die Luft besteht zu drei Vierteln aus Stickstoff. Stickstoff ist der wichtigste Pflanzennährstoff, und jede Tonne Rein-Stickstoff ergibt 20 Tonnen Getreidewert *Mehr*ernten von der *gleichen* Fläche. Durch die Stickstoffbindung schufen Haber und Bosch

buchstäblich Brot aus der Luft,

und seitdem 1915 in Oppau die nach ihrem Verfahren arbeitende Anlage in Betrieb kam, entstanden auf der Welt Luftstickstoffabriken mit einer Kapazität von rund 30 Millionen Tonnen. Dank der Gehirne und der Tatkraft *zweier* Menschen werden nun *alljährlich* 600 Millionen Tonnen *mehr* Getreidewert gewonnen. Beim Weltmarktpreis von 1978 haben diese einen Wert von rund 140 Milliarden DM. Auch die teilweise Verwendung als Futtermittel – den verlustreichen Umweg über den Tiermagen – berücksichtigt, genügen die zur Ernährung von 600 Millionen Menschen und entsprechen 3000 Milliarden Kilowattstunden elektrischer Energie, einem Drittel der heutigen Weltstromerzeugung.

Alljährlich ernährt die geistige Arbeit zweier längst Toter 600 Millionen Lebende, und das noch auf unabsehbare Zeit.

Der Mensch wird nackt geboren und hilflos, und seine Muskelkräfte bleiben minimal. Seine Geisteskräfte jedoch sind unermeßlich. Und warum sollten die morgen geringer sein, als sie es gestern waren? Je mehr Menschen es gibt, desto zahlreicher sind die geistigen Wechselbefruchtungen, desto wirksamer die Leistungs*ketten* und desto bedeutsamer die sozialen Wirkungen dieser oder jener Neuerung, die alle Unheilprognostiker völlig ignorieren.

Technik setzt Wissen und Erfindungsgeist voraus. Aber ebenso unentbehrlich ist der unternehmerische Einsatz, die Risikobereitschaft und das Vorausdenken phantasiebegabter Organisatoren.

Als Hauptbegründer des Maschinenzeitalters gilt mit Recht James Watt, der Instrumentenmacher aus Glasgow, der 1765 die erste brauchbare Dampfmaschine erfand. Aber um sie fabrikationsreif und für *alle* Zwecke brauchbar zu machen, dauerte es 20 Jahre und kostete in heutiger Kaufkraft mindestens 20 Millionen Mark. Watt hatte nur Erfolg, weil ihn der Industriepionier Dr. John Roebuck finanzierte – und zwar so rückhaltlos, daß er 1772 in Konkurs ging. Watt fand in Matthew Boulton einen neuen Geldgeber, und dieser schöpferische Unternehmer gründete mit ihm 1782 die Firma Boulton & Watt und baute in Soho bei Birmingham die erste Dampfmaschinenfabrik der Welt. Der größte Metallwarenfabrikant Englands, war Boulton zugleich der Erfinder der »Public Relations« und ein Werbegenie, und niemals hätte sich ohne ihn Watts Dampfmaschine durchgesetzt.

Ähnlich war es bei Rudolf Diesel. Ohne Krupp und die Maschinenfabrik Augsburg-Nürnberg hätte er seine Ideen niemals verwirklichen können, und bei *allen* Ideen und neuen Erkenntnissen kommt es auf die Verwirklichung an, ohne praktische Anwendung helfen sie niemandem. Auch die Elektrizitätswirtschaft und die Nukleartechnik hatten Wissen und Können, aber ebenso *Wagemut* zur Voraussetzung, und wenn Werner Siemens oder Thomas Alva Edison selber Erfinder *und* Unternehmer waren, so brauchten die meisten andern Energiepioniere fremde Helfer.

Setzt die Technik zum Schaffen neuer Lebensmöglichkeiten Wissen, Erfindungsgeist und unternehmerischen Einsatz voraus, so, wie gesagt, auch Geldkapital, und zeitweilig bedeutete das *Macht* der Geldbesitzer. Aber die gleichen Faktoren, die diese Macht schufen, brachen sie auch und machten den Kampf gegen die »Kapitalisten« *längst* völlig sinnlos. Denn die »Industrielle Revolution« war ja

die einzige echte Revolution, die es bisher in der Menschheitsgeschichte gab.

Sie brachte keineswegs nur technische Fortschritte, sondern die gewaltigste soziale Umwälzung aller Zeiten, ungleich mehr Gerechtigkeit als die Französische oder gar die Bolschewistische Revolution. Denn durch sie kam ja auch der *Zwang* zum Produzieren in die Welt.

Der Handwerker konnte sein Werkzeug selber herstellen oder aus dem eigenen Arbeitsertrag beschaffen. Fand er zeitweilig keine Kunden, so ruinierte ihn das keineswegs, da ging er fischen oder arbeitete auf Vorrat, denn fast immer lebte er im eigenen Haus und hatte so keine Miete zu bezahlen, besaß er seinen eigenen Garten, meist auch ein paar eigene Felder. Mühlen und Hammerwerke wurden vererbt, dienten nicht einer, sondern vielen Generationen. Sie wurden, wie praktisch alle Produktionsmittel, aus *eigener* Kraft geschaffen und brauchten nur ganz langfristig »abgeschrieben« zu werden. Zinskosten gab es so wenig wie andere »fixe« Kosten.

Schon das Aufstellen der ersten Dampfmaschinen, der Bau der ersten Kesselhäuser und das Einrichten der Spinnsäle kosteten so viel Arbeit, daß das Eigenkapital des Unternehmers nur selten genügte, um die Zeitspanne zwischen dem Erstellen der Produktionsmittel und dem Verkauf der ersten Produkte zu überwinden. Monate- und jahrelang mußten Ausgaben gedeckt werden, ehe es die ersten Einnahmen gab, und die Maschinen wurden rasch komplizierter und teurer. Dazu machte der technische Fortschritt die Fabrikationsanlagen immer rascher zu Schrott, änderten sich immer rascher auch die Fabrikationsverfahren, und so gibt es heute nicht wenige Arbeitsplätze, die eine Million Mark kosten und binnen fünf Jahren »amortisiert« sein müssen, das heißt, mit denen binnen 1400 Arbeitstagen so viel Geld verdient werden muß, daß man sie »abschreiben« und durch neue ersetzen kann. *Fremd*kapital, für das Zins bezahlt oder Dividenden ausgeschüttet werden müssen, ist heute die Regel, und das bedeutet *fixe* Kosten: Die Kapitalkosten und die Abschreibebeträge wie die Mieten, die Versicherungs- und Pensionskosten etc. laufen weiter, gleich, ob gearbeitet wird oder nicht. Diese fixen Kosten sind heute oft höher als die Lohnkosten, und das heißt: Es *muß* produziert werden. Dazu *muß* verkauft werden. Und dazu muß die nötige Kaufkraft *geschaffen* werden. Daß Maschinen *weit* rentabler arbeiten als Menschen, heißt so *nicht,* daß die »Roboter« uns jemals »ersetzen« könnten. Und nicht nur, weil sie selber stets Menschenwerk bleiben, sondern weil nur der Mensch verbraucht, was sie erzeugen:

JE MEHR DIE MASCHINEN PRODUZIEREN, DESTO WICHTIGER WIRD DER MENSCH

– wenn auch nur als Käufer.

Was »selbstverständlich« scheint. Aber dieser unumstößlichen Tatsache trug als erster Henry Ford sen. Rechnung, als er am 1. Januar 1914 für alle seine Arbeitnehmer einen Minimallohn von 5 Dollar täglich für 8 Stunden Arbeit einführte, das Zweieinhalbfache dessen, was er selber bisher für 9 Stunden bezahlt hatte, und *zehnmal* soviel, wie damals im Durchschnitt acht Zehntel aller Arbeiter der Vereinigten Staaten verdienten, die 10 bis 11 Stunden arbeiten mußten. Lohn heißt, was jemand für geleistete Dienste empfängt. Jahrtausendelang war der »Naturallohn« vorherrschend, das heißt, die Arbeitenden bekamen (wie die Sklaven), was sie zum Leben brauchten, und Reste des Naturallohns bilden noch heute die »Deputate« der Landarbeiter und vereinzelt der Bergarbeiter. Den Stundenlohn erfand erst Richard Arkwright im Jahre 1776, und der betrug in der Frühzeit der Industrialisierung sehr oft weniger als das Lebensnotwendige. Ford aber erkannte als erster, daß jede Massenproduktion eine entsprechende Massenkaufkraft voraussetzt. Und weiter, daß die Massen zugleich auch *Zeit* haben mußten, in seinen Autos zu fahren, er also mehr Geld für weniger Arbeit zahlen mußte. Seine Maßnahmen zwangen die Konkurrenz, es ihm gleichzutun – und diese künstlich *geschaffene* Kaufkraft ließ die Vereinigten Staaten zur führenden Industrienation der Erde werden. Die unbeabsichtigte, aber logische Folge der »Industriellen Revolution« war die Kaufkraftsteigerung der Massen, unabhängig vom realen Wert ihrer Leistung. Und damit ist

ERSTMALS IN DER MENSCHHEITSGESCHICHTE AUSBEUTUNG IN JEDER FORM NICHT NUR UNRENTABEL, SONDERN SELBSTMÖRDERISCH

geworden.

Was zugleich die »Macht des Kapitals« brach und zu *zu* großer Macht der Gewerkschaften führte, weil auch der größte Konzern heute *so* hohe fixe Kosten hat, daß er sich langdauernde Streiks nicht mehr leisten kann.

Was aus Fords 5 Dollar Tageslohn 15 Dollar und mehr *Stundenlohn* werden ließ.

Was zum »Wohlfahrtsstaat« modernen Typs und seinen Auswüchsen führte und zu *zu* hohen Staatsausgaben, zu einer *zu* raschen Geldumlaufsteigerung und entsprechender Geldentwertung.

Was dazu verleitete, Umsatzsteigerungen durch das Schaffen *überflüssiger* »Bedürfnisse« zu erreichen.

Und was zu einer zeitweilig untragbaren Umweltbelastung führte, *dennoch* aber auch

DER GRÖSSTE SOZIAL-MORALISCHE FORTSCHRITT ALLER ZEITEN

war, zum *Zwang* führte, aus Egoismus die Menschen menschenwürdig zu behandeln und ihnen ein menschenwürdiges Leben zu ermöglichen. Und heute nicht allein in den hochindustrialisierten Staaten, sondern langsam, aber sicher *global*. Denn der Zwang, zu produzieren und zu verkaufen, führte nicht nur zu größeren Wirtschaftsräumen, zu Organisationen wie der Europäischen Gemeinschaft, sondern er bedeutete mehr und mehr *Zwang,* den Entwicklungsländern zu helfen, *alle* Menschen zu Produzenten und Käufern zu machen.

In welcher Art Welt leben wir also?

In einer Welt der Menschen und Maschinen.

Und in einer

WELT DER INTERDEPENDENZ, DER GEGENSEITIGEN STATT DER EINSEITIGEN ABHÄNGIGKEITEN.

Der Mensch machte sich weitgehend unabhängig von den begrenzten Existenzmöglichkeiten, die ihm die umgebende Natur bot, aber er wurde dadurch immer abhängiger von den Energieträgern, und da deren Nutzung Industrialisierung bedeutete, abhängig durch immer weitergehende Arbeitsteilung. Immer öfter sind wir nun auf Menschen angewiesen, die am andern Ende der Welt leben und auf die wir keinerlei eigenen Einfluß auszuüben vermögen. Die wachsende Interdependenz ist ein entscheidender Friedensfaktor. Aber der *Zwang,* mit andern ohne Gewalt auszukommen, bedeutet natürlich auch eine Verdrängung von Urinstinkten, von Kampf- und Raublust vor allem, und diese Verdrängung äußert sich in Rassen- und Klassenhaß, in Neid, Vandalismus und Terrorismus, in Mißtrauen und Lebensüberdruß. Der *Zwang* zum Produzieren und der *Zwang,* ständig die Kaufkraft zu steigern, auch wenn das *nicht* zwangsläufig zu einem parallellaufenden Mehrverbrauch von Rohstoffen oder einer erhöhten Umweltverschmutzung führt, weil heute ja, wie gesagt, die *Dienstleistungen* in zahlreichen Ländern bereits einen weit höheren Anteil an der Gesamtbeschäftigung haben als die Produktion, Nichtmaterielles also immer wichtiger wird, auch dann lehnen sich mehr und mehr Menschen gegen unsere heutige Wirtschaftsform auf und versuchen z. B. mit allen Mitteln die Kernenergienutzung zu verhindern, weil *nur* die unsere Wirtschaft in den nächsten Jahrzehnten in Gang halten kann.

Dieser Widerstand und dieses schon geschilderte »Mensch-sein-Wollen« ist verständlich. Aber nichtsdestoweniger lebensgefährlich. Denn:

Energiemangel bedeutet heute Finsternis und Kälte.

Die Unmöglichkeit, Textilfasern zu gewinnen und Kleider herzustellen.

Die Unmöglichkeit, Wohnungen zu bauen.

Energiemangel bedeutet Hunger nicht nur durch das Ausfallen

der Traktoren und Fischkutter, durch Mineraldüngermangel und Mangel an Schädlingsbekämpfungsmitteln, sondern auch Unmöglichkeit, die Ernten ohne Millionen Lastautos in die Städte zu bringen.

Energiemangel bedeutet, daß die Städter verdursten.

Er bedeutet den Ausfall *aller* Transporte und damit Lahmlegung des Außenhandels.

Stillstand *aller* Maschinen, schon aus Mangel an Schmiermitteln und nicht nur durch Mangel an Öl oder Strom.

Energiemangel bedeutet *nicht* Rückfall auf den Stand der Buschleute oder die Steinzeit, denn dazu gibt es längst viel zu viele Menschen und Menschen, die nicht länger fähig sind, wie die Buschleute zu leben.

ENERGIEMANGEL BEDEUTET HEUTE UNTERGANG DER MENSCHHEIT.

Nicht nur den Untergang unserer Zivilisation, sondern das Ende unserer Existenz.

Aus dieser überragenden Bedeutung der Energie aber ergibt sich völlig logisch und unbestreitbar:

RECHT AUF LEBEN BEDEUTET RECHT AUF ENERGIE.

Wer uns dieses Recht schmälern will, bedroht jeden einzelnen von uns und die Existenz aller kommenden Generationen. Dieses Recht aber *wird* nun in allen westlichen Industrieländern – und, wie ständig wiederholt werden muß, *nur* da – durch eine winzige Minderheit in Frage gestellt, die die Möglichkeiten, die der Rechtsstaat dem einzelnen bietet, zu immer groteskeren Verfälschungen echten Rechts benutzt.

Entscheidende Frage ist:

WELCHES RECHT GEHT VOR: DAS EINES BAUGENEHMIGUNGS-PARAGRAPHEN ODER DAS MENSCHENRECHT AUF ENERGIE?

WER HAT ZU ENTSCHEIDEN: DEMOKRATISCH GEWÄHLTE REGIERUNGEN ODER KEINERLEI VERANTWORTUNG TRAGENDE »BÜRGERINITIATIVEN«?

Leute, die sich nur auf das »gesunde Volksempfinden« berufen, wie es (angeblich) im Dritten Reich den Ausschlag gab?

Die erste »Menschenrechts«-Deklaration ist die »Bill of Rights« von Virginia, die am 12. Juni 1776, zu Beginn des amerikanischen Unabhängigkeitskrieges, erlassen wurde. Und in der heißt es nicht nur »Alle Menschen sind von Natur gleichermaßen frei und unabhängig«. Sondern neben dem Recht auf Leben und Freiheit wird »die

Möglichkeit, Eigentum zu erwerben und zu behalten«, als Grundrecht stipuliert, und dieses Recht verkündete auch die französische revolutionäre Nationalversammlung am 27. August 1789.

Ebenso ist in der am 10. Dezember 1948 von den Vereinten Nationen erlassenen »Erklärung über die Allgemeinen Menschenrechte« keineswegs nur davon die Rede, daß jeder Mensch ein naturgegebenes Recht auf sein Leben und seine Freiheit besitzt, sondern da heißt es auch:

> »Jeder hat als Mitglied der Gesellschaft Recht auf soziale Sicherheit und Anspruch darauf, durch innerstaatliche Maßnahmen oder internationale Zusammenarbeit und gemäß dem Aufbau und den Mitteln jeden Staates in den Genuß der wirtschaftlichen, sozialen und kulturellen Rechte zu kommen, die für seine Würde und die freie Entwicklung seiner Persönlichkeit unumgänglich sind…«
>
> »Jeder hat weiter Anspruch auf eine Lebenshaltung, die seine und seiner Familie Gesundheit und Wohlfahrt zu sichern imstande ist, insbesondere auf Nahrung, Kleidung, Wohnung, ärztliche Fürsorge. Er hat außerdem das Recht auf Sicherheit bei Arbeitslosigkeit, Krankheit, Arbeitsunfähigkeit, Witwenschaft, Alter oder in anderen Fällen, in denen er die Mittel zu seinem Unterhalt durch Umstände verliert, die unabhängig von seinem Willen sind.«

Das alles aber schließt

DAS HEUTE ESSENTIELLSTE ALLER GRUNDRECHTE, DAS RECHT AUF TEILNAHME AN DER NATURKRAFTNUTZUNG,

ein, denn ohne Hilfe der Naturkräfte kann *kein* Volk die Wohlfahrt seiner Bürger sichern und dem Artikel 4 der UN-Menschenrechts-Deklaration nachkommen, der lautet: »Niemand soll in Sklaverei und Leibeigenschaft gehalten werden.«

Wer aber überwand die? Volksbeglücker, Ideologen oder Politiker? Staatsmänner oder Religionsstifter? Die großen Religionen sind Jahrtausende alt. Erstmals gesetzlich abgeschafft wurde die Sklaverei 1833 auf den Britischen Antillen. Es dauerte bekanntlich bis 1864, ehe das in den Vereinigten Staaten geschah. Sklaverei war in Brasilien bis 1888, in Äthiopien bis 1935 und in Saudi-Arabien bis November 1962 legal. Der erste Staat, in dem die Leibeigenschaft aufgehoben wurde, war Österreich, hier setzte das Kaiser Joseph II. gegen erbitterten Widerstand im Jahre 1776 durch, während in Preußen die Bauern erst 1810 frei wurden und in Rußland 1861. *Wirklich* beseitigt wurde die Fron durch Maschinen, die die Arbeit billiger und schneller leisteten. Forscher, Techniker, Erfinder und Unternehmer beseitigten die Sklaverei und die Leibeigenschaft, und *nur* die können auch den Menschen, die heute noch kein menschenwürdiges Dasein haben, das entscheidendste aller Rechte erkämpfen: das auf die Maschinenhilfe.

Aber daraus ergibt sich natürlich die Frage:

Gibt es genug Energie für *alle* Menschen?

Unsere Welt ist eine Welt der Menschen und Maschinen.

»Unsere« aber heißt nicht nur die heutige Welt, sondern zugleich die Welt der Industrialisierten, damit der »Reichen«, und die bilden heute eine Minderheit, die Industrieregionen gleichen einigen wenigen Inseln im Ozean der Not und des Elends. Und *können* z. B. die 640 Millionen Menschen, die heute in Indien leben, ihr Recht auf Energie durchsetzen?

Was ein Leben ohne genügend Energie bedeutet, zeigen nicht nur die Buschleute der Kalahari. Das Verkennen der Diesseits-Notwendigkeiten und die Flucht aus der Wirklichkeit wurden auch einem der ältesten Kulturvölker zum Verhängnis. Jeder, der die Notwendigkeit der Kernenergie leugnet, der »sachte« Energie fordert oder Wachstumsstopp verlangt, sollte sich das Schicksal des Sechstels der Menschheit klarmachen, das heute in Indien lebt. Wie *diese* Menschen und *warum* sie so leben müssen, kann jedermann mit eigenen Augen sehen, da geht es nicht um mögliche oder zukünftige Gefahren, sondern um den heutigen Zustand, der auf Grund unanzweifelbarer historischer Dokumente und zahlloser Baudenkmäler mit dem früheren verglichen werden kann. Und der zeigt, wie es morgen in Europa aussehen würde, wenn es zum »Zurück zu einer Wirtschaft, die unserm Wesen gemäß ist«, käme.

III
Genug Energie für alle Menschen?

Das mangelnde und das mißbrauchte Recht auf Energie:
Die warnenden Beispiele Indiens und der Vereinigten Staaten

Fünfspaltig über die ganze Seite »Dokumentation« sagte es »Die Zeit« in Hamburg im Mai 1978: »Es geht auch ohne das Atom.« Da heißt es in jeder Kernenergie-Diskussion: »Wir brauchen keine Kernkraftwerke! Wir verbrauchen schon viel zuviel Energie!«

Selbst wenn das richtig wäre: Zählen nur »Wir«? Alle andern Menschen nicht?

Charterflüge nach Indien kosten jetzt oft nicht mehr als zwei oder drei Mallorcareisen, und die könnten so manchen »soft energy«-Anhänger von seinen Illusionen befreien. Ein Augenschein in Indien müßte Pflicht für alle Politiker sein, die in Energiefragen mitzureden haben. Denn hier sind die Folgen falscher Entscheidungen offensichtlich.

Indiens reichste und größte Stadt beginnt zu erwachen, wenn der erste Air-India-Bus um vier Uhr morgens von Kalkuttas Flughafen Dum-Dum durch die Burra-Bazaar, die Hauptgeschäftsstraße, zum Grandhotel fährt. Dicht gedrängt liegen an allen Hauswänden Menschen, die Schutz vor den nächtlichen Regengüssen suchten. Der Gehsteig ist von Schlafenden belegt, und nackte Kinder raufen um die Wärme der überall zwischen ihnen liegenden Rinder. Fröstelnd hocken ein paar Frauen um ein Dungfeuer. Andere beginnen in Abfallhaufen zu wühlen und verjagen die Ratten, die das ebenfalls tun. Von Abfällen leben hier gut eine Million Menschen. Denn wenn es in Kalkutta mehr Millionäre gibt als in irgendeiner Stadt zwischen Rom und Tokio, so ist es nichtsdestoweniger auch

EIN KONZENTRAT WIMMELNDEN ELENDS, WIE ES KEIN ZWEITES AUF DER WELT GIBT,

und der größte Slum der Erde. Von den Salzsümpfen des Gangesdeltas und dem schokoladefarbenen Hugliflluß eingeengt, vermag die Stadt nicht entsprechend zu wachsen, und so leben hier nun 160 000

Menschen auf jedem Quadratkilometer, 45mal so viele wie auf der gleichen Fläche Berlins. Diese Enge führt immer wieder zu Seuchen. Sie führt immer öfter zu Verzweiflungsausbrüchen der Massen, die dann die Straßen aufreißen, Häuser anzünden und ausgebrannte, mit Salpetersäure gefüllte Glühlampen gegen die Polizei schleudern. In Kalkutta entstand die Bewegung der »Naxaliten«, der linksextremsten aller anarcho-kommunistischen Sekten, und die Bankpaläste und Bürohochhäuser wie die Lagerschuppen des Hafens, der noch immer einer der bedeutendsten Asiens ist, werden von der Central Reserve Police bewacht, deren Gewehre an langen, um den Bauch der Männer geschlungenen Ketten hängen, damit man ihnen die Waffen nicht entreißen oder sie ihnen wegnehmen kann, wenn sie niedergeschlagen wurden. Kalkutta ist seit 1947 eine Stadt der Flüchtlinge und der Arbeitsuchenden. Der Zustrom ist nicht aufzuhalten, und wenn hier im Jahre 1931 weniger als eineinhalb Millionen Menschen lebten, so 1978 mehr als neun Millionen, davon im Stadtkern fünf. Allein während der letzten Generation vervierfachte sich die Bevölkerung Kalkuttas, und für sie gibt es genügend Trinkwasser so wenig wie Wohnungen oder öffentliche Verkehrsmittel, nur in drei Stadtvierteln irgendeine Kanalisation. *Wie* diese Menschen leben, kann sich niemand in Europa vorstellen. In Bombay mit seinen acht Millionen aber ist es ähnlich. Drei Millionen Menschen teilen dort einen Raum mit mehr als sechs und bis zu zwanzig anderen. Vierundvierzig Prozent haben keinen festen Arbeitsplatz.

Natürlich sind Kalkutta und Bombay nicht mit Indien gleichzusetzen. Indien ist so groß wie Europa ohne die Sowjetunion, und zwischen diesen beiden Städten ist der schnellste Expreßzug 32 Stunden unterwegs. Nach wie vor stellt die Landwirtschaft 44% des Gesamt-Wirtschaftsertrages der Indischen Union, und mehr als sieben Zehntel aller Inder sind völlig auf sie angewiesen. Worauf es heute wie vor Jahrtausenden ankommt, sind

INDIENS 576 000 DÖRFER, DIE ALLE ZU BESUCHEN 700 JAHRE DAUERN WÜRDE,

auch wenn man sich in jedem nur 20 Minuten aufhalten wollte, täglich 16 Stunden unterwegs wäre und ein Dorf vom andern nur eine halbe Stunde entfernt läge. In diesen zahllosen Dörfern aber wird noch weit mehr als in Indiens 160 Großstädten gehungert. Am 9. März 1978 stellte z. B. der Direktor des Nationalen Indischen Ernährungsinstituts, J. Srikantia, in Delhi amtlich fest:

»Nach wie vor sterben in Indien jährlich eine halbe Million Menschen an Unterernährung, weil sich für einen großen Teil der Bevölkerung trotz der stark gestiegenen Nahrungsmittelproduktion die Versorgung *nicht* gebessert hat. Im Gegenteil: Die Sterblichkeitsrate bei Kindern unter fünf Jahren betrug 1951 im Durchschnitt 32,2 Prozent. Sie betrug 1976 jedoch 36,1%. Rund vier Zehntel aller Dorfkinder sind nach Größe und Gewicht mindestens ein Jahr hinter der normalen Entwicklung zurück. Jedes dritte Kind auf dem Land leidet an akutem Eiweiß- und Vitaminmangel...«

Als Existenzminimum gelten in Indien statt wie bei uns 2400 nur 1900 Nahrungskalorien täglich. Mit *weniger* als diesem Minimum mußten dem indischen Planungsministerium zufolge 1960/61 etwa 38% der ländlichen Bevölkerung auskommen. 1968/69 aber 54%, und für 1977 wurden

360 MILLIONEN INDER, DIE SICH NICHT AUSREICHEND ZU ERNÄHREN VERMÖGEN,

angenommen. Indiens Dorfbevölkerung macht heute etwa ein Achtel der Menschheit aus. Und *wie* leben diese mehr als 500 Millionen?

Das zeigt mir mein Dolmetsch Ramkhilaun im Dorf seines Schwagers Ram Lal, das in der Provinz Bihar nicht weit von der neuen Musterstadt Sindri liegt. Ramkhilaun ist einer der 40 000 Studenten der Universität Kalkutta und mit einem Mädchen verlobt, das jeden Morgen auf dem Weg zur Chemievorlesung im Tempel der Göttin Kali betet und nachmittags im Büro der Kommunistischen Partei arbeitet. Er stammt aus dem Mirzapurdistrikt, und sein Name bedeutet »der für seine Nahrung von Gott Abhängige.« So heißen hier viele, und so müßten im Grund alle Inder heißen, denn zum großen Teil muß ja hier noch immer Gott allein dafür sorgen, daß nicht alle verhungern.

Wir nehmen den Bombay-Expreß, der unvorstellbar überfüllt ist und in den auf jeder Station neue Menschenmassen einzudringen versuchen. Dreieinhalb Stunden Fahrt durch gleichförmiges Braun, an kleinen, ausgedörrten Feldern vorbei, die keine Wiese und kein Wald unterbricht. Die Flußläufe werden von breiten Kies- und Sandbetten markiert, denn nur der Ganges führt hier durch die Gletscherschmelze des Himalaya auch in der Trockenzeit reichlich Wasser. Die meisten andern Flüsse versiegen monatelang, obwohl sie gestaut ganz Indien ein Jahr lang über 60 Zentimeter hoch zu überschwemmen vermöchten und dazu 40 000 Megawatt Strom liefern könnten. Von der Bahn steigen wir in einen Bus um, der uns an einer Wegkreuzung absetzt. Zum Dorf sind es noch acht Kilometer, wir haben Glück, ein Ochsenkarren nimmt uns mit. Zum nächsten Brunnen ist es von den 42 Hütten des Dorfes Ram Lals nur knapp sieben Kilometer. Die Frauen und Mädchen mit ihren Tonkrügen auf dem Kopf brauchen täglich hin und zurück drei Stunden. Aber dafür gibt es auch wenig Hausarbeit, denn alle Häuser bestehen nur aus einem einzigen Raum. Die Wände bildet gestampfter Lehm, und wenn das Dorf auf einem Hügel zu liegen scheint, so entstand der dadurch, daß stets neue Lehmbauten auf den alten, durch besonders starke Monsunregen zerfallenen, errichtet wurden. Die Dächer bestehen aus Stroh. Fenster gibt es nicht, nur eine niedrige Tür und eine Luke, durch die der Rauch abzieht, wenn gekocht wird. Das geschieht einmal täglich. Zu einem Napf Linsen oder Reis gibt es dann kleine, dünne Brotfladen, außer dieser einen Mahlzeit dann und wann ein Glas dünne Milch. Ram Lal, seiner Frau und seinen vier Kindern, die von elf übriggebliebenen sind, sieht man das an. Die Kinder haben aufgedunsene Bäuche und entzündete Augen. Die Eltern sind dürr, muskellos, sie scheinen die Großeltern zu sein. Und ebenso muskel- und kraftlos sind ein Ochse und ein Büffel, die neben der Hütte unter einem Laubdach stehen und die den Holzpflug durch die Äcker ziehen sollen. Das heißt, die diese Äcker nur ankratzen. Der Dung der beiden Tiere ist Ram Lals einziges Heizmaterial. Er wird an der Sonne getrocknet, zu runden Fladen geformt und zu kleinen Pyramiden aufgeschichtet. Die Dungfeuer stinken und wärmen kaum. Aber wie anders sollte hier gekocht werden? Noch im 17. Jahrhundert war die Gangesebene, die sich quer durch den Indischen Subkontinent hinzieht, dicht bewaldet. Sie ist zweieinhalbtausend Kilometer lang und 250 bis 350 Kilometer breit, erstreckt sich über eine Entfernung, die der zwischen Lissabon und Kopenhagen gleichkommt. Aber jetzt gibt es hier kaum noch einen Baum. Zwar besitzt Indien noch immer 75 Millionen Hektar Wald, aber fast ausschließlich in schwer zugänglichen Gebirgsgegenden, und der Ertrag beträgt 0,28 Kubikmeter jährlich gegen die 2,6 Japans und die 4 Frankreichs. Ohne den getrockneten Dung wäre in weiten Teilen des Landes jedes Feuermachen unmöglich, Indiens Bauern praktisch dort, wo vor etwa 1,7 Millionen Jahren alle Menschen waren. Denn Indiens Energieversorgung bestand 1950 noch zu drei Vierteln aus »nichtindustriellen Brennstoffen«, und nach wie vor bilden diese die Hälfte. Im Jahre 1973 (jüngere amtliche Zahlen gibt es nicht) betrugen

DIE ANTEILE AN DER INDISCHEN ENERGIEVERSORGUNG IN PROZENT:

Holz	27
Erdöl	25
Kuhdung und Stroh	23
Kohle	13
Wasserkraft	12

Insgesamt standen Indien nur etwa 110 Millionen Tonnen Steinkohleeinheiten Primärenergie zur Verfügung und damit 204 Kilo pro Kopf und Jahr gegen den Weltdurchschnitt von damals 2100 und einem EG-Verbrauch von rund 5000. Auch China gewann pro Kopf etwa viermal soviel Energie wie Indien. Weniger gab es nur noch in Pakistan, Nepal und Nigeria.

Ein typisches Entwicklungsland also?

INDIEN IST KEIN UNTERENTWICKELTES, SONDERN EIN RUINIERTES LAND.

Indien ist ein warnendes Beispiel für die Gefahr des Irrationalen und des Ignorierens von Naturgegebenheiten, wie sie das Bevölkerungswachstum darstellt. Indien geht an der Entartung des Hinduismus und der Unfähigkeit seiner Herrschenden zugrunde, den Unterschied zwischen den gestrigen und heutigen Existenzgrundlagen zu sehen. An einem Denkfähigkeitsmangel also, der auch bei uns erschreckend um sich greift. Wer begreifen will, was Energiemangel bedeutet, muß Indien kennen, wie es heute ist, und wissen, was es einmal war.

Bereits zu einer Zeit, da in Europa erst ganz wenige Menschen lebten, hatte die sich natürlich erneuernde Fruchtbarkeit der Stromsysteme des Indus, Ganges und Brahmaputra in deren Mündungsgebieten eine dichte Besiedlung ermöglicht. Seit 1921 im Indus-Tal durchgeführte Grabungen legten Städte aus dem dritten vorchristlichen Jahrtausend frei, die mit ihren Wasserleitungen und Kloaken, Badezimmern und Zentralheizungen an die Wohnkultur des späten Rom erinnern. In Mohenjo-Daro wurden Textilien und Metallgegenstände gefunden, die alles, was es damals in Ägypten gab, weit übertreffen, und Indien ist nicht nur eine der ältesten Kulturnationen, sondern dort wurde eine der *Grundlagen* unserer heutigen Zivilisation, unserer Wissenschaft und Technik wie unserer Wirtschaft geschaffen. Denn

AUS INDIEN STAMMT UNSER ZAHLENSYSTEM:

Hatten die Griechen wie die semitischen Völker Buchstaben des Alphabets zum Rechnen benutzt und die Römer sieben einfache Zeichen, die nicht weniger unbequem waren und auf die das einfache Dezimalsystem ebenfalls nicht anwendbar ist, so entwickelte der 598 nach Chr. verstorbene indische Mathematiker Brahmagupta unsere heutige Art von Ziffern, die je nach ihrer Stellung Einer, Zehner oder Hunderter bedeuten und *jede* erdenkliche Zahl auszudrücken vermögen. Wenn diese Ziffern »arabische« und nicht »indische« heißen, so weil sie auf dem Umweg über den im 9. Jahrhundert lebenden Araber Mohammed Ibn Musa vom Abendland übernommen wurden.

Leistete Indien schon durch Brahmagupta einen *einmaligen* Beitrag zur Weltzivilisation, so wurde in Indien aber auch die Baumwollkultur entwickelt, stammt aus Indien die Baumwollspinnerei und -weberei, und in unseren Textilmuseen gibt es indische Baumwollstoffe aus dem 4. Jahrhundert, die an Qualität bis heute unübertroffen blieben. Da stammt die Zuckerrohrkultur und die Zuckerraffination aus Indien. Ebenso aber auch das Wort »Eisen«, das vom Sanskrit »Ayas« abgeleitet ist, und eine für die damalige Zeit einmalige technische Leistung stellt die Kutub-Säule in Delhi dar: Im Tempelhof der Kuwat-ul-Islam-Moschee, die ursprünglich ein Hindu-Tempel war, steht eine schmiedeeiserne Säule von 40 Zentimeter Durchmesser und 7,25 Meter Höhe, die ein Gewicht von 6 Tonnen hat. Sie trägt eine eingemeißelte Inschrift in der Gupta-Sprache, die den Ruhm des Rajahs Dhawa verkündet, der im 4. Jahrhundert nach Christus herrschte, und ist aus einzelnen Luppen zusammengeschweißt. Diese oben reich verzierte Säule gibt noch heute den Metallurgen Rätsel auf, weil keinerlei Korrosionserscheinungen zu sehen sind, und sie ist nicht das einzige große Schmiedestück, das sich in Indien erhalten hat. In der sogenannten »Schwarzen Pagode« von Kanaruk unweit Madras, die um das Jahr 1250 erbaut wurde, gibt es zwei eiserne Torbalken, von denen einer 10,7 Meter lang ist und 20 Zentimeter Durchmesser hat, der andere 7,8 Meter lang und 28 Zentimeter stark ist. Im 16. und 17. Jahrhundert wurden in Indien Riesengeschütze geschmiedet, deren erhaltene 30 000 Kilo wiegen. Indischer Waffenstahl wurde in Gräbern gefunden, die aus dem siebenten vorchristlichen Jahrhundert stammen. Alexander der Große erhielt von dem Inderkönig Porus einen Stahlbarren von 15 Kilo Gewicht zum Geschenk, und was als »Damaszenerstahl« im Abendland berühmt wurde, ist Stahl aus Indien, den Kaufleute aus Damaskus zu

Preisen absetzten, die dem damaligen Goldpreis entsprachen. Hochentwickelt waren auch andere Techniken, z. B. die Edelsteinschleiferei, die es in Indien lange vor dem sechsten vorchristlichen Jahrhundert gab und die Theodoros von Samos 532 vor Chr. wahrscheinlich aus Indien übernahm. War

INDIENS HANDWERK JAHRTAUSENDELANG DAS HÖCHSTENTWIKKELTE DER GANZEN WELT,

so nicht nur, weil seine Menschen über die entsprechenden Fähigkeiten verfügten, sondern weil sie durch die Natur *gezwungen* wurden, sie einzusetzen: Fast 3000 km weit grenzt der Himalaya, das höchste Gebirge der Welt, Vorderindien gegen Norden ab, verhindert den Einbruch von Kaltluft und macht Indien zu einem Land ohne Winter, das nur einen geringen Heizbedarf hat und mit wenig Aufwand für Kleidung und Wohnung auskommt. Vor allem aber zwingen der Himalaya mit seinen 10 000 Gipfeln und zwei andere Gebirgsketten den Sommermonsun, der sich über dem Indischen Ozean mit Wasserdampf sättigt, dieses Wasser über Indien abzuladen. Falls er rechtzeitig kommt, bedeutet dieser Wind üppige Ernten, falls er sich verspätet oder gar ausbleibt, Hungersnöte. Vor allem aber wechselt er halbjährlich seine Richtung, im Winter weht er seewärts und ist trokken, dörrt die Felder aus:

KLIMABEDINGT IST INDIENS AGRARBEVÖLKERUNG DURCHSCHNITTLICH 190 TAGE IM JAHR BESCHÄFTIGUNGSLOS.

Sonne und Wind backen den Boden steinhart zusammen.

Das aber war während der Blütezeit Indiens ein Vorteil, denn jahrtausendelang wurde diese »tote Saison« durch Hausindustrien genutzt, vor allem durch Spinnen und Weben. Bauern- und Handwerkerfamilien waren praktisch identisch und stellten die wunderbarsten Seidenstoffe, die feinsten Musseline, die leichtesten Wollschals (die berühmten Kaschmirschals) her, ebenso aber kunstvoll ziselierte Silber- und Kupferarbeiten, die hervorragendsten, vergoldeten Holzschnitzereien und zahllose andere Dinge. Vor allem sein Handwerk machte Indien zum »Wunderland« und zu einem der reichsten Länder der Erde. Hier sammelte sich das Gold und Silber der Ausfuhrerlöse an, und zur Zeit Dareios I. z. B. war das untere Industal die 20. Satrapie des Perserreiches und mit einem jährlichen Tribut von 360 Talenten Goldstaub im heutigen Wert von etwa 180 Millionen DM im Jahr 518 vor Christus die weitaus reichste aller Satrapien.

Indien wurde nicht *nur* durch sein Handwerk reich. Es war jahrtausendelang auch der wichtigste Arzneimittel-Lieferant der Erde. Im Mittelalter stammte fast aller Salpeter, den Europa zur Schießpulverherstellung brauchte, aus Indien und wurde zeitweilig teurer bezahlt als die kostbarste Seide, erst im 19. Jahrhundert wurden ja die großen Salpetervorkommen Chiles entdeckt. Wie in Indien die Textilveredlung entstand, so auch die Färberei, Indigo *blieb* ein Welthandelsartikel von mindestens 1000 vor Christus bis 1897, als in Deutschland die Indigosynthese gelang. Indien war lange der bedeutendste aller Reis- und Zuckerexporteure, lieferte (und liefert noch) Tee in alle Welt. Wie sein Handwerk blühte sein Handel, und seit König Aschoka den Buddhismus verbreiten ließ, führte Indien in großen Teilen Asiens auch geistig: Bis vor kurzem hieß fast ganz Südostasien, eine Region, weit ausgedehnter als die Vereinigten Staaten, »Hinterindien« oder »Farther India« – »Ferneres Indien«, denn von Belutschistan bis Borobodur auf Java und von Burma bis Bali zeugen gewaltige Tempelbauten von Indiens Einfluß. Indiens Missionare waren nicht selten mit Indiens Kaufleuten identisch, die ja noch heute die tüchtigsten Afrikas sind, und so lagen die Gewürzhandelszentren der damaligen Welt in Indien, beherrschte Indien den Edelstein- und Edelmetallhandel. Und wie durch den Handel mit Indien Venedig reich und mächtig wurde, so im 16. Jahrhundert Portugal.

Heute spielt Indien für die Welt so gut wie keinerlei Rolle. Seit ihrem Entstehen im Jahre 1947 erhält die Indische Union Milliarden und Abermilliarden Wirtschaftshilfe. Aber auch 1977 betrug ihr Außenhandelsvolumen mit knapp 22 Milliarden DM nur 36 DM pro Kopf gegen die 6145 des EG-Durchschnitts. Und das eigene Volk hungert, wie gesagt: Dem Arbeitsminister Verma zufolge leben 512 Millionen Inder »menschenunwürdig«,

> IM JAHRE 1978 LAG DAS EINKOMMEN VON ACHT ZEHNTELN DER BEVÖLKERUNG INDIENS UNTER DEM AMTLICHEN EXISTENZMINIMUM,

wobei diese »Armutsschwelle« mit 55 Rupien oder etwa dreizehneinhalb Mark monatlich angenommen wird. Das Bruttosozialprodukt betrug pro Kopf rund 300 Mark jährlich, 80 Pfennig pro Tag.

Ist Indien so arm, weil es nach China der Staat mit den meisten Menschen der Welt ist?

Halbwegs verläßliche Bevölkerungszahlen gibt es für Indien erst seit Ende des vorigen Jahrhunderts, wie viele Menschen es zur Zeit seiner Hochblüte zählte, ist nur roh zu schätzen. Aber wird der gleiche Anteil an der Weltbevölkerung angenommen wie heute, nämlich ungefähr 15%, so gab es in Indien um das Jahr von Christi Geburt 24 Millionen (von insgesamt 160) und um 1650 etwa 75 (von 500). Und das waren etwa 18 pro Qudratkilometer.

Die erste Zählung in der Indischen Union wurde 1951 durchgeführt und ergab 359 Millionen. Im Jahre 1971 waren es 548, und 1978 lebten hier 640 Millionen oder 210 je Quadratkilometer. Aber bekanntlich gibt es weitaus dichter besiedelte Gebiete, und nicht nur in Ägypten oder Japan, sondern z. B. auch in den Niederlanden oder Deutschland. Aber die erfüllten

DIE UNERBITTLICHSTE FORDERUNG DER NATUR, DIE ANPASSUNG DER WIRTSCHAFTSWEISE AN DIE MENSCHENZAHL.

Und diese Forderung erfüllte Indien *nicht:* Indien war reich, als es hier riesige Wälder ebenso wie jede Menge Äcker gab und überall Neuland bewässert werden konnte. Als die Zugtiere so wohlgenährt wie die Menschen waren und jedem Inder im Durchschnitt zwei Rinder und ein Büffel bei der Arbeit halfen, während heute 640 Millionen Inder nur 162 Millionen Rinder und 55 Millionen Büffel besitzen und auch für die nur so wenig Futter, daß sie nur eine minimale Hilfe darstellen. Indien war reich, als es – wie alle anderen Länder – mit der ständig neu eingestrahlten Sonnenenergie auskam und noch keine gespeicherte in Form von Kohle oder Öl brauchte. Im Stadium der intensiven Menschenkraftnutzung also, in dem viele Menschen Reichtum bedeuten.

Daß auf der gleichen Fläche zwölfmal so viele Menschen gleich gut nur dann leben können, wenn sie diese Fläche *anders* nutzen, scheint selbstverständlich. Aber das erkannten Indiens Führende nicht. Von England ausgehend, erfaßte seit Ende des 18. Jahrhunderts die »Industrielle Revolution« die Welt, *nicht* aber Indien. In allen Ländern mit einer rasch wachsenden Bevölkerung wurden die Hektarerträge verdrei- und vervierfacht, durch Anbau von Futterpflanzen auch das Gewicht der Schlachttiere vervielfacht. In Indien hingegen sind die Erträge heute nicht wesentlich anders als zur Zeit der englischen Eroberung im 18. Jahrhundert.

DAS INDISCHE VOLK IST KEIN »VOLK OHNE RAUM«.

Es verfügt über dreieindrittel Millionen Quadratkilometer, und auf die strahlt die Sonne im Durchschnitt doppelt soviel Energie wie auf Deutschlands Felder. Indiens landwirtschaftliche Nutzfläche beträgt heute 192 Millionen Hektar. Es könnten den FAO-Experten zufolge 230 bis 240 Millionen sein, aber auch von den 192 blieben im Durchschnitt der letzten fünf Jahre 61 Millionen oder fast ein Drittel unbebaut. Denn große Gebiete sind derart verunkrautet, daß die primitiven Pflüge und die Zugkraft der ausgehungerten Ochsen und Büffel nicht ausreicht, das Wurzelgewirr zu zerschneiden. Andere liegen brach, weil die Pächter den verlangten Zins nicht aufzubringen vermögen. Und die meisten, weil sie nicht gedüngt werden können:

INDIEN STEHT FÜR DIE ETWA GLEICHE ACKERFLÄCHE NUR EIN NEUNZIGSTEL DES AMERIKANISCHEN MINERALDÜNGER-VERBRAUCHES ZUR VERFÜGUNG.

Darum vor allem beträgt hier der Hektar-Reisertrag nur ein Viertel des japanischen, werden 8 bis 9 Doppelzentner Weizen je Hektar geerntet statt der 51 Dänemarks oder der 50 dz der Niederlande. Indiens Landwirtschaft *ist* dort, wo die Anti-Chemie-Propagandisten diejenige Europas haben wollen.

Mangelt es an Mineraldünger, weil Indien keine Kohle hat?

Wie es reichlich Äcker besitzt, besitzt es mit 78 Milliarden Tonnen rentabel abbaubarer Steinkohle weit größere Vorkommen als Westdeutschland. Manche sind zwar schwefel- und aschenreich, und gute Kokskohle ist selten. Aber dafür gibt es (bei Maksum in Assam z. B.) Flöze von 15 Meter Mächtigkeit. Die Kohleförderung Indiens jedoch betrug vor zwei Generationen *eine* Million Tonnen und 1976 ganze 113 Millionen: Rund 170 Kilo pro Kopf statt der z. B. mehr als 5000 Kilo Polens.

Da gibt es unweit von Sindri inmitten des wichtigsten indischen Kohlereviers auch gewaltige Gipslager. Im Herbst 1951 kam hier deshalb eine Ammonsulfatfabrik in Betrieb, die aus Gips und Kohle täglich 1000 Tonnen Mineraldünger herstellte. Zugleich wurde ein Kraftwerk von 80 Megawatt zur Versorgung der umliegenden Gruben und der Stadt Hazaribagh gebaut und um die 50 Millionen Liter Wasser sicherzustellen, die die Stickstoffabrik täglich braucht, der Gowai, ein Nebenfluß des Damodar, gestaut. Dieses Reservoir, in dem man Krokodile ansiedelte, um Badende abzuhalten, versorgt nun auch die Stadt mit Trinkwasser, und Sindri wurde eine Mustersiedlung von 20 000 Menschen.

Aber in Indien leben nun schon mehr als 30 000 mal 20 000 Menschen. Tausend Tonnen Ammonsulfat täglich sind im Vergleich zum Bedarf ein Nichts. Die Produktion wurde erhöht. Aber immer wieder auch durch Streiks, durch den Zusammenbruch der Stromversorgung der Bergwerke oder durch Transportprobleme lahmgelegt. Für Sindri gibt es so wenig ausreichend Kohle und Strom, wie es für Indiens Stahlwerke ausreichend Koks gibt. Mit 54,6 Milliarden Kilowattstunden entsprach 1974

INDIENS GESAMT-STROMERZEUGUNG 90 KILOWATTSTUNDEN PRO KOPF

bei damals 1580 des Weltdurchschnitts und z. B. 4600 in Westdeutschland. Die Wasserkräfte aber können nicht rasch genug ausgebaut werden, weil Kohle- und Ölmangel ja auch Zementmangel bedeutet. Mehr als 500 000 Dörfer Indiens haben nach wie vor keinen Stromanschluß, immer mehr Inder sitzen völlig im Finstern, weil es nicht genug Petroleum gibt, und zahlreiche Dieselpumpen, die Wasser aus neugebohrten Brunnen heben sollten, liegen still, weil das Öl zu teuer wurde und Indiens Öleinfuhr heute acht Zehntel des Gesamtexporterlöses erfordert. Und

ALLES LEBEN HIER IST IN EINEN TEUFELSKREIS DER ARMUT GEBANNT:

Jeder Arbeitsplatz in einem Bergwerk kostet mindestens 35 000 DM, ist es modern ausgestattet, mindestens 140 000. *Wie* aber soll Kapital gebildet werden, wenn 80% der Bevölkerung nur über 45 Pfennig pro Tag verfügen? Sollen sie davon noch etwas sparen? Im Jahre 1951 gab es in Indien insgesamt 700 000 Steuerzahler, und nur 14 000 der damals 359 Millionen Inder deklarierten ein Einkommen von mehr als 30 000 Mark im Jahr. Heute gibt es *sehr* reiche Leute in Indien. Aber selbst wenn die alle vorgeschriebenen Steuern bezahlen würden, ergäbe das ein Nichts im Vergleich zu den Investitionen, die nachzuholen sind. Ausländische Unternehmen investierten. Aber Indiens Gesetzesdschungel erwies sich als noch hemmender als die fehlende Infrastruktur. Die Fremden wurden gezwungen, Indern Mehrheitsbeteiligungen zu gewähren, und die bedeutendsten 1977 schließlich ganz vertrieben, weil die Regierung unerfüllbare Forderungen stellte.

Indien bleibt also arm, weil es arm *ist.* Aber es war, wie gezeigt, nicht immer arm, und es brauchte nicht arm zu sein. Daß es nicht industrialisiert wurde, liegt weder an seinem Klima noch an seinen Menschen, sondern ausschließlich an seiner politischen Führung und dem Mangel an Unternehmerpersönlichkeiten, wie es der Parse Jamshedji Tata, der Begründer des Tata-Konzerns, war.

Dieser einer alten, aus Persien eingewanderten Kaufmannsfamilie angehörende Industrielle stellte 1876 eine

»RANGORDNUNG DER INDUSTRIALISIERUNGS-VORAUSSETZUNGEN«

auf, deren Prioritäten lauteten: »Wissen und Können. Noch einmal Wissen, Können und Erfahrung. Dazu eigenes Eisen und Stahl. Plus billige, eigene Elektrizität.« Fehlte da nicht das Kapital? »Geld«, erklärte Tata, »findet sich, sobald man genau weiß, was man will und den Allgemeinnutzen eines Projektes anderen an Hand entsprechender Kenntnisse – zu denen natürlich auch Menschenkenntnis gehört – klarzumachen versteht.« Die Tatas *schufen* das Kapital, das sie brauchten. Die »Central India Spinning & Weaving Co.«, die Jamshedji Tata 1874 in Nagpur gründete, besaß 114 000 Pfund – damals 2,28 Millionen Mark – Kapital, das seine Familie aufbrachte. Durch die wurde aus einem verfallenen Dorf eine Halbmillionenstadt, und diese ermöglichte alle anderen Tata-Gründungen, schließlich auch die des ersten Stahlwerks Indiens in der neuen Musterstadt Jamshedpur: Binnen zwei Generationen wurde das Startkapital versechzigfacht.

Ganz Indien hätte – wie Japan das tat und wie das schon das Deutsche Reich getan hatte – durch *Selbstfinanzierung* industrialisiert werden können, und auch heute braucht es keineswegs nur Kapital oder Schulen, sondern vor allem

MENSCHEN, DIE DARAN GLAUBEN, DASS SIE SELBER IHR LOS VERBESSERN KÖNNEN.

Die etwa 100 000 Parsen Indiens *haben* diesen Glauben. Die meisten der jetzt etwa 70 Millionen Mohammedaner, die es noch in der Indischen Union gibt, ebenfalls. Die überwiegende Mehrheit der Hindu aber nicht. Was den Menschen Indiens noch weit mehr als Brot fehlt, ist das *Streben* nach einem besseren Leben. Auf jeden, der sich selber zu helfen versucht, kommen Hunderttausende, die felsenfest daran glauben, daß kosmische Gesetze, der unabänderliche Lauf der Sterne alles irdische Geschehen bestimmen – und daß so alles eigene Planen und Wollen sinnlos ist. Weiter, daß Glück und Unglück, Armut und Reichtum die Folgen des Verhaltens in einem *vorangegangenen* Leben sind und nicht die Folgen des eigenen Tun und Lassens. Von der Seelenwanderung und der Art der Wiedergeburt hängt alles ab. Schon die nächste Inkarnation kann das Ende aller Leiden bedeuten, Auflehnung gegen das Schicksal aber sicheres Absinken in noch tieferes Elend. Da ist jeder Hindu auch in seine Kaste geboren, die er *nur* durch die Wiedergeburt ändern kann, und so ist nicht nur jeder persönliche Aufstieg unmöglich gemacht, sondern da gibt es

IN INDIEN NACH WIE VOR KEINE SOZIALE ZIRKULATION.

Die aber gehört zu den unerläßlichen Erfolgsbedingungen jeder modernen Gesellschaft, und die gab es z. B. in China, das jahrtausendelang eine echte Bildungsdemokratie war, stets. Um lebensfähig zu bleiben, muß sich jede Gesellschaft ständig selbst erneuern, jeder die Möglichkeit haben, an die Stelle zu gelangen, die ihm gemäß Charakter und Intelligenz, Schulung und Lebenskraft zukommt. Haupthindernis der sozialen Zirkulation sind Privilegien, und ärgere als die, die das indische Kastenwesen darstellt, sind nicht denkbar. Viele indische Landarbeiter z. B. wären tüchtig genug, um Bauern zu werden. Aber das *dürfen* sie nicht. Das wäre ein Sakrileg, und sie würden als Unberührbare, als Kastenlose, wiedergeboren. Um dem »göttlichen Eingeordnetsein« zu entkommen, wandern deshalb die tüchtigsten Inder aus und bringen es z. B. in Afrika sehr oft zu Reichtum. Inder, die als Landarbeiter nach Surinam kamen (wo sie jetzt ein Drittel der Bevölkerung stellen), sind dort nun fast durchweg Landbesitzer mit 6 bis 10 Hektar.

Die Inder, die aufsteigen wollen, dürfen es also nicht. Die Massen wollen es nicht. Und selbst wenn das Kastenwesen zerschlagen würde und es in Indien zu einer Geisteswandlung käme, bleibt, daß auch den amtlichen Angaben aus Delhi zufolge noch immer

SIEBEN ZEHNTEL DER BEVÖLKERUNG INDIENS ANALPHABETEN sind, heute rund 450 Millionen Inder nicht lesen und schreiben können und damit Tatas wichtigste Industrialisierungs-Voraussetzungen »Wissen und Können. Und noch einmal Wissen und Können« fehlen.

Auch das aber war keineswegs immer schon so. Zur Zeit Kaiser Vardhana Aschokas, im dritten vorchristlichen Jahrhundert, *führte* Indien im Erziehungswesen der Welt. Aschoka wies zwei Fünftel aller Staatseinnahmen seinem buddhistischen Lehrorden zu, und alle seine Untertanen wurden nicht nur unterrichtet, sondern ihnen auch die praktische Nutzung ihres Wissens ermöglicht. Aschoka ließ überall nach Wasser suchen und mehr als hunderttausend neue Brunnen graben, teilte das neubewässerte Staatsland den Landlosen zu. Er schuf Lehrgüter – die ersten, von denen wir wissen –, um den Anbau von Baumwolle, Zuckerrohr und Heilpflanzen zu fördern. Er schuf einen landwirtschaftlichen Beratungsdienst, wie ihn viele Länder noch heute nicht besitzen. Diese »gramani« Aschokas enthielten Vorschriften, die Nehru 1950 fast wörtlich übernahm. Aschokas Beamte mußten sich alle drei Jahre neu über ihre Kenntnisse ausweisen und Fortbildungskurse besuchen. Sie hatten für schonende Waldnutzung zu sorgen, waren persönlich für die Qualität der Handwerkserzeugnisse ihres Bezirks verantwortlich, und ihre Beförderung hing von den Verbesserungsvorschlägen ab, die sie machten. Im Jahre 253 vor Chr. lud Aschoka »alle Gelehrten der damals bekannten Welt« ein, auf seine Kosten nach Pataliputra zu kommen, wo alle fünf Jahre große Diskussionsversammlungen abgehalten wurden. Die hier ohne jede Rücksicht auf Nationalität, Herkunft oder Bildungsgang verteilten Auszeichnungen für wissenschaftliche oder technische Leistungen übertrafen an Wert bei weitem die heute verteilten Nobelpreise.

Daß das nicht so blieb, hat vielerlei Gründe. Das liegt *weit* mehr am Hinduismus und seiner Entartung als an der britischen Kolonialherrschaft. Aber immerhin steht fest, daß im Jahre 1813

FÜR JE TAUSEND INDER EINE MARK ERZIEHUNGSKOSTEN

aufgewendet wurden und im Jahre 1870 dann drei Mark. Durch Lord Curzons Reformen wurden 1902 die Schulen in Indien vervielfacht. Aber 1911 konnten dennoch von je hundert Indern nur sieben lesen und schreiben, und 1931 waren es 9,6. Als die Indische Union 1947 selbständig wurde, gab es 60 Millionen Kinder, die keinerlei Unterricht erhielten. Da hätten Schulräume geschaffen werden müssen, die der Gesamtbevölkerung Westdeutschlands Raum geboten hätten. Da wären achtzehnmal so viele Schulbücher gebraucht worden, als damals überhaupt Bücher in Indien gedruckt werden konnten, und an genügend Lehrer war natürlich ebenfalls nicht zu denken.

Aber entscheidend waren dennoch nicht die materiellen Schwierigkeiten, sondern die hemmende Wirkung des Hinduismus, die sich nun *voll* auswirken konnte. Seit dem 7. Jahrhundert war der Islam ein Gegengewicht gewesen. Als es nach zwei Jahrhunderten britischer Regierung 1947 zur Teilung des Subkontinents zwischen der Indischen Union und Pakistan kam und die »Moslim-Liga« einen eigenen Staat gründete, wurde der »National-Kongreß« der Hindu allmächtig, und da nahm nicht nur die Korruption verheerende Ausmaße an, sondern auch der Hindu-Fanatismus. Da wurden die Inder »frei«. Aber ihr großer Führer Gandhi hatte die Charka, das altindische Spinnrad, zum Symbol der nationalen Erhebung gemacht. Er kämpfte seit 1920 für die Wiederbelebung der Hausindustrie und siegte 1930 durch seine Boykottbewegung über das mächtige Lancashire. Aber er erkannte nicht, daß 200 Menschen auf einem Quadratkilometer nicht wirtschaften können wie 20. Er sah nicht, daß das Bevölkerungswachstum *überall* dazu zwang, *neue* Energiequellen zu erschließen, daß *nirgends* mehr ohne die Hilfe der »Eisernen Sklaven« auszukommen ist. Indien wird seit 1947 von Indern regiert. Aber was immer die gegen das Kastenwesen oder den Hindu-Fanatismus zu tun versuchten, blieb auf dem Papier, und ihre Geburtenbeschränkungspropaganda nicht nur erfolglos, weil die Wiedergeburt nur durch eine ununterbrochene Kette von Generationen gesichert werden kann, sondern noch viel mehr, weil sie ja weder für eine echte Bodenreform noch für eine auch nur im entferntesten ausreichende soziale Sicherheit sorgten.

Die Geburtenfreudigkeit der Armen
hat vielerlei Ursachen. Aber ihr Hauptgrund ist in Indien der gleiche wie der, der auch in unserer eigenen vorindustriellen Zeit der wirksamste war: Möglichst viele Kinder müssen mitarbeiten, um die Familie vor dem Verhungern zu bewahren. *Nur* die eigenen Kinder bieten Hilfe im Alter und bei Krankheiten, solange es keine Gemeinschaftshilfe gibt. Und *viele* Kinder werden gebraucht, solange die Kindersterblichkeit hoch ist und zwei oder drei Kinder keine Langfrist-Sicherheit bieten. Mindestens ebenso wichtig wie die religiöse Einstellung ist für die Kinderzahl der Wohlstandsgrad, und der hängt heute von der Nutzung der Naturkräfte ab.

Gestern war das nicht so. Aber ein Zurück gibt es nicht, und wie Gandhi das nicht begriff, begreifen es viele unserer Kernkraftgegner nicht. Von der Welt wird Indien mehr und mehr »abgeschrieben.« Aber einzelne seiner Gurus vermochten in Amerika und Westeuropa große Gemeinden zu bilden, sie werden da göttlich verehrt und reisen in eigenen Jetflugzeugen von einem »Ashram« zum andern. Indiens Lebensweisheit und die *echten* Lehren des Buddhismus sind gewiß nicht zu verachten. Aber wie die Massen Indiens leben, sollte jeder wissen, der über Energiefragen mitredet. Denn wie Kalkutta könnten unsere Städte zu stinkenden Armenhäusern werden, wenn wir in einer Welt mit mehr als vier Milliarden Menschen leben wollten wie in der des Jahres 1800 mit noch nicht einer. Diese Menschen *gibt* es nun einmal ebenso, wie es die 640 Millionen Menschen Indiens gibt, und die haben genauso ein Recht auf ein menschenwürdiges Leben wie unsere Umweltfanatiker und Amateurweltverbesserer.

Zu behaupten, wir brauchten keine neuen Energiequellen, ist unmenschlich,
solange sich Indiens Energieverbrauch zum westdeutschen wie 1 zu 26, seine Pro-Kopf-Gesamtwirtschaftsleistung zu unserer wie 1 zu 50 und das indische Bruttosozialprodukt pro Quadratkilometer sich zum deutschen wie 1 zu 80 verhält.

Indien aber ist bekanntlich *nicht* das einzige Land, dessen Energieversorgung verbessert werden muß und wo sie früher oder später verbessert werden *wird*. Indiens Massen sind heute apathisch. Aber ob sie es noch lange bleiben, ist äußerst fraglich, und wenn es heute in Indien 70% Analphabeten gibt, so sollten wir nicht vergessen, daß in China im Jahre 1920 noch 97% der Gesamtbevölkerung nicht lesen und schreiben konnten und diese Zahl heute höchstens 6% beträgt; und daß 1920 auch in der Sowjetunion (Moskau zufolge) 70% der Frauen und 44% der Männer des europäischen Teils und 82% und 76% im asiatischen Analphabeten waren, während der Gesamtdurchschnitt nun mit 4% angegeben wird. Lesen-Können aber bedeutet Lernen-Können. Und sobald die heute hungernden Massen begreifen, *warum* sie hungern; sobald sie die Bedeutung der Naturkräfte auch nur *ahnen,* wird es mit der heutigen Naturkräfteverteilung auf der Welt ebenso endgültig zu Ende sein wie mit dem Kolonialzeitalter. Denn

DIE HEUTIGE WELT-ENERGIEVERTEILUNG

ist folgende:

Theoretisch stehen jedem Menschen jährlich rund 2200 Kilo Steinkohleeinheiten Energie zur Verfügung.

Praktisch sind es in Nigeria 65 Kilo, in der Türkei 645, in den USA 12 840 und in Luxemburg 22 130.

Praktisch müssen sieben Zehntel der Weltbevölkerung heute mit weniger als dem Weltdurchschnitt auskommen, und in 80 Ländern beträgt der Verbrauch nur 220 Kilo SKE.

In Nigeria z. B. wurden 1977 rund 104 Millionen Tonnen Öl gewonnen. Die entsprachen bei 65 Millionen Einwohnern pro Kopf genau dem Weltverbrauchsdurchschnitt von 2200 Kilo SKE. Aber der den Nigerianern zur Verfügung stehende Energieanteil betrug, wie gesagt, 65 Kilo, ein Vierunddreißigstel des Weltdurchschnitts. Und ein Vierunddreißigstel der Naturkräfte, die Nigeria *selber* in Form seines Öls besaß. Und wie lange noch wird so dieses Öl exportiert werden?

IM DURCHSCHNITT STEHT DEN INDUSTRIELÄNDERN HEUTE PRO KOPF ACHTZEHNMAL MEHR ENERGIE ZUR VERFÜGUNG ALS DEN ENTWICKLUNGSLÄNDERN,

und 1975 entfielen auf rund ein Viertel aller Menschen sieben Achtel aller Energie.

Das wird mit Sicherheit *nicht* so bleiben.

Und selbst wenn die heute »Reichen« ihren Energieverbrauch *nicht* wie bisher steigern und immer mehr ihr Wirtschaftswachstum und ihren Energiebedarf »entkoppeln«, brauchen wir ungleich mehr

Energie als heute, denn die *unabänderlichen* Gegebenheiten sind nun einmal: Von den rund vier Milliarden Menschen, die es heute auf der Erde gibt, leben 800 Millionen in den westlichen Industriestaaten, 1200 Millionen in kommunistischen Ländern und 2000 Millionen in unterentwickelten Ländern. Von diesen zwei Milliarden sind heute die Hälfte weniger als 20 Jahre alt. Das Bevölkerungswachstum dieser »Dritten Welt« ist also bereits »programmiert«, und diesen »Ärmsten der Armen«, denen heute weitgehend jede Maschinenhilfe fehlt, *muß* sie beschafft werden.

An sich wäre das kein Problem. Aber fast unüberwindliche Schwierigkeiten entstehen durch das *Tempo,* in dem wir für neue Arbeitsplätze, für genügend Nahrung und genug Wohnungen sorgen müssen. Denn wenn es vom Beginn der Menschwerdung bis zum Jahre 1830 dauerte, ehe es eine Milliarde Menschen gab, und hundert Jahre, ehe die zweite Milliarde erreicht war, so wird es nun

BINNEN 15 JAHREN EINE MILLIARDE MEHR MENSCHEN

geben, und wenn heute von Milliarden geredet wird, als ob das nichts Besonderes wäre, so bedeuten tausend Millionen Menschen so viele, wie in 10 000 Großstädten von je 100 000 Einwohnern leben. Da bedeutet das selbst beim heutigen, völlig ungenügenden Weltdurchschnittsverbrauch von 2,2 Tonnen SKE pro Kopf einen

MEHRVERBRAUCH VON ENERGIE, DER DAS ETWA HUNDERTFACHE DES GESAMT-PRIMÄRENERGIE-BEDARFS DER WELT IM JAHRE 1830 BETRÄGT UND EBENSOVIEL, WIE ALLEN MENSCHEN 1930 ZUR VERFÜGUNG STAND.

Die Welt-Primärenergie-Gewinnung betrug

			Millionen Tonnen Steinkohleeinheiten	= Kilo SKE pro Kopf
im Jahre	1800	etwa	15	17
	1900		777	483
	1975		8 640	2 140

Beim heutigen Weltdurchschnittsverbrauch und einer Weltbevölkerung von nur 6 Milliarden wären es im Jahre

2000	12 600	2 100

Die 1977 in Istanbul abgehaltene Welt-Energiekonferenz aber kam auf

2000	19 600	2 800
2020	33 740	4 200

weil es bei der heutigen, völlig einseitigen und ungerechten Energieträgerverteilung, wie gesagt, nicht bleiben *darf* und nicht bleiben *kann*. Denn wie menschenfreundlich sich die Kernenergiegegner auch geben, ihre Forderung nach Beschränkung des Energieverbrauchs und nach Wachstumsstopp bedeutet

DIE VEREWIGUNG DER KLUFT ZWISCHEN ARMEN UND REICHEN

und keine Chance der heute Hungernden, *jemals* satt zu werden. Unabänderlich und für *alle* politischen und wirtschaftlichen Systeme gültig bleibt nun einmal, daß nur die die Naturkräfte Nutzenden menschenwürdig zu leben vermögen. Bei allen Langfristüberlegungen muß mit 6 bis 8 Milliarden Menschen gerechnet werden und einem mindestens Doppelten des heutigen Weltdurchschnittsverbrauchs von Energie.

Nun zeigt zwar das Beispiel Indiens, daß es nicht nur auf die Energieversorgungsmöglichkeiten ankommt, sondern ebenso auf den *Willen*, sie zu gebrauchen, und dieser Wille hängt vor allem von der allgemeinen Einstellung zum Leben und damit von der Wirtschaftsmentalität ab. Aber der Zwang der Notwendigkeit führt auch zu deren Änderung, und wie *rasch* sich Völker umstellen können, sobald sie nur erkannt haben, daß es um ihre Existenz geht, beweisen z. B. Spanien und Mexiko.

Spanien war bekanntlich wie Indien lange ein sehr mächtiges und ein sehr reiches Land, ehe es zu einem der ärmsten Europas absank, und auch das hatte vielerlei Gründe[1]. Aber nicht zuletzt den, daß es *zu* lange ein Agrarland blieb. Im Jahre 1880 gewann Spanien 44 Kilo Kohle pro Kopf seiner Bevölkerung gegen die damals 5730 Englands und die 1550 Kilo Deutschlands. Noch im Jahre 1915 stand jedem Spanier nur eine Viertel Kilowattstunde Strom zur Verfügung und auch 1935 erst 130 kWh oder weniger als ein Viertel des damaligen deutschen Verbrauchs. Im Jahre 1977 aber waren es mehr als 3000.

[1] Siehe dazu Anton Zischka »Das neue Spanien zwischen gestern und morgen«, Econ, Düsseldorf 1977

Da gelang Spanien binnen *einer* Generation die Verdreißigfachung seiner Stromerzeugung. Und

Spaniens Gesamt-Energieverbrauch ist heute vierzigmal so hoch wie im Jahre 1920.

Nicht zuletzt allerdings auch, weil sein Mineralölverbrauch von 100 000 Tonnen im Jahre 1920 auf mehr als 40 Millionen Tonnen 1977 oder das Vierhundertfache wuchs. Spanien baute Stauwerke in einem Ausmaß und in einem Tempo wie kein anderes Land. Aber wenn der Anteil des Wasserkraftstroms an der Gesamtstromerzeugung im Jahre 1930 mehr als acht Zehntel betrug, so heute nur weniger als drei Zehntel. Die Wasserspeicherungsmöglichkeiten sind praktisch erschöpft, und wenn Spanien noch vor einer Generation als Energieeinfuhrland keine Rolle spielte, so heute sehr wohl. Auch mit den demnächst 50 Millionen Spaniern als Energieverbrauchern müssen wir rechnen.

In Mexiko wiederum bedeutete die Entwicklung, daß es nun fast all seine Energieträgervorräte selber braucht und nicht länger als Ölexporteur in Frage kommt. Mexikos Bevölkerung stieg 1940–78 von 20 auf 65 Millionen. Die Gesamtwirtschaftsleistung aber konnte in diesem Zeitraum noch ungleich rascher, pro Kopf auf das mehr als Fünfzehnfache, gesteigert werden. Allein 1970–76 verdreifachte sie sich.

Während dieser sieben Jahre nahm die bewässerte Ackerfläche um eine Million Hektar zu.

Da wurden 85 000 neue Schulräume gebaut und die Schülerzahl um fünf Millionen erhöht.

Da konnte die Sozialversicherung von 11 auf 26 Millionen Mexikaner ausgedehnt werden.

Mexikos Straßennetz wurde 1970–77 von rund 70 000 auf 200 000 Kilometer erweitert, und die Stahlerzeugung verdoppelte sich auf 10 Millionen Tonnen.

All das aber war nur möglich, weil Mexiko statt der halben Million Tonnen Öl des Jahres 1910 nun rund 52 Millionen Tonnen gewann. Weil nun jedem Mexikaner 730 kWh Strom zur Verfügung standen gegen 1950 ganze 12.

Versechzigfachung der mexikanischen Pro-Kopf-Stromerzeugung innerhalb eines Vierteljahrhunderts

also. Verfünffachung der Ölförderung im gleichen Zeitraum. Aber Senkung des Ausfuhranteils von 17 auf 14%.

Ähnliche Entwicklungen gibt es anderswo. *Nirgends* werden es die

Massen noch lange hinnehmen, »wie Bettler auf goldenen Thronen« zu leben, das heißt ihre Energieträger auszuführen und selber ohne Nutzung der Naturkräfte zu vegetieren. Und das ist ihr gutes Recht. Die Natur speicherte die Sonnenenergie nicht für einige wenige Völker auf, sondern für *alle* Menschen, die fähig sind, ihre Titanenkräfte freizusetzen. Nehmen wir für die Industrieländer in Zukunft nur eine Energieverbrauchssteigerung von 2,5% jährlich an, für die andern aber eine von 3,5%, dann bedeutet das

EINE VERFÜNFFACHUNG DES WELTENERGIEBEDARFES BINNEN EINEM HALBEN JAHRHUNDERT,

und da ist bereits angenommen, *daß* die Kernenergie den Großteil des zusätzlichen Bedarfes deckt und damit zugleich die Weltbevölkerungszunahme *bremst.*

Was bedeutet das für Europa und was für die Bundesrepublik?

WAS IST DAS FÜR DIE DEUTSCHE ENERGIEWIRTSCHAFT KENNZEICHNENDSTE?

Dieser Wirtschaftssektor hat heute einen Jahresumsatz von mehr als hundert Milliarden DM, und das alleine beweist schon seine Bedeutung. Bis 1955 war die Bundesrepublik ein Energieausfuhrland. Im Jahre 1960 wurden 10% und 1975 über 57% des Gesamtenergiebedarfes eingeführt. Daß Deutschland zur zeitweilig zweitbedeutendsten Industrienation der Erde wurde, dankte es außer seinen Menschen seinen reichen Kohlevorkommen. 1978 aber deckten Braun- und Steinkohle weniger als ein Fünftel des Gesamtenergiebedarfes, während auf Mineralölprodukte und Erdgas fast sieben Zehntel entfielen. Und das heißt:

DIE DEUTSCHE ENERGIEWIRTSCHAFT IST ÜBERWIEGEND DAVON ABHÄNGIG, DASS EINE WELTENERGIEKRISE VERMIEDEN WIRD,

und davon, daß die deutschen Exporte weiter mit der Preisentwicklung der importierten Energieträger Schritt halten. Der Preis des Öls, das 1977 in Westdeutschland 53% des Gesamtenergiebedarfes deckte und zu 96% eingeführt werden mußte, vervierfachte sich bekanntlich 1974, und dieser Preis *muß* weitersteigen. Wenn der Durchschnittswert der deutschen Rohöleinfuhr 1970 pro Tonne 60 Mark betrug, so 1978 bereits 248, und für 1990 müssen mindestens 500 angenommen werden. Die Ölimportkosten werden dann statt 1970 frei Grenze 6,3 Milliarden mindestens 60 Milliarden DM betragen.

Der deutsche Energieverbrauch wird langsamer als bisher weiterwachsen. Aber stagnieren *kann* er nicht. Zum energiepolitischen

Konzept der Bundesregierung sagte deshalb der Minister für Arbeit und Sozialordnung Dr. H. Ehrenberg im April 1978 auf der Reaktor-Tagung in Hannover:

> »Ein bestimmtes Niveau der Energieversorgung ist kein Ziel an und für sich. Unsere energiepolitischen Zielsetzungen ergeben sich vielmehr aus unseren wirtschaftlichen Zielsetzungen ... und die lauten: Nur in einer wachsenden Wirtschaft kann die Vollbeschäftigung wiederhergestellt, die internationale Konkurrenzfähigkeit gesichert, unser bewährtes System der sozialen Sicherheit weiter vervollkommnet werden ... Ohne ein hinreichendes, im internationalen Vergleich nicht überteuertes und weiter wachsendes Energieangebot ist weiteres, nachhaltiges Wirtschaftswachstum nicht denkbar ... Die Abhängigkeit des gesamten wirtschaftlichen Geschehens von kontinuierlicher Energiezufuhr macht es erforderlich, das Versorgungsrisiko zu minimieren und schon heute für ein langfristig hinreichendes Energieangebot Vorsorge zu treffen. Sowohl der Aspekt der Versorgungssicherheit wie die Notwendigkeit, für ein auch auf lange Sicht quantitativ und qualitativ zureichendes Energieangebot Sorge zu tragen, geben der Kernenergie ihren hohen Stellenwert im Rahmen unserer Energiepolitik. Nach dem heutigen Stand des technischen Wissens ist sie neben der Kohle
>
> DIE EINZIGE ALTERNATIVENERGIE, DIE IN QUANTITATIV BEDEUTSAMEM UMFANG AN DIE STELLE VON ERDÖL UND ERDGAS TRETEN KANN.
>
> In der ... Zweiten Fortschreibung des Energieprogramms hat sich die Bundesregierung deshalb ausdrücklich zum weiteren Ausbau der Kernenergie bekannt ...«

Dieses Ende 1977 veröffentlichte Programm sieht für 1975–2000 eine Steigerung des westdeutschen Primärenergieverbrauchs von rund 348 Millionen Tonnen Steinkohleeinheiten auf 600 Millionen vor, eine Senkung des Ölanteils von 52 auf 27% und eine Steigerung des Kernenergieanteils von 2 auf ebenfalls 27%.

Diese Regierungsprognose nimmt für 1975–85 ein jährliches Wachstum des Bruttosozialprodukts um 4%, des Primärenergiebedarfes um 3,7% und des Strombedarfes um 6 bis 7% an und kommt so für 1985 auf 550 Milliarden Kilowattstunden Stromerzeugung statt 1976 rund 312, das heißt also auf eine Zunahme von 76%. Und das erfordert einschließlich der Erneuerung überalterter Anlagen

> EIN MEHR AN KRAFTWERKSKAPAZITÄT VON 42000 MEGAWATT BINNEN ZEHN JAHREN.

Das erfordert die *sofortige* Inangriffnahme von Neubauten an Kohle- und Kernkraftwerken.

Wie Deutschland nicht auf weiteres Wirtschaftswachstum verzichten kann, so ebensowenig Japan und ebensowenig irgendeine andere europäische Nation. *Daß* unsere Wirtschaft nicht stagniert, ist aber keineswegs nur für uns selber wichtig, denn

EUROPA IST DER GROSSE WIRTSCHAFTSMOTOR DER WELT, NICHT DIE VEREINIGTEN STAATEN

und Deutschland der große Wirtschaftsmotor Europas: Die Bundesrepublik nimmt nur ein Sechshundertstel der festen Erdoberfläche ein, und ihre Einwohnerzahl ist weit geringer als die jährliche Zunahme der Weltbevölkerung. Aber durch seine Einfuhrabhängigkeit und den *Zwang,* diese Einfuhr durch Exporte zu bezahlen, ist Westdeutschland heute mit 150 Ländern verbunden und diese mit Deutschland, denn das ist für viele der beste aller Kunden. Deutschlands Wohlstand beruht auf der *Art* seines Wirtschaftens. Wenn die Gesamtwirtschaftsleistung 1976 im Weltdurchschnitt pro Quadratkilometer Bodenfläche 115 000 DM betrug, so holte die Bundesrepublik mit 4,6 Millionen das Vierzigfache heraus, zehnmal soviel wie die Amerikaner, nicht zu reden vom Neunzigfachen des sowjetischen Flächenertrags. Und diese Leistung wurde und wird mit der ganzen Welt geteilt: Der Export von Gütern und Diensten macht drei Zehntel des westdeutschen Bruttosozialprodukts aus. Damit ist dieser Anteil mehr als viermal so groß wie in den Vereinigten Staaten. Und betrug in den USA 1977 der Einfuhrwert 730 Dollar pro Kopf, so in Westdeutschland 1660 Dollar. Wenn die Vereinigten Staaten nach wie vor als reichstes Land der Welt gelten, so waren sie stets reich für sich selber, weit weniger für andere, spielte ihr Außenhandel *nie* eine ähnlich wichtige Rolle wie für England, Deutschland oder Japan, und auch heute ist

DER WELTHANDELSANTEIL EUROPAS DREIMAL SO GROSS WIE DER AMERIKANISCHE.

Da sind Europas Käufe und Lieferungen natürlich auch ungleich wichtiger als die der Sowjetunion, und *nur* Westeuropa kann zum Wohlstands*ausgleich* auf der Welt beitragen und vor allem auch den heute Unterentwickelten helfen, einen gerechten Anteil an den Energieträgern und Maschinenkräften zu erlangen.

Aber das führt natürlich erneut zu der Frage: *Gibt* es genug Energie? Und sind nicht unsere *Existenz* gefährdende Entwicklungen zu erwarten, weil heute 80 Länder nur ein Zehntel des Weltdurchschnitts an Energie verbrauchen können, die Vereinigten Staaten aber für sich das Sechsfache dieses Durchschnitts in Anspruch nehmen?

Sollte Indien ein warnendes Beispiel für unsere Systemveränderer sein, so muß uns nicht minder

Das Beispiel des energiereichsten Landes der Erde und die zum Weltproblem gewordene Energievergeudung der Vereinigten Staaten

abschrecken und zu einem vernünftigen Mittelweg veranlassen.

Amerikas treibende Kraft war der Optimismus.

Aber *blinder* Optimismus verführt zu Überschätzung der Möglichkeiten und zu Hybris. Der Aufstieg der Vereinigten Staaten war einmalig. Aber hier wollten die Einwanderer *zu* rasch reich werden, und so waren die USA nicht nur das »Land der unbegrenzten Möglichkeiten«, sondern auch das der »Räuberbarone« und der »Waldschlächter«. Da gab es den Energieträger Holz in geradezu unvorstellbaren Mengen, und in Nord-Kalifornien stehen heute noch einige tausendjährige Redwoods, die bis 100 Meter hoch werden und von denen jeder Baum jetzt gut 25 000 Dollar wert ist. Aber die Wälder wurden meist niedergebrannt, und niemand dachte daran, das Land wieder aufzuforsten. Zwischen 1800 und 1950 verschwanden in den USA 540 Millionen Hektar Wald. Neu gepflanzt wurden 757 000 Hektar, weniger als ein Siebenhundertstel. Riesige Wälder waren Staatsbesitz. Aber allein 1940–48 verminderten sie sich um 32 Millionen Hektar, die fast fünffache Waldfläche der Bundesrepublik, und nie wurde genau aufgeklärt, wie. Da wurde Sonnenenergie in Form riesiger Getreideernten in alle Welt exportiert, dazu unendliche Prärien umgepflügt, aber niemals gedüngt, und schließlich versteppt liegengelassen. Und so waren

Furchtbare Racheakte der Natur

die Folge: Das Jahr 1932 war außerordentlich trocken gewesen, der Boden so ausgedörrt, daß die Nordwinde aus dem Hudsontal, die ungehindert durch das kahlgeschlagene Mississippital kamen, mit denen aus dem Süden Wirbel bildeten und die Ackerkrume der ungeschützten Ebenen hochhoben. Die Staubstürme ließen ihre Last erst über dem Meer oder an steilen Berghängen fallen. Das Jahr 1933 war noch trockener. Und so gab es im Mai 1934 einen Staubsturm, wie es ihn selbst in der Sahara oder der Wüste Gobi nie gegeben hatte. Der fruchtbare Boden von 120 000 Hektar wurde bis zum letzten Korn weggeblasen und über eine Million Hektar entwertet. Vieh blieb in

Sandwehen stecken und verdurstete. Über Nacht wurde das Nationalvermögen um mindestens 10 Milliarden Dollar vermindert, 40 000 Familien verloren ihre Felder, die sich in eine Steppenlandschaft verwandelten. Und die Staubstürme waren nur der Beginn des Elends. Hochwasserkatastrophen folgten. Im Sommer 1935 enteignete die Natur weitere 30 000 amerikanische Farmer. 1936 waren 15 Millionen Hektar, die doppelte Ackerfläche Westdeutschlands, für jede Art von Landbau unbrauchbar geworden und 65 Millionen in Gefahr, deren Schicksal zu teilen. Dann schien das Ärgste vorbei. Aber im Jahre 1954 übertrafen die Verluste alles, was man für möglich gehalten hatte: Am 19. Februar wehte im Mittelwesten ein Wind, der mit 80 Kilometer Stundengeschwindigkeit begann und rasch 120 erreichte. Von Albuquerque in Neu-Mexiko bis Hutchinson in Kansas zwangen die Staubwolken mittags zum Einschalten der Straßenbeleuchtung in 90 Städten. Albuquerque und Hutchinson aber liegen so weit auseinander wie Köln und Marseille, in der Luftlinie 900 Kilometer. Die Viehzäune verschwanden unter den Staubdünen, Straßen wurden bis eineinhalb Meter hoch verweht. Die Stürme dauerten mit kurzen Unterbrechungen drei Monate lang. Als das Landwirtschaftsministerium Ende 1954 Bilanz zog, waren 4,8 Millionen Hektar Ackerland verloren. Und 1957 schließlich war

AMERIKAS »DUST BOWL«, SEINE STAUBSCHÜSSEL,

viereinhalbmal so groß wie 1934, und was das an Ernte- und damit an Sonnenenergieverlust bedeutet, ist nicht auszurechnen. Was immer die Amerikaner während der nächsten Generation durch Solarzellen oder durch riesige Spiegelanlagen an Sonnenenergie gewinnen können, ist lächerlich gering im Vergleich zu den Verlusten an naturgegebenen Sonnenenergiespeichern und den verlorenen Möglichkeiten der Sonnenenergienutzung durch die Photosynthese der Pflanzen.

Ähnlich aber war es bei allem gewesen. Auch in Amerika waren die fossilen Energieträger der große Multiplikator der menschlichen Leistung, und 1870–1970 stieg die Steinkohleförderung der USA von 36 auf 540 Millionen Tonnen, auf das rund Sechzehnfache, und die Mineralölgewinnung von 0,7 auf 534 Millionen Tonnen, auf das mehr als 760fache. Aber wo immer möglich, wurde die Kohle im Tagebau gewonnen und die ausgekohlten Gebiete als Mondlandschaften zurückgelassen. Da wurde generationenlang fast

NUR DAS ÖL VERWENDET, DAS VON SELBER AUS DEN BOHRLÖCHERN QUOLL,

und das war sehr oft nicht mehr als ein Zehntel der Vorräte, neun

Zehntel blieben im Boden und für ewig verloren. Erdgas wurde lange vor dem Öl, bereits 1821 in Fredonia im Staat New York, zur Straßenbeleuchtung benutzt und in Westvirginia 1841 erstmals industriell, aber wo immer es bei Ölbohrungen auftrat, galt es als lästig und wurde abgefackelt.

UNVORSTELLBARE MENGEN ERDGAS WURDEN VERGEUDET,
ehe der Elektropionier George Westinghouse 1884 Druckregulatoren und automatische Absperrvorrichtungen erfand und der Rohrleitungsbau der Pittsburgher »Fuel Gas Co.« begann. Erst 1919 wurde in den USA das damals weitaus größte Erdgasvorkommen der Welt, Panhandle-Hugoton, mit 1980 Milliarden Kubikmetern sicheren Inhalts erbohrt und nun systematisch nach Erdgasvorkommen gesucht. Und nun *so* viel produziert und durch die Konkurrenz von Erdöl und Kohle und Erdgas *so* billig, daß im Jahre 1938 mit damals rund 65 Milliarden Kubikmetern

DER ERDGASVERBRAUCH DER USA ACHT ZEHNTEL DES WELTVERBRAUCHS
betrug. Damals wurde der »Natural Gas Act« erlassen, und seither reguliert die »Federal Power Commission« den amerikanischen Erdgaspreis. Damit sollte die Schleuderkonkurrenz verhindert und der Markt geordnet werden, und über Bundesstaatsgrenzen durften nur mehr registrierte »Interstate Companies« Gas liefern, von denen es jetzt 116 gibt. Aber die meisten Wählerstimmen stammen von den Verbrauchern und nicht von den Gaslieferanten, und so *blieben* die Erdgaspreise auch nach dem raschen Abnehmen der Vorräte und trotz der schon durch die Inflation rapide steigenden Kosten weitaus zu niedrig. Der Erdgasanteil am Gesamtprimärenergieverbrauch der USA nahm 1950–70 von 18 auf 33% zu. Die Eigenförderung verzehnfachte sich von 1935 rund 56 Milliarden Kubikmetern auf 1976 rund 560, und verbraucht wurden nun 840 Milliarden der 1430 Milliarden Kubikmeter der Weltförderung oder über 62%. Wie längst riesige Mengen Öl importiert werden, kaufen die USA nun verflüssigtes und so auf ein 625stel des Volumens gebrachtes »LNG« (Liquid Natural Gas) in Algerien und am Persischen Golf, in Nigeria wie in Brunei, und da bringen gewaltige Rohrleitungen Erdgas aus Kanada und Mexiko in die USA. Vor allem durch den unersättlichen Bedarf der Vereinigten Staaten wird 1980

DIE WELT-ERDGAS-TANKERFLOTTE
zweiundzwanzigmal so tragfähig sein wie 1970, obwohl jedes der etwa 125 000 Kubikmeter verflüssigtes Gas transportierenden

Schiffe mehr als 120 Millionen Dollar kostet. Mit etwa 6,5 Millionen Kubikmeter Tragfähigkeit für Flüssiggas gleich etwa 4 Milliarden Kubikmeter des wiedervergasten Energieträgers wird diese Flotte jährlich etwa 200 Milliarden Kubikmeter Erdgas teilweise auch nach Japan, vorwiegend aber in die USA bringen. Denn der »American Gas Association« zufolge gab es 1976 hier 46 Millionen Erdgasverbraucher, die 13 Milliarden Dollar für diese Energieform bezahlten. Da waren 44 Milliarden Dollar in der US-Erdgas-Industrie investiert – und da reichten die eigenen, erschlossenen Erdgasvorräte nur mehr bis 1987, für elf Jahre, während die sicheren Welt-Erdgas-Vorräte noch für etwa 38 Jahre, bis etwa 2014, reichen. Von diesen Weltvorkommen liegt allerdings ein Drittel in kommunistischen Ländern und ein Fünftel im Nahen Osten. *Trotz* der niederländischen und der Nordseevorkommen haben Europas sichere Erdgasreserven einen geringeren Energiegehalt als die Kohle, die durch die Zechenschließungen in Westdeutschland aufgegeben wurde. Denn eine Milliarde Kubikmeter Erdgas entspricht nur etwa einer bis 1,2 Millionen Tonnen Steinkohle.

Vergeudeten die USA ihre Mineralöl- und Erdgasvorkommen durch *zu* niedrige Preise, so hatten die aber auch zur Folge, daß

DIE WIRTSCHAFT DES ENERGIEREICHSTEN LANDES DER ERDE IMMER ÖFTER DURCH KATASTROPHALEN ENERGIEMANGEL GELÄHMT

wird und es zu riesigen Fehlinvestitionen kam: Als in der Golfregion der USA große Erdgasvorkommen entdeckt wurden, löste das eine massive Verlagerung der chemischen Industrie nach Texas und Louisiana aus. Heute kostet da das Erdgas nicht nur zehnmal soviel wie zur Zeit der Neugründungen, sondern die Vorkommen sind auch weitgehend erschöpft. Und noch immer ist im Verhältnis zu den Kosten der Erdgaspreis viel zu niedrig, sind nach wie vor Neuerschließungen nicht rentabel, und dieses Auseinanderklaffen von maßlosem Verbrauch und zögernden Investitionen verursacht immer wieder Engpässe, bereits im Sommer 1970 »die schwerste Industriekrise des Jahrhunderts«. Und nicht nur, weil die Erdgasversorgung zusammenbrach, sondern ebenso die Stromversorgung und die Kohleversorgung: Die Politiker hofierten die Verbraucher, das heißt ihre Wähler *ohne* jede Rücksicht auf die Naturgegebenheiten und die privatwirtschaftlichen Zwänge. Und so wurde die relativ immer billiger werdende

DIE TEUERSTE ENERGIE, DIE ES GIBT, NÄMLICH DIE, DIE MAN NICHT HAT, WO UND WANN MAN SIE BRAUCHT.

Die große Warnung hätte bereits der 9. November 1965 sein müssen: Die Piloten der Flugzeuge, die damals am späten Abend New York anflogen, sahen wie immer das Lichtermeer Manhattans vor sich. Aber plötzlich schien die Stadt wie vom Erdboden verschwunden. Und teilweise 13 Stunden lang blieb nicht nur New York dunkel, sondern acht US-Bundesstaaten und die kanadische Provinz Ontario waren fast völlig ohne Strom. Das Leben in einem Gebiet, nur um ein Fünftel kleiner als Westdeutschland und mit 30 Millionen Einwohnern, kam zum Stillstand, weil ein Schaltfehler zur Überlastung führte, es nicht genug Reservegeneratoren gab und so durch die Panne schließlich 23 Stromversorgungsunternehmen erfaßt wurden. Zahllose Menschen saßen in den Untergrundbahnzügen gefangen, die auf den Strecken stehenblieben, und in Tausenden Hochhausaufzügen, die zwischen den Stockwerken steckten. Es gab kein Wasser, weil die Elektropumpen ausfielen, aber auch kein Benzin, weil alle Tankstellenpumpen elektrisch betrieben werden. Da brach der Großstadtverkehr zusammen, weil die Lichtsignalanlagen ausfielen, wurde es in den Büros und Wohnungen eiskalt, weil keine Öl- und keine Gasheizung ohne Elektromotoren auskommt. Viele Supermärkte verfügten über Notstromanlagen. Aber nur für die Notbeleuchtung, nicht für ihre elektrischen Registrierkassen...

Das technische Versagen vom November 1965 aber war harmlos im Vergleich zum New Yorker Stromausfall vom 13. Juli 1977. Als da um 21 Uhr 34 die elektrischen Uhren stehenblieben, begann

EINE SCHRECKENSNACHT, WIE SIE SICH NIEMAND HATTE VORSTELLEN KÖNNEN.

Plünderer und Heckenschützen benutzten die Dunkelheit und das Verkehrschaos, um in Harlem, Bronx und Brooklyn die Macht zu übernehmen. Mehr als 2000 Geschäfte wurden nicht nur ausgeraubt, sondern was nicht mitgenommen werden konnte, angezündet. Kilometerweit gab es kein heiles Schaufenster mehr, die Gehsteige waren mit Scherben übersät, und es gab Straßenzüge, die durch zertrümmerte Möbel und zerstörte Autos völlig unpassierbar waren. Binnen zwei Stunden wurden 1620 Brände gemeldet. Die Feuerwehr war machtlos. Während dieser Nacht gab es 47 000 Notrufe. Die Polizei konnte nichts tun. 3776 Plünderer wurden gefaßt. Aber das war nur ein kleiner Bruchteil der Aufständischen. Und was die Denkenden am meisten erschreckte, war der Unterschied zwischen dem Stromausfall von 1965 und 1977: 1965 hatte die Dunkelheit praktisch kein einziges Verbrechen ausgelöst. Seither hatte sich in den Slums so viel

Haß angesammelt, daß es zu sinnlosen Zerstörungen fast unvorstellbaren Ausmaßes kam. Denn

> WENN ES AUCH ÜBERALL IN DER WELT GEFÄHRLICHE WOHLSTANDSUNTERSCHIEDE GIBT, SO DOCH BESONDERS IN DEN VEREINIGTEN STAATEN.

Da sind ungleich mehr Neger arbeitslos als Weiße, sieht vor allem die Negerjugend keinerlei Chance mehr. Da ist in den Wohnhöhlen der New Yorker Proletarierviertel im Sommer die Hitze unerträglich, gibt es hier keine Klimaanlagen, wie sie anderswo Tag und Nacht laufen. Da schwankt in New York der Stromverbrauch pro Familie zwischen 40 und 5600 kWh im Monat. Wie der hohe Volkseinkommensdurchschnitt täuscht, so der hohe Pro-Kopf-Energieverbrauch der Vereinigten Staaten: Vielen Amerikanern stehen nicht mehr »Eiserne Sklaven« zur Verfügung als den Einwohnern von Entwicklungsländern.

Hatte der Stromausfall 1965 maximal 13 Stunden gedauert, so der von 1977 über 25, und die kosteten die Wirtschaft gut 10 Milliarden DM. Wiederum war die Ursache geringfügig: Durch einen Blitzschlag fielen 900 Megawatt aus. Das Kraftwerk Ravenswood wurde überlastet, und da es keine Reserven gab, fielen weitere 1000 MW aus. Um nicht auch die restlichen Kraftwerke zu gefährden, wurden sie alle abgeschaltet. Die Reserven aber schrumpfen rapide weiter. Denn in den USA verhindern nun nicht nur die Umweltschützer den Bau neuer Kohlekraftwerke ebenso wie den von Kernkraftwerken, sondern die Strompreise bleiben ebenso staatlich gebunden wie die des Erdgases, und so wird die Stromerzeugung immer unrentabler. Bereits 1968–70, als z. B. der amerikanische Kohlepreis von durchschnittlich 5 auf 11 Dollar pro Tonne stieg, erlaubten die Behörden keine Strompreiserhöhung, und seither hinken *alle* Energiepreise ständig weit hinter den durch die Inflation und die immer maßloseren Lohnforderungen verursachten Kosten her.

> DIE VEREINIGTEN STAATEN BRAUCHEN BIS 1990 EINE KRAFTWERKSKAPAZITÄT VON 910 000 STATT HEUTE 540 000 MEGAWATT.

Soll »ein lähmender Strommangel« vermieden werden, müßte der »Federal Power Commission« zufolge *sofort* mit dem Bau von mindestens 50 Großkraftwerken begonnen und bis 1990 mindestens 600 Milliarden Dollar für die amerikanische Elektrizitätsversorgung aufgewendet werden. Aber dieses Kapital aufzutreiben ist unmöglich, weil die Gewinnaussichten viel zu gering und völlig unsicher sind.

Und auch das ist ein *Welt*problem. Nicht nur, weil der Zusammenbruch der amerikanischen Wirtschaft unabsehbare Folgen haben müßte, sondern auch schon deshalb, weil z. B. bereits 1970 die »American Power Association«, die 1400 öffentliche Kraftwerke vertritt, und das »American Electric Power System« die sofortige Einstellung aller amerikanischen Kohleexporte forderten – deren »Billigkeit« bei der Schließung zahlreicher europäischer Zechen keine geringe Rolle gespielt hatte. Allein seit Januar 1973, als in den USA Tausende Schulen geschlossen werden mußten, weil man sie nicht heizen konnte; Luftlinien ihren Dienst einstellten, weil es keinen Düsentreibstoff gab; in Illinois das Getreide verdarb, weil die Lagerhäuser es nicht zu trocknen vermochten, gab es fünf weitere schwere Energieversorgungskrisen. Aber gelernt wurde aus keiner, und am 15. Februar 1977 gab es

In den USA vier Millionen, die durch Energiemangel nicht arbeiten konnten,

und binnen vier Wochen gingen im Winter 1976/77 an Produktion und Kaufkraft 35 Milliarden Dollar verloren. Und das geht eben nicht nur die Amerikaner selber an. Denn die betrachten die Welt längst als eine Art erweiterten Texas.

Amerikas maßloser Energieverbrauch saugt heute weltweit die Erdöl- und Erdgasfelder leer.

Der halbierte den Dollar-Wert, traf so jeden deutschen, japanischen oder Schweizer Exporteur. Der enteignete so Millionen und Abermillionen Sparer *überall* auf der Erde, die sich durch ihre Dollars ein sorgenfreies Alter erhofft hatten. In den USA *begann* die Mineralölförderung der Welt, und so sind ihre Quellen heute naturgegeben »müde«, gibt jede der rund 600 000 Bohrungen nur mehr 770 Tonnen Öl im Jahr gegen den Nahostdurchschnitt von 230 000. Da sank der Anteil der USA an der Weltölförderung 1860–1977 von 98,6% auf 15%, während der Verbrauch ständig weiter zunahm und zunimmt und nun mit 4300 Kilo Mineralölprodukten pro Kopf und Jahr sechsmal so hoch ist wie der Weltdurchschnitt. Die Vereinigten Staaten *müssen* jedes Jahr mehr Öl einführen. Schon heute versuchen sie, es wo immer möglich durch Waffenlieferungen zu bezahlen, der amerikanische Ölhunger verwandelte bereits den ganzen Nahen Osten in ein riesiges Militärlager, und wenn ein amerikanischer Präventivkrieg zur Sicherung der Öleinfuhr vermieden werden kann, so auf keinen Fall massive Preissteigerungen, die *alle* Verbraucher und keineswegs nur die amerikanischen zu tragen haben.

Die Öl-Einfuhrkosten der USA brachten das Weltwährungssystem in gefährliche Unordnung,

denn die stiegen von 560 Millionen Dollar 1950 auf 44 800 Millionen oder das rund Neunzigfache im Jahre 1977. Öl macht nun ein Drittel des amerikanischen Gesamteinfuhrwertes aus, und *nur* der maßlose amerikanische Ölverbrauch verursacht das Zahlungsbilanzdefizit der USA mit all seinen weltweiten Folgen. *Nur* die Ölimporte verursachen das Handelsbilanzdefizit, denn außer mit den OPEC-Ländern blieben die amerikanischen Handelsüberschüsse nicht nur gleich, sondern stiegen 1972–77 von rund 5 auf mehr als 18 Milliarden Dollar. Und das heißt: Das Energiedefizit der USA wird zum sehr großen Teil von ihren Handelspartnern getragen, die selber kein Öl haben. Europa und Japan befinden sich heute in der Rolle der sparsamen Neffen, die zusehen müssen, wie ein verschwenderischer Onkel nicht sein, sondern *ihr* Erbteil verjuxt.

Denn nirgends sonst auf der Welt klaffen echter Bedarf und Verbrauch an Energieträgern auch nur annähernd so kraß auseinander wie in den Vereinigten Staaten: Wenn deren Bevölkerung, die heute wenig mehr als ein Zwanzigstel der Weltbevölkerung ausmacht, ein Drittel aller Energie verbraucht, so *nicht,* weil die USA zur führenden Industrienation aufstiegen. Sondern weil es hier zu einer Wegwerfmentalität kam, die glücklicherweise einmalig auf der Welt blieb und hier geradezu unvorstellbare Mengen Energie völlig nutzlos *vergeudet* werden. Den 1977 veröffentlichten Untersuchungen der staatlichen »Brookhaven National Laboratories« zufolge wird in den Vereinigten Staaten ein Drittel des Gesamtenergieverbrauchs genutzt, zwei Drittel gehen verloren, und keineswegs nur naturgesetzlich bedingt. Das Äquivalent von 12 Millionen Faß Öl täglich oder rund zweieinhalb Millionen Tonnen Steinkohleeinheiten alle 24 Stunden werden *verschwendet:*

Die Vereinigten Staaten vergeuden jetzt jährlich 912 Millionen Tonnen Steinkohleeinheiten oder so viel, wie im Jahre 1910 die Welt-Primärenergiegewinnung betrug.

Diese jährliche Vergeudung von 4,4 Milliarden Faß oder 630 Millionen Tonnen Öläquivalent entspricht der *Welt*mineralölförderung des Jahres 1952.

Präsident Carter versuchte den Amerikanern 1977 klarzumachen, daß das nicht so weitergehen kann. Die Vergeudung sollte für jeden einzelnen zumindest kostspieliger werden. Aber der Kongreß lehnte das Energieprogramm weitgehend ab, denn teurere Energie bedeutet geringere Ausgaben für andere Dinge, und so hatte Carter nicht nur die Verbraucher gegen sich, die ihre Gewohnheiten nicht ändern wollen, sondern auch Dutzende Branchen, die Umsatzverluste fürchteten. Vor allem aber rächte sich nun

DIE ALLGEMEINE UNWISSENHEIT IN ENERGIEFRAGEN.

Jahrzehntelang hatte es keine entsprechende Aufklärung gegeben. Den Massenmedien schienen diese Probleme uninteressant und zu kompliziert, und so ergab z. B. noch im September 1977 eine Meinungsumfrage der »New York Times« und des »Columbia Broadcasting System«, daß nur jeder zwölfte Amerikaner eine auch nur annähernde Idee von der Öleinfuhrabhängigkeit des Landes besaß und 36% der Befragten nach wie vor glaubten, die US-Eigenförderung decke den Bedarf vollauf. Über ein Drittel der Amerikaner meinte sogar, die USA seien nach wie vor »das führende Erdölexportland der Erde«. In den Jahren 1965–70 war der amerikanische Energieverbrauch mehr als viermal rascher als die Bevölkerung gewachsen. Als im März 1974 als Folge des arabischen Öl-Embargos die Autogeschwindigkeit in den USA zeitweilig auf maximal 85 Stundenkilometer beschränkt wurde, gab es einen Aufschrei der Empörung, denn die Mehrheit der Amerikaner *blieb* überzeugt, sie könnten verbrauchen, was immer sie wollten, das ganze Mangelgerede sei nur ein Versuch, die Preise hochzutreiben.

Werden in den Vereinigten Staaten phantastische Mengen an fossilen Energieträgern unmittelbar vergeudet, so aber auch noch riesige Mengen indirekt. Wie hier zum Teil noch immer Öl und Erdgas und Kohle als unerschöpflich gelten, so gab es in den USA niemals Hunger, ist auch den amerikanischen Kirchgängern das Heilighalten des Brotes ein fremder Begriff, und so mußte ein am 27. September 1977 veröffentlichter amtlicher Bericht an den Kongreß feststellen:

ALLJÄHRLICH WERDEN IN DEN USA NAHRUNGSMITTEL VERGEUDET, DIE MEHR ALS 50 MILLIONEN MENSCHEN SATT MACHEN KÖNNTEN,

und daß für die 27 Millionen Hektar Ackerland – die fast vierfache Ackerfläche und Gartenfläche Westdeutschlands – neun Millionen Tonnen Mineraldünger und 92 Millionen Tonnen SKE Energie gebraucht wurden.

Zahlen wie diese lösen mit Recht Empörung aus. Aber sie verleiten leider auch dazu,

DIE ÜBERSCHÄTZUNG DER ENERGIE-EINSPARUNGSMÖGLICHKEITEN

gefährlich zu fördern. Denn glücklicherweise sind die Vereinigten Staaten, wie schon gesagt, ein Sonderfall. Auch anderswo wird teilweise mehr Energie eingesetzt als nötig, aber in keinem vergleichbaren Ausmaß, und wenn es heute rund 220 Millionen Amerikaner gibt, so 3950 Millionen andere Menschen. Im Weltdurchschnitt beträgt nun der Pro-Kopf-Verbrauch an Primärenergie, wie gesagt, etwa 2200 Kilo SKE jährlich gegen die rund 13 000 der USA. Selbst wenn der amerikanische Verbrauch halbiert und etwa auf den der EG-Länder gebracht werden könnte, würde das den Weltdurchschnitt nur auf 2500 Kilo erhöhen. Praktisch wäre damit (wie bei *jeder* Reichtumsverteilung) gar nichts gewonnen. Und ähnlich ist es bei der Nahrungsmittelvergeudung: Die *ist* unentschuldbar und empörend. Aber von dem, was die Amerikaner wegwerfen oder verderben lassen, könnten 50 Millionen Menschen leben. Während der nächsten Generation müssen wir jedoch 2000 Millionen neue Menschen versorgen. Da müssen wir für vierzigmal so viele Lebensmöglichkeiten finden. An sich ist die amerikanische Hybris bedeutungslos.

Um so gefährlicher aber, daß diese Hybris Gegenbewegungen auslöste, die in den USA selber durchaus berechtigt waren, die es aber anderswo und vor allem bei uns in Europa *nicht* sind.

DURCH DIE AMERIKANISCHE MASSLOSIGKEIT DROHT HEUTE ALLEN INDUSTRIESTAATEN EIN SCHICKSAL ÄHNLICH DEM INDIENS, weil der aus den USA stammende Umwelt*extremismus* und die aus den USA stammende Kernenergiegegnerschaft nun *überall* die rechtzeitige Ergänzung der zu Ende gehenden Energieträger durch neue zu verhindern droht.

Daß der Naturschutzgedanke besonders in Amerika viele Anhänger fand, ist selbstverständlich, denn dort *wurde* ja gegen die Natur gesündigt wie sonst nirgends auf der Welt. Was das Wirtschaften gegen die Natur bedeutet, spürten, wie geschildert, in den USA Millionen am eigenen Leib, und so bestand hier seit langem die Gefahr, das Pendel könne *zu* weit ausschlagen. Und dazu gab 1962 Rachel Carsons Bestseller »Silent Spring«, der (durch die auch Vögel tötende Schädlingsvertilgungsmittel) »stumm gewordene Frühling«, einen ebenso entscheidenden Anstoß, wie 1852 Harriet Beecher-Stowes »Uncle Tom's Cabin« den amerikanischen Sezessionskrieg emotional vorbereitete. War generationenlang wilder Raubbau getrieben worden, so wurde nun in den USA gegen *alles* angeblich »Unnatürliche« demonstriert, und als besonders naturwidrige, menschliche Hybris galt rasch die Kernenergie. Plötzlich sah sich die amerikanische Reaktorindustrie, aber ebenso die staatliche Atomenergiekommission einer lawinenartig anschwellenden Opposition gegenüber, und 1963 wurde auch Sheldon Novicks »The Careless Atom« (sinngemäß »Das unverantwortbare Atom«) ein Bestseller, weil er Katastrophen ausmalte, gegen die alle chemischen Gifte harmlos wirkten.

Bestseller aber bedeuten in Amerika Millioneneinnahmen. Bestsellerthemen werden stets sofort auch von den Zeitschriften, der Tagespresse und dem Rundfunk als Käufermagneten verwendet, und so erfolgte in den USA zum Teil die

»Nuklearaufklärung« durch Sport- und Sexmagazine: Die zum »Time«-Konzern gehörende »Sports Illustrated« steigerte ihre Auflage durch eine Artikelserie über die »thermische Belastung der Umwelt« durch Kernkraftwerke und schuf den Begriff »Thermal Pollution«. Ernest Sternglass' berüchtigter Artikel »Der Tod aller Kinder«, der durch falsche und manipulierte Statistiken eine Erhöhung der Kindersterblichkeit infolge von Strahlungen zu »beweisen« behauptete, erschien in dem Männermagazin »Esquire«, das seine Leser ursprünglich durch Nacktbilder gewann.

Die großen Reaktorbaufirmen fanden es unter ihrer Würde, den wüsten Behauptungen mit allgemeinverständlichen Tatsachen entgegenzutreten. Die Politiker aber nutzten die Popularitätschancen nicht anders als die Bestsellerautoren und veranstalteten »Hearings«, an denen die obskursten »Forscher« teilnehmen konnten. Überall bildeten sich Widerstandsgruppen gegen geplante Kernkraftwerke. Ursprünglich von 200 Abonnenten getragen und 4 hektografierte Seiten umfassend, hatten die von den Kernenergiegegnern herausgegebenen »Nuclear Informations« 1971 eine Auflage von 600 000 erreicht und wurden durch die Ortsgruppen der verschiedenen Vereine überall in den USA verbreitet. Und 1972 war es so weit, daß die Kernkraftwerksgegner die bestorganisierte Umweltschutzgruppe darstellten und sich mit den großen Verbraucherschutzorganisationen, vor allem der Ralph Naders, verbündeten, demzufolge die Kernenergie »unsicher, unzuverlässig, unwirtschaftlich und unnötig« ist. Als sich die Antiatombewegung als publikumswirksam erwies, wurde sie auch von alten Naturschutzorganisationen wie den »Friends of the Earth« (den »Freunden der Erde«) übernommen, und einer Funktionärin dieses Verbandes, Lorna Salzmann, zufolge geht es bei der Kernenergie um »eine Technologie, die das menschliche Leben und die menschliche Gesundheit für weit weniger wichtig hält als den privaten Profit und die den Menschen und seine sozialen Einrichtungen technokratischer Tyrannei unterwirft«.

Bald herrschten *überall* in den Vereinigten Staaten bei den Bewilligungsverfahren chaotische Zustände. Im Jahre 1972 konnte keine einzige Baubewilligung für ein Kernkraftwerk erteilt werden, und Projekte mit einer Gesamtkapazität von 53 000 Megawatt waren blockiert. Die AEC setzte zwar durch, daß beim Kreuzverhör der öffentlichen Anhörungsverfahren technische Fragen nur mehr von »qualifizierten Personen« aufgeworfen werden durften, denn die Taktik der Gegner bestand darin, Hunderte völlig irrelevante Fragen zu stellen und damit die Verhöre endlos in die Länge zu ziehen. Aber inzwischen konnten sich die Kernkraftwerksgegner die teuersten Anwälte leisten, und die erkannten – wie die Politiker – die Publizitätsmöglichkeiten. Sie setzten durch, daß die Funktionäre von eingetragenen Vereinen als »qualifizierte Personen« anerkannt werden mußten. Als Zusammenschluß von 58 Anti-Nuklear-Gruppen war z. B. die »Consolidated National Interventors« gegründet worden, und deren damals 23 Jahre alter Führer Daniel Ford wurde 1973 dadurch berühmt, daß er bei den Kongreß-Sicherheits-Hearings die Anhörung von »Fachleuten« auf 122 Tage und die entsprechenden Protokolle auf über 56 000 Seiten auszudehnen verstand. Am Schluß wußte niemand mehr, um was es eigentlich gegangen war. Aber Ford hatte der Presse Hunderte sensationeller Schlagzeilen geliefert, und die »Verteidiger der Allgemeininteressen« trugen einen durchschlagenden Sieg davon.

Eine der Folgen war, daß im Durchschnitt

DIE BAUZEIT FÜR AMERIKANISCHE KERNKRAFTWERKE

von 6 Jahren 1960–70 auf 10 Jahre 1970–75 stieg. Die Folge davon wiederum, daß die Zinskosten, die *vor* der Inbetriebnahme eines Werkes anfallen und denen keinerlei Einnahmen gegenüberstehen, statt 8% der Gesamtbaukosten der Werke, die bis 1972 fertigwurden, für solche, die 1982 in Betrieb kommen, 20% betragen werden. Und ein Fünftel von 600 bis 700 Millionen Dollar sind immerhin noch 260 bis 280 Millionen DM.

Bereits im Jahre 1973 gab es in den USA aber auch Kernkraftwerke, die seit zwei Jahren fertig waren, jedoch keine Betriebserlaubnis erhielten. Ihre Besitzer hatten weiter ertraglos Zinsen und Amortisationszahlungen aufzubringen, und in einem Fall mußte eine Elektrizitätsgesellschaft monatlich 4 Millionen Dollar für fremden Strom ausgeben, weil sie ohne das stilliegende Werk ihren Lieferverpflichtungen nicht nachkommen konnte. 1965–72 hatten die US-Energieversorgungsunternehmen Kernkraftwerke mit zusammen 120 000 MW Leistung bestellt. Aber nun stornierten sie zahlreiche Aufträge, denn niemand investiert Milliarden, wenn er nicht sicher sein kann, daß eine Bauerlaubnis bei Einhaltung aller Vorschriften und Auflagen praktisch auch einer Betriebserlaubnis gleichkommt. Die langwierigen Genehmigungsverfahren verzögern zudem keineswegs nur die Inbetriebnahme der Kernkraftwerke selber. Die kanadische »Ontario Hydro« z. B. wies im Januar 1978 darauf hin, daß die vier Blöcke ihres Kernkraftwerkes Bruce-A wahrscheinlich erst vier bis fünf Jahre nach ihrer Fertigstellung alle vorgesehenen Stromabnehmer beliefern können, weil die Überlandleitungen durch immer langsamere Bewilligungserteilungen nicht rechtzeitig gebaut werden können.

Der »Volkswiderstand« aber wuchs weiter: Wenn es in den USA 1974 noch 27 neue Kernkraftwerksaufträge gegeben hatte, so 1975 nur mehr 5. Obwohl nun die Brennstoffkostenersparnis der USA durch die Kernkraftnutzung 2 Milliarden Dollar jährlich betrug, wurden 1975/76 Aufträge auf 105 000 MW (das Dreifache der bereits installierten Kapazität) storniert, und das hieß, daß z. B. »Westinghouse« seine rund 10 000 mit Forschung und Entwicklung beschäftigten Leute und »General Electric« 4000 in San José an Reaktorverbesserungen Arbeitenden nicht halten konnten, die USA (wie im 7. Kapitel geschildert werden wird) ihren Vorsprung in der Nukleartechnik einbüßten.

Die Verlangsamung der Kernenergieentwicklung in den USA

bedeutet, daß die Energieengpässe immer häufiger werden müssen. Es bedeutet aber auch, daß 1980 doppelt soviel Öl importiert werden muß wie 1975, und das spürt die ganze Welt, keineswegs nur die Amerikaner. Und

die amerikanischen Kernenergiegegner riskieren einen Nuklearkrieg,

denn (wie im folgenden Kapitel geschildert wird) es gibt in den USA nicht wenige Leute, die auch eine *gewaltsame* Ölversorgung in Betracht ziehen.

Daß auch das nicht nur die Amerikaner angeht, ist wohl klar. Aber selbst wenn solch eine Katastrophe vermieden werden kann: Die an sich gesunde Reaktion auf den amerikanischen Waldschlächtergeist droht die ganze Welt in tiefes Elend zu stürzen, denn wie wir nach

1945 *alles* Amerikanische mit Begeisterung übernahmen, so auch den Umweltextremismus und die amerikanische Kernenergiegegnerschaft. Und die bedrohen nun *unsere* niemals durch Verbrauchsexzesse belastete Energiewirtschaft. Heute geschieht erneut, was in der Frühzeit der Industrialisierung geschah: Marx und Engels empörten sich mit Recht über die Zustände in den englischen Slums. Aber sie verallgemeinerten die Schäden, projizierten die *damals* tatsächlich bestehende Ausbeutung in alle Zukunft und bauten auf lokalen und zeitbedingten Fakten eine Theorie auf, die *Welt*geltung beanspruchte. Und die sich tatsächlich weltweit und bis heute auswirkt, obwohl *alle* Prognosen Marx' sich längst als falsch erwiesen. Wie es *nicht* zur Verelendung der Industrieländer-Massen kam, so wird es nicht zu den Kernkraftwerkskatastrophen und der Strahlenverseuchung der Welt kommen, die heute die Umweltfanatiker und Systemveränderer voraussagen. Aber erneut wird auf Grund der *amerikanischen* Exzesse die *gesamte* Industriegesellschaft verteufelt. Täglich wird die Gefahr größer, daß die *ganze* industrialisierte Welt durch rückwärts gewandte Utopien das Schicksal Indiens teilt und durch Energiemangel im Elend versinkt, weil eine Handvoll *amerikanischer* Intellektueller wie Dennis L. Meadows, Jay Forrester, Amory B. Lovins oder Robert Jungk in *Europa* zahlreiche Anhänger fanden, die nun *unsere* Vorsorgemaßnahmen zu verhindern trachten. Wie Jungk (der z. B. am 14. November 1960 im »Hamburger Echo« auf seine amerikanische Staatsbürgerschaft pochte) es sagt: »... Innerhalb weniger Jahre entstand eine weltweite Massenbewegung, eine neue Internationale, die keiner bisherigen Internationale gleicht... und niemand wird abstreiten, daß diese politische Kraft, die in keines der bisherigen Denkschemata paßt, überall dort, wo sie auftrat, schon starke Wirkungen erzielt hat. Es ist ihr gelungen, die Berechnungen der behördlichen Planungsstäbe und des industriellen Managements empfindlich zu stören. Nirgends mehr können die Kernkraftprogramme im ursprünglichen Umfang und zum festgesetzten Zeitpunkt erfüllt werden...« Lovins triumphierte im Juni 1978 in der Hamburger »Die Zeit«: »1975–77 erwartete die amerikanische Nuklearindustrie 90 Inlandsaufträge für Reaktoren. Sie erhielt 9. Es gab 12 Abbestellungen und 45 Bewilligungsverweigerungen... Die nukleare Option ist praktisch verschwunden...«

Die Qualitäten von Herrn Lovins sind wohl nicht die Lenins. Eine Handvoll Kernenergiegegner könnte aber sehr wohl genügen, die labilen Mittelstandskreise des Westens und die in Europa nicht anders als in Amerika auf Wählerstimmen angewiesenen Politiker derart zu infizieren, daß sie die *rechtzeitige* Durchsetzung der Kernenergienutzung verhindern. Daß bei den Landtagswahlen im Juni 1978 die »Grünen«, die »Für das Leben und gegen den Profit« eintretenden Naturschutz- und Anti-Kernkraft-Kandidaten in Hamburg rund 4,5% und in Niedersachsen fast 4% der Stimmen erhielten, machte die Politiker aller drei Parteien »hellhörig« und kann der deutschen Energiepolitik schwerste Sorgen bringen.

Daß gerade die amerikanischen Entwicklungen die Überwindung der Weltenergieschwierigkeiten am meisten erschweren, ist aber der Gipfel der Ungereimtheit, denn es waren ja die USA, in denen die Mineralölindustrie entstand und deren Ölkonzerne die maßlose Ölverbrauchssteigerung durchsetzten, die uns in die heutige Mangellage brachten.

Denn wenn es Energie in *jeder* Menge gibt, so ist allein entscheidend, wieviel der Welt *heute* und nicht eventuell morgen oder übermorgen zur Verfügung steht.

Da ist entscheidend, ob *wir* genügend Energieträger besitzen, und nicht, ob es sie anderswo auf der Erde gibt.

Und da ist ebenso entscheidend wichtig, ob die gegenwärtig ausreichend zur Verfügung stehenden Energieträger diejenigen sind, auf die unsere *derzeitige* Wirtschaft eingestellt ist. Da Mineralöl nun die Hälfte des Gesamtenergiebedarfes der Welt deckt; da im Durchschnitt der EG-Länder 55% und in Westdeutschland 53%, in Dänemark aber 87, in Italien mehr als 70 und in Frankreich 64% aller Energie in Form von Mineralöl gebraucht werden, lautet die Frage nicht »Gibt es genug Energie?«, sondern

GIBT ES GENUG MINERALÖL?

IST EUROPAS MINERALÖLVERSORGUNG GESICHERT?

Und da lautet die Antwort leider in beiden Fällen klar und eindeutig: *»Nein!«* Und mit Ölmangel haben nicht erst unsere Kinder zu rechnen, sondern wir selber!

In der am 21. März 1978 vom US-Energieministerium veröffentlichten Analyse der globalen Ölbedarfsdeckung wird

EIN DAS ANGEBOT ÜBERSTEIGENDER ÖLVERBRAUCH IM JAHRE 1981 ODER 1982 UND EIN SUBSTANTIELLES AUSEINANDERKLAFFEN VON PRODUKTION UND BEDARF IM JAHRE 1985

angenommen. Energieminister James Schlesinger nannte als »äußerst optimistische Annahme« für das Jahr 1985 ein Welt-Mineralöl-Defizit von etwa einer Million Tonnen täglich – von 365 Millionen

Tonnen also. »Aber nur, wenn andere als die OPEC-Staaten 1250 Millionen Tonnen Öl zum Weltverbrauch beitragen, sich z. B. Westeuropas eigene Ölförderung verdreifacht und die OPEC-Staaten ihre heutige Förderung um mindestens 300 Millionen Tonnen steigern.« Schlesinger sagte dem Senat auch: »Das Weltenergieproblem ist weitgehend die Schuld der Vereinigten Staaten. Daraus folgt, daß eine Lösung weitgehend von den USA abhängt.« Aber *kein* Kenner der Verhältnisse glaubt, daß die Vereinigten Staaten in absehbarer Zeit willens oder fähig werden, die Ölsituation irgendwie zu verbessern.

Auf seiner Zusammenkunft in Tokio stellte das Direktorat der »Internationalen Energie-Agentur« (der 19 Staaten, darunter die USA, Westdeutschland und Japan angehören) im April 1978 fest, der Mineralöleinfuhrbedarf, der 1977 rund 1200 Millionen Tonnen betrug, werde 1985 mindestens 1540 Millionen Tonnen betragen und damit

> der Ölbedarf des Westens um 620 Millionen Tonnen höher als die voraussichtliche OPEC-Produktion

sein. Und längerfristig ist die Lage entsprechend ernster. Im Mai 1977 veröffentlichte der »Workshop on Alternative Energy Strategies WAES« seinen Energiebericht, den 70 Experten aus 18 Ländern unter der Leitung Professor Caroll L. Wilsons vom Massachusetts Institute of Technology ausgearbeitet hatten. Die wichtigsten Feststellungen dieser »Energy Global Prospects 1985–2000« ist:

> Bereits vor dem Jahre 2000 sind kaum überwindbare Schwierigkeiten der Weltenergieversorgung zu erwarten.

Selbst dann, wenn die gegenwärtigen Zuwachsraten des Ölverbrauchs halbiert werden; wenn der Ölpreis erhöht und diesem erhöhten Preis die Preise aller anderen Energieträger angepaßt werden; selbst wenn die Weltkohleförderung verdoppelt und der Beitrag der Kernenergie vervierfacht werden könnte, muß

> die Nachfrage nach Öl um die Jahrhundertwende die verfügbaren Mengen um mindestens 750 Millionen Tonnen jährlich übersteigen.

Die WAES-Studie stammt von neutralen Fachleuten. Aber sogar die Mineralölgesellschaften, die jahrzehntelang das Öl als »die sicherste und billigste Energie« hinstellten und eine ausgesprochene Schleuderpreispolitik betrieben, geben heute zu, daß Ölmangel nicht erst in ferner Zukunft, sondern *sehr* bald droht. Dr. Hans-Joachim Burchard z. B., Hauptgeschäftsführer des Mineralölwirtschaftsverbandes in Hamburg, schrieb im November 1977 in der »Zeitschrift für Energiewirtschaft«: »Neuere Schätzungen gehen dahin, daß... der Ölimportbedarf der westlichen Welt um das Jahr 2000 zwischen 2,5 und 3 Milliarden Tonnen liegen dürfte... Denen dürfte ein Rohölangebot der OPEC-Staaten zwischen 1,7 und 1,9 Milliarden Tonnen gegenüberstehen. Selbst wenn man davon ausgeht, *daß* die OPEC-Länder diese Mengen zur Verfügung stellen..., würde

IN DER ÖLVERSORGUNG EINE DECKUNGSLÜCKE VON GUT EINER MILLIARDE TONNEN

entstehen, die durch Lieferungen aus anderen Regionen, wie z. B. der Nordsee und Alaska, nur schwer schließbar scheint. Man kann eine solche Betrachtung auf andere Energieträger übertragen und kommt dann zu dem Resultat, daß die Befürchtung, die Welt insgesamt könnte spätestens Ende dieses Jahrhunderts nicht mehr ausreichend mit Energie versorgt werden, nicht von der Hand zu weisen ist. Ob eine solche Situation wirklich eintreten wird, hängt – angesichts des Zeitbedarfs für die Entwicklung neuer Technologien und für die Errichtung energieerzeugender Anlagen – von den Entscheidungen ab, die man *jetzt* zu fällen bereit und in der Lage ist.«

Aber welche Entscheidungen?

Professor H. K. Schneider aus Köln, der an der WAES-Studie mitwirkte, erklärte: »Welche Annahmen wir auch zugrunde legten, wir blieben ratlos, wie um die Jahrhundertwende der Energiebedarf gedeckt werden könnte.« Das Jahr 2000 aber liegt (1978) nicht ferner in der Zukunft als das Jahr 1956 in der Vergangenheit. Bei der heutigen Lebenserwartung werden

ALLE NACH 1927 GEBORENEN VON DIESER KRISE PERSÖNLICH BETROFFEN.

Um das begrenzte Angebot auf die Nachfrage zu verteilen, schlägt die WAES-Aussage vor:

Um die Jahrhundertwende Erzeugung von Elektrizität nur mehr aus Kernenergie und Wasserkraft. Stillegung aller mit fossilen Energieträgern betriebenen Kraftwerke.

So rasch wie möglich müssen Syntheseöl und Synthesegas erzeugt werden, damit Kohle die mangelnden natürlichen Kohlenwasserstoffe ersetzen kann.

Die WAES-Studie warnt:

»DIE GRUNDLEGENDE GEFAHR BESTEHT DARIN, DASS DIE WELT-ENERGIE-VERSORGUNG KRITISCH WIRD, EHE MAN DIE KRISE ERNST NIMMT.«

Die *Dringlichkeit* der Abhilfe den Wählermassen klarzumachen, ist *das* große Problem im Kampf ums Überleben, denn Öl und Strom und jede Menge Maschinenkraft wurden uns so selbstverständlich, daß kaum jemand sich vorstellen kann, was Mangel bedeuten muß. Kein Benzin? Im Zweiten Weltkrieg und lange nachher gab es auch so gut wie keinen privaten Autoverkehr und autofreie Sonntage schon 1973. Kein Heizöl? Daran wird schon eher gedacht, aber daß es heute in Westdeutschland 11 Millionen ölbeheizte Wohnungen gibt und so 40 oder 50 Millionen Deutsche frieren würden, weiß so gut wie niemand. Und wer denkt an die Schmiermittel und daß ein Dutzend verschiedene Sorten Öl für elektrische Transformatoren und Hochspannungsschalter gebraucht werden? Oder daran, daß allein 1967–77 der Rohbenzinbedarf der westeuropäischen Petrochemie von 12,5 auf 52 Millionen Tonnen jährlich stieg? Daß es ohne Öl keine Schiffahrt und keinen Welthandel gäbe, wurde bereits geschildert. Aber lange bevor die Ölversorgung zusammenbricht, muß es

UNERTRÄGLICHE PREISSTEIGERUNGEN, DIE JEDEN VON UNS TREFFEN,

geben. Bereits der ganz kurzfristige Ölmangel des Jahres 1973 traf z. B. in der Schweiz Branchen, die ein Viertel des Bruttosozialprodukts stellten. Und auf dem Energiekongreß der Freisinnig-Demokratischen Partei der Schweiz in Freiburg rechnete am 14. April 1978 Dr. Robert Madöry vom Eidgenössischen Wirtschaftsdepartement den Delegierten vor, was es die Schweiz kosten würde, wenn nur 15% ihres heutigen Bedarfes an Öl nicht gedeckt werden könnten: Absinken des Brutto-Inlandsprodukts um 11 Milliarden Franken jährlich und Verlust von 140 000 Arbeitsplätzen.

KANN EIN VIERTEL DES ÖLBEDARFS DER SCHWEIZ NICHT GEDECKT WERDEN, SO KOSTET SIE DAS 25 MILLIARDEN FRANKEN ODER 5000 FRANKEN PRO KOPF EINES JEDEN SCHWEIZERS UND DEN VERLUST VON 340 000 ARBEITSPLÄTZEN,

und so ist Verminderung der Erdölabhängigkeit für die Schweiz wie für *ganz* Europa und die *ganze* Welt die dringendste aller Energiemaßnahmen.

Wieso aber genügen plötzlich die Ölvorräte der Welt nicht mehr? *Wie* kamen wir in die heutige, höchst prekäre Lage?

Wie niemand Energieentscheidungen treffen dürfte, der nicht die Ursachen des Niederganges Indiens und der amerikanischen Energiekrisen kennt, so niemand, der nicht weiß, welche Rolle das Öl in der Weltpolitik und der Weltwirtschaft spielte und *wie* es zur Ölkrise kam. Denn die ist *nicht* »naturbedingt.« Zu der kam es nur durch

GENERATIONENLANGES WIRTSCHAFTEN GEGEN DIE NATUR UND GEGEN DEN GESUNDEN MENSCHENVERSTAND,

der auch heute wiederum zahllosen »Maßgebenden« fehlt und dessen Mangel existenzbedrohende Ausmaße annahm: Von den bekannten fossilen Energieträgervorräten der Welt entfallen 93% auf Kohle, nur 4% auf Mineralöl und 3% auf Erdgas. Aber wenn im Jahre 1900 die Kohle diesen naturgegebenen Tatsachen entsprechend auch 93% des Energiebedarfes der Welt stellte, so 1976 nur 30%, während im gleichen Zeitraum der Ölanteil am Primärenergieverbrauch der Erde von 4 auf 45% zunahm. Während des Jahrhunderts 1875–1975 stieg der Weltenergiebedarf auf das Dreißigfache. Der Mineralölverbrauch jedoch auf das mehr als Zweitausendfache. Auch pro Kopf der Bevölkerung nahm der Ölverbrauch der Vereinigten Staaten während dieser drei Generationen auf das mehr als Tausendfache und in Deutschland auf das Viertausendfache zu. Denn Öl war »billig«. Was Kanonen und später Bomberflotten für die Generäle waren, war für die Trustherren der Preis, vom Beginn der »Öl-Ära« an gab es Titanenkämpfe mit Dumpingpreisen als Waffe, und *das* gab schließlich den heutigen Ölbesitzern ihre Macht und *zwingt* uns nun, neue Energiequellen zu nutzen. Nurmehr die Kernenergie kann heute die Öl- und Naturgasvorkommen lange genug strecken, um ein Versinken der Industrieländer ins Elend und ins Chaos zu verhindern.

IV
Die Erdöltragödie

Drei Generationen wirtschaften gegen die Natur

Das Werden und die Wandlung der »Weltmacht Öl« gleichen einer griechischen Tragödie, auch hier schienen die Protagonisten von den Göttern mit Blindheit geschlagen, und Böses gebar zwangsläufig immer wieder Böses: Vor Dutzenden Millionen Jahren aus faulendem Plankton und im Schlamm begrabenen Meerestieren entstanden, ist das Erdöl seit Jahrtausenden bekannt, und auf dem Erdgas, mit dem es gemeinsam vorkommt und das vom Blitz und später von Priestern entzündet, in riesigen Fackeln den Himmel erhellte, gründete Zarathustra um 500 vor Christus seine Lichtreligion. Aber die heutige Mineralölwirtschaft, die einen Jahresumsatz von gut tausend Milliarden DM hat und den Steuereinnehmern der Welt weitere dreitausend Milliarden einbringt, entstand erst am 28. August 1859, als der ehemalige Eisenbahnschaffner Edwin Laurent Drake, der das Abdichten der Bohrlöcher durch Eisenrohre erfand, in Titusville in Pennsylvania auf ein 21 Meter tief liegendes Vorkommen stieß, das drei Tonnen Öl täglich gab.

Hier wie anderswo war das Öl seit unvordenklichen Zeiten auch von selber aus der Erde gedrungen und hatte stinkende Tümpel gebildet. Der Gouverneur von Aserbeidschan sandte 1840 eine Probe aus Baku an die Akademie der Wissenschaften in St. Petersburg, aber die erklärte, außer zum Schmieren von Wagenrädern sei mit diesem Stoff nichts zu beginnen, und für den bestand damals auch keinerlei Bedarf. Erst als mehr und mehr Wal-Tran gebraucht wurde, der lange die wichtigste Lichtquelle war, und die Wal-Population rasch abnahm, wurde die Zeit »reif« für das Mineralöl und die Quelle von Titusville erbohrt, um der Natur nachzuhelfen und durch mehr Öl mehr Leuchtpetroleum zu gewinnen. Die Mineralölwirtschaft der Welt entstand zur Versorgung der 1855 in Amerika erfundenen ersten brauchbaren Petroleumlampen.

Da sich wenig später die Gasbeleuchtung und schon Ende des vorigen Jahrhunderts die elektrische Beleuchtung durchzusetzen begann, schien die Ölförderung keine besonderen Chancen zu bieten. Aber sie bekam Weltbedeutung, als das bei der Leuchtpetroleumraffination als lästiger Abfall entstehende Benzin seit 1879 Carl Benz' Verbrennungsmotor zu treiben begann, 1883 Gottlieb Daimler sein grundlegendes Patent auf den schnellaufenden Benzinmotor erhielt, diese Motoren die Straßenverkehrsmechanisierung und die Luftfahrt ermöglichten. Und bei der Entwicklung vom Beleuchtungsmittel zum Motortreibstoff blieb es nicht, weil Benzin ein Koppelprodukt ist: Rohöl ist außer zum Räderschmieren wirklich nicht zu viel anderem zu gebrauchen. Es muß raffiniert, das heißt durch Destillation in seine einzelnen Bestandteile zerlegt werden, und so fiel zuerst zwangsläufig Benzin – und als dieses das Hauptprodukt wurde, zwangsläufig Heizöl als Abfall an. Heizöl war so stets billig, aber auch das Ausgangsprodukt Rohöl war billig, weil nicht ein Produzent zum Beherrscher des amerikanischen und damit zwangsläufig lange des *Welt*mineralölmarktes wurde, sondern ein Händler und in diesem Fall wirklich ein »Monopolist«.

Der »Fluch des billigen Öls«
kam durch John D. Rockefeller senior in die Welt, obwohl dessen Vater es noch für 3000 Mark pro Liter verkauft hatte.

Noch als Drake seine Bohrung niederbrachte, war Öl nämlich in Amerika ein beliebtes Arzneimittel gewesen. Wanderhändler boten es in kleinen Fläschchen auf allen Jahrmärkten gegen Rheuma und Brustkrankheiten, aber auch gegen Krebs an, und meist kosteten 10 Kubikzentimeter zehn Dollar, denn *weil* die dicke, stinkende Flüssigkeit unerschwinglich teuer war, wurde an ihre Wunderwirkung geglaubt. Einer der erfolgreichsten dieser Ölscharlatane hieß William Avery Rockefeller. Angeblich selber todkrank gewesen, sprang er rücklings über hohe Hecken, um zu zeigen, wie fit sein Petroleummittel ihn wieder gemacht hatte, aber wenn er auch Wucherpreise für seine Medizin bekam, so gab er stets noch mehr Geld aus, als er verdiente, und sein Sohn John Davison konnte nur sehr sporadisch die Schule besuchen. Der aber war so sparsam, daß er mit 19 einen Gemüsehandel beginnen, 1862 in einer der damals 260 amerikanischen Raffinerien, der eines Herrn Andrews, 4000 Dollar anlegen konnte und 1867 Mitinhaber der Firma Rockefeller, Andrews & Flagler war, die über 170 000 Dollar Kapital verfügte. 1870 gehörten ihm 2667 Anteile der in diesem Jahr von ihm gegründeten Standard Oil Co., die 10 000 Anteile von je 100 Dollar ausgab und war. Rockefeller monopolisierte den Transport und die Raffination des Rohöls, das *andere* förderten. Nach Öl zu bohren war stets ein sehr riskantes Geschäft, und Rockefeller war nicht bereit, sein schwerverdientes Geld zu riskieren. Da es ihm gelang, zum weitaus wichtigsten Öl*käufer* zu werden, brauchte er das auch nicht, und das gab ihm zugleich die Möglichkeit, den Ölpreis immer tiefer zu drükken. Er verdiente ja nicht wie die Produzenten am Preis, sondern am Preis*unterschied,* und je billiger das Öl war, desto mehr konnte er absetzen. Zuerst in Amerika, sehr bald in der ganzen Welt, denn Rockefeller hatte nicht nur Macht, sondern auch Ideen, verschenkte z. B. in China nach und nach mehr als 12 Millionen Petroleumlampen, um da sichere Abnehmer zu haben.

Für John D. Rockefeller persönlich lohnte sich das, in Geld ausgedrückt blieb seine Karriere einmalig: 1859 höchstens 500 Dollar Vermögen. 1870 etwa 300 000 Dollar. 1900 – laut Steuererklärung – Vermögen von einer Milliarde Dollar. 1910 zwei Milliarden, damals 8 Milliarden Goldmark. Bei seinem Tod im Jahre 1937 war John D. Rockefeller sen. der weitaus reichste Mann der Erde.

Und dagegen wäre nichts einzuwenden, wenn das von Anfang an weitaus zu *billige* Öl nicht zum Raubbau und zur *vorzeitigen* Erschöpfung der Ölquellen geführt hätte. Rockefeller blieb nicht der Alleinbeherrscher des Öls. Sehr bald erhielt die Standard Oil einen mächtigen Konkurrenten in der Royal Dutch-Shell, und die wurde groß, weil ihr Manager Henry Deterding nicht im Handel, sondern in der Produktion seine Hauptaufgabe sah und sich Quellen sicherte, die sich als weit reicher als die im Osten der USA erwiesen. Aber sein Konzern mußte mit dem amerikanischen konkurrieren. Öl wurde rasch der bedeutendste Welthandelsartikel, und bis in die jüngste Vergangenheit waren die Preise, die am Golf von Mexiko galten, die *Welt*preise.

Trieb schon der Konkurrenzkampf der Ölkonzerne die Förderung hoch und die Preise nach unten, so traten zu den privatwirtschaftlichen aber sehr früh auch die in die gleiche Richtung wirkenden Staatsinteressen: Bereits im Jahre 1887 hatte der österreichische Physiker Ludwig Boltzmann erkannt:

> »Der Kampf ums Dasein ist vor allem und wird in immer stärkerem Masse ein Kampf um die Beherrschung oder Erzeugung von Energie …«

Bis zur Nutzung der Kernenergie aber war Mineralöl die konzentrierteste aller Energieformen, jede Tonne Öl kommt 11 600 Kilowattstunden Strom gleich, das heißt der verwertbaren *Jahres*muskelleistung von 116 Menschen. Und so entschied es bereits den ersten aller Energiekriege, den Weltkrieg 1914–18, denn da förderte Deutschland insgesamt 431 000 Tonnen Öl gegen die 245 Millionen Tonnen der USA und die fast ebenso großen Ölmengen des britischen Empire. »Ein Tropfen Öl ist uns einen Tropfen Blut wert«, kabelte Clemenceau 1918 an Präsident Wilson, als die französischen Ölvorräte nur mehr für wenige Tage reichten, und mit Recht hieß es 1919 in Versailles: »Eine Woge von Öl trug die Alliierten zum Sieg!« Präsident Wilson wußte: »Die Weltgeltung einer Nation wird von ihren Ölschätzen abhängen«, und Sir Eliot Alves, ein Royal-Dutch-Direktor, hatte bereits 1917 festgestellt: »Armeen, Flotten, alles Geld der Welt und ganze Völker sind ein Nichts gegen den, der das Öl dirigiert.«

Und so hatte es Kämpfe um Ölfelder von Mexiko bis Burma und von Persien bis Sumatra gegeben.

Der grosse »Ölfrieden« der damaligen Supermächte, zu dem es 1922 kam,

bedeutete für Deutschland die Ruhrbesetzung, die Curzon für das Nahostöl Poincaré zugestand, damit den endgültigen Währungsverfall mit einem Dollarkurs von 4200 Milliarden Mark und den Verlust ihrer Ersparnisse für 99% aller Deutschen. Da ließen des Nahostöls wegen die Amerikaner die Armenier und Kurden fallen, denen Präsident Wilson eigene Staaten versprochen hatte; paktierten Engländer und Amerikaner aber auch mit den neuen Ölherren der Sowjetunion und trugen so entscheidend zum Überleben des bolschewistischen Systems bei. War Öl schon durch den Ersten Weltkrieg zur Weltmacht geworden, so stand damals die Luftfahrt erst am Anfang, gab es 1919 insgesamt 3708 Flugpassagiere auf der Welt statt der 1978 rund 650 Millionen. Da gab es 1919 noch so wenige Traktoren, daß sie nicht gezählt wurden, und der Kraftfahrzeugbestand der Welt betrug 9,2 Millionen gegen die heute mehr als 300 Millionen. Da gab es praktisch keine Petrochemie und ungleich weniger Werkzeugmaschinen als heute, die aber ohne Schmieröl ebenso Schrott werden wie Benzin- und Dieselmotoren ohne Treibstoff. »Wenn dein starker Arm es will, stehen alle Räder still!«, hieß es in einem Arbeiterkampflied. Aber den weit stärkeren Arm hatten die Ölbesitzer, und so *konnte* das Dritte Reich den Zweiten Weltkrieg nicht gewinnen, denn schon in Form von Erdöl standen 1938 jedem deutschen

»Energiesklaven« – der Energiemenge, die der Leistung eines Muskelarbeiters gleichkommt – vierhundert amerikanische gegenüber. Da erzeugten die USA bei einer damals kaum doppelt so großen Bevölkerung fünfmal mehr elektrischen Strom, förderten sie das Dreifache an Kohle, und da stand ihnen landwirtschaftlich genutzt mehr als sechsmal soviel Sonnenenergie zur Verfügung, denn der Nahrungsraum je 100 Einwohner betrug 1939 in Deutschland nur 44 Hektar gegen die 296 der Vereinigten Staaten.

Keinerlei Chance hatte natürlich auch Japan, den Zweiten Weltkrieg zu gewinnen, und daß es in den eintrat, *obwohl* seine Führenden das wußten, war vor allem eine Folge seiner totalen Abhängigkeit von Ölimporten:

Hauptursache des Pazifikkrieges war das amerikanische Ölembargo vom 2. August 1941.

Spannungen zwischen den USA und Japan gab es seit Jahrzehnten, vor allem durch die japanische Expansionspolitik in China und sein Vormachtstreben in Asien. Als sich das Inselreich mit Deutschland und Italien verbündete, sah Präsident Franklin D. Roosevelt das als feindlichen Akt an und kündigte den seit 1911 laufenden Handelsvertrag. Die USA blockierten am 26. Juli 1941 alle japanischen Guthaben und beschlagnahmten alle japanischen Schiffe, die sich in ihren Häfen befanden, und schließlich verhängte Roosevelt am 2. August 1941 – vier Monate *vor* Japans Kriegseintritt – eine totale Ausfuhrsperre für Mineralöl nach Japan, das damals vier Fünftel seines Bedarfes in den Vereinigten Staaten deckte. Washington veranlaßte England und die Niederlande, sich diesem Embargo anzuschließen, und damit wurde Japan buchstäblich paralysiert.

Die Folge war Pearl Harbour. Als am 20. November 1945 der japanische Admiral Nagano von den Amerikanern als »Kriegsverbrecher« einvernommen wurde, sagte er: »Ich bin überzeugt, daß einer der Hauptgründe des Pazifikkrieges das Öl war... Nicht nur die Wehrmacht, sondern auch zivile Kreise sahen, seit die USA, Großbritannien und die Niederlande uns kein Öl mehr verkauften, in einer Süd-Expansion die einzige Rettung...« Admiral Nomura, ehemaliger Botschafter in den USA, fügte damals hinzu: »Unsere Treibstoffvorräte zur Zeit des Embargos von 1941 waren äußerst beschränkt. Das Öl Indonesiens, Borneos und Burmas wurde so für uns lebenswichtig...«

Zum privaten Gewinnstreben war bei der Ölverwendung also früh auch das staatliche Machtstreben getreten, und die gewaltige Ausweitung der Weltölförderung durch die beiden Weltkriege senkte die Ölpreise der Nachkriegszeit. Wenigen Jahren des Ölmangels folgten stets Jahrzehnte des Ölüberflusses, und die Folge war, daß auch heute noch gilt:

NUR DREI ZEHNTEL DES IM BODEN BEFINDLICHEN ÖLS WERDEN GEHOBEN, SIEBEN ZEHNTEL BLEIBEN MEIST FÜR IMMER VERLOREN.

Denn jede Ölförderung ohne künstliches Konstanthalten des in den Ölvorkommen herrschenden natürlichen Gasdrucks bedeutet dessen rasches Absinken und Wassereinbrüche. Wenn 1977 auf der Welt rund drei Milliarden Tonnen Öl gefördert wurden, so verminderte das die Weltölreserven *nicht* um drei, sondern um etwa zehn Milliarden Tonnen – und das war schon ein großer Fortschritt, denn 1930 betrug der durchschnittliche »Entölungsgrad«, das heißt die Förderquote der Lagerstätten, lediglich 15%. Fachleute unterschieden stets eindeutig zwischen »oil in place«, dem insgesamt vorhandenen Öl eines Vorkommens, und »oil recoverable«, dem gewinnbaren Öl, und das Verhältnis zwischen diesen beiden entschied und entscheidet über den Wert eines Fundes. Denn es gibt Ölfelder, deren Entölungsgrad von Natur aus nur 5% beträgt, und andere, wo er 70% erreicht.

Das liegt daran, daß jede Erdöllagerstätte ein komplexes Mehrphasensystem ist: Es besteht aus einem Speichergestein, meist einem Sandstein mit sehr unterschiedlichem Porenvolumen, Porengrößen und unterschiedlicher Durchlässigkeit. Die Poren sind mit Erdöl gefüllt, das gewisse Mengen Gas in Lösung enthält, manchmal Gas vom Vieltausendfachen des Ölvolumens, und das meist mit Wasser vermischt ist. Außerdem schwimmt die ganze Erdöllagerstätte gewissermaßen auf Wasser: das Öl wird im Porensystem des Speichergesteins fast immer vom spezifisch schwereren Wasser unterlagert, das wiederum mit dem Grundwassersystem in Kommunikation steht. Der Tiefe der Lagerstätte entsprechend, übt dieses Wasser auf seine Umgebung einen hydrostatischen Druck aus. Dieser Druck und der Gasdruck bilden

DAS ENERGIEPOTENTIAL DER ÖLLAGERSTÄTTEN.

Werden die angebohrt, so kann es eine Eruption geben, oft einen mehr als hundert Meter hohen Geisir von Öl, Wasser und Gas. Oder dieser Druck kann so gering sein, daß von Anfang an gepumpt werden muß.

Die Lagerstättenenergie muß durch regulierbare Düsen gedrosselt werden, und je größer die Zahl der Bohrungen ist, desto besser kann eine Druckverteilung erzielt und verhindert werden, daß Gas und Wasser sozusagen das Öl überholen und sehr rasch *nur* mehr Wasser aus dem Bohrloch kommt, weil das Öl eine weit höhere Oberflächenspannung hat als das Wasser und das entgaste Öl so hoch viskos wird, daß es nicht mehr aus dem Speichergestein ausfließt. Die Poren dieses Gesteins können durch Salzsäure erweitert und vor allem die abgebaute Energie ersetzt werden, indem man das ausströmende Gas zurück in den Boden preßt oder Dampf einleitet. Technisch ist das längst kein Problem mehr. Aber alle sogenannten »sekundären Fördermaßnahmen« kosten Geld, und das hatten die kleinen Leute nicht, die an Rockefellers Standard Oil verkaufen mußten. Und das konnten die großen Mineralölkonzerne nicht aufwenden, weil sie einen erbitterten Preiskampf ausfochten. Und als es zum erwähnten Ölfrieden kam und praktisch zu einem Weltölmonopol, da war es zu spät, denn bereits 1917 hatte es bekanntlich die bolschewistische Revolution gegeben, die die private Mineralölwirtschaft enteignete, 1918 folgte die Enteignung der Trusts in Mexiko, und seither hörten die Verstaatlichungen nicht mehr auf. Als vollends durch den Zweiten Weltkrieg die Kolonialära zu Ende ging, wurde das Öl erneut billiger, denn keine Ölgesellschaft vertraute nun länger ihren Konzessionsverträgen, jede versuchte aus dem Boden zu holen, was nur herauszuholen war, weil ihr 15 oder 20 Dollar pro Tonne noch immer besser schienen als morgen gar nichts.

Raubbau war in der Frühzeit der Mineralölwirtschaft getrieben worden, weil *Händler* und nicht ein *Produzent* in ihr den Ton angab. Raubbau wurde getrieben, weil es sehr rasch zu internationalen Machtkämpfen kam und weil, um billiges Öl zu besitzen, die Kolonialmächte für entsprechende Konzessionsbedingungen sorgten, die Ölländer jahrzehntelang praktisch überhaupt nichts für ihr Öl bekamen und dann einen Bettel.

NIE WÄRE ÖL ZUM BEDEUTENDSTEN ALLER ENERGIETRÄGER AUFGESTIEGEN, WENN ES NICHT VON 1859 BIS 1974 WEIT UNTER SEINEM ENERGIEWERT VERKAUFT WORDEN WÄRE.

Öl ist zwar auch leichter als Kohle weltweit transportierbar, und es ist vor allem auch im Haushalt bequemer als Kohle zu verwenden. Aber vor allem war es *billig,* und *darum* sank die Kohleförderung der neun EG-Länder von 490 Millionen Tonnen oder 38% der Weltgewinnung im Jahre 1938 auf 240 Millionen oder 8% im Jahre 1977. In Westdeutschland wurden Zechen stillgelegt, die eine Jahresförderung von mehr als 40 Millionen Tonnen gaben, freiwillig verzichtete die Bundesrepublik auf mehr Kohle, als das Deutsche Reich durch die Gebietsabtretungen von Versailles verlor. Wird berücksichtigt, daß auch in den noch betriebenen Bergwerken Flöze nicht länger abgebaut werden, die abbauwürdig wären, so kommt man auf einen

SUBSTANZVERLUST VON VIER MILLIARDEN TONNEN DEUTSCHER KOHLE.

Fast 50 heutige Jahresförderungen wurden »abgeschrieben«, bei den deutschen Preisen von 1977 Kohle im Wert von 600 Milliarden DM oder 26 000 DM pro Haushalt. Zwar hatte selbst Ludwig Erhard dem Deutschen Bundestag am 4. November 1959 gesagt: »Wir wissen, daß der Ölpreis kein reiner Marktpreis ist, sondern sehr stark der Strategie der... Oligopolisten unterliegt... Der Ölpreis, wie er sich in den andern europäischen Ländern abzüglich des Zolls gestaltet, ist ein Beweis dafür, daß auf dem deutschen Markt... *Dumping* betrieben wird, und es ist ein legales Anliegen, wenn sich eine Volkswirtschaft gegen offenkundiges Dumping zur Wehr setzt...« Aber sie tat es nicht, und heute ist es zu spät. Denn

DIE WANDLUNG DES ÖLS VOM QUACKSALBERMITTEL ZUM KRIEGSENTSCHEIDENDEN WELTHANDELSGUT

ist durch *nichts* mehr rückgängig zu machen. Die Weltmineralölförderung betrug in Millionen Tonnen:

1860	0,067
1900	19,9
1960	1051,0
1977	3025,1

Und dadurch reichen auch dann, wenn die durchschnittliche Ausnutzung der Lagerstätten von 1970 einem Viertel bis zum Jahre 2000 auf die Hälfte gebracht werden kann, die sicheren Ölvorkommen für höchstens 30 Jahre. Durch den Verdrängungswettbewerb und den niedrigen Ölpreis wurde nicht nur der Kohlenbergbau ruiniert, sondern durch sie vermochten auch die Mineralölgesellschaften nicht genug Kapital für die Erschließung neuer Felder aufzuwenden. Für die Jahre 1965–80 wurde ein Investitionsbedarf von 70 Milliarden DM jährlich angenommen, das heißt von 200 Millionen DM *täglich*. Tatsächlich investiert wurden von der Mineralölwirtschaft aber nur durchschnittlich 14 Milliarden im Jahr, ein Fünftel des Notwendigen. Auch führende Ölleute wie Toni Kessler von der Royal Dutch sahen, was das langfristig bedeuten mußte, bereits 1963 sagte er: »Wenn das so weitergeht, haben wir

BINNEN EINER HALBEN GENERATION WEDER ÖL NOCH KOHLE zur Verfügung.«

Es *war* eine Tragödie: Die Ölmacht der »Großen« verging. Die der Vereinigten Staaten ebenso wie die Englands und Frankreichs, und heute müssen die USA *so* viel Öl einführen, daß ihre Handlungsfreiheit weit beschränkter als die der energieautarken Sowjetunion oder Chinas ist. Nun sind es nicht länger die Ausbeuter, sondern die *Besitzer* der Ölfelder, die darüber entscheiden, *wer* Öl verbrauchen darf, und da die westlichen Industrieländer sich durch ihre *falsche* Energiepolitik selber verstümmelten, da sie statt der reichlich und überall vorhandenen Kohle das relativ seltene Öl, das sie selber *nicht* besitzen, zur Hauptenergiequelle machten, haben nun die niemandem als Allah verantwortlichen Beherrscher der Scheichtümer am Persischen Golf, der Schah von Iran und der König von Saudi-Arabien eine Macht, wie sie vor ihnen *niemand* jemals auf der Erde besaß. Da erwies die Ölpreisvervierfachung des Winters 1973/74 die *völlige* Machtlosigkeit der Mineralölweltkonzerne und ihrer Regierungen. Auch *unsere* Machtlosigkeit.

»Macht ist die Fähigkeit und das Vermögen, etwas Bestimmtes zu erreichen.« Ohne diese Art »Macht« ist kein Fortschritt denkbar, und

DIE HEUTIGE MACHTLOSIGKEIT DER WESTLICHEN INDUSTRIENATIONEN IST NUR DURCH NEUE ENERGIETRÄGER ZU ÜBERWINDEN, PRAKTISCH NUR DURCH DIE KERNENERGIE.

Aber ist nun *die* nicht ein Machtmittel, das mißbraucht werden kann?

Sie ist es nicht und kann es nicht werden. Denn Kernenergie beruht auf *Wissen*, das weltweit verteilt ist, das beweisen schon Namen und Herkunft ihrer Pioniere. Selbst wenn es ein Uranmonopol gäbe, könnte es nie die Wirkung eines Ölmonopols haben, weil die Möglichkeit der Lagerhaltung eine ganz andere ist und, sobald es Brüter gibt, auch die *überall* vorhandenen ärmsten Uranerze genügen. Aber wenn kein Atommonopol zu fürchten ist und die Kernenergie *kein* Kampfobjekt wie das Öl, sondern im wahrsten Sinn des Wortes ein Werkzeug des Friedens ist, so haben wir sehr wohl

DIE VERDRÄNGUNG DER ECHTEN GEFAHREN DURCH EINGEBILDETE

und den Mangel an gesundem Menschenverstand zu fürchten, der zahllose Kernenergiegegner erbittert über Weltverbrauchsprognosen und Weltölvorkommenszahlen streiten läßt, während es stets nur auf die *nationale* Verfügbarkeit der Energieträger ankam und noch viele Generationen lang ankommen wird, es bekanntlich nicht einmal eine gesamtdeutsche, geschweige denn eine echte *Welt*wirtschaft gibt.

DIE ESSENTIELLEN MINERALÖLZAHLEN

sind für *uns* nicht die der Weltvorräte und des Weltverbrauchs, sondern die folgenden (für das Jahr 1977 geltenden):

Sichere Mineralölreserven der neun EG-Länder maximal ein Zwanzigstel aller bekannten.

Eigenförderung wenig mehr als ein Fünfzigstel der Weltförderung.

Verbrauch aber rund ein Fünftel des Gesamtverbrauchs.

In Westdeutschland gibt es 70 Millionen Tonnen sichere Mineralölvorkommen, und die würden für 255 Tage des jetzigen Verbrauchs reichen.

Aber die Eigenförderung betrug 1977 nur 5,4 Millionen Tonnen, deckte nur ein Achtzehntel des Bedarfs oder den von höchstens 20 Tagen.

In den Tanklagern der Bundesrepublik gab es die gesetzlich vorgeschriebenen Vorräte für 90 Tage.

Und das heißt:

»IM FALL DES FALLES« BESITZT WESTDEUTSCHLAND MINERALÖL FÜR WENIGER ALS VIER MONATE.

Hingegen sorgte die Bundesregierung dafür, daß es 1978 in Westdeutschland

KERNBRENNSTOFFVORRÄTE FÜR DREI JAHRE

gab, und es wäre weder technisch noch finanziell ein Problem, ein Vielfaches dieser Vorräte zu halten. Japan ist dabei, dies zu tun, um damit zugleich seine zu hohen Außenhandelsüberschüsse abzubauen.

Natürlich kommen wir mit Kernenergie allein so wenig aus wie mit Mineralöl oder mit Kohle alleine. Aber *nur* sie vermag die Ölvorräte zu strecken, bis genug Kohle hydriert und vergast werden kann, und zumindest die *Möglichkeit* zu erhalten, unseren dringendsten Einfuhrbedarf an Öl zu decken.

Falls Saudi-Arabien nicht auf seiner Produktionsbeschränkung auf 1,2 Millionen Tonnen Öl täglich beharrt und die Förderung nicht weiter senkt.

Saudi-Arabien ist bekanntlich das Ölwunderland und

DIE HEUTIGE ÖLSUPERMACHT.

Jahrzehntelang wurde behauptet, hier *könne* es kein Öl geben. Aber der aus Neuseeland stammende Bergbauingenieur Frank Holmes war im Ersten Weltkrieg britischer Verpflegungsoffizier in Basrah, suchte überall am Persischen Golf Fleisch für seine Truppen aufzutreiben und sah überall verfallene Kultstätten von Feueranbetern. Es mußte hier also ebenso Erdgas gegeben haben wie in Mesopotamien, wo seit 1927, und wie in Persien, wo seit 1908 Öl gefördert wurde. Holmes gründete eine Prospektionsfirma und überzeugte den Scheich von Bahrein, daß es auf seiner Insel Öl gab, der verschaffte ihm Zutritt zu König Ibn Saud, dem Gründer Saudi-Arabiens, und als der durch die Weltkrise der dreißiger Jahre seine damals einzige Einnahmequelle, die Abgaben der Mekka-Pilger, verlor, die nicht mehr kommen konnten, weil die Zinnpreise Malayas so katastrophal sanken wie die Exporterlöse Indonesiens oder Ägyptens, bot er Holland an, die Rohstoffvorkommen seines Landes zu erschließen, denn mit England, das seinen Aufstieg ebenso zu verhindern gesucht hatte wie die Türken, wollte er nichts zu tun haben. Die Regierung im Haag erkannte die Chance sowenig wie andere europäische Regierungen oder Unternehmen. Aber es fanden sich amerikanische Interessenten, und am 29. Mai 1933 wurde

Der gewinnbringendste Konzessionsvertrag aller Länder und Zeiten

geschlossen: Die »Standard Oil of California« erhielt auf 60 Jahre das Alleinrecht der Prospektion, Förderung, Raffination und des Vertriebs allen arabischen Öls innerhalb und außerhalb des Landes; nur sie durfte also auch das Saudi-Öl exportieren. Die SOCAL wurde von allen Steuern und Zöllen befreit und durfte alle benötigten Fachleute ins Land bringen (soweit es sich nicht um Juden handelte). Dafür erhielt Ibn Saud 30 000 Gold-Sovereigns in bar. Er sollte weitere 5000 Gold-Sovereigns jährlich bis zum ersten Ölfund erhalten und – sobald Öl erbohrt war – zwei Abgabenvorschüsse von je 50 000 Sovereigns. Alles in allem kostete diese *ganz* Arabien mit seinen etwa zweieinhalb Millionen Quadratkilometern umfassende Konzession die Amerikaner 4,2 Millionen Mark.

Dennoch schien das vorerst ein schlechtes Geschäft. Von den sechs Bohrungen, die 1935 niedergebracht wurden, war keine einzige kommerziell verwertbar. Im Jahre 1936 betrug Saudi-Arabiens Ölförderung ganze 2600 Tonnen, und die SOCAL-Direktion in San Francisco erwog den Abbruch der Ölsuche. Aber im gleichen Jahr kam es zur Fusion der »Standard Oil of California« mit der »Texas

Oil«, und deren Herr, der Norweger Thorkild Rieber, setzte seinen besten Mann, den Deutsch-Holländer Franz Steinecke, ein, der nicht im (als ölführend erwiesenen) Bahrein-Horizont, sondern tiefer bohren ließ und im März 1938 im »Dammam-Dom«

DIE ERSTE DER ARABISCHEN »WUNDERQUELLEN«,

»Dammam Nummer Sieben«, fand. Zwar gab es noch Schwierigkeiten genug, denn während des Zweiten Weltkrieges kam es ja zu einem deutschfreundlichen Aufstand im Irak; es kam zu einem Rechtsstreit zwischen den europäischen Mineralölkonzernen und der von den Amerikanern gegründeten »Arabian-American Oil Co.« auf Grund des Internationalen Ölabkommens von 1922. Aber nicht nur Deutschland verlor den Zweiten Weltkrieg, sondern ganz Europa, und so gab es für Saudi-Arabien keine »Politik der Offenen Tür«, durch die sich die USA damals einen maßgebenden Anteil am Nahostöl gesichert hatten, und die ARAMCO konnte eine 1760 Kilometer lange Ölleitung von Dammam ans Mittelmeer bauen, die den Ölweg nach Europa um gut 10 000 Kilometer abkürzte. Und so stieg Saudi-Arabiens Ölförderung von *einer* Million Tonnen 1944 auf 453 Millionen 1977. Hatte Ibn Saud 1933 an Staatseinnahmen bestenfalls zwei Millionen Mark zur Verfügung, so sein Sohn 1978 gut hundert Milliarden oder das Fünfzigtausendfache. Der Wert der ARAMCO hatte 1948 (als die »Standard of New Jersey« 30% Anteil erwarb) 254,7 Millionen Dollar betragen. 1974 betrug ihr Umsatz 34 Milliarden Dollar. Aber da wurde sie auch verstaatlicht. Und heute gibt es bekanntlich nirgends mehr im Nahen Osten ausländische Mineralölfirmen anders als als Käufer des Öls und in einigen Produktionsländern als Berater der Staatsgesellschaften. Heute beschließen *nur* die darüber, ob und wieviel Öl gefördert werden soll.

Saudi-Arabien konnte inzwischen derart hohe Kapitalreserven bilden, daß es sowohl für den Staatshaushalt wie für die Gesamtwirtschaft *keine* Rolle spielt, wenn die Produktion gedrosselt wird. Und das *wird* voraussichtlich sehr bald geschehen. Jedenfalls wird aber nicht, wie ursprünglich von der ARAMCO geplant, die Tagesproduktion von 1,2 Millionen Tonnen im Jahre 1975 auf 2,3 Millionen Tonnen 1985 gebracht werden. Denn hier wie überall war aus den bereits geschilderten Gründen die Entwicklung *zu* hektisch. Die drei wichtigsten Felder Saudi-Arabiens zeigen Alterserscheinungen, der Gasdruck nahm ab, und es gab Wassereinbrüche. Das riesige Netz von Rohrleitungen wurde *zu* rasch gebaut. Sie wurden nicht gut genug gegen Korrosion geschützt, und Tausende Kilometer müssen demnächst erneuert werden, was zwar finanziell keine Rolle spielt, wohl aber die zeitweilige Stillegung zahlreicher Sonden erzwingt. Auch die Optimisten unter den internationalen Ölfachleuten rechnen heute für das Jahr 1985 nur mehr mit eineinhalb Millionen Tonnen Saudi-Öl täglich. Eine

SENKUNG DER ÖLFÖRDERUNG SAUDI-ARABIENS VON DEN FÜR 1985 ANGENOMMENEN 840 AUF 540 MILLIONEN TONNEN

aber bedeutet einen jährlichen Lieferungsausfall vom Dreifachen des heutigen westdeutschen Ölverbrauchs. Auch das »Arabische Wunder« war kurzlebig, und *überall* im Nahen Osten ist man sich heute bewußt, daß sparsamer mit den Vorräten umgegangen werden muß, wenn die Ölländer Zeit haben sollen, ihre Wirtschaften von den Ölexporteinnahmen unabhängig zu machen. Neue Ölfunde wurden immer wieder gemacht und werden voraussichtlich auch in Zukunft gemacht werden. Nur wird nun schon seit einem Jahrhundert *weltweit* nach Öl gesucht, und statt Drakes 21 Meter tiefer Bohrung sieben Kilometer und tiefer gebohrt. Da begann auch die Offshore-Entwicklung, die Ölgewinnung aus dem Meer, bereits 1947 mit dem Fündigwerden des Kerr-McGee-Rig No. 16 vor der Küste Louisianas. Wenn 1977 der Weltölverbrauch rund sieben Millionen Tonnen täglich betrug, so wurden nur fünfeinhalb neu entdeckt, und wenn sich dieses Verhältnis weiter verschlechtert (was alle Experten glauben), *muß* jede verantwortungsbewußte Öllandregierung die Förderung drosseln, und da wird kaum ein Privater noch Tanker bauen lassen, weil die ja 20 bis 30 Jahre lang Gewinn bringen müssen, ehe sie amortisiert sind.

Wann es soweit sein wird, ist, wie gesagt, umstritten. Aber was immer wieder vergessen wird, ist, daß wir auf *keinen* Fall genügend *eigenes* Öl haben und auch

DAS »SCHWARZE GOLD« DER NORDSEE

im Vergleich zum europäischen Bedarf nur eine untergeordnete Rolle spielt: Für 1985 wird eine Nordseeölproduktion von etwa 170 Millionen Tonnen angenommen. Europas Ölbedarf aber wird dann voraussichtlich 1100 Millionen Tonnen betragen, auch das Nordseeöl nur etwa 15% dieses Verbrauchs decken und einem Förderpotential von etwa 100 Milliarden Kubikmetern Erdgas ein Bedarf von 280 Milliarden gegenüberstehen. Die aus der Nordsee gewonnene Energie ist keineswegs zu unterschätzen. Aber Europas Energieprobleme löst sie *nicht*, und so gilt nach wie vor:

DIE FRAGE IST NICHT, WIEVIEL ÖL ES GIBT, SONDERN MIT WIEVIEL WIR RECHNEN KÖNNEN, und das hängt leider *nicht* nur von unserer Kaufkraft ab. Bereits im Mai 1973 sagte Schah Mohammed Reza: »Seit Öl für die westlichen Industriestaaten und Japan unentbehrlich wurde, hängt von der freien Durchfahrt durch die Straße von Hormus keineswegs nur deren Wohlstand, sondern deren nackte *Existenz* ab.« Und das ist zweifellos wahr, auch wenn die meisten Europäer nach wie vor keine Ahnung haben, wo die Straße von Hormus liegt, und meist auch nichts von Dubai oder Abu Dhabi, Katar oder Ras al-Khaima hörten. Aber daß heute neun Zehntel allen exportierten Öls aus dieser Region stammen, veränderte die Welt und das Leben eines jeden einzelnen von uns.

Weltweit und für jedermann fühlbar waren bisher nur »Weltkriege« gewesen. Zwar gab es bereits 1950–53 die »Korea-Hausse«, weltweite Preissteigerungen durch den Ost-West-Konflikt im Fernen Osten. Aber ernsthaft spürten wir diesen Krieg so wenig wie den in Vietnam, wie die blutigen Kämpfe in Nigeria oder Pakistan. Es blieb bei all den vielen, lokalen Kriegen, die es nach 1945 in Asien und Afrika gab, wie bei denen der vergangenen Jahrtausende oder denen des 19. Jahrhunderts, als »fern in der Türkei« gekämpft wurde: *Persönlich* waren wir bei allem Mitleid nicht betroffen.

Das nun änderte unsere Ölabhängigkeit völlig. Unsere Kernkraftwerksgegner vergessen, daß es keineswegs nur den Konflikt zwischen den Arabern und den Israelis gibt, sondern seit vielen Jahrhunderten auch die Rivalität zwischen den Arabern und den Persern. Der Iran kann so leicht in Unruhe geraten wie Saudi-Arabien, der Schah ebenso leicht ermordet werden wie der König von Saudi-Arabien im März 1975. Da ist *keines* der Scheichtümer am Persischen Golf stabil, und wie klein sie auch sein mögen, heute haben sie alle *echte* Weltbedeutung, denn jeder ihrer Machthaber ist durchaus imstande, Ölleitungen und Verladepiers zu zerstören oder in der Straße von Hormus einen Großtanker zu versenken, sie damit auf lange Zeit zu sperren und damit Europas und Japans Ölversorgung zum Erliegen zu bringen. Der kürzeste Weg zwischen Europa, dem Indischen Ozean und dem Fernen Osten *war* bekanntlich acht Jahre lang unbenutzbar, und schon der Umweg über das Kap der Guten Hoffnung revolutionierte den *Welt*schiffbau und die *Welt*schiffahrt, machte zahllose kleine Tanker vorzeitig zu Schrott und vervielfachte die Umweltgefahren. Aber

WAR DIE SPERRE DES SUEZKANALS EINE KOSTENFRAGE, SO IST DIE DER MEERENGE VON HORMUS EINE EXISTENZFRAGE FÜR UNS, denn die (dazu ebenfalls jederzeit unterbrechbaren) Ölleitungen spielen heute im Vergleich zu den Tankertransporten keinerlei Rolle mehr, und nun nehmen rund drei Millionen Tonnen Öl *täglich* den Weg über den Persischen Golf, jede *Woche* so viel, wie noch im Jahre 1900 die *Welt*mineralölförderung betrug. Der Schah übertrieb nicht: Die Straße von Hormus *ist* Europas Hauptschlagader. Denn alle zehn Minuten passiert nun ein voller oder leerer Tanker diese Meerenge, die den Persischen Golf mit dem von Oman und damit dem Indischen Ozean verbindet, und wenn die auch nirgends schmaler als 70 Kilometer ist, die Fahrrinnen der Supertanker sind *sehr* eng, und diese heute weitaus wichtigste Wasserstraße der Erde kann von Irans Kriegshafen Bender Abbas – dem antiken Hormus – ebenso leicht gesperrt werden wie von der jetzt iranischen Insel Abu Musa, dem mehr als unsicheren Scheichtum Ras al-Khaima oder von Oman aus, in dessen Provinz Dhofar viele Jahre lang ein erbitterter Kampf zwischen der vom Südjemen geförderten kommunistischen »Befreiungsfront des Persischen Golfes« und den vom Iran unterstützten Truppen des Landesfürsten in Gang war.

Ist die Region des Persischen Golfes schon durch die lokalen Gegebenheiten ein Gefahrenherd erster Ordnung, so sollten wir aber auch nie vergessen, daß die Zahl der jüdischen Wählerstimmen und der jüdische Einfluß in den USA heute innenpolitisch einen *Zwang* für die Regierung bedeuten, für Israel einzutreten. Und daß jede echte Ölmangellage in den Vereinigten Staaten die Kräfte stärken muß, die bereits 1974

EINE GEWALTSAME »REGELUNG« DES ÖLPROBLEMS

forderten. Daß Japans Ölmangel eine der Hauptursachen des Pazifikkrieges war, wurde bereits gezeigt. Aber auch amerikanischer Ölmangel könnte zu einem »Präventivkrieg« führen. Von dem sprach der damalige Außenminister Henry Kissinger am 2. Januar 1975 in Washington völlig offen, und der heutige Energieminister der USA und damalige Verteidigungsminister James Schlesinger erklärte am 18. Mai 1975: »Ich glaube, wir würden, falls es ein neues Ölembargo geben sollte, weniger tolerant sein als das letztemal.«

VON DER LÖSUNG DES AMERIKANISCHEN ENERGIEPROBLEMS HÄNGEN HEUTE KRIEG ODER FRIEDEN DER WELT AB

und damit Europas *Existenz*. Denn wenn die USA heute zu etwa zwei Fünfteln und morgen zur Hälfte von Ölimporten abhängig sind, so wir praktisch völlig. Und auch einer der angesehensten amerikanischen Publizisten, Arnaud de Borchgrave, schrieb: »Als Präsident

Ford im Herbst 1974 warnte, Großmächte hätten stets Krieg geführt, um sich lebenswichtige Rohstoffe zu sichern, begriff die Arabische Welt, was gemeint war. Von einem Ende des Persischen Golfes zum andern wurden Maßnahmen zur Zerstörung der Ölfelder getroffen, dafür gesorgt, daß jede militärische Aktion der USA Raffinerien und Rohrleitungsnetze, Vorratslager, Pumpstationen und Ladeeinrichtungen für Supertanker im Wert von 20 Milliarden Dollar in wertlosen Schrott verwandeln würde... Armstuhlstrategen behaupten, Saudi-Arabiens ›gestohlene amerikanische Ölfelder‹ könnten relativ leicht von den USA besetzt und die Sabotageschäden binnen drei Monaten behoben werden. Aber sie irren sich. Nach wochenlangen Reisen in der Golfregion... bin ich sicher, daß arabische Techniker Verwüstungen zustande brächten, die Jahre, nicht Monate, zur Beseitigung erfordern würden... Alle amerikanischen Experten an Ort und Stelle fanden die Idee einfach absurd, denn sie würde ja gerade das verursachen, was sie angeblich vermeiden soll,

DIE STRANGULIERUNG DER WESTLICHEN INDUSTRIEGESELLSCHAFTEN.«

»Falls etwas so Irrsinniges geschieht«, erklärte Frank Jungers, der Chef der nun den Saudis gehörenden »Arabian-American Oil Co.« und ein Veteran der arabischen Mineralölwirtschaft, »wäre die Saudi-Produktion – ein Drittel aller Welt-Ölexporte – für mindestens zwei Jahre unterbunden!«

Man braucht ja nur zu wissen: Das arabische Ölkonzessionsgebiet ist so groß wie Westeuropa. Die 689 produzierenden Quellen verteilen sich auf 15 weit auseinanderliegende Felder, und über 11 200 Kilometer meist über dem Boden verlegte Ölleitungen sind in Betrieb. Die Interventionisten vergessen, daß die Franzosen während des Algerienkrieges 20 000 Mann brauchten, um nur eine einzige, 700 km lange Ölleitung zu sichern und daß, als 1956 die Syrer eine Pumpstation der »Iraq Petroleum Co.« überfielen, es vier Monate dauerte, ehe sie repariert war. Fast alle Ölinstallationen Saudi-Arabiens sind »die größten der Welt«, wurden in den USA und Westeuropa »nach Maß« angefertigt, können nirgends »vom Lager« bezogen werden. Ganz abgesehen davon, daß die Saudis planen, eine oder mehrere Sonden *im* Golf zu sprengen, ihr Öl auslaufen zu lassen und dann anzuzünden.

EIN RIESIGES FLAMMENMEER, DAS JEDEN TANKERVERKEHR UND JEDE LANDEAKTION UNMÖGLICH MACHEN WÜRDE,

wäre die Folge. Die Araber wissen zudem, daß ein amerikanischer

Überraschungsangriff ausgeschlossen ist, schon weil, wenn nicht der Kongreß, so die Sowjetunion konsultiert werden müßte – und lange bevor US-Streitkräfte die Golfregion erreichen könnten, würden in den Höhlen der Oman-Küste versteckte Froschmänner mit ihren Gummibooten bereitliegen, um nachts Haftladungen an Supertankern anzubringen und durch sie die Hormusstraße zu sperren. Da würde jede Intervention in Saudi-Arabien natürlich auch die sofortige Stillegung der Förderung in Kuwait oder in Abu Dhabi bedeuten, und selbst wenn die Machthaber dieser Scheichtümer weiterproduzieren wollten, würden die etwa 30 000 Palästinaflüchtlinge in Abu Dhabi und die 200 000 in Kuwait rasch dafür sorgen, daß sie ihre Absichten ändern. Erfahrene amerikanische Militärs, die die Region kennen, wissen jedenfalls, daß eine erfolgreiche »Intervention« so gut wie unmöglich ist. Einer von ihnen meinte: »Das wäre ein logistischer Alptraum, Vietnam damit verglichen Kinderspiel. Unsere konservativen Freunde hier würden gestürzt oder selber Radikale werden, und wir stünden im Krieg mit der gesamten arabischen Welt.«

Hauptleidtragende solch einer Wahnsinnstat aber wären, wie gesagt, nicht die USA selber, sondern *Europa* und Japan. Und darum *müssen* wir unsere Ölabhängigkeit verringern, und zwar unverzüglich. Nicht erst wenn es kein Öl mehr gibt oder wenn – wie Kuwait, das 1972–77 seine Förderung von 151 auf 94 Millionen Tonnen senkte, das ja bereits tat – die Olländer ihre Vorräte zu schonen beginnen.

JEDEN TAG KANN UNS EIN LOKALER ZWISCHENFALL, DER SICH TAUSENDE KILOMETER ENTFERNT EREIGNET, DAS LEBENSBLUT UNSERER WIRTSCHAFT ABSCHNEIDEN.

Endlos wird darüber diskutiert, ob Terroristen Plutonium in ihre Gewalt bringen können oder nicht und ob der Schutz der Kernanlagen nicht zu einem Polizeistaat führen muß. Aber diese Polizeistaaten *gibt* es am Persischen Golf längst, und da das da jeden Tag einen Umsturz auslösen kann, sind *die* die echte Gefahr, nicht imaginäre westliche »Atomstaaten«.

Ein Präventivkrieg zur »Sicherung« der Industriestaaten-Ölversorgung wäre der letzte aller Ölkriege, denn der müßte das Ende unserer Zivilisation bedeuten. Schon deshalb muß der Bau von Kernkraftwerken höchste Priorität erhalten. Aber

DIE RECHTZEITIGE NUTZUNG DER KERNENERGIE KANN NICHT NUR DEN FRIEDEN ERHALTEN HELFEN, SONDERN AUCH DER KOHLE IHRE FRÜHERE BEDEUTUNG ZURÜCKGEWINNEN und damit die Lebensdauer der Ölvorräte vervielfachen. Denn in ihrer Naturform wird Kohle *nie* mehr konkurrenzfähig werden. Öl und Erdgas setzten sich vor allem durch ihren niedrigen Preis durch. Aber auch, weil sie *weit* bequemer als die Kohle zu benutzen sind, und anzunehmen, daß die Verbrauchermassen der Industrieländer *jemals* wieder Kohle aus dem Keller holen oder Koks in ihre Heizungen schaufeln werden, ist völlig unrealistisch. Wenn die Industrieländer ihren Namen auch durch die Industrie erhielten, so ist sie bekanntlich längst nicht mehr der größte Endenergieverbraucher, sondern die Haushaltungen und der Raumheizungsbedarf stellen die größten Ansprüche. Und so muß hier das Erdgas durch das Gas ersetzt werden, das die Totalvergasung der Kohle ergibt, und das Öl durch die Fernwärme von Kernkraftwerken oder den Strom kohlegefeuerter Kraftwerke. Benzin und andere Treibstoffe, die heute aus Rohöl gewonnen werden, müssen durch synthetische ergänzt und schließlich ersetzt werden, die durch Kohlehydrierung zu gewinnen sind. Beide Umwandlungen erfordern sehr große Energiemengen. Und da der Kohlebergbau unmöglich rasch genug ausgebaut werden kann, um selber für diese zusätzliche Energie zu sorgen, muß sie durch Hochtemperatur-Reaktoren geliefert werden. Eine Renaissance der Kohle *wird* es geben. Aber nur mit Hilfe der Kernenergie, niemals gegen sie.

Und nur mit Hilfe der Kernenergie kann die Sonnenenergie besser als heute genutzt werden. *Nur* die Kernenergie ermöglicht den Übergang vom Energie-Verbrauch zum Energie-Kreislauf, denn dazu sind riesige Kapitalien nötig, eine voll leistungsfähige und nicht eine geschrumpfte Wirtschaft. Auch die Entwicklung der Kernenergie war nur möglich, weil es *reichlich* Energie gab, gleichzeitig der Erdgasanteil an der Welt-Energieversorgung vervielfacht werden konnte und das Öl aus den Schelfgebieten zur Verfügung stand. Die Zukunft liegt im Energie-Verbund, in der Nutzung *aller* Energieträger, vor allem auch in einer engen Partnerschaft zwischen Kohle und Kernenergie. Alle sogenannten »weichen Alternativ-Energien« hingegen *können* naturgegeben auch in ferner Zukunft nur eine ganz untergeordnete Rolle für die Energiewirtschaft der Welt spielen.

V
Die »weichen« Kernkraft-»Alternativen«

Die neuentdeckte Sonnenenergie, der Wind, die Erdwärme-, Meerwärme- und Gezeiten-Kraftwerke

»Alternative« ist vom lateinischen »alter« abgeleitet, was »der andere« bedeutet. Eine Alternative ist die Wahl zwischen zwei Dingen, die Entscheidung für eine von zwei Möglichkeiten. Und den Kernenergiegegnern zufolge sind Kernkraftwerke nicht nur völlig überflüssig, weil es erstens überhaupt keinen Energiemangel gibt und zweitens »viele andere Möglichkeiten der Energiebedarfsdeckung« bestehen, wir angeblich auch die Wahl zwischen den lebensfreundlichen »weichen« Energien und den lebensfeindlichen »harten« haben.

Welche verfügbaren »weichen« gibt es?

In Robert Jungks »Atomstaat« z. B., einem Buch von 242 Seiten, sind den »Alternativen« zur Kernenergie genau 28 Zeilen gewidmet. Alles, was er zu dieser *essentiellen* Frage zu sagen hat, lautet: »Anzeichen dafür, daß es auch anders gehen könnte, bieten z. B. die immer greifbareren Möglichkeiten, neue ›sanfte Techniken‹ an die Stelle der ›harten Technik‹ zu setzen. Bis vor kurzem wurden solche Alternativen nur von ein paar Außenseitern ernst genommen. Nun beginnt sich sogar das politische und wirtschaftliche ›Establishment‹ für umweltfreundliche Energien zu interessieren. Die Nutzbarmachung von Sonne, Wind, Gezeiten, Fotosynthese, Wasserstofferzeugung, Magnetohydrodynamik und einer ganzen Anzahl weiterer bisher übersehener, nicht geförderter, zu wenig gewinnbringender Stromquellen wird endlich energisch in Angriff genommen. Es ist in der Tat erstaunlich und kann zuversichtlich stimmen, wieviel schöpferisches Potential seit der Ölkrise von 1973 als Antwort auf die Herausforderung der Knappheit entwickelt wurde. Noch nie wurden in so kurzem Zeitraum derartig viele brauchbare Erfindungen auf dem Sektor der Energieversorgung gemacht und patentiert.«

»Die Kernkraftbetreiber behaupten allerdings, diese alternativen

Energien könnten nicht rechtzeitig nutzbar gemacht werden, um die von ihnen für die Mitte oder spätestens das Ende der achtziger Jahre vorausgesagte ›Lücke‹ zu füllen. Doch auch da öffnen sich Chancen zu einer Neuorientierung. Es mehren sich genauere und unabhängigere Energieprognosen, die nicht durch die Interessen der Industrie verzerrt sind. Zahlreiche neuere Arbeiten haben gezeigt, wie irreführend die Panikmache der Atombefürworter und ihrer politischen Helfer ist.«

Kein Wort mehr. Keine Zahl dazu. Kein Zitat. Keine einzige Einzelheit über die »vielen brauchbaren Erfindungen«. Und was Jungk als »Alternative« unserer heutigen Wirtschaftsstruktur anbietet? Er sagt: »Neue selbständige und selbstverwaltete kooperative Formen der Erzeugung, die auf forciertes Wachstum und Profit verzichten, entstehen an vielen Orten, besonders dort, wo das versagende alte Wirtschaftssystem Arbeitslosigkeit bewirkt hat.«

Diese fünf Zeilen sind alles, was sich in den 242 Seiten des Buches als Alternative zur heutigen, auf »harten« Energien beruhenden Wirtschaftsform in West *und* Ost findet. Und wäre es nur bei diesem Autor so, so könnte man darüber hinweggehen. Aber *kein* Kernkraftgegner hat Positives zu bieten. Seit dem Herbst 1977 bildeten sich z. B. in zahlreichen deutschen Industriebetrieben von den Betriebsratsvorsitzenden geleitete »Aktionskreise Energie«, die *für* die Kernenergie werben und entsprechende Demonstrationen durchführen. Diese Haltung entspricht der der Gewerkschaftsleitung, die erkannte:

> Am härtesten muss Energiemangel die Industriearbeiterschaft treffen.

Aber ihr trat rasch der ebenfalls gewerkschaftliche »Aktionskreis Leben« entgegen, und der forderte im Februar 1978: »Sofortige Einstellung des Atomenergieprogramms. Keine weiteren Bau- und Betriebsgenehmigungen für Atomanlagen. Stillegung sämtlicher in Bau und Betrieb befindlichen Atomkraftwerke unter größtmöglichen Sicherheitsvorkehrungen. Exportstopp für Atomtechnologie.« Aber als »Alternative« zur Kernenergie genügt: »Ein Programm öffentlicher Investitionen für die beschleunigte Anwendung menschen- und umweltfreundlicher Energiequellen (Sonnen-, Wind- und geothermische Energie) unter Kontrolle der Gewerkschaften.« Zweiundzwanzig Worte »Alternativ«-Programm also. Als Schluß des Acht-Seiten-Manifests aber immerhin: »Für die Übergangszeit die verstärkte Nutzung der Stein- und Braunkohlevorkommen unter strengen Umweltschutz-Auflagen«.

Kein einziges Patent für einen praktisch und kurzfristig gangbaren Weg »alternativer« Energiegewinnung wurde bisher irgendwo erteilt. Wohl aber gab es noch nie so viele Genies, die genau wissen, wie man Energie aus dem Nichts gewinnen kann und die nur durch »die verstockte Arroganz der Wissenschaft« daran gehindert werden, die Menschheit zu retten. Wenn die französische Akademie bereits 1775 beschloß, alle in diese Richtung zielenden Ideen und Vorschläge ungeprüft abzulehnen, so vergeht nun kein Jahr, ohne daß ein neues »Perpetuum mobile« erfunden würde. Der »Elektriker und Physiker«, wie es auf dem Briefkopf heißt, der der Akademie der Wissenschaften in Göttingen »ein neues physikalisches Gesetz, das Gesetz von der Vermehrung der Kraft«, ankündigte, ist typisch für Tausende Leute seiner Art: Als er kein Verständnis bei den Gelehrten fand, nahm er den Bau seines »Unterwasser-Generators« aus eigenen Mitteln in Angriff, um »Druck in Mechanik umzuwandeln«. Und er scheiterte nur, »weil sich die internationalen Geldmächte« gegen ihn verschworen.

Kernkraftwerksalternativen? Der Begründer des »sanften« Weges, Amory B. Lovins, antwortet: »Durch den Wind z. B., der überall weht!« Ralph Nader zufolge aber gibt es nur einen einzigen Grund, warum die Sonnenenergie nicht ausreichend genutzt wird: »Weil die Sonne nicht den Ölgesellschaften gehört!«

Nur durch die Sonne leben wir. Und die ist der mächtigste aller denkbaren Kernreaktoren, wandelt jede Sekunde durch eine Kettenreaktion 657 Millionen Tonnen Wasserstoff in 652,5 Millionen Tonnen Helium um, setzt jede Sekunde viereinhalb Millionen Tonnen Materie als Energie frei – und wird so eines Tages aufhören zu funktionieren, wird erlöschen wie alle Sterne, und damit wird das Ende der Menschheit gekommen sein.

Aber vorläufig – und den Astronomen zufolge noch vier bis zehn Milliarden Jahre – gibt die Sonne jede Sekunde mehr Energie ab, als der Mensch bisher insgesamt zu gewinnen vermochte. Die restlose Verbrennung all unserer Wälder und aller bekannten Kohle-, Erdöl- und Erdgasvorkommen käme nur der während drei Tagen auf die Erde gelangenden Sonnenenergie gleich. Denn obwohl sie rund 150 Millionen Kilometer von unserem Planeten entfernt ist, strahlt die Sonne 170 Billionen Kilowatt auf den ihr zugewandten Teil der Erde, jährlich rund eineinhalb Trillionen Kilowattstunden, und das heißt:

Die Sonneneinstrahlung verhält sich zum heutigen Gesamtenergiebedarf der Menschheit wie etwa 15 000 zu 1.

Ohne diese Einstrahlung würde die mittlere Jahrestemperatur Europas nicht plus 13, sondern minus 73° Celsius betragen. Ohne die gäbe es kein Pflanzenwachstum und damit keine Existenzmöglichkeit für die Pflanzenfresser. Da gäbe es aber auch keinen Wind, keine Wasserkraft, keine fossilen Energieträger. Für uns Menschen ist die Sonnenergie seit jeher *die* Energie. Unerschöpflich, nicht zu monopolisieren, dezentral nutzbar und damit krisen- und katastrophensicher, dazu eine Energie, die keine Umweltverschmutzung verursacht. Und *nur* die Sonne scheint gleichermaßen auf Arme und Reiche, Starke und Schwache.

Aber sie scheint bekanntlich nur untertags.

Die jährliche Sonnenscheindauer hängt nicht nur von der geographischen Breite ab, sondern auch von der Bewölkung. Die direkte und diffuse Sonnenstrahlung ist in Nordeuropa im Mai zehnmal größer als im Dezember. Und steht am Äquator jährlich eine Strahlungsdichte von etwa 2300 Kilowattstunden pro Quadratmeter zur Verfügung, so in Mitteleuropa nur eine von etwa 1100. Bernd Stoy, Jahrgang 1935 und Doktor-Ingenieur, nannte als Vorsitzender der »Arbeitsgemeinschaft Solarenergie« deshalb sein 1977 erschienenes Buch über unerschöpfliche Energiequellen

»WUNSCHENERGIE SONNE«,

denn immer wieder wird nur *gehofft,* daß uns die Sonne all unsere Energiewünsche erfüllen könne. Stoy rechnet vor: Die 1975 von der Sonne auf die Erde gestrahlte Energie *war* fünfzehntausendmal so groß wie der gesamte Energiebedarf der Menschheit in diesem Jahr. Aber sieben Zehntel der Erde sind bekanntlich mit Wasser bedeckt. Nicht überall ist die Sonneneinstrahlung und nicht überall ist der Energiebedarf der gleiche, und so ist z. B. in Westdeutschland das Verhältnis Sonnenenergie : Menschenbedarf *nicht* 15 000 : 1, sondern da lautete er 1975 etwa 120 : 1 und wird er im Jahre 2000 vermutlich 70 : 1 lauten. Und auch das nur theoretisch. Denn Deutschland hat nicht nur einen relativ hohen Energiebedarf, es ist auch dicht besiedelt. Schon durch den Raummangel können nur in beschränktem Umfang Sonnenkollektoren oder Windkraftwerke aufgestellt werden, und die Wirkungsgrade der Umwandlung von Sonnenenergie in Elektrizität oder Wasserstoff sind naturgegeben. Und so beträgt selbst bei den optimistischsten, um nicht zu sagen utopischen Annahmen

DAS VERHÄLTNIS VON SONNENEINSTRAHLUNG UND ENERGIEBEDARF IM JAHRE 2000 UND IN DEUTSCHLAND NICHT 15 000 ZU 1, SONDERN BESTENFALLS 0,2 ZU 1.

Für *uns* kommt praktisch nur die Nutzung eines 75 000stel der theoretischen Sonneneinstrahlung in Frage. Das Verhältnis von Wunsch und Wirklichkeit beträgt 75 000 zu 1. Die Sonne kann uns *nicht* jeden Wunsch erfüllen. Auch nicht, wenn Kosten »keine Rolle spielen«, wie das durch akuten Energiemangel der Fall sein könnte und wir die Feststellung von Marcel Boiteux ignorieren, des Generaldirektors der »Electricité de France«, der erklärte: »Gratisenergie ist die teuerste Energie.« Ein Mann, der weiß, wovon er spricht, denn sein Unternehmen betreibt ja auch eines der zwei einzigen Gezeitenkraftwerke, die es auf der Erde gibt.

Machen sich die deutschen Verfechter der »sachten Energie« Illusionen, so ist die Sonnenenergie aber anders als mit Hilfe der Pflanzen *überall* nur sehr schwer zu nutzen, und zwar durch die – wie auch beim Wind – unabänderlichen Naturgegebenheiten:

> DIE EXTREM UNREGELMÄSSIGE VERFÜGBARKEIT DER SONNEN- UND WINDENERGIE UND DAMIT DER ZWANG, SIE LANGDAUERND ZU SPEICHERN, BILDEN NEBEN DER GERINGEN ENERGIEDICHTE DAS PROBLEM.

Solarzellen z. B. bieten neben allen anderen Vorteilen der Sonnenenergie auch noch den, daß sie kein Kühlmedium brauchen. Aber auch sie liefern Strom eben nur solange die Sonne scheint, und das tut sie von den 8760 Stunden des Jahres in Deutschland im Mittel nur 1700 und selbst in der Sahara nur 4000. Und daran ist *niemals* etwas zu ändern.

Was nicht heißen soll, die Sonne werde auch in Zukunft nicht viel besser genutzt werden als heute. Der Wirkungsgrad unserer Nutzpflanzen z. B., die durch die Photosynthese Sonnenlicht in Materie umsetzen, beträgt heute meist weniger als ein halbes Prozent, während Chlorella-Algen sechs Prozent und mehr nutzen. Schon die Züchtungsforschung und besonders die gerade erst beginnende Züchtung leistungsfähigerer Waldbäume bietet gewaltige Möglichkeiten. Auch bessere und billigere Solarzellen *wird* es geben, und Wärmepumpen werden sich allgemein durchsetzen. Aber ob, wie das die ERDA, die amerikanische »Energy Research and Development Administration«, 1976 voraussagte, im Jahre 2020 etwa 22,5% des *Gesamt*energiebedarfes der USA gedeckt werden können, ist äußerst fraglich. Bereits der sogenannte »Paley-Bericht« der 1951 von Präsident Truman eingesetzten »Materials Policy Commission« sah in der Sonnenenergie einen Ausweg aus den schon damals erkannten Energienöten und verlangte Sonnenwarmwasser- und -heizsysteme für 13

Millionen Wohnhäuser bis zum Jahre 1975. Tatsächlich installiert waren in den USA 1975 etwa 1300, ein Zehntausendstel der geplanten Zahl. Ergänzende Berechnungen des Massachusetts Institute of Technology und der Kettering Foundation hielten 1953 einen Sonnenenergieanteil am amerikanischen Gesamtenergieverbrauch des Jahres 1975 von 10% für möglich. Tatsächlich war er praktisch null, jedenfalls von keiner Statistik erfaßbar. Dafür brach im gleichen Jahr in den USA ein heftiger Streit darüber aus, welcher Gewerkschaft die Leute angehören müssen, die Solaranlagen herstellen und installieren: Der der Dachdecker? Der der Elektriker? Der der Rohrleger? Oder der der Metallarbeiter? Da wurde auch die Änderung der Bauvorschriften diskutiert, und es gab den ersten Rechtsstreit um »Sonnenrechte«: Darf ein Hochhaus den niedrigeren Häusern die Sonne wegnehmen?

In Europa gibt es heute keine Kontroverse darüber, daß Sonnenenergieanlagen zur Warmwasserbereitung und Raumheizung in Einfamilenhäusern wirtschaftlich konkurrenzfähig gemacht werden können, sofern man sie von vornherein in Neubauten einplant. Das aber heißt, daß es Jahrzehnte dauert, ehe auf diese Weise etwa ein Zehntel des Heizwärmebedarfes und damit dann immerhin 5% des Primärenergiebedarfes durch Sonnenenergie zu decken sind. Die Nutzung der Sonnenenergie zur Stromerzeugung hingegen hat in unseren Breiten so gut wie keinerlei Aussichten. Auf diesem Gebiet besteht z. B. in Deutschland eine enge, auch vom Bundesministerium für Forschung und Technologie geförderte Zusammenarbeit zwischen der »Energietechnik GmbH Studiengesellschaft für Energie-Umwandlung, -Fortleitung und -Anwendung«, der »RWE-Anwendungstechnik«, dem »BBC-Zentralforschungslabor«, der »Philips-Forschung« und dem »Dornier-System«. Verschiedene Kollektorsysteme werden da erprobt, Langzeit-Speichersysteme etc. entwickelt. Aber auch deren Fachleute sind sich einig:

Sonnenenergie kann die Kernenergie niemals ersetzen. Im überschaubaren Zeitraum nicht einmal merklich ergänzen. Denn ist Kernenergie überaus konzentriert, so ist Sonnenenergie extrem diffus, und dadurch sind Flächen nötig, die in dichtbesiedelten Gebieten einfach nicht zur Verfügung stehen: Bei einer durchschnittlichen Sonneneinstrahlung von 3 kWh pro Tag und Quadratmeter würde in Deutschland bei einem Systemwirkungsgrad von 1,1% die Gewinnung von 1200 Megawatt, wie sie ein einziges Kernkraftwerk liefert, 96 Quadratkilometer erfordern.

Das ignorieren die Verfechter der »weichen« Energie. Daran scheiterten aber bereits

DIE ZAHLLOSEN BERÜHMTEN FORSCHER UND ERFINDER, DIE SICH SEIT VIELEN JAHRHUNDERTEN MIT DER SONNENENERGIENUTZUNG BESCHÄFTIGEN.

Wenn die Umweltschützer und Kernenergiegegner heute so tun, als ob erst *sie* auf eine bessere Nutzung der Sonnenenergie drängen würden, so ist das geradezu grotesk. Mit Recht verlangte z. B. Dr. A. Mlavsky, der Chef der »Mobil-Tyco Solar Energy Corporation« in Boston, daß den Kindern in den Schulen mit Hilfe von Brenngläsern die Stärke der Sonnenstrahlung bewußt gemacht werden sollte. Aber bereits im siebten vorchristlichen Jahrhundert wurden die heiligen Tempelfeuer von Delhi mit Hilfe von Brennspiegeln entfacht, und 212 vor Christus benutzte der griechische Mathematiker und Naturforscher Archimedes Reflektoren (wahrscheinlich polierte Kupferschilde), um einen der Hauptnachteile der Sonnenenergie, ihre geringe »Dichte«, zu überwinden und durch

DIE KONZENTRATION DER SONNENSTRAHLUNG

auf einen Punkt die Schiffe der römischen Flotte, die damals den Hafen seiner Heimatstadt Syrakus belagerten, in Brand zu stecken. Und das ist nicht nur glaubhaft, sondern wurde 1973 von dem griechischen Ingenieur Ioannis Sakas als richtig *bewiesen:* Die griechische Marine stellte ihm 70 Matrosen zur Verfügung, die hochpolierte, flache Kupferbleche von rund eineinhalb Meter Länge und 60 Zentimeter Breite auf einer Hafen-Mole des Piräus derart in die Sonne hielten, daß deren Strahlen sich auf ein in 55 Meter Entfernung verankertes geteertes Holzboot richteten. Binnen Sekunden begann es zu rauchen, und in weniger als zwei Minuten stand es in Flammen.

Waren lange nur flache Spiegel bekannt, so berechnete der Architekt Anthemios von Tralles in Lydien im Jahre 525 Parabolspiegel und ermittelte einen Brennpunkt, suchte er solche Spiegel aus zahlreichen kleinen Planspiegeln zusammenzusetzen. Diese Arbeiten nahm 1260 Roger Bacon auf, der die richtige Brennpunktlage genau kannte, und das nutzte der aus Dieppe stammende Hugenotte Salomon de Caus, um als Baumeister des Kurfürsten Friedrichs V. von der Pfalz im Heidelberger Schloßgarten

IM JAHRE 1610 DIE ERSTE SONNENKRAFTMASCHINE DER WELT

zu bauen: Er konzentrierte mit Hilfe von 16 großen Glaslinsen die Sonnenstrahlen auf einen Kupferkessel, dessen Wasser rasch zum Sieden kam. Der Dampf drückte das Kesselwasser und langsam zufließendes Wasser durch fast bis zum Boden des Gefäßes reichende Rohre, und hohe Springbrunnen entstanden. Caus, dessen 1615 in Frankfurt erschienenes Buch »Les raisons des forces mouvantes…« ihn durch die hier erstmals exakt geschilderte Expansion und Kondensation des Wasserdampfes zu einem der Bahnbrecher des Dampfzeitalters machte, konstruierte noch vier andere »Sonnenmotoren«, aber auch die blieben Fürstenspielereien, weil sie ja nur kurzfristig funktionierten. Als Caus Kardinal Richelieu zu überzeugen versuchte, daß man mit Sonnendampf auch Schiffe betreiben könne, hielt ihm der entgegen: »Und wenn die Sonne nicht scheinen will?«

Brennspiegel wurden seither immer wieder zur Wärmegewinnung benutzt: 1687 baute Ehrenfried Walther von Tschirnhausen, der mit J. F. Boettger das europäische Hartporzellan erfand, in Dresden einen, mit dem er glasartige Massen schmolz. 1747 stellte Buffon einen Brennspiegel aus 168 kleinen, 16 x 21 cm messenden Planspiegeln her, um Metalle ohne Verunreinigungen zu gewinnen, und 1772 wurde in

LAVOISIERS SONNENOFEN

nicht nur ein Diamant verbrannt, um nachzuweisen, daß der ebenso aus Kohlenstoff besteht wie Kohle, sondern fast gelang es dem großen französischen Chemiker auch, Platin zu schmelzen. Er muß also bereits mehr als 1750° C erreicht haben, während es heute Parabolspiegel gibt, in deren Brennpunkt die Sonne 6000° C liefert. Sonnenöfen zur Edelstahlgewinnung baute 1868 auch Henry Bessemer, der Begründer der Massenstahlerzeugung, und die erste mit Sonnenkraft betriebene Dampfmaschine lief 1864 in Algerien, der Franzose August Mouchot gewann mit ihr ein PS zum Wasserheben. Auf der Pariser Weltausstellung von 1878 lieferte Sonnendampf den Antrieb einer Druckpresse.

Damals beschäftigte sich auch schon seit langem der große schwedische Ingenieur und Erfinder John Ericcson mit der Nutzung der Sonnenenergie: Als Sohn eines Bergwerksdirektors 1803 im Värmland geboren, wurde er Marineoffizier, interessierte sich aber nur für Schiffs*maschinen.* Er steigerte den Wirkungsgrad der damaligen Dampfantriebe erheblich, sah die Zukunft jedoch im Warmluftmotor und konstruierte alle möglichen Ausführungen und Größen. John Ericcson arbeitete in England und den USA, baute da die ersten brauchbaren Schraubendampfer und 1861 das erste Panzerschiff der Nordstaaten, den »Monitor«. In der Sonne wurde dessen Panzerdeck so heiß, daß kein Matrose mehr barfuß herumlaufen konnte, und das brachte Ericcson auf die Idee, den Zylinder eines Heißluftmotors in den Brennpunkt eines Parabolspiegels zu plazieren: Die Maschine lief mit 400 Umdrehungen pro Minute – solange man den Spiegel der Sonne nachführte und die schien. Ericcson baute zwischen 1865 und 1880 über hundert Sonnenmotoren und schuf praktisch *alle* Grundlagen der heutigen Sonnenmechanik. Aber an der extremen Nichtverfügbarkeit seiner Kraftquelle konnte er nichts ändern. Ebensowenig daran, daß nennenswerte Energiemengen *sehr* große Fangspiegelflächen erfordern, die nicht erst von schweren Stürmen, sondern schon von etwas stärkerem Wind zerstört oder beschädigt werden, falls sie nicht besonders solide und kostspielig gebaut sind. Längst auch wurden feststehende Spiegel benutzt und die Rohre bewegt, in denen das Wasser erhitzt wird. Aber auch das hat seine Tücken, erfordert komplizierte Vorrichtungen und selbst in den sonnenreichsten Gebieten der Erde

ZWÖLFTAUSEND QUADRATMETER SONNENKOLLEKTORFLÄCHE FÜR JEDES MEGAWATT ELEKTRISCHE LEISTUNG.

Werden seit Jahrhunderten Schmelzwärme und Dampf mit Hilfe der Sonnenstrahlung erzeugt, so sind aber auch schon seit Generationen *alle* anderen Möglichkeiten der Sonnenenergienutzung bekannt, und mit denen beschäftigten sich Forscher und Erfinder, die zu den hervorragendsten und erfolgreichsten ihrer Zeit gehörten und die *nicht* an Geldmangel scheiterten, der angeblich allein daran schuld ist, daß die Sonne nicht den Energiebeitrag leistet, den sie leisten könnte.

Die Wärmewirkung des elektrischen Stromes hatte der französische Chemiker Antoine-François de Fourcroy im Jahre 1800 entdeckt. Er brachte durch galvanische Elemente einen schlecht leitenden Draht zum Glühen, und das ermöglichte schließlich die elektrische Beleuchtung, die Elektrochemie und zahlreiche elektrische Haushaltsgeräte. Fourcroys Schüler Thomas Johann Seebeck aber, der 1770 in Reval geboren wurde und in Berlin 1831 als Mitglied der Preußischen Akademie der Wissenschaften starb, fragte sich völlig logisch: Wenn sich Elektrizität in Wärme verwandelt, kann dann nicht auch Wärme umweglos in Elektrizität übergeführt werden? Gibt es neben der atmosphärischen und der tierischen, der Reibungs-, Druck- und der galvanischen Elektrizität nicht auch noch andere »Sorten« dieser Naturkraft? Seine Antwort war 1821

DIE ENTDECKUNG DER THERMOELEKTRIZITÄT:

Als Seebeck eine Wismutscheibe auf eine Kupferplatte drückte, genügte die Wärme seiner Hand, um einen elektrischen Strom zu erzeugen. Er experimentierte mit Dutzenden von Metallkombinationen, und heute gibt es Thermoelemente mit bis zu 7,6% Wirkungsgrad. Eines Tages *wird* die Sonnenenergie mit Hilfe von Thermoelementen genutzt werden und ebenso die Erdwärme. Aber vorläufig sind sie noch unerschwinglich und die erzielbaren Energie*mengen* viel zu gering.

Weiter entwickelt ist

DIE NUTZUNG DER LICHTELEKTRIZITÄT,

die der deutsche Physiker Wilhelm Hallwachs 1888 entdeckte, weil er sich fragte: Wenn aus Wärme Strom wird, müssen dann nicht auch Lichtstrahlen Ionen in Bewegung setzen? Bereits 1852 hatte Hittorf die Widerstandsänderung des Selens beobachtet, das um so besser Strom leitet, je heller man es beleuchtet. Aber er ging der Sache nicht nach, erst Hallwachs tat das, und 1892 nutzte Julius Elster den Hallwachsschen »Photoeffekt« zur Entwicklung der Photozelle, indem er Rubidium, Zäsium, Kalium und Natrium zur Belichtungsmessung verwendete.

Heute besitzen Millionen Photoapparate solare Belichtungsmesser. Da machte die Lichtelektrizität aber auch den Tonfilm möglich, und heute gibt es Photozellen, die das gewiß wunderbare menschliche Auge noch bei weitem übertreffen, das Licht einer Kerze noch auf mehr als 40 Kilometer Entfernung registrieren. Wird eine solche Zelle am Okular eines astronomischen Fernrohrs angebracht, so ermöglicht sie das elektrische »Sehen« bis in die fernsten Winkel des Milchstraßensystems. Wie sie ungeheure Mengen Wärme abstrahlt, so strahlt die Sonne ungeheure Mengen Licht aus, und so kann die Sonnenenergie auch durch Photozellen genutzt werden. Bereits 1928 entwickelten B. Lange und W. Schooky in Berlin Sperrschicht-Photozellen, mit denen sie einen kleinen Motor betrieben. Theoretisch wird für diese Art Energieumsetzung ein Wirkungsgrad von 95% errechnet. Aber übereinandergelegte Platten von Kupfer und Kupferoxid lieferten pro Quadratmeter nur etwa *ein* Watt, während die pralle Mittagssonne gut tausend auf sie niederstrahlte:

WIRKUNGSGRAD EIN ZEHNTEL PROZENT

also, und in den Labors der »Westinghouse Electric« waren es 1938 nicht mehr. Ebenso minimal die Ausbeute bei Verwendung von Selenium und Platin, wie sie die »General Electric«-Forscher damals in Schenectady zum Antrieb eines Minimotors verwendeten, eines Motors, der vier Zehmillionstel einer Pferdekraft oder etwa eine Flohkraft leistete.

Aber war es nicht eine Weltsensation gewesen, als Orville Wright am 17. Dezember 1903 bei Kitty Hawk mit seinem 12-PS-Flugzeug 12 Sekunden in der Luft blieb und ganze 53 Meter zurücklegte? Daß, wie die Kernkraftgegner behaupten, nichts getan wurde, um die Sonnenenergienutzung voranzubringen, ist falsch, und praktisch unbegrenzte Mittel standen dazu zur Verfügung, denn »General Electric« war und ist nach wie vor die größte Elektrofirma der Welt, Westinghouse Nummer drei dieser Branche in Amerika, und der Durchbruch erfolgte schließlich in den New Yorker Bell-Laboratorien, der Forschungsstätte der »American Telephone & Telegraph Co.«, die heute rund 90 Milliarden Dollar Aktiven hat.

Auf den deutschen Pionierarbeiten fußend und die Erfahrungen mit Kristalldioden und Transistoren nutzend, entwickelten hier Darly H. Chapin und Gerald L. Pearson 1954 Siliziumfolien, auf die Bor aufgedampft wurde, die so eine Art Elektronen liefernden Transistor bildeten und 1957 bereits bis zu 11% der Sonnenenergie in Elektrizität umsetzten. Weiterentwickelt lieferten sie den Strom der amerikanischen Weltraumfahrzeuge, und

Solarzellen machten 1969 die Mondlandung der ersten Menschen möglich.

Eine völlig durch Sonnenenergie versorgte »Wohnung« war 1973/74 das NASA-Raumlabor, in dem neun Astronauten 171 Tage auf einer Erdumlaufbahn verbrachten. Dieses »Skylab« besaß zwei Solarzellenflügel, von dem es einen beim Abschuß in den Weltraum verlor, aber die verbleibenden rund 78 Quadratmeter genügten, luden auch ständig wieder die Akkumulatoren auf, die das Raumschiff versorgten, wenn es in den Erdschatten geriet. Nur kosteten sie je Kilowatt Stromerzeugung 300 000 Dollar – und ein Kilowatt genügt bekanntlich nur für zehn Hundertwattlampen. Lichtelektrizität zu gewinnen *ist* heute technisch möglich und die Betriebssicherheit weltraumerprobt. Aber die Anlagekosten sind sechshundertmal höher als bei der Kernkraftelektrizität und die Anlagegrößen *naturgegeben* beschränkt.

Natürlich wird es bei den heutigen Solarzellenpreisen nicht bleiben, und sie *wurden* bereits gesenkt. Waren die ersten Siliziumzellen minuziöse Handarbeit, so entwickelten die »Mobil-Tyco-Laboratorien« in Boston 1976 ein automatisches Herstellungsverfahren, das den Preis von 300 auf 20 Dollar pro Watt senkte. In Deutschland kosteten 1978 die Zellen allein je nach der Generatorengröße 45 000 bis 70 000 DM je Kilowatt, mit den Zusatzeinrichtungen das Doppelte, und diese Kosten allein sind nicht das Problem. Sondern um 1000 Megawatt zu gewinnen, müßte selbst in der Sahara eine Fläche von vier mal vier Kilometer mit Solarzellen belegt werden. In Mitteleuropa selbst bei Betrieb nur im Sommer statt dieser 16 Quadratkilometer 32 Quadratkilometer Fläche. Das sind 32 Millionen Quadratmeter. Solch ein Werk könnte maximal eineinhalb Milliarden Kilowattstunden Strom jährlich liefern. Ein Kernkraftwerk auf 8000 Quadratmetern liefert 10 Milliarden Kilowattstunden...

Einen irgendwie ins Gewicht fallenden Beitrag zur Weltenergieversorgung werden Solarzellen also so wenig leisten können wie Thermoelemente oder mit Sonnenenergie betriebene Dampfturbinenanlagen. *Nicht* weil diese Techniken vernachlässigt worden wären, den »Großen« zu wenig gewinnträchtig scheinen. Die wissen längst, was

»DAS STRAHLENDE GOLD DER SONNE«

wert sein könnte. Walter Morrow, Direktor der Lincoln Laboratories des Massachusetts Institute of Technology, rechnet für das Jahr 2000 mit einem amerikanischen Sonnenenergie-Industrieumsatz von 20 Milliarden Dollar jährlich, und ERDA-Berechnungen ergaben als Investitionskosten für jedes Prozent des US-Energiebedarfes, das durch Sonnenenergie gedeckt werden soll, ebenfalls 20 Milliarden Dollar. Die Sonnenenergienutzung bedeutet neue Märkte in den Entwicklungsländern, und wie die »Großen« bemühen sich heute viele Tausende kleine und mittlere Firmen um einen Anteil an den enormen Gewinnchancen, die eine »ewige« Energie beim Versiegen der temporären bieten muß. Bereits 1955 kam es durch diese Interessenten in Phoenix in Arizona zur ersten Internationalen Sonnenkonferenz. Aber die *realen* Möglichkeiten bleiben aus den geschilderten *naturbedingten* Gründen beschränkt, und »Lösungen der Energiefrage«, wie sie z. B. Dr. Peter Glaser von der amerikanischen Beraterfirma Arthur D. Little in Cambridge, Massachusetts, 1976 anbot, sind verantwortungslos, bedeuten

DIE VERNEBELUNG DER HEUTIGEN GEGEBENHEITEN DURCH PHANTASTISCHE ZUKUNFTSVISIONEN:

Dr. Glaser führt seinen Besuchern Modelle von Solarzellensatelliten vor, die Flügel von neun bis elf *Kilometer* Spannweite erhalten sollen. In 37 280 Kilometer Höhe über der Erde in eine Synchronumlaufbahn gebracht, wandelt jeder dieser Satelliten die Sonnenstrahlung in 5000 Megawatt Gleichstrom um, den etwa halben Elektrizitätsbedarf der Stadt New York, und strahlt ihn in Form von Mikrowellen, wie sie auch Radarstationen verwenden, auf die Erde. Hier nimmt eine Spezialantenne von acht Kilometer Durchmesser die Energie auf und transformiert sie in Wechselstrom. Hauptvorteil der »Glaser-Methode« ist, daß die Solarzellen 99% der Zeit belichtet werden, nur während Eklipsen ausfallen. Der Hauptnachteil der terrestrischen Sonnenenergienutzung – Tag und Nacht – und die Beeinträchtigung der Sonnenstrahlung durch Wolken etc. fällt weg.

Sonnenenergie-Übertragung durch Mikrowellen

ist denkbar. Aber schon die von unseren Radareinrichtungen verwendeten sind nicht harmlos, und die von Glaser vorgeschlagenen wären *extrem* lebensfeindlich, die gleiche Art Mikrowellen, die in allen Science-Fiction-Phantasien »Todesstrahlen« genannt werden. Aber das störte anscheinend niemanden, und auf der im Februar 1978 in Washington abgehaltenen Jahresversammlung der American Association for the Advancement of Science erklärte Dr. Glaser, sein Projekt sei nun »fast ausführungsreif«, denn ab 1981 kommt ja die amerikanische Raumfähre in Betrieb, und mit deren Hilfe ist solch ein Solarzellen-Satellit angeblich binnen zwölf Monaten zu bauen. Transportkosten? »Etwa 240 Dollar pro Kilo.« Aber auch wenn das »NASA-DOLLAR« sein sollten (ein Dollar NASA-Voranschlag gleich 15 wirkliche Dollar), wäre das kein Hindernis. Denn auf dem gleichen Kongreß schlug Dr. Philomena Grodzka von der »Lockheed Aircraft Corporation« vor, die nötigen Baustoffe auf dem Mond oder einem der Asteroiden zu gewinnen, statt sie von der Erde in den Weltraum zu schaffen. Auch Gerard K. O'Neill, Professor der Physik der Princeton-Universität, fand, daß

»Kolonisten auf dem Mond«

die Lösung dieses Problems bedeuten, und allgemein war man sich darin einig, daß Solarzellensatelliten um die Jahrtausendwende ein Viertel des Gesamtenergiebedarfes der Erde stellen könnten. »Und zwar billiger als Kernkraftwerke.« Und »ohne die Grundstoffvorräte der Erde anzutasten«, denn ein einziger Asteroid mit einer Masse von 10 Millionen Tonnen würde die erforderlichen Baustoffe, nämlich Silizium, Aluminium und Eisen, liefern. Auch Planetoiden wie Albert, Alinda oder Ganymed, die sich der Erde auf bis zu 600 000 Kilometer, weniger als das Doppelte des Erde-Mond-Abstandes, nähern, kämen als Rohstoffquellen in Frage...

Hermann Oberth wurde 1978 in Washington nicht erwähnt. Der schlug bereits 1930 vor, riesige Sonnenspiegel als Satelliten um die Erde kreisen zu lassen. Aus durch Mehrstufenraketen in den Weltraum transportierten Einzelteilen sollten dort Reflektoren von 70 000 Quadratkilometer Aluminumfolienfläche zusammengebaut werden, die auf der Erde je 55 000 Quadratkilometer Polargebiete bewohnbar und fruchtbar machen würden, und Oberth brauchte so keine Todesstrahlen zur Energieübertragung. Und wurde nicht vieles, was Oberth damals sonst noch voraussagte, inzwischen tatsächlich verwirklicht? Bekam nicht auch Jules Verne recht? Aber selbst wenn man Herrn Glaser oder Frau Grodzka ernst nehmen wollte, völlig unzweifelhaft ist jedenfalls:

BEVOR DIE MINERALÖL- UND ERDGASVORKOMMEN DER ERDE ERSCHÖPFT SIND, WIRD ES KEINE WELTRAUMENERGIE GEBEN.

Nicht ob die ERDA-Prognosen für das Jahr 2020 richtig oder falsch sind, ist wichtig, sondern daß wir lange *vorher* andere Energieträger als die fossilen brauchen und es andere »alternative«, das heißt *heute* einsetzbare außer der Kernenergie nicht gibt. Denn ähnlich wie bei der Sonnenenergie ist es beim Wind, der Erdwärme und der Meerwärme.

Da die sonnenbeschienenen Ozeane drei Viertel der Erdoberfläche einnehmen, speichern sie fast unvorstellbare Mengen Energie, die verfügbar ist, gleich ob die Sonne gerade scheint oder nicht, weil die Wassertemperaturen langfristig konstant bleiben. Im Mittel ist das Meerwasser um acht Grad Celsius wärmer als die überlagernde Luft, und etwa ein Sechstel allen Meerwassers hat über 25° C liegende Temperaturen. Die Ozeane sind also eine unmittelbare Wärmequelle, durchaus nicht nur eine gewaltige Fernheizzentrale, die mit Hilfe der Meeresströmungen das Klima ganzer Erdteile verbessert oder durch das in den Tropen verdunstende, in kälteren Gebieten wieder niederfallende Wasser mehr Wärme transportiert als alle Kohlenzüge und alle Tanker, die je fuhren, zusammengenommen. Aber auch unmittelbar kann

DIE UNGEHEURE MENGE DER DURCH DIE OZEANE GESPEICHERTEN SONNENENERGIE

genutzt werden, denn der Temperaturunterschied zwischen Oberflächen- und Tiefenwasser ist noch weit größer als der zwischen der Meerwasser- und der Lufttemperatur: Die Temperaturgradienten der tropischen Meere zwischen 20 Grad nördlicher und 20 Grad südlicher Breite betragen 17 bis 22° Celsius, und die würden genügen, ein Vielfaches des Weltenergiebedarfes des Jahres 2000 zu decken.

Wie das geschehen könnte, beschrieb Jacques d'Arsonval, der damalige Leiter des Laboratoriums für Biologische Physik, in der Pariser »Revue Scientifique« bereits am 17. September 1881: »Versenken wir in Gedanken einen Dampfkessel in das 30° warme Wasser des Brunnens von Grenelle. Berieseln wir dann den dazugehörigen Kondensator mit Leitungswasser, das im Durchschnitt 15° besitzt, so haben wir ein Temperaturgefälle von 15°. Füllen wir den Kessel statt mit Wasser mit flüssiger schwefliger Säure, die bei einer Erwärmung auf 30° einen Dampfdruck von 343 Millimeter Quecksilbersäule liefert, so würde der Druck im Kondensator 206,5 Millimeter betragen, eine beständig nutzbare Druckdifferenz von fast zwei Atmosphären, die uns nicht das geringste kostet. Und diese Bedingungen bietet die Natur häufig... Das Ideal wäre, den Kessel in der Nähe des Äquators ins Meer zu tauchen und den Kondensator in das ewige Eis der Pole. Praktisch aber ist solch eine lange Leitung durchaus nicht nötig, denn das Tiefenwasser des Meeres hat überall – auch am Äquator – eine Temperatur von nur etwa 4° C. Also genügt es, den Kessel an der Wasseroberfläche und den Kondensator tausend Meter darunter anzubringen, um ein ausreichendes Temperaturgefälle zu haben...«

Es dauerte ein halbes Jahrhundert, ehe d'Arsonvals Idee verwirklicht wurde. Aber am 7. September 1930 versenkten der französische Physiker Georges Claude und der Ingenieur Paul Boucherot in der Bucht von Matanzas an der Nordküste von Kuba ein in 600 Meter Wassertiefe reichendes isoliertes Rohr aus gewelltem Stahlblech, und

Das erste Meerwärmekraftwerk der Welt

lieferte 55 Kilowatt Strom. 1933–35 betrieb Claude auf dem 10 000-Tonnen-Dampfer »Tunisie« mit einer 2200-kW-Meerwärme-Anlage in der Bucht von Rio de Janeiro die erste schwimmende chemische Fabrik.

Aber die damaligen Steigrohre waren noch nicht widerstandsfähig genug, Dutzende Detailprobleme blieben noch zu lösen, und die Privatinitiative genügte hier nicht. Der Zweite Weltkrieg erzwang eine Pause, aber schließlich wurde am 7. Juni 1948 in Paris mit 82% Staatsbeteiligung die »S. A. Energie des Mers« gegründet, und die baute in Abidjan an der damals französischen Elfenbeinküste zwei Meerwärmeturbinen von je 7500 Kilowatt Leistung. Nahe der Ile de Petit Bassam gibt es dort einen unterseeischen Abgrund, das »Trou sans Fond«, und hier wurde in 420 Meter Tiefe dem Meer Kaltwasser von 8° C entnommen, während die Lagune ruhiges, warmes Oberflächenwasser von 30° C lieferte. Ohne menschlichen Kraftaufwand stieg das Kaltwasser durch ein Rohr aus biegsamen, isolierten Stahlsegmenten bis auf etwa ein Meter unter die Meeresoberfläche, wegen seines verschiedenen spezifischen Gewichts mußte dieser letzte, kleine Unterschied und der Weg zur Turbine durch Pumpen überwunden, diesem Kaltwasser auch alle Luft entzogen werden. Insgesamt erforderte das 5000 kW. Als effektive Leistung blieben 10 000 kW übrig. Der theoretische Carnot-Wirkungsgrad beträgt bei Meerwärmeanlagen 6–7%, und hier wurden nur 3% statt der 30 bis 40% fossil befeuerter Kraftwerke erreicht. Aber mit Hilfe von kostenloser und von *ewiger* Energie. Es hatte lange gedauert, aber nun *wurde* in Abidjan die schon 1647 von Denis Papin entdeckte Tatsache praktisch genutzt, daß der Siedepunkt des Wassers nur vom Luftdruck abhängt. Hier leitete man das warme Oberflächenwasser des Meeres in Kammern, in denen der Druck auf drei Hundertstel Atmosphären vermindert war, und der so entstehende Dampf wurde durch das kalte Tiefenwasser kondensiert. Zwischen diesem feuerlosen »Dampfkessel« und dem Kondensator entstand ein Dampfstrom von 500 Sekundenmetern Geschwindigkeit, der einer einstufigen Spezialturbine von 15 Meter Durchmesser eine Umlaufgeschwindigkeit von bis zu 250 Sekundenmetern gab. Und wenn ein Kilo Dampf von drei Hundertstel atü auch nur einen siebenhundertmal geringeren Druck ausübt als Dampf von 20 atü, wie er in einem gewöhnlichen Dampfkessel entsteht, so leistet er eine Arbeit, die nur um den fünften Teil geringer ist. Das kalte Meerwasser kann gleichzeitig in Klimaanlagen verwendet werden, das Kondensationswasser ist zugleich eine Trinkwasserquelle, auch die Meerwärmenutzung eine Entsalzungsmethode.

Aber: Steilküsten mit entsprechenden Temperaturunterschieden sind selten. Das Oberflächenwasser des Persischen Golfes oder des Roten Meeres wird von der Sonne zwar auf 36 Grad aufgeheizt, aber hier gibt es kein nutzbares Tiefenwasser. Abidjan, Kuba, einzelne Stellen Javas oder Sri Lankas sind Ausnahmen, wie Buchten mit nutzbaren Gezeitenunterschieden Ausnahmen bilden. Praktisch kommen nur schwimmende Meerwärme-Kraftwerke in Frage.

Das jüngste Projekt einer ozeanischen Wärmeumwandlungsanlage oder OTC (von Ocean Thermal Energy Conversion) stammt aus dem Jahre 1976 und von der »Lockheed Ocean Systems« aus Sunnyvale in Kalifornien, einer Tochtergesellschaft der Flugzeugfirma (die natürlich Georges Claude so wenig erwähnt wie d'Arsonval oder die Pionierarbeit der französischen Regierungsexperten). Dieses Projekt sieht eine schwimmende Plattform von 75 Meter Durchmesser und

180 Meter Höhe vor, die 260 000 Tonnen wiegen würde. Die Kaltwasserzufuhr erfolgt hier durch ein Rohr von 30 Meter Durchmesser, das 500 Meter tief ins Meer reicht. Das Warmwasser verdampft Ammoniak mit Hilfe von Wärmeaustauschern, die die Höhe eines siebenstöckigen Hauses haben, und die von den Turbinen erzeugten 160 000 Kilowatt werden durch Unterseekabel an Land gebracht. Eine Kostenkalkulation legte die Firma bisher nicht vor. Aber immerhin müßten für die rund 100 000 MW Weltkernkraftleistung des Jahres 1978 nicht weniger als 625 solcher Inseln gebaut werden und für die heute in Betrieb und in Bau befindlichen sowie die geplanten insgesamt 529 Kernkraftwerke der Erde, die rund 415 000 MWe leisten werden, etwa 2600. Und die müßten *alle* in oder am Rand tropischer Meere liegen, weil *nur* dort die nötigen Temperaturunterschiede bestehen. In der Nordsee sind Meerwärmekraftwerke so unmöglich, wie es in Nord- und Mitteleuropa keine Voraussetzungen für Sonnenspiegelsysteme gibt, wie sie in Arizona oder der Sahara denkbar sind. Auch Meerwärmekraftwerke *wird* es geben (denn Abidjan ist inzwischen nicht länger in Betrieb), und wenn neben den Investitionskosten der Stromtransport ein noch ungelöstes Problem darstellt, Kabel ja nur in wenigen Sonderfällen in Frage kommen, so können solche Inseln Magnesium aus dem Meer gewinnen oder Wasserstoff erzeugen, der dann allerdings erst verflüssigt werden muß, ehe ihn Tanker in die Verbrauchsgebiete bringen können. Auch der Beitrag, den die Meerwärme eines Tages zur Weltenergieversorgung leisten kann, ist nicht zu unterschätzen. Aber *eines Tages*. Nicht heute und nicht morgen. Und *unsere* Energieprobleme vermögen Meerwärmekraftwerke *nie* zu lösen.

Und der Wind, der nach den Pflanzen bedeutendste aller Sonnenenergie-»Verbraucher«?

Etwa ein Zwanzigstel der jährlich die Erde ereichenden Sonnenstrahlen wird in Windkraft umgesetzt, und diese 5% entsprechen dem Zwanzigfachen aller Wasserkräfte unseres Planeten,

> DIE JÄHRLICH VERFÜGBARE WINDENERGIE KOMMT DEM SECHSFACHEN DER WELTKOHLEVORRÄTE GLEICH

und dem Fünftausendfachen der heutigen Weltstromerzeugung. Wie unsere Zivilisation mit dem Feuermachen begann, so unsere Weltkenntnis mit der Windnutzung, denn bis weit ins 19. Jahrhundert gab es *nur* Segelschiffe, bis zu deren Entwicklung um 4000 vor Christus gab es nur Ruderboote, die keinen nennenswerten Aktionsradius besaßen. Auch die später von vielen Hunderten Ruderern bewegten

Trieren blieben küstengebunden, schon wegen der Nahrungs- und Wasserversorgung ihrer »Muskelmotoren«. *Alle* großen Entdekkungsreisen wurden also mit Hilfe des Windes gemacht, und *nur* der ermöglichte die Entwicklung des Welthandels. Ebenso spielte der Wind – und spielt er nach wie vor – eine wichtige Rolle für die Ernährung der Menschheit, denn er ist das Befruchtungsmittel zahlreicher Pflanzen, ohne ihn blieben die Getreideähren »taub«. Aber mechanische Energie an Land lieferte der Wind erst spät und zuerst – um 450 nach Christus – nur zum Antrieb der Gebetsmühlen in Tibet. Zum Getreidemahlen scheint eine Windmühle in Europa erstmals im Jahre 1150 bei Lüttich eingesetzt worden zu sein; aus dem Jahr 1341 stammt die Windradlizenz eines Klosters der Diözese Utrecht. Bereits die Durchschnittsleistung der mittelalterlichen Windmühlen betrug etwa 12 Kilowatt, und als später in Ländern wie Holland viele Tausende Windmühlen in Betrieb kamen, bedeutete das eine entscheidende Hilfe für die Menschen. Aber nur für besondere Zwecke wie das Wasserpumpen oder das Getreidemahlen, bei denen eine oder zwei Wochen Flaute hingenommen werden können. Für Hammerwerke oder ähnliches aber kam der Wind zum Unterschied von der Wasserkraft *nie* in Frage, auch deshalb nicht, weil ein Kubikmeter Luft nur 1,3 Kilo wiegt gegen die tausend Kilo eines Kubikmeters Wasser und man so trotz der höheren Windgeschwindigkeit ungleich größere Raddurchmesser braucht. Daran ist *niemals* etwas zu ändern, und auch die häufige Nichtverfügbarkeit der Windkraft ist naturgegeben und vom Menschen unbeeinflußbar.

Dennoch blieb es nicht bei Windmühlen von maximal 20 PS. Wie mit der Nutzung der Sonnenenergie beschäftigten sich zahllose Erfinder und viele hervorragende Gelehrte mit der Windkraftnutzung, und bereits 1726 erfand z. B. der aus Planitz bei Zwickau stammende Handwerkersohn Jakob Leupold den Windpropeller, den er zwar nur zum Messen der Windgeschwindigkeit benutzte, der aber eine der Voraussetzungen der Luftfahrt bildete und nicht minder die aller modernen Windmotoren. Im Jahre 1738 schuf Daniel Bernouilli in Basel die Grundlagen der Aerodynamik, doch es dauerte lange, ehe diese beim Bau von Windkraftmaschinen eingesetzt wurde. 1920 erfand Kurt Bilau den Stromlinienflügel. Fünf Jahre später erzielte die von der Universität Oxford gebaute Versuchsanlage mit neun Meter langen Bilauflügeln eine Windausnutzung bis zu 91% und im Durchschnitt von 59%, während es bei den besten Windrädern nur 20% gewesen waren. Bilaus Flügel (die nach 287 Meßreihen im Göttinger

ECON

Dieter Balkhausen
Die dritte industrielle Revolution
Wie die Mikroelektronik unser Leben verändert
272 S., geb. 29,80 DM

„Das Buch schildert die volkswirtschaftlichen Chancen und sozialen Risiken, analysiert die Auswirkungen auf die Tarifpolitik, untersucht aber auch die von den Mikroprozessoren ausgehenden Gefahren für die Freiheit der Bürger.
Frankfurter Rundschau

Kurt Lanz
Weltreisender in Chemie
Erfahrungen in 5 Kontinenten
528 S., 48 S. Bildteil, geb. 38 DM

Kurt Lanz vermittelt Einzel- und Gesamtinformationen, die neue Perspektiven auf den Welthandel von gestern, heute und morgen werfen. Eine einzigartige, unentbehrliche Informationsquelle für jeden in der Wirtschaft Tätigen.

Anton Zischka
Kampf ums Überleben
Das Menschenrecht auf Energie
384 S. geb. 29,80 DM

Ein Plädoyer für Energie: die profunde Auseinandersetzung mit den Vorurteilen gegen die friedliche Nutzung der Kernenergie.

– Preisänderungen vorbehalten –

Informieren Sie mich künftig bitte kostenlos und unverbindlich über Neuerscheinungen der Econ Verlagsgruppe.
Ich interessiere mich besonders für:

Z	Betriebsführung/Handel/Wirtschaft
E	Verkauf/Werbung/Marketing
0	Bildbände/Fotografie Kunst
1	Fremde Länder und Völker
2	Geschichte/Kulturgeschichte
3	Politik/Zeitgeschehen
4	Nachschlagewerke/Wörterbücher
5	Medizin
6	Naturwissenschaft/Technik/Raumfahrt
7	Romane/Lyrik
8	Biographien
9	mvs-science fiction & fantastica

Ich bin damit einverstanden, daß diese Angaben gespeichert und automatisch verarbeitet werden.

Windkanal konstruiert worden waren) drehten sich schon bei einer Windgeschwindigkeit von 1,3 Metern pro Sekunde, beim leisesten Lüftchen also, und das ist überaus wichtig, denn in Deutschland z. B. beträgt die Durchschnittsgeschwindigkeit von 65% aller Winde nur 3,5 m/sec, und nur 2% sind schneller als 15 m/sec. Ab 80 Meter Höhe werden die Winde schneller, und so entwarfen schon vor dem Zweiten Weltkrieg Ingenieure wie Honnef oder Kleinhenz Windkraftgeneratoren, die mit Propellern von 120 Meter Durchmesser und auf Türmen von 525 Meter Höhe 10 000 bis 13 000 Kilowatt gewinnen sollten.

Daß diese Pläne nie verwirklicht wurden, lag *nicht* am mangelnden Interesse der »Großen«. Honnef wurde von der deutschen Industrie und den Elektrizitätsversorgungsunternehmen durchaus gefördert, denn die wußten sehr wohl, daß

> DIE MITTLERE BEWEGUNGSENERGIE DER LUFTSTRÖME EUROPAS ETWA FÜNFZIGMAL GRÖSSER ALS DER GESAMTSTROMBEDARF DER EG-LÄNDER

ist. Aber sie mußten auch rechnen, und die Kosten der Windenergienutzung *bleiben* untragbar.

Ganz abgesehen von der Verunstaltung der Natur durch die Windtürme. Daß auch Landschaftsschützer Windkraftwerke fordern, ist grotesk, denn bei den Planungen z. B., die 1978 die deutschen, von Professor Ulrich Hütter von der TH Stuttgart geführten Windkraftenthusiasten zur Deckung des zukünftigen Strombedarfes der Bundesländer Bremen, Hamburg, Schleswig-Holstein und Niedersachsen vorlegten, wurden 5000 Windtürme angenommen. Windkraftwerkszentren mit je 100 Einzelanlagen von je drei Megawatt wurden vorgeschlagen, die in einer Doppelreihe auf einem Landstreifen von 10 Kilometer Länge und einem Kilometer Breite stehen sollen. Diese Windkraftzentren müßten auf verschiedenen, möglichst weit voneinander entfernten Standorten errichtet werden, weil sich nur dann eine gewisse Durchmischung jeweils günstiger und ungünstiger Windverhältnisse ergäbe. Obwohl mit der heutigen Windturbinentechnik noch nicht erreichbar, wurden 3500 Stunden Jahresbenutzungsdauer durch entsprechende Verbesserungen angenommen.

Konventionelle und Kernkraftwerke erreichen 7000 bis 8000 Benutzungsstunden. Bei 7000 Vollaststunden und 1200 MW Kapazität erzeugt *ein* solcher Block 8,4 Milliarden Kilowattstunden jährlich. Eine einfache Rechnung ergibt, daß

> ZUM ERSATZ EINES KERNKRAFTWERKES VON 1200 MW ACHT-

hundert Windtürme von je 130 Meter Höhe nötig
wären.

Im Juni 1977 veranstaltete die »Deutsche Gesellschaft für Sonnenenergie e. V.« ihre erste Windenergietagung. »Hervorragende Fachleute« rechneten hier vor: Wenn der für 1985 befürchtete Engpaß der Stromversorgung vermieden werden soll, müssen in Deutschland früher als erwartet große Windenergiekonverter eingesetzt werden. Die könnten angeblich 60% des deutschen und 600 Prozent des europäischen Strombedarfes decken und kämen »mit geeigneten Speichern vor allem zur Deckung des Spitzenstroms in Betracht«. Die Kosten wären angeblich nicht oder »nicht wesentlich« höher als die der Erzeugung von Spitzenstrom in herkömmlichen Kraftwerken. »Außer der optischen« gibt es keine Umweltbeeinträchtigung, und »eine leichte Abbremsung der Windgeschwindigkeit durch solche Kraftwerke ist eine wünschenswerte Nebenerscheinung«. Über die *Art* der Energiespeicherung schwiegen sich die »hervorragenden Fachleute« aus. Denn

um nur ein Megawatt Windelektrizität eine Woche lang aufzubewahren, wäre eine Viertelmillion unserer heutigen Autoakkus nötig.

Nach leistungsfähigeren wird gesucht. Aber das bereits seit 1859, als Gaston Planté den nach wie vor vorherrschenden Akkumulatorentyp mit Bleiplatten und verdünnter Schwefelsäure erfand. Auch bessere Stromspeichermöglichkeiten *werden* gefunden werden, schon weil in absehbarer Zeit die Benzinautomobile durch Elektromobile ersetzt werden *müssen.* Aber vorläufig ist es noch nicht soweit, und wenn es zur Zeit der Segelschiffahrt vorkam, daß durch wochenlange Flauten ganze Besatzungen verdursteten und verhungerten, so folgt auch heute sehr oft einem Mistral von 41 Metersekunden Geschwindigkeit binnen weniger Sekunden völlige Windstille.

Wozu kommt, daß der Wind ja nicht nur launisch, sondern

eine der furchtbarsten aller Naturgewalten

ist, die immer wieder zahllose Menschen tötet oder ins Unglück stürzt: Da die Intensität der Sonnenstrahlung verschieden ist, gibt es Temperaturunterschiede auf der Erde und somit auch warme und kalte Luft. Beide Arten machen einander den Platz streitig, und dadurch entsteht der Wind. Das Abströmen ungeheurer Luftmassen vom »Hoch« zum »Tief« löst aber nicht selten auch »Luft-Schlachten« aus, gegen deren Gewalt selbst die meisten Vulkanausbrüche verblassen: Ein richtiger Orkan entwickelt W. J. Humphrey vom

US-Wetterbüro zufolge eine Energie, die der tausend gleichzeitig explodierender Atombomben von je 100 Kilotonnen gleichkommt. Er hebt täglich bis zu zwei Milliarden Tonnen Wasser hoch und schmettert sie binnen 24 Stunden wieder zurück auf die Erde. Die furchtbarsten Sturmkatastrophen gibt es in den Tropen. Aber auch der Orkan, der z. B. am 21. September 1938 Neuengland verwüstete, kappte oder entwurzelte mehr als 250 Millionen Bäume, hob 26 000 Automobile so hoch, daß durch das Herabfallen wenig von ihnen übrigblieb, und machte in Vermont, 190 Kilometer entfernt, die Fenster durch Seesalz undurchsichtig. Denn gibt es im Atlantik, wenn er »ruhig« ist, sieben bis acht Wellen in der Minute, so erzeugen Orkane meist nur vier, aber so gewaltig, daß sie z. B. im Jahre 1900 die Stadt Galveston in Texas zerstörten, hier das Wasser binnen drei Sekunden um einen Meter stieg und 6000 Menschen ertränkte. Die große holländische Überschwemmungskatastrophe des Jahres 1953 wurde von Nordstürmen ausgelöst, die auf einer Front von 240 Kilometer Breite Stundengeschwindigkeiten bis 220 Kilometer erreichten und den Normalwasserstand am 1. Februar um über 60 Zentimeter hoben, rund 420 Milliarden Kubikmeter Wasser bewegten. Auch die Zerstörungen durch den Wind selber sind stets furchtbar, und es ist so bestimmt gefährlicher, in der Nähe eines 130 Meter hohen Windturms als in der Nähe eines Kernkraftwerks zu leben. Auch wenn *kein* Orkan wütet. Denn in den USA tötete »gewöhnlicher« Wind im Durchschnitt der Jahre 1960–70 jährlich 52 Menschen und verursachte Sachschäden von jährlich 420 Millionen Dollar, und allein die auf der Erde statistisch erfaßten »Windschäden durch aerodynamische Belastung von Bauwerken« belaufen sich auf rund eine Milliarde DM pro Jahr.

Nicht zuletzt aber:

WINDKRAFTANLAGEN VERURSACHEN IN EINEM UMKREIS VON DREI KILOMETERN SCHWERE FERNSEHEMPFANGSSTÖRUNGEN

und machen sehr oft überhaupt jeden Fernsehempfang unmöglich. Und ob *das* als Nebeneffekt der »sachten« Windenergie hingenommen würde?

Wie immer man es betrachtet, auch der Wind bildet *keine* »Alternative« zur Kernenergie.

Bleiben die Gezeiten.

Hier ist die praktische Nutzungsmöglichkeit *erwiesen,* liefert ja das seit 1966 in Betrieb befindliche Gezeitenkraftwerk Rance in der Bretagne 240 Megawatt. Und der Unterschied zwischen Ebbe und Flut bedeutet siebenmal mehr Energie, als alle Flüsse und Ströme der Erde enthalten,

rund 40 Milliarden Kilowatt statt etwa 5,6 Milliarden. Diese danken wir der Anziehungskraft des Mondes und der Sonne, die die Flutberge erzeugt, und der Achsendrehung der Erde, die sie wandern läßt. Beim Ausmaß von Ebbe und Flut spielen aber auch noch zahlreiche andere Faktoren eine Rolle, die Meeresströmungen z. B. und die Art des Meeresbodens sowie die Küstengestaltung, und so variiert der Tidenhub, der Höhenunterschied zwischen Ebbe und Flut, von wenigen Zentimetern im Mittelmeer zu 20 Metern an der Ostküste Kanadas. Da gibt es im Golf von Tongking nur eine Flut pro Tag. In dem Meeresarm hingegen, der die Insel Euböa vom griechischen Festland trennt, wechseln die von den Gezeiten ausgelösten Strömungen, wenn der Mond im ersten und letzten Viertel steht, täglich 28mal die Richtung, bei Neumond und Vollmond nur viermal.

Praktisch heißt das:

es gibt nur sehr wenige Standorte für Gezeitenkraftwerke

auf der Erde. Und wie die Sonne nur untertags scheint und der Wind nicht immer weht, gibt es bei der Flutkraft keine kontinuierliche Verfügbarkeit. Auch sie muß also gespeichert werden, und das setzt entsprechende Buchten und Flußmündungen als natürliche Staubecken voraus.

An sich ist das Arbeitsprinzip eines Gezeitenkraftwerks einfach: Bei Flut steigt der Wasserspiegel vor dem Damm, in dem die Turbinen eingebaut sind. Ist er einige Meter höher als im Staubecken, werden die Turbinenschieber geöffnet, das Wasser strömt in das vom Meer künstlich abgetrennte Becken und füllt es, bis es am Ende der Flut die gleiche Höhe wie der Meeresspiegel hat. Sobald die Ebbe eintritt, wiederholt sich das in umgekehrter Richtung. Aber auch im günstigsten Fall bleibt das nutzbare Gefälle relativ klein, werden riesige Wassermengen und dementsprechende Bauwerke gebraucht, und so gibt es zwar Hunderte Gezeitenkraftwerks*projekte,* aber erst zwei ausgeführte Großanlagen.

Das erste Gezeitengrosskraftwerk der Welt

entstand 1961–65 an der Rance-Mündung in der Bretagne, die die idealsten Voraussetzungen dazu in Europa bildet: Unweit der Stadt St. Malo reicht sie 20 Kilometer weit ins Landesinnere, und zweimal täglich donnern rund hundert Millionen Kubikmeter Atlantikwasser durch den nur 700 Meter breiten Engpaß der Pointe de la Brébis und der Pointe de la Briantais in das Mündungsbecken und wieder zurück in den Ozean, bis zu 18 000 Kubikmeter pro Sekunde. Etwa dreimal soviel Wasser als die Rhône bei Avignon führt, hat da dann eine Stundengeschwindigkeit von 90 Kilometern, und wenn der mittlere Tidenhub 6,65 Meter beträgt, so der Springflutausschlag zur Zeit der Tag- und Nachtgleiche 13,5 Meter.

Der Damm, der hier gebaut wurde, ist zugleich Wasserregulator und Stauwehr, Turbinenhaus, Schleuse und Straßenbrücke, die den Weg von St. Malo nach Dinard um 33 Kilometer verkürzt. Schon dieser Damm, der in einem alle sechs Stunden wiederkehrenden Strudel steht, war eine außerordentliche Ingenieurleistung, aber auch völlig neuartige Turbinen mußten konstruiert werden, denn die üblichen hätten nur beim Flutabfluß, etwa vier Stunden täglich, gearbeitet. Hier wurden Turbinen mit verstellbaren Schaufeln eingesetzt, die nicht nur den Wasserzufluß ebenso wie den Wasserabfluß nutzen, sondern in Zeiten des Stromüberschusses als Pumpen wirken und zusätzlich Meerwasser in das Becken heben. Insgesamt sind sie so 16 Stunden täglich in Betrieb, 6000 Stunden im Jahr. Turbinen und Generatoren bilden wasserdichte Einheiten, und 24 dieser »Knollenturbinen« liefern außer dem Pumpstrom 500 Millionen Kilowattstunden Netzstrom jährlich. Für den Unterhalt der 240-MW-Anlage, die einen See von 22 Quadratkilometer Oberfläche und 184 Millionen Kubikmeter Inhalt aufstaut, werden 56 Leute gebraucht, für die Betriebsüberwachung aber nur ein Mann. Und wenn Rance rund 400 Millionen DM kostete, rund 1660 DM/kW, so sind die Stromkosten hier dennoch nicht höher als bei den Rhône-Wasserkraftwerken und weit geringer als die der französischen Ölkraftwerke.

Aber wenn die »Usine Marémotrice de la Rance« auch zum Wallfahrtsort zahlloser Energiefachleute aus aller Welt wurde, ihr Beitrag zur Gesamtstromerzeugung Frankreichs von jetzt rund 200 Milliarden Kilowattstunden jährlich beträgt doch nur ein Viertel Prozent. Und bisher nur *ein* weiteres Gezeitengroßkraftwerk wurde 1963–69 gebaut, das von Kislaya Guba 300 km nördlich des Polarkreises an der Barentsee, einer Bucht, die durch einen Zweig des Golfstroms ganzjährig eisfrei gehalten wird. Dieses Werk, das vor allem die Hafenstadt Murmansk versorgt, hat 400 MW Maximalkapazität. Es lieferte 1977 rund 0,6 Milliarden Kilowattstunden Strom bei einer sowjetischen Gesamtstromerzeugung von etwa 1000 Milliarden. Anteil 0,06% also.

Als

DER GÜNSTIGSTE ALLER GEZEITENKRAFTWERKS-STANDORTE DER WELT

gilt die Fundy-Bucht an der Grenze Kanadas und der Vereinigten Staaten: Statt täglich zweimal 100 Millionen Kubikmeter Wasser wie an der Rance strömen hier 100 Milliarden Kubikmeter in diesen trichterförmigen Meeresteil, und der mittlere Tidenhub beträgt hier 14,14 Meter, der höchste 19,6 Meter. Bereits 1919 plante der amerikanische Ingenieur Dexter Parshall Cooper ein Gezeitenkraftwerk an einem Seitenarm der Fundy-Bucht, der Bucht von Passamaquoddy, die von der offenen See durch eine vorgelagerte Inselgruppe fast völlig abgetrennt ist, und 1963 ließ Präsident Kennedy Pläne ausarbeiten, die hier ein Kraftwerk zwischen zwei Staubecken vorsahen. Das Wasser sollte vom oberen – der flutgefüllten Passamaquoddy-Bucht – in das untere stürzen, das die Cobscook-Bucht bildet, die sich bei Ebbe völlig leert. Kapazität 1000 Megawatt. Aber nur mit Hilfe von insgesamt elf Kilometern Staumauern, Einlauf- und Ablaufschleusen, die die bestehenden Durchlässe gegen das Meer abriegeln. Kanada plant hier an der Cobequid-Bucht ein Gezeitenkraftwerk, das sogar 2500 MW liefern würde. Aber hier gibt es noch größere technische Schwierigkeiten, und es wäre nur eine Stunde täglich in Betrieb, allerdings in der Spitzenzeit zwischen 17 und 18 Uhr mit entsprechend hohen Strompreisen.

Einen extrem hohen Tidenhub und eine günstige Küstengestaltung würden auch Puerto Gallegos in Argentinien mit 18 Metern und Portishead in England mit 16,3 Metern Höhenunterschied zwischen Ebbe und Flut bieten. In Fitzroy in Australien wären es 14 Meter, und an der Westküste Australiens arbeiteten 1963 französische Ingenieure Pläne für ein Gezeitenkraftwerk an der Collier Bay aus, wo 12 Meter zur Verfügung stehen, das aber schon damals 1,8 Milliarden DM gekostet hätte. Schließlich kommen noch Bhaunagar in Indien mit 12,4 und der Rio Colorado in Mexiko mit 12,3 Meter in Frage. Aber alle heute für *technisch* möglich erachteten Gezeitenkraftwerke würden zusammen doch nur etwa 30 000 MW Maximalkapazität haben, ein *Drittel* der Leistung, die die bereits 1977 in Betrieb befindlichen Kernkraftwerke der Welt erbrachten. *Ohne* Berücksichtigung der Kosten könnten die Vereinigten Staaten aus dem Unterschied zwischen Ebbe und Flut etwa 7000 Megawatt gewinnen, während dort bereits 1975 die gesamte Kraftwerkskapazität mehr als fünfundsiebzigmal so groß war und es bereits 37 000 MW Kernkraftwerkskapazität gab.

Damals allerdings nur 441 MW amerikanische Erdwärmekapazität und auf der Welt überhaupt nur 1100 MW »Vulkankraft«. Und so bietet also auch

DER AUF DAS ACHTMILLIARDENFACHE DER WELTKOHLEVORRÄTE GESCHÄTZTE WÄRMEINHALT DES ERDINNERN

keinen nennenswerten Beitrag zu unserer Energieversorgung?

Daß das Innere unseres Planeten nach wie vor feurig-flüssig ist, beweisen uns immer wieder Vulkanausbrüche wie der 1973 auf Island. Aber die halbe Erdachse mißt bekanntlich 6356 Kilometer, zum Magma vorzudringen ist unmöglich, und so wird

DIE HEUTE PRAKTISCH NUTZBARE GEOTHERMISCHE ENERGIE

nur auf etwa 4.10^{20} Joule geschätzt, und mit dieser Energiemenge könnte der derzeitige Weltenergiebedarf nur für etwa zwei Jahre gedeckt werden. Immerhin, *wie* rasch es mit zunehmender Schachttiefe heiß wird, weiß jeder Bergmann, im allgemeinen steigt die Temperatur alle 33 Meter um ein Grad Celsius, und das Gestein in etwa dreieinhalb bis fünf Kilometer Tiefe ist heiß genug, um Wasser in Dampf zu verwandeln.

Durch Naturzufälligkeiten geschieht das an zahlreichen Stellen der Erde, und seit Jahrtausenden sind auch »geothermische Anomalien« bekannt, Gebiete, die schon in geringerer Tiefe höhere Temperaturen aufweisen, wo sich z. B. in durchlässigem Gestein Heißwasserreservoirs bildeten und durch nach oben dringendes Wasser warme Heilbäder entstanden. Vereinzelt – wie auf Island – gib es so viel 85 Grad heißes Wasser, daß die gesamte Bevölkerung von Reykjavik und dessen Umgebung – heute rund 115 000 Menschen – in mit diesem Wasser beheizten Häusern wohnen. Die durschnittlichen Heiz- und Warmwasserkosten betragen hier pro Haushalt und Jahr etwa 280 DM. Auch in Klamath Falls in den USA werden viele Häuser auf diese Art versorgt, und in Ungarn gibt es in der Gegend von Szeged genug aus 2000 Meter Tiefe stammendes Heißwasser, um große Treibhäuser zu ermöglichen.

Wie Heißwasser hochsteigt, dringt vereinzelt Magma, das eine Temperatur von 1200° C hat, durch natürliche Gesteinsspalten nahe an die Erdoberfläche und verwandelt einsickerndes Wasser in Dampf. In weit mehr Gebieten könnte erfolgreich nach Dampf gebohrt werden als erfolgreich nach Öl, und in den USA verhandelte 1973 das Innenministerium mit verschiedenen Ölgesellschaften über Probebohrungen auf rund 23 Millionen Hektar Staatsland, um die Erdwärmegewinnung zu verhundertfachen. Die UN unterstützten nun 14 Länder bei der Erdwärmenutzung, und vor allem Kenia und Äthiopien bieten da Möglichkeiten.

Aber auch hier Möglichkeiten, die keineswegs erst die Kernenergiegegner entdeckten. Die systematische Erdwärmenutzung schlug Charles Parsons, der Erfinder der Dampfturbine, bereits 1904 vor und ließ 1919 entsprechende Projekte ausarbeiten. Tiefbohrungen verlangte E. W. Rice, der damalige Aufsichtsratsvorsitzende von »General Electric«, auf der Londoner Weltkraftkonferenz von 1924, und in Larderello in Norditalien *wurde* und *wird* Vulkanwärme seit 1827 genutzt: Der französische Graf Francois de Larderel richtete da eine Bor-Gewinnungs-Anlage ein, die heute die bedeutendste Europas ist, denn der Vulkandampf ist hier überaus reich an diesem Element. Aber anders als zur Prozeßwärme war er damals nicht zu gebrauchen, denn die Umwandlung in Elektrizität und damit sein Transport in Bedarfszentren war noch nicht möglich. Erst 1915 kam das erste Kraftwerk in Larderello in Betrieb, und das leistete nur 250 Kilowatt.

Zwei Generationen später waren es 400 Megawatt, und aus »The Geysers« im Sonomatal Kaliforniens gewann die »Pacific Gas & Electric Co.« 1977 rund 500 MW Erdwärmestrom, etwa den halben Strombedarf des 150 km entfernten San Francisco mit seinen 800 000 Einwohnern, 1979 sollen es 900 und 1990 etwa 2000 MW sein. Da gibt es das Cerro-Prieto-Kraftwerk im Norden Mexikos, wird seit 1924 in Japan Erdwärmestrom bei Beppu gewonnen, gibt es auf Neuseeland und in Chile Erdwärmekraftwerke. Aber die Menge der genutzten Erdwärme ist lächerlich gering im Vergleich zur vorhandenen, denn wir nutzen sie heute nur, wie jahrtausendelang das Erdöl genutzt wurde: Nur dort, wo Dampf oder Heißwasser von selber aus dem Boden dringen.

Nicht nur in vulkanischen Gebieten aber könnten Bohrungen niedergebracht werden, sondern fast überall auf der Erde gibt es

MÖGLICHKEITEN, UM VON DER ZUFÄLLIGEN ZUR SYSTEMATISCHEN ERDWÄRMENUTZUNG ÜBERZUGEHEN.

Da gibt es z. B. in entsprechender Tiefe Granit, der heiß genug ist, um Dampf zu erzeugen. Von Francis Harlow und William Pracht vom Los Alamos Scientific Laboratory durchgeführte und 1972 im »Journal of Geophysical Research« beschriebene Experimente ergaben, daß die Temperatur in fünf Kilometer Tiefe zwischen 250 und 450° C schwankt. Wird in ein entsprechendes Bohrloch unter Druck kaltes Wasser geleitet, so zerspringt das heiße Gestein, und es entsteht eine zylinderförmige Zone, in der sich Dampf bildet. Wird ein zweites Bohrloch in diese hydraulische Frakturzone getrieben, so entweicht dieser Dampf und kann Turbinen treiben, wie er das heute in den Werken tut, die natürliche Dampfquellen nutzen. Die Berechnungen ergaben: Werden pro Sekunde 145 000 Kubikzentimeter Wasser in das Bohrloch A gepumpt, so kommt aus dem Bohrloch B genug Dampf, um zuerst 150 MW und dauernd 100 MW Strom zu liefern. Werden pro Sekunde 40 000 Kubikzentimeter Wasser in die Tiefe gedrückt, so sind zuerst 40, nach 25 Jahren noch 30 MW zu gewinnen. Denn

GEOTHERMISCHE VORKOMMEN SIND NICHT UNERSCHÖPFLICH. Sie werden nicht direkt durch einen ständigen Wärmefluß aus dem Erdinnern ergänzt. Aber weit wichtiger ist, daß es da eine Art Wärmeströmung gibt und keineswegs überall das Bohren rentabel wäre. In Deutschland z. B. kommen praktisch nur die vulkanischen Zonen von Urach in Baden-Württemberg und von Landau in der Pfalz in Frage, und *überall* löst das heiße Wasser Siliziumoxid, das rasch die Rohrleitungen und Wärmeaustauscher verstopft und ihren Wirkungsgrad drastisch verringert. Der Erddampf enthält oft bis zu einem Fünftel Kochsalz und ist fast immer mit Schwefel, Arsen, Fluor- und Borverbindungen derart verunreinigt, daß man ihn nach seiner Arbeitsleistung nicht einfach entweichen oder das Kondensat in Flüsse leiten kann. Es gibt noch viele andere Probleme, und selbst die amerikanische ERDA, die die Möglichkeiten der »Alternativ«energie stets außerordentlich hoch einschätzt, kommt für mögliche Energiegewinnung aus Erdwärme in den Vereinigten Staaten bis 1985 nur auf maximal 10 000 MW, während die installierte Kraftwerkskapazität der USA 1975 bereits 522 000 MW betrug und bis Ende des Jahrhunderts das Dreifache gebraucht wird. Zwar wurden im ERDA-Budget 1978 über 100 Millionen Dollar für Erdwärmeforschungen und Erdwärmeprojekte vorgesehen, und Dr. Robert C. Seamans jun. von der ERDA zufolge könnten um das Jahr 2000 etwa 100 Millionen Tonnen und im Jahre 2020 etwa 365 Millionen Tonnen Ölersparnis durch die Erdwärmenutzung erreicht werden. Aber *falls* sich diese Prognosen als richtig erweisen, so eben erst während des nächsten halben Jahrhunderts. Und *weltweit* kann die Erdwärmenutzung in absehbarer Zeit keinerlei nennenswerten Beitrag zur Energieversorgung leisten und sehr wahrscheinlich nie. In den neun EG-Ländern war 1977 der Beitrag der Vulkankraftwerke – Erdwärmekraftwerke gab es noch nicht – mit 2,4 Milliarden kWh von insgesamt 1074 Mrd. kWh Stromerzeugung 0,22%. Niemand nimmt an, daß es während der Zeit, die wir zum Übergang auf die Energiekreislaufwirtschaft brauchen, mehr als ein Prozent werden könnte.

Zusammenfassend muß also festgestellt werden: Riesige, heute noch kaum genutzte Energiequellen *gibt* es. Aber weitgehend nur theoretisch, *nicht* auch praktisch. Selbst *ohne* Berücksichtigung der Kosten und *ohne* Beschränkung auf die kurze Zeit, die uns für den Ersatz riesiger Mengen von Erdöl und Erdgas bleibt, ist die Lage folgende:

Sonnenenergie: Unvorstellbare Mengen. Sonneneinstrahlung das Vieltausendfache jedes vorstellbaren menschlichen Bedarfs. Aber so geringe Energie*dichte* und zeitlich so extreme Nichtverfügbarkeit, daß außer der landwirtschaftlichen Nutzung relativ wenige andere Nutzungsmöglichkeiten bestehen. Für Deutschland wies Dr.-Ing. Bernd Stoy 1976 in seiner Studie »Sonnenenergie, geothermische Energie, Massenanziehung in Verbindung mit Rotationsenergie« nach, daß von *all* diesen regenerativen Energiequellen in Prozent des Energiebedarfes der Bundesrepublik im Jahre 1975 im Jahre 1990 gewonnen werden könnten:

Niedertemperatur-Wärme insgesamt	1,8 – 4
Elektrizität	0,9

Wobei 1% des Endenergieverbrauchs der Bundesrepublik 1975 rd. 2,3 Mio.t SKE oder 19 Milliarden kWh entsprach. Außer der agrarischen setzt *jede* Sonnenenergienutzung eine hochentwickelte Technik und außerordentlich hohe Kapitaleinsätze voraus. Schon dadurch kann auch weltweit *höchstens* mit einem Sonnenenergiebeitrag zum Weltenergiebedarf von 2% gerechnet werden.

Meerwärme: Ungeheure Energiemengen. Aber Arbeit läßt sich nicht aus dem Wärme*vorrat,* sondern nur aus der Temperatur*differenz* gewinnen, die es zwischen dem warmen Oberflächen- und dem kalten Tiefenwasser gibt. Also praktisch nur aus *tiefen* Tropenmeeren. Da nicht nur entsprechende Kraftwerksstandorte selten sind, sondern naturbedingt auch der Kraftwerkswirkungsgrad, der in der Praxis höchstens 3% beträgt, ist der Meerwärmebeitrag zur Weltenergieversorgung nebensächlich. Für Westeuropa kommt er überhaupt nicht in Frage.

Wind: Jährlich verfügbar das Sechsfache der Weltkohlevorräte. Aber nur *zeitweilig* verfügbar und so in Westdeutschland durch Windenergie höchstens ein Fünfzigstel des Endenergiebedarfes zu decken und in *keinem* entwickelten Land nennenswert mehr.

Gezeiten: Siebenmal mehr Energie, als das Weltwasserkraftpotential bietet. Aber Kraftwerksstandorte naturgegeben derart beschränkt, daß weltweit maximal 30 000 MW gewonnen werden könnten, ein Fünfundvierzigstel der 1976 auf der Welt installierten Wärmekraftwerkskapazität von 1 340 000 MW.

Erdwärme und »Vulkankraft«: Vorhanden das etwa Achtmilliardenfache des Wärmeinhalts aller bekannten Kohlevorkommen. Aber nur theoretisch. Heute davon nutzbar nur Energie, die zwei Jahren des gegenwärtigen Weltverbrauchs entspricht. In den USA könnte der ERDA zufolge Erdwärme um das Jahr 2000 maximal 2% des Bedarfs stellen.

Wieso es eigentlich noch ungeheure Mengen Erdwärme gibt, bleibt unklar. Man nimmt an, daß unser Planet zu Beginn seiner Entstehung einen riesigen Betrag Hochtemperaturenergie sozusagen als Kapital mitbekam. Aber wieso sich dieses Kapital über viele Milliarden Jahre hinweg erhielt? Unbestritten stammt jedenfalls ein großer Teil der Wärme der obersten Erdschichten aus dem Zerfall radioaktiver Stoffe in den granitartigen Schichten der Erdkruste. Zumindest ein Teil der Erdwärme ist also *Kernenergie.* Die aber können wir nicht erst morgen, sondern bereits heute in praktisch jeder beliebigen Menge gewinnen. Und mit deren intensiver Verwendung dürfen wir *nicht* länger warten. Denn auch bereits verwirklichte Ideen und Erfindungen brauchen *Zeit* zur allgemeinen praktischen Anwendung. Stets sind

DIE DURCHSETZUNGSFRISTEN

von entscheidender Bedeutung, und auch das »Atomzeitalter«, von dem erst geredet werden kann, wenn es nicht nur die heutigen Leichtwasserreaktoren, sondern auch praktisch erprobte Schnelle Brüter und Hochtemperaturreaktoren gibt, braucht mindestens eine Generation Zeit zu seiner Durchsetzung. Der Verbrauch von Öl aber muß *rasch* gedrosselt werden, um es der chemischen Industrie und denjenigen Unterentwickelten zu erhalten, für die es die *einzige* Naturkrafthilfe bedeutet. Schon heute ist die Stromerzeugung durch Kraftwerke, die Öl oder Erdgas verwenden, ein Verbrechen, *muß* die Kernenergie eingesetzt werden, wo immer möglich. *Nur* durch sie ist das Menschenrecht auf Energie zu verwirklichen. Und *nur* durch sie auch der Übergang zur Nutzung *ewiger* Energie möglich, die es nicht nur theoretisch wie im Falle der beschriebenen »alternativen«, sondern *wirklich,* in Form des Wasserstoffs des Wasserkreislaufs gibt, den morgen unsere Fusionskernkraftwerke nutzen werden.

Falls die heutigen Kernkraftwerke die dazu nötigen Mittel sichern und die Armutswirtschaft vermieden wird, die die Rückwärtsutopisten erstreben und die verbesserte Solarzellen so wenig zu schaffen vermag wie einen brauchbaren Windgenerator.

VI
Das Werden des Atomzeitalters

Die Identität von Energie und Materie und
die totale Wesenswandlung des Krieges

Seit der Mensch sein Schicksal in die eigene Hand nahm und nicht länger blind auf die Götter vertraute, hat er ein schlechtes Gewissen. Schon das Feuermachen schien sicherlich manchen unserer Vorfahren nicht geheuer, denn das Feuer kam ja durch den Blitz auf die Erde, der einen trockenen Busch oder Baum in Flammen setzte, war eine »Himmelsmacht«. Daß ein mutiger Irdischer einen brennenden Ast in seine Höhle trug und die Flamme hütete, war zweifellos ein Eingriff in die Natur, und wie in der griechischen Mythologie Prometheus furchtbar dafür büßen mußte, daß er die Allmacht der Götter schmälerte, indem er den Menschen das Feuer brachte, so in der germanischen Mythologie der an einen Felsen geschmiedete Loki. Dieser Feuerbringer galt schließlich als Inbegriff des An-sich-Bösen, als Herr aller Höllengewalten, und ebenso wurde der »Lichtbringer« Luciferus zum christlichen Teufel.

Von »Hybris«, wie die Griechen die menschliche Selbstüberhebung und den dreisten Frevelmut nannten, war seither stets die Rede, wenn Neues durchgesetzt werden sollte. Da Gott die Nacht schuf, sollte sie nicht erhellt werden dürfen, da wurde fast so erbittert gegen die Gasbeleuchtung gekämpft wie heute gegen die Kernenergie. Die aber hat es besonders schwer, weil sie ja durch Hiroshima belastet ist, als Mittel hemmungsloser Macht und skrupelloser Zerstörung ins Bewußtsein der Masse drang. Kernenergie wird von nicht wenigen gleichgesetzt mit Maßlosigkeit und Unnatur, Herrschaftswillen und Profitgier. Darum schon soll es kein »Atomzeitalter« geben, und was bisher durch die Kernspaltung geschah, als menschliche Verirrung ausgelöscht und vergessen werden. Aber

WENN ES LEBEWESEN AUF DER ERDE GIBT, SO NUR DURCH KERNENERGIE, DENN DIE IST DIE URFORM ALLER ENERGIE.

Sie *schuf* Wasserkraft und Wind, Holz, Torf und Kohle, Erdgas und

Mineralöl. *Alles* Leben auf dieser Erde wurde durch Kernenergie ermöglicht und nur durch Kernenergie erhalten, denn der mächtigste aller Reaktoren ist ja, wie schon gesagt, die Sonne, deren Energie bekanntlich durch die Umwandlung von Wasserstoff in Heliumkerne entsteht.

Die Nutzung der irdischen Art Kernenergie wird heute vor allem durch die Strahlenangst der Massen behindert. Aber auch die Sonnenenergie erreicht die Erde in Form von Strahlen, die keineswegs immer und überall so harmlos sind wie in unseren Breiten, die allein aber die Photosynthese ermöglichen, den weitaus wichtigsten aller Energieumwandlungsprozesse. Diese Strahlennutzung durch die Pflanzen setzt heute alljährlich hundertmal mehr Masse um als sämtliche Industrie- und Handwerksbetriebe unseres Planeten, und den Wirkungsgrad der Photosynthese zu verbessern (was durchaus möglich ist) verspricht ungleich größere Erfolge als die Dampf- oder Warmwassererzeugung mit Hilfe der Sonne.

Nur dank der Kernenergie leben wir also. Und gerade die Kernenergie der Sonne wollen ja gerade die Gegner der irdischen Kernkraftwerke zur wichtigsten Energieform machen. *Nur* diese irdischen sind »Teufelswerk«, und bei der Diskussion über »Schnelle Brüter«, die am 19. Mai 1977 im Bonner Ministerium für Forschung und Technologie stattfand, sagte z. B. auch Professor Dr. Ph. B. Smith vom Laboratorium für Allgemeine Naturkunde der Reichsuniversität Groningen: »... Es ist geradezu unglaublich, daß sich die Menschheit... auf Verfahren einläßt, die auf der Erde in der Natur nicht vorkommen... wir in der Spaltkernenergie etwas tun, das der Natur völlig fremd ist...«

Aber das ist *falsch.*

Professor Smith, der zu den führenden Kernenergiegegnern Europas gehört, ignorierte eine der bedeutendsten wissenschaftlichen Erkenntnisse, denn bereits 1972 wies eine Gruppe französischer Forscher unter dem Physiker Francis Perrin nach, daß in Oklo bei Franceville im äquatorial-afrikanischen Gabun vor etwa 1800 Millionen Jahren

EINE NATÜRLICHE, NICHT VOM MENSCHEN AUSGELÖSTE URANKETTENREAKTION

stattgefunden haben muß. Denn wenn *alle* bekannten Uranvorkommen – auch die von den Apollo-Astronauten vom Mond gebrachten Proben – 0,72% spaltbares Uran-235 enthalten, so gewisse Oklo-Minerale nur 0,44% und dazu vier Elemente, wie sie *nur* beim Uranzerfall entstehen. Bei Oklo sind jetzt sechs *natürliche* »Reaktoren« bekannt, die etwa während einer Million Jahre aus etwa 500 Tonnen Uran schätzungsweise 100 Milliarden Kilowattstunden Wärmeenergie freisetzten. Die im Juni 1975 in Gabun abgehaltene internationale Konferenz der Internationalen Atomenergie-Organisation (IAEO), Sitz in Wien, stellte fest, daß hier 5400 Kilo Spaltprodukte, darunter 1800 Kilo Plutonium entstanden (das also ebenfalls *nicht* »Menschenwerk« ist, wie bis 1972 geglaubt wurde), und zwar Spaltprodukte, die an Ort und Stelle *blieben,* obwohl die Natur nicht Vorsichtsmaßnahmen ergriff, wie wir sie heute anwenden. Das geht eindeutig aus den Autoradiographien der Mineralien von Oklo hervor und *beweist,* daß Plutonium und andere Zerfallsprodukte, die bei Kettenreaktionen entstehen, *nicht* »riesige Gebiete auf ewige Zeiten verseuchen«, die Lagerung radioaktiver Abfälle so »natürlich« ist wie die Kernenergiegewinnung.

Zur spontanen Kettenreaktion von Oklo – und sehr wahrscheinlich auch an anderen Orten, die wir noch nicht kennen – kam es, weil ungewöhnliche Umstände zusammentrafen. Aber »angereichert« und etwa 3% U-235 statt heute 0,72% enthielten vor etwa 1,8 Milliarden Jahren *alle* Uranvorkommen der Erde, das ergibt sich aus der Halbwertzeit der Uranisotope. Nur muß Wasser in diese spaltfähigen Vorkommen auf eine Art eingedrungen sein, daß es als Moderator wirkte und eine Art natürlicher Siedewasserreaktoren entstanden. Und in denen brannte das U-235 auf eine so niedrige Konzentration ab, wie sie heute nur die ausgeklügeltste Reaktortechnik erreicht.

Die Kernenergienutzung ist also *nicht* »naturwidrig«, die irdische sowenig wie die aus der Sonne stammende. Und ihre irdische Form wurde *nicht* aus Macht- und Geldgier geschaffen, sondern aus einem Urdrang der Menschheit heraus, dem Drang nach Wissen und Verstehen.

DER DRANG, DIE NATURGEHEIMNISSE ZU ENTHÜLLEN, und *nicht* das »Manhattan-Projekt« der Amerikaner steht am Beginn der Kernenergieära, und zwar der Lerneifer eines Handwerkers aus dem Glasbläserdorf Igelshieb im Thüringer Wald, der in einem armseligen Schieferhaus aufwuchs.

Dieser 1815 geborene Heinrich Geißler hatte wie sein Vater zuerst Thermometer hergestellt. Er war dadurch zur Erfindung einer Quecksilber-Luftpumpe gekommen und hatte mit ihr in elektrischen Entladungsröhren eingeschlossene Gase verdünnt. Die leuchteten so in den schönsten Farben, und er gab ihnen immer phantastischere

Formen – und aus diesen »Geißler-Röhren« wurden unsere Lichtreklamen. Aber auch die Röntgenapparate und Radarschirme, das Fernsehen und das Atomzeitalter. Denn Geißler kam als Instrumentenmacher an die Universitäten von Göttingen, München und Leyden, eröffnete 1854 eine Werkstatt für chemische und physikalische Apparate in Bonn und gewann die Freundschaft des Physikprofessors Julius Plücker. Für diesen baute er eine Quecksilber-Vakuumpumpe und die Entladungsröhre, mit der 1859 die Kathodenstrahlen entdeckt wurden. Geißler, der als Ehrendoktor der Universität Bonn starb, löste die Versuche aus, durch die Hertz 1887 entdeckte, daß Licht aus einer Metalloberfläche Elektronen auslösen kann, und er trug entscheidend dazu bei, daß aus seinen Leuchtröhren die Braunsche Röhre wurde. Die Untersuchung elektromagnetisch gebeugter Kathodenstrahlen wiederum führte Röntgen 1895 zur Entdeckung der »X-Strahlen«, die heute Röntgenstrahlen heißen, und die waren etwas so Unerwartetes und allen etablierten physikalischen Regeln Widersprechendes, daß sie Dutzende Gelehrte zu neuen Experimenten veranlaßten. Dem »unsichtbaren Licht« Röntgens folgte 1896 die Entdeckung der Radioaktivität, 1897 die Entdeckung der Elektronen, im Jahre 1900 Max Plancks »Wirkungsquantum«. Das Studium der Radioaktivität und des Radiumzerfalls führte zur Kernphysik, zu Rutherfords Atomumwandlung des Jahres 1919 und folgerichtig zu

OTTO HAHNS ENTDECKUNG DER KERNSPALTUNG DES URANS

im Jahre 1938.

Und war dieser deutsche Gelehrte von Geltungsdrang besessen oder von Profitgier getrieben? Auf der ersten Internationalen Atomkonferenz in Genf bauten die Amerikaner 1955 einen riesigen Stand auf, und da gab es auch die lebensgroßen Porträts der führenden Atomforscher. Hahn war nicht darunter. Und wenn er im November 1945, noch in britischer Gefangenschaft, den Nobelpreis des Jahres 1944 erhielt, so 1966 nur ein Drittel des mit 25 000 Dollar dotierten AEC-Preises, den der US-Kongreß 1953 für »besonders wertvolle Beiträge zum Atomwissen« gestiftet hatte.

Wie Geißler gehörte Otto Hahn auch sonst nicht zum »Establishment«. Er war der jüngste von drei Söhnen eines Frankfurter Glasermeisters, der auch Bilder einrahmte und Spiegel herstellte. Er war bis zu seinem 14. Lebensjahr fast ständig krank, litt an Asthma und Angina, starb fast an Diphtherie und an einer Lungenentzündung. Dann aber änderte sich sein Gesundheitszustand, und bis zu seinem Tode im Jahre 1967 blieb er ganz außergewöhnlich leistungsfähig.

Während Hahn die Oberrealschule besuchte, nahm er an den Bildungsveranstaltungen des Physikalischen Vereins teil, und die weckten sein Interesse für die Naturwissenschaft. Er wollte Industriechemiker werden, fand nach dem Studium in Marburg und München auch einen Posten bei der Firma Kalle und sollte für diese ins Ausland gehen. Dazu mußte er Englisch lernen, und Professor Zincke, bei dem er promovierte, brachte ihn in London bei Sir William Ramsay unter, dem Entdecker der Edelgase.

Ramsay beschäftigte sich inzwischen ebenfalls mit radioaktiven Elementen. Hahn sollte aus 100 Gramm Bariumchlorid die etwa 10 Milligramm Radium abtrennen, die es angeblich enthielt, und entdeckte dabei 1905 ein neues Element, das er Radiothorium nannte. Ramsay riet ihm daraufhin, »bei der Radioaktivität« zu bleiben, die »ein sehr zukunftsreiches Gebiet« sei, statt in die Industrie zu gehen, und vermittelte ihm einen Arbeitsplatz bei Emil Fischer, dem Direktor des Chemischen Instituts der Universität Berlin.

Bevor Hahn nach Deutschland zurückkehrte, wollte er nun aber auch den damals führenden Atomforscher, den 1871 in Nelson auf Neuseeland geborenen

ERNEST RUTHERFORD

kennenlernen, der bereits als 27jähriger Professor der Physik an der McGill-Universität in Montreal geworden war. Die Glaserei in Frankfurt hatte Hahns Aufenthalt in England möglich gemacht, und nun ermöglichte sie ihm einen Aufenthalt in Kanada, und wieder hatte er Erfolg, entdeckte er 1906 das Radioactinium. Vor allem aber ließ ihn nun die Radiochemie nicht mehr los. »Die Begeisterung und die überschäumende Arbeitskraft Rutherfords übertrugen sich auf uns alle«, schrieb Hahn später, »und das Weiterarbeiten nach dem Abendbrot war eher die Regel als die Ausnahme.« Die Hilfsmittel jedoch waren selbstgebastelt: »Unsere Beta- und Gammastrahlenelektroskope stellten wir uns aus einer größeren Konserven- oder sonstigen Blechdose her, auf die eine kleinere Tabaks- oder Zigarettendose aufgesetzt war. Die Isolation des Blättchenträgers geschah mit Schwefel, denn Bernstein hatten wir damals noch nicht. Das Evakuieren der Apparaturen Rutherfords bei seinen Alphastrahlenversuchen geschah mit einer altertümlichen Töplerpumpe...« Hahn ging es später selber nicht besser: Im Deutschen Museum in München ist der kleine Holztisch mit den primitiv anmutenden Apparaten zur Messung radioaktiver Strahlen zu sehen, die alles in allem etwa 500 Mark kosteten und mit denen dennoch eine der größten Entdeckungen und eine der ganz wenigen gemacht wurden, die die Welt veränderten, die seiner Uranspaltung.

Ehe es zu der kam, vergingen noch mehr als drei Jahrzehnte. Aber ein Geheimnis nach dem andern wurde inzwischen den kleinsten Bausteinen der Materie entrissen: »Atom« ist vom griechischen »Atomon« abgeleitet, was »das Unteilbare« heißt. Demokritos aus Abdera lehrte bereits um 400 vor Christus, alle auf der Erde vorkommenden Stoffe seien aus diesen winzig kleinen, nicht weiter zerlegbaren Teilchen zusammengesetzt. Aber daß auch

ATOME, DIE NUR DEN ZEHNTEN TEIL EINES MILLIONSTEL MILLIMETERS MESSEN,

gegen die 15 bis 20 Millionstel der Viren und das Tausendstel Millimeter der Bakterien eine Welt für sich bilden, erkannte Rutherford erst 1911. Er behauptete, alle Atome hätten einen positiv geladenen Kern, um den ein oder mehrere, vergleichsweise riesige negativ elektrische Elektronen kreisen. Inzwischen Professor in Manchester geworden, nutzte Rutherford die Tatsache, daß sich die Atomkerne radioaktiver Substanzen von selber verändern, dazu, mit den äußerst energiereichen Alphateilchen (den Atomkernen des Edelgases Helium), die zerfallendes Radium ausstrahlen, 1919 Stickstoffatome in Kohlenstoffatome zu verwandeln, und das bedeutete keineswegs nur, daß der alte Alchimistentraum der Elementumwandlung verwirklicht werden konnte, sondern auch, daß vielleicht eines Tages die ungeheuren Kräfte freizusetzen waren, die jedes Atom enthält.

Diese Kräfte hatte bereits 1905

ALBERT EINSTEIN

berechnet. Als Sohn eines Elektrotechnikers 1879 in Ulm geboren, lebte er nach dem Konkurs des Installationsgeschäfts seines Vaters in Mailand, Pavia und Genua und seit seinem 15. Jahr in der Schweiz. Schwach und kränklich wie Hahn es gewesen war und von seinen Lehrern als geistig zurückgeblieben bezeichnet, war er ein mathematisches Genie, hatte aber doch nur mit Mühe und nur durch den Einfluß eines Onkels 1902 einen Posten als Sachbearbeiter am Eidgenössischen Patentamt in Bern erhalten. Unter dem Titel »Ist die Trägheit eines Körpers von seinem Energiegehalt abhängig?« veröffentlichte er 1905 einen kurzen Artikel in den deutschen »Annalen der Physik«, in dem er die Formel $E = m \cdot c^2$ aufstellte, behauptete, der Energiegehalt eines Körpers sei gleich seiner Masse (m) mal dem Quadrat der Lichtgeschwindigkeit (c = 300 000 km/s) und in dem er errechnete, daß eine Verringerung der Masse um ein Gramm eine

Energie von $9 \cdot 10^{20}$ erg freisetzt. Einstein schreibt auch: »Es ist nicht ausgeschlossen, daß bei Körpern, deren Energiegehalt in hohem Maße veränderlich ist (z. B. bei den Radiumsalzen), eine Prüfung der Theorie gelingen wird...«

Im Jahre 1905 war Einsteins Theorie nicht nachzuprüfen, und sie wurde weitgehend auch nicht ernst genommen. Aber alle wägbaren Körper *besitzen* neben ihrer mehr oder weniger zufälligen Lage- und Bewegungsenergie eine bei ihrer Auflösung freiwerdende Eigenenergie. Jedes *Gramm* eines x-beliebigen Stoffes, gleich ob er brennbar ist oder nicht, leicht oder schwer, kostbar oder in unermeßlichen Mengen vorhanden, *hat* einen Energiewert von $9 \cdot 10^{20}$ erg oder etwa 35 Millionen Kilowattstunden:

> JEDES GRAMM MATERIE ENTHÄLT ENERGIE, DIE GENÜGEN WÜRDE, EINE LAST VON 920 000 TONNEN 10 KILOMETER HOCH ZU HEBEN.

Jeder Wassertropfen z. B. besitzt genug inneratomare Energie, um das gleiche zu leisten, was 5000 schwerarbeitende Männer innerhalb eines Jahres zustande bringen. Verbrannt entspricht ein Kilo Kohle bestenfalls 12 Kilowattstunden. Der Energie*gehalt* dieses Kilos Kohle jedoch kommt 25 Milliarden Kilowattstunden gleich, der heutigen Gesamtstromerzeugung Argentiniens.

Nun war natürlich die Frage, *ob* und *wie* diese Titanenkräfte freigesetzt werden können, und bis in die jüngste Vergangenheit schien es keinen praktisch gangbaren Weg zu geben. Nur der Zerfall von Atomkernen setzt die Eigenenergie der Materie frei, und wenn Atome jahrtausendelang als unzerstörbar galten, so erwies das zwar Becquerel 1896 durch die Entdeckung der Radioaktivität als falsch, und Rutherford verwandelte 1919, wie gesagt, Elemente, aber *ohne* jeden Energiegewinn. Im Jahre 1904, als Dreiunddreißigjähriger, hatte Rutherford geschrieben: »Es besteht Grund anzunehmen, daß sich im Innern der Atome enorme Energiequellen finden.« Kurz bevor er 1937 als 66jähriger starb, sagte er: »Jeder, der in der Atomzertrümmerung eine Energiequelle sieht, ist ein Träumer.«

Aber schon im Jahr darauf gelang Otto Hahn in Berlin die Spaltung eines Urankerns durch »Beschießen« mit Neutronen. Denn folgerichtig weiterarbeitend, hatten 1932 Rutherfords Schüler Cockroft und Walton statt radioaktiver Substanzen *künstlich* erzeugte Strahlen, sogenannte »Kanalstrahlen«, zur Zertrümmerung von Lithiumatomen verwendet und damit zugleich die Richtigkeit der Einsteinschen Gleichsetzung von Materie und Energie bewiesen. Im gleichen Jahr kam es durch Chadwick in England zur

Entdeckung der Neutronen,
und damit war eine bahnbrechend *neue* Möglichkeit gefunden, Kernumwandlungen zu erzwingen, denn als elektrisch indifferent mußten Neutronen ohne Abstoßung an die geladenen Atomkerne herankommen. 1934 versuchte das Enrico Fermi in Rom. Zwischen 1934 und 1938 wurden in Italien, Frankreich, England und Deutschland Hunderte Versuche gemacht, aber stets bröckelten die getroffenen Kerne nur unwesentlich ab, und man erhielt Elemente, die im periodischen System in die unmittelbare Nähe der Ausgangselemente gehörten.

Hahn war im Sommer 1906 aus Kanada nach Deutschland zurückgekehrt. Er hatte keine Assistentenstelle bei Professor Fischer bekommen, sondern war nur als »Gast« im Chemischen Institut zugelassen worden, und mit Ausnahme Fischers zeigten die Etablierten nur Verachtung für sein Forschungsgebiet. Aber immerhin bekam Hahn einen Arbeitsraum im Keller, und als 1911 die Kaiser-Wilhelm-Gesellschaft gegründet wurde, konnte er bei ihr eine geregelte wissenschaftliche Laufbahn beginnen, und da fand auch Lise Meitner Arbeitsmöglichkeiten, die als Physikerin den Chemiker Hahn ideal ergänzte. Allerdings nur unter der Bedingung, daß sie sich nicht in den Experimentiersälen der Studenten zeigte, denn Frauen wurden damals in den preußischen Instituten noch nicht aufgenommen.

In Wien 1878 geboren, war Lise Meitner dort die zweite Frau gewesen, die an der Wiener Universität 1905 ihr Doktorat machen konnte. Ihr riet Stephan Meyer, sich mit »dem aufblühenden Gebiet der Radioaktivität« zu beschäftigen, und im Herbst 1907 kam sie nach Berlin, um zur Weiterbildung die Vorlesungen Max Plancks zu hören, dessen Assistentin sie 1915–18 war. Vorher und nachher war sie die Mitarbeiterin Hahns, gemeinsam begründeten sie

die »Angewandte Radio-Chemie«,
und daß Hahn vor allem Chemiker geblieben war, brachte ihm 1938 seinen großen Erfolg: Mit seinem Mitarbeiter Fritz Strassmann kam er da zu »seltsamen« Ergebnissen. Er erhielt beim Neutronenbeschuß von Uran vermeintliche Radioisotope, wie sie 1934 auch Fermi erhalten hatte. Aber er fand, daß sie alle Eigenschaften des viel leichteren Bariums besaßen. Und schließlich wies Hahn im Dezember 1938 nach, *daß* es Barium war. Das aber hieß, daß schwere Urankerne in zwei mittelschwere Kerne zerplatzt waren. Während bei anderen Elementen das in den Kern eindringende Neutron dessen Energie so weit erhöht, daß es den unerwünschten Zuwachs durch

Herausschleudern eines gleichwertigen Teilchens ausgleicht, zerfällt der Urankern in zwei etwa gleiche Hälften und setzt dabei rund 200 Millionen Elektronenvolt frei. Das auslösende Neutron besaß etwa ein Vierzigstel Elektronenvolt Energie:

OTTO HAHN LÖSTE DAS ACHTMILLIARDENFACHE DER AUFGEWENDETEN ENERGIE AUS.

Und rasch stellte sich heraus, daß sein Neutron auch als »Initialzündung« wirken konnte: Bereits im April 1939 erschien in der englischen Zeitschrift »Nature« die Arbeit »Freisetzung von Neutronen bei der Kernexplosion des Urans«, die Fréderic Joliot, Hans von Halban und Lew Kowarski verfaßten und die

DIE MÖGLICHKEIT EINER KETTENREAKTION DES URANS

bewies: Beim Zerfall des Urankerns werden zwei oder drei Neutronen frei, die ihrerseits andere Urankerne treffen und zum Zerfall bringen. Damit wird das Viel*milliardenfache* der »Zündungsenergie« freigesetzt. In einem Vortrag in der Berliner Lessing-Hochschule über »Sinn und Grenzen der exakten Wissenschaft« sagte Max Planck im Februar 1942: »Eine spezielle Berechnung hat ergeben, daß in einem Kubikmeter Uranoxidpulver innerhalb einer Zeit von weniger als einhundertstel Sekunde ein Energiebetrag entwickelt wird, der ausreicht, um ein Gewicht von einer Milliarde Tonnen 27 Kilometer hoch zu heben. Das ist ein Betrag, der die Leistungen aller Kraftwerke der ganzen Welt auf viele Jahre ersetzen könnte. Wenn auch zur Zeit noch nicht die Rede davon sein kann, einen solchen stürmischen Atomspaltungsprozeß technisch verwertbar zu machen, so eröffnet sich hier doch eine ernstzunehmende Möglichkeit, und wenn wir an die mit der Flugtechnik, dem Rundfunk, dem Fernsehen erzielten Erfolge denken, so werden wir auch den Gedanken an

DIE KONSTRUKTION DER URANMASCHINE

nicht zu den bloßen Utopien rechnen...«

Solch eine »Uranmaschine«, die wir heute Kernreaktor nennen, schien damals noch ein *sehr* fernes Ziel, aber bereits zehn Monate später funktionierte sie, waren die Voraussetzungen für die friedliche Kernenergiegewinnung ebenso geklärt wie die für die Konstruktion von Atombomben.

Die Kernenergiegewinnung beruht auf der Fähigkeit eines Kernbausteins, des Neutrons, die Atomkerne eines *bestimmten* Uranisotops, nämlich des Uran-235, zu spalten. Neutronen sind, wie gesagt, die elektrisch neutralen Bestandteile des Atomkerns, und wenn sie einen U-235-Kern *richtig* treffen, zerfällt der in zwei etwa gleich große Stücke, die Spaltprodukte, die zusammen eine um rund ein Tausendstel geringere Masse aufweisen als der ursprüngliche Kern. Diesem Massenverlust entspricht die freiwerdende Energie, die zwar beim einzelnen Atom winzig klein ist, sich aber durch die fast unvorstellbar große Zahl der zerfallenden Uranatome gewaltig summiert und mit Hilfe des Kernreaktors praktisch genutzt wird.

Durch den Zerfall des Urankerns entstehen zwei Spaltprodukte und Energie in Form von Wärme, gleichzeitig aber auch wieder zwei bis drei neue Neutronen. Falls sie andere, noch intakte Atomkerne aufspalten, werden bei jeder Spaltung wiederum jeweils 2 bis 3 neue Neutronen freigesetzt, die neue Kernspaltungen auslösen können. Dadurch kann die Zahl der Kernspaltungen im spaltbaren Material so groß werden, daß die freigesetzte Energie praktisch nutzbare Größenordnungen erreicht. Durch geeignete Steuerung der Kettenreaktion kann so eine kontrollierte und kontinuierliche Energiegewinnung in einem Kernreaktor erreicht werden. Dazu sind aber noch weitere Voraussetzungen nötig. Die Freisetzung von Neutronen bei der Kernspaltung allein genügt nicht, wenn diese Neutronen nicht auch andere Atomkerne wirklich treffen. Dazu muß die Menge des Spaltmaterials so groß sein, daß nicht zu viele Neutronen sofort aus dem Material herausfliegen, d. h., es muß eine sogenannte »Kritische Masse« vorhanden sein. Außerdem müssen die Neutronen die »richtige« Geschwindigkeit haben. Die bei der Spaltung entstehenden Neutronen sind sehr schnell. Mit ihren etwa 80 Millionen Stundenkilometern (etwa $^1/_{10}$ der Lichtgeschwindigkeit) fliegen sie an ihren Zielen, den U-235-Kernen, vorbei. Erst wenn man die Neutronen stark abbremst – moderiert – auf etwa 8000 Stundenkilometer, kann man erwarten, daß sie ihr Ziel treffen. Als praktisch brauchbare »Neutronenbremsen« erwiesen sich Graphitkohlenstoff, den Enrico Fermi schon 1942 als Moderator des ersten Reaktors der Welt benutzte, Beryllium, schweres und gewöhnliches Wasser, das hier zum Unterschied von schwerem »leichtes« Wasser genannt wird. Leichtwasserreaktoren sind heute die weitaus zahlreichsten. Bei alledem dürfen die als Moderator verwendeten Atome ihrerseits nicht zu viele Neutronen »verschlucken« (absorbieren). Diese bei den verschiedenen Moderatoren unterschiedliche Eigenschaft bestimmt, wie hoch der Anteil des spaltbaren U-235 in dem im Reaktor eingesetzten Uran mindestens sein muß. Wird die Moderierung mit Graphit oder schwerem Wasser durchgeführt, so kann man natürliches Uran mit nur 0,7% des spaltbaren U-235 zum Betrieb des Reaktors benutzen, bei leichtem Wasser muß man dagegen den spaltbaren Anteil im Uran auf etwa 2–4% U-235 erhöhen, d. h. »anreichern«.

Enrico Fermi, der 1942 die erste »Uranmaschine« baute, kannte diese Zusammenhänge schon und wird deshalb mit Recht

»der Prometheus des Atomzeitalters«

genannt. Er begründete die Nukleartechnik.

Als Sohn eines kleinen Eisenbahnbeamten 1901 in Rom geboren und 1954 in Chicago an Krebs gestorben, hatte Fermi Mathematik und Physik studiert und bereits als 21jähriger durch eine Arbeit über die Röntgenstrahlen die Doktorwürde der Universität Pisa erworben. Nach weiteren Studien in Göttingen und Leyden Physikdozent in Florenz, stellte Fermi 1925 eine Theorie über das Verhalten von Elektronen und Protonen auf, die sich auch für die später entdeckten Neutronen und Neutrinos als richtig erwies. Er wurde Physikprofessor in Rom und stellte durch Neutronenbeschuß eine Reihe neuer radioaktiver Elemente her, die Bedeutung für die Medizin und die Industrie erhielten. Fermi beschäftigte sich mit der Isotopentrennung und erhielt 1938 den Nobelpreis für seine Berechnungen komplexer Atome. Er war meist derart in seine Formeln vertieft, daß er z. B. drei Stunden zu spät zu seiner Hochzeit kam. Aber zu seinen Hobbys gehörte es, Hosen zu schneidern, und zwar ausgezeichnet passende. Er war ein guter Alpinist, außerordentlich stolz auf seine Ausdauer. Und er erkannte stets sofort, was an dieser oder jener neuen Erkenntnis praktische Bedeutung haben konnte. Als Otto Hahn die Urankernspaltung gelang, sah Fermi, daß

der Schlüssel zur praktischen Kernenergienutzung

in der Beeinflussung der Neutronengeschwindigkeit lag – und die hatte er seit 1933 studiert. *Wie* die gebremst werden kann, legte Fermi zusammen mit Bruno Pontecorvo und dreien seiner italienischen Mitarbeiter in einem amerikanischen Patent fest, das ihm am 2. Juli 1940 erteilt wurde.

Fermi hatte als 23jähriger Physikdozent eine damals 16jährige Studentin der Naturwissenschaften kennengelernt und sie 1928 geheiratet. Laura Fermi aber war Jüdin. Zwar gab es in Italien keine mit den deutschen vergleichbaren Verfolgungen, aber Fermi wollte doch »eine andere Atmosphäre zum Arbeiten«, nahm seine Frau und seine zwei Kinder mit, als er zum Empfang des Nobelpreises 1938 nach Stockholm reiste, und kehrte nicht mehr nach Italien zurück. Er hatte eine Professur an der New Yorker Columbia-Universität erhalten, und hier wiederholte er die Versuche Hahns, über die ihm Niels Bohr berichtete, der am 16. Januar 1939 eingetroffen war, um seinen alten Freund Einstein zu besuchen.

Einstein hatte erreicht, 1909 Professor der theoretischen Physik in Zürich zu werden. Zwei Jahre später ging er nach Prag, und 1914 erhielt er die Leitung des Kaiser-Wilhelm-Instituts für Physik in Berlin. Er war auch Professor der Universität Berlin und Ordentliches Mitglied der Preußischen Akademie der Wissenschaften, hatte 1921 den Nobelpreis für Physik erhalten. Aber er war auch Jude. 1933 wanderte er nach Amerika aus und wurde da Professor der Universität Princeton.

Niels Bohr war der Sohn eines Physiologie-Professors, hatte 1911 bei Rutherford gearbeitet und war 1913 durch sein Atommodell weltberühmt geworden. Er leitete seit 1920 das Institut für Theoretische Physik der Universität Kopenhagen und erhielt 1922 den Nobelpreis, und bei Bohr arbeitete seit 1937 Lise Meitner und deren Neffe Otto Frisch, der bis 1933 Physikprofessor in Hamburg gewesen war. Denn auch diese beiden waren Juden, bekamen zwar keine Ausreise, flüchteten aber über Holland und England nach Dänemark.

Nach Kopenhagen hatte Otto Hahn seiner langjährigen Mitarbeiterin über seinen Erfolg berichtet. Während Lise Meitner und O. R. Frisch in der englischen Zeitschrift »Nature« die Weltbedeutung der Hahnschen Kernspaltung hervorhoben, tat das Bohr vor der Amerikanischen Physikalischen Gesellschaft, und am 31. Januar 1939 ergab ein Versuch mit dem Zyklotron der Columbia-Universität beim Einsatz von einem Dreißigstel Elektronenvolt die sechsmilliardenfache Energie.

Die Aufregung, die all das in der wissenschaftlichen Welt verursachte, war enorm. Die Reaktion der amerikanischen Marine hingegen, an die sich im März 1939 die aus Deutschland emigrierten, in Ungarn geborenen jüdischen Physiker Eduard Teller und Leo Szilard wendeten, äußerst lau. Auch das deutsche Heereswaffenamt war skeptisch, und die Behauptung, in Deutschland werde bereits an einer Atombombe gearbeitet, falsch. Aber die Annahme, die deutschen Physiker würden solch eine Waffe herstellen, war naheliegend, und die teilte auch Einstein. Er machte im Sommer 1939 Ferien in Peconic Bay im Staate New York, und dort besuchten ihn nun Teller und Szilard und baten ihn, Präsident Roosevelt »die Augen zu öffnen«. Einstein war 1918 in Deutschland Mitbegründer des »Demokratischen Volksbundes« gewesen, war ein führendes Mitglied der »Deutschen Liga für Menschenrechte« und propagierte die Kriegsdienstverweigerung. Aber nichtsdestoweniger *wurde* am 2. August 1939 – einen Monat vor Kriegsausbruch also –

DER BRIEF EINSTEINS, DER DIE WELT VERÄNDERTE,

geschrieben: Der berühmteste Gelehrte seiner Zeit riet dem Präsidenten des industriell höchstentwickelten und reichsten Landes der Erde, die lawinenartig anwachsende Urankettenreaktion für den *Krieg* zu nutzen.

Franklin D. Roosevelt empfing damals rund 20 000 Briefe monatlich. Aber der Einsteins wurde ihm von einem Mitarbeiter Bernard Baruchs, dem in Rußland geborenen Finanzier Alexander Sachs, persönlich überbracht. Roosevelt hatte wie Hitler oder Churchill keine Ahnung von kernphysikalischen Fragen. Aber nachdem er Einsteins Brief las, soll er schweigend eine Stunde lang in seinem Rollstuhl hin und her gefahren sein. Für den nächsten Vormittag ließ er alle Besuche absagen und Niels Bohr zu sich bestellen. Der skizzierte ihm die Möglichkeiten, das Uranisotop U-235 zu gewinnen, rechnete Roosevelt vor, daß eine ungebremste Kernreaktion Temperaturen wie die im Innern der Sonne ergeben müsse, jedes Kilo Uran etwa 20 000 Tonnen Trinitrotoluol entspreche, dem damals stärksten aller bekannten Sprengstoffe, und daß es dazu noch kilometerweit tödliche Strahlen aussende.

Ob Niels Bohr, der nach der Besetzung Dänemarks durch die Deutschen 1943 mit Hilfe des britischen Geheimdienstes nach England flüchten konnte und dann mit John von Neumann, der die Implosionsmethode der Atombombe erfand, entscheidend an deren Entwicklung beteiligt war, Roosevelt riet oder abriet, sie bauen zu lassen, wurde nie bekannt. Fest steht nur, daß Bohr verlangte, alle Atomgeheimnisse auch der Sowjetunion zugänglich zu machen »unter der Bedingung der Grenzöffnung und der engen Zusammenarbeit der Sowjetunion mit der übrigen Welt«. Roosevelt war zu diesem Pakt bereit gewesen, Churchill und dessen Berater Lord Cherwell lehnten ihn scharf ab, und Churchill drohte Bohr mit dem Gefängnis.

Einstein seinerseits erklärte im Herbst 1952: »Ich war mir der furchtbaren Gefahr wohl bewußt, welche das Gelingen dieses Unternehmens für die Menschheit bedeutete. Aber die Wahrscheinlichkeit, daß die Deutschen an demselben Problem mit Aussichten auf Erfolg arbeiten dürften, hat mich zu diesem Schritt gezwungen. Es blieb mir nichts anderes übrig, obwohl ich stets ein überzeugter Pazifist gewesen bin. Töten im Krieg ist nach meiner Auffassung um nichts besser als gewöhnlicher Mord.«

Aber Einstein schrieb seinen Brief, und dadurch gelang es der kleinen Gruppe europäischer Emigranten, den Einsatz fast unbeschränkter Mittel für den Bau der ersten Atombombe durchzusetzen, vermochten sie die maßgebenden Amerikaner zu überzeugen, daß ihr wissenschaftliches Projekt als integraler Bestandteil der Kriegführung betrachtet werden müsse. Die Atombombe ist eine direkte Folge des Rassenwahns, aber niemals hätte sie im Frieden Wirklichkeit werden können, nur der Wahnsinn des Zweiten Weltkrieges machte sie möglich: Im Oktober 1941 – zwei Monate vor Japans Angriff auf Pearl Harbour – war

DAS KONSTRUKTIONSPRINZIP DER ATOMBOMBE

gefunden und damit »der größte Fortschritt der Waffentechnik seit der Erfindung des Schießpulvers« erzielt. Das »Manhattan-Projekt« lief an, das dem Pfarrersohn Leslie Grove unterstellt wurde, einem Generalleutnant der Pioniere, der binnen elf Monaten das größte Gebäude der Welt, das Pentagon in Washington, gebaut hatte. Grove unterstanden zeitweilig 134 000 Menschen, und er konnte über drei Milliarden Dollar verfügen, kaufkraftmäßig gut 30 Milliarden heutige Mark und damals 2,6% des US-Bruttosozialproduktes, mehr als ein Vierzigstel der amerikanischen *Gesamt*wirtschaftsleistung von 1941, rund 115 Milliarden Dollar. Neue Städte wurden aus dem Boden gestampft und allein für die Isotopentrennung in Oak Ridge mehr Elektrizität bereitgestellt, als damals das Deutsche Reich insgesamt zur Verfügung hatte. Da wurden in der aus 170 Gebäuden bestehenden Plutonium-Fabrik alle Leitungen aus Silber hergestellt, weil es gerade nicht genug Kupferdraht gab. Dennoch wurde die erste Atombombe auch in Amerika mit seinem allen andern weit überlegenen Industriepotential und seiner ohne jede Feindeinwirkung arbeitenden Wirtschaft bekanntlich erst *nach* dem Ende des Krieges mit Deutschland fertig. Wenn in Deutschland erst gar nicht versucht worden war, eine Atombombe herzustellen, so weil hier allen Kennern der Materie von Anfang an klar war, daß dazu die deutschen Mittel nicht ausreichten.

Nun, Einsteins und Roosevelts Atombombe *wurde* am 17. Juli 1945 in der Wüste Neu-Mexikos unweit Alamogordo erprobt. Noch zwei weitere waren fertig geworden, und die *wurden* am 6. August auf Hiroshima und am 9. August auf Nagasaki abgeworfen. Die Verantwortung dafür trug Präsident Harry Truman, und der erklärte am 7. August 1945 über den Rundfunk: »Vor 16 Stunden hat ein amerikanisches Flugzeug eine Bombe auf Hiroshima abgeworfen, einen wichtigen japanischen Waffenplatz. Diese Bombe kam 20 000 Tonnen Trinitrotoluol gleich... Es war eine Atombombe... Die Kraft, auf der die Sonnenstrahlung beruht, wurde gegen jene losgelassen, die den Fernen Osten in den Krieg stürzten... Die Explosionskraft der Atombombe ist zweitausendmal so groß wie die der bisher größten Bombe der Kriegsgeschichte. Kein anderes Land außer den Vereinigten Staaten mit ihren industriellen Erfahrungen und mit ihrer Bereitschaft, drei Milliarden Dollar für ein Kriegswagnis zu riskieren, hätte diese Bombe verwirklichen können... «

Trumans Mitteilung ließ eine andere, am *gleichen* Abend ausgestrahlte Nachricht verblassen: In London hatten sich nach acht Wochen heftigen Streits die Alliierten über die »Kriegsverbrechercharta« geeinigt und sie am 5. August unterschrieben, ein »in der Geschichte der Menschheit einmaliges Übereinkommen«, das nicht nur auf die besiegten Deutschen, sondern auch alle »Kriegsschuldigen« der Zukunft angewendet werden sollte.

Ob es die jemals geben würde, war damals allerdings zweifelhaft, denn durch die Atombombe schien ja den Vereinigten Staaten die *Welt*herrschaft sicher, und Alleinherrscher sind nie schuldig. Der am 12. April 1945 verstorbene Präsident Roosevelt hatte mit Stalin in Jalta die Welt geteilt. Truman als Alleinbesitzer der Bombe dachte nicht daran, den Russen ein Mitspracherecht zu gewähren, auch wenn ohne sie der Zweite Weltkrieg nicht gewonnen worden wäre. Wenn Hiroshima und Nagasaki vernichtet wurden, so *nicht,* um Japan in die Knie zu zwingen, denn Kaiser Hirohito hatte schon vorher seine Friedensbereitschaft erklärt. *Moskau* sollte bewiesen werden, daß die USA eine Waffe besaßen, wie sie niemand zuvor für möglich gehalten hatte. Nun schien wirklich die Allmacht eines einzelnen Staates möglich.

Aber wenn England praktisch gut ein Jahrhundert lang die Welt beherrschte, so die Vereinigten Staaten nur 47 Monate. Noch unter Trumans Präsidentschaft kam es zur

WANDLUNG DER »ALLMACHT« IN OHNMACHT:

Bereits am 7. August 1945, einen Tag nach Hiroshima, hatte Stalin fünf führende sowjetische Atomforscher zu sich berufen, die schon seit 1942 an der Atombombe arbeiteten, und ihnen klargemacht, daß nun ein anderes Tempo eingeschlagen werden müsse. Er machte Laurentij Beria zum »Atomdiktator«, und am 10. Juli 1949 führte Professor Joffe dem Generalissimus und der obersten sowjetischen Heeresführung in der Wüste Ust-Urt zwischen dem Kaspischen Meer und dem Aralsee die erste sowjetische Atombombe vor, am 14. und 17. Juli zwei weitere.

Es dauerte bis zum 23. September, ehe Präsident Truman in einer Pressekonferenz erklärte: »Wir haben Beweise dafür, daß sich in den letzten Wochen in Rußland eine Atomexplosion ereignet hat...« Das wurde als größte Sensation seit Ende des Zweiten Weltkrieges empfunden, alle amerikanischen Radiostationen unterbrachen ihr Programm, zahlreiche Zeitungen druckten Extraausgaben. Und das Gleichziehen durch die Sowjetunion *war* eine Weltsensation und veränderte die Welt, weil es dadurch zu einem

GLEICHGEWICHT DES SCHRECKENS

kam und Dr. Vannevar Bush, der als »General der Gelehrten« im Zweiten Weltkrieg der führende Waffentechniker der Alliierten gewesen war, 1950 mit Recht sagte: »Da es keinen Sieger mehr geben kann, lohnt ein neuer Weltkrieg nicht mehr.« Und da wußte auch General George C. Marshall, der nicht nur Generalstabschef der USA, sondern auch ihr Außenminister gewesen war: »Jeder globale Krieg bedeutet heute die gegenseitige und gleichzeitige Ausrottung beider Kriegführender.«

Ungleich wichtiger aber war noch, daß nun nicht nur *beide* »Supergroßen« Atombomben besaßen, sondern auch Trägerraketen entwickelt hatten, deren Reichweiten ständig wuchsen und deren Geschwindigkeiten schließlich 30 000 Stundenkilometer erreichten. Längst wurden Kriege nicht mehr feierlich erklärt. Aber nun gab es überhaupt keine Warnzeit mehr, und das heißt, daß auch die Mächtigsten und Reichsten das *eigene* Leben riskieren, wenn es zu einem Krieg kommt:

ERSTMALS IN DER MENSCHHEITSGESCHICHTE KAM ES ZU EINER TOTALEN VERÄNDERUNG DES WESENS DES KRIEGES.

Die friedliche Nutzung der Kernenergie wird erschwert, weil sie nicht als entscheidende Lebenshilfe, sondern als Mittel der Zerstörung ins Bewußtsein der Massen drang. Aber auch die Atombombe tat *mehr* für die Erhaltung des Friedens und damit des Lebens als alle Abrüstungskonferenzen, denn erst sie machte Kriege als Mittel der Weltpolitik sinnlos. Nuklear-Kriege *sind* nicht zu gewinnen. Winston Churchill aber wußte bereits 1930: »Ein Krieg beginnt immer nur, wenn *beide* Seiten an den Sieg glauben!« Was sich innerhalb einer einzigen Generation änderte, faßte General Douglas MacArthur 1953 in die Worte: »Als ich in die Armee eintrat, ging es darum, durch Gewehrfeuer oder Bajonett Mann gegen Mann zu kämpfen.

Dann kam das Maschinengewehr, dessen Schütze Hunderte töten konnte, und die schwere Artillerie, die auf Tausende Vernichtung herabregnete. Schließlich kamen die Luftbombardements, die Hunderttausenden zum Verderben wurden, und heute haben wir die Atomwaffen, die Millionen auslöschen. Somit aber hat der Krieg *aufgehört,* ein praktisches Mittel zur Lösung internationaler Konflikte zu sein.«

> »Kriege sind nun nicht länger ohne die eigene Vernichtung zu führen, und damit scheint der grösste Menschheitsfortschritt seit der Bergpredigt möglich: Dauernder Frieden...«

Immer wieder war Frieden gepredigt worden, und die erste Abrüstungs-Konferenz berief Papst Innozenz II. bereits im Jahre 1138 ein. Aber am *Wesen* des Krieges änderte sich bis 1945 *nichts:*

Kriege konnten gewonnen und verloren werden, und sie richteten sich nur gegen Feinde.

Man konnte Kriege beenden, wie man sie begann, die Bomberverbände des Zweiten Weltkrieges waren ebenso durch einen simplen Befehl zurückzurufen wie vor Jahrtausenden Athens Bogenschützen oder wie Dschingis Khans Reiterei.

Kriegsopfer und Kriegsgewinne waren nicht identisch, diejenigen, die Kriege anzettelten und Vorteil aus ihnen zogen, riskierten nur sehr selten die eigene Haut.

Durch Otto Hahns Entdeckung des Uranzerfalls und die Nuklearwaffenentwicklung wurde das *völlig* und für *immer* anders: Nuklearkriege bedeuten Selbstmord.

Man kann sie beginnen wie alle andern Kriege. *Nicht* aber beenden, denn *niemand* vermag Strahlungen etwas zu befehlen, und der radioaktive »Ausfall« wirkt Dutzende Generationen lang weiter, der Wind trägt die gefährlichen Wolken ins Land des »Siegers« wie des »Besiegten« und zu den »Neutralen«.

Nuklearkriege sind so auch nicht zu »zielen«, es ist keineswegs gewiß, ob nur der »Feind« getroffen wird. Wie das schon bei der Giftgasverwendung im Ersten Weltkrieg vorkam, kann sich der Wind drehen und die *eigenen* Leute umbringen.

Da die Nuklearwaffen mit Raketen kombiniert wurden, die 30 000 km und mehr pro Stunde zurücklegen, ist die Warnzeit heute *so* kurz, daß auch die besten Schutzräume nichts helfen. *Stets* binnen einer Minute in seinen atomsicheren Bunker gelangen kann auch der Mächtigste und Reichste nicht, ganz abgesehen davon, daß, *falls* er überlebt, seine Umwelt zum Friedhof wurde und man Leichen nicht regieren und ihnen nichts verkaufen kann. Und das heißt:

ERSTMALS IN DER MENSCHHEITSGESCHICHTE SIND KRIEGSTREIBER UND KRIEGSOPFER IDENTISCH UND HABEN ALLE MENSCHEN EIN GEMEINSAMES INTERESSE AM FRIEDEN.

Das Überleben in einem Atomkrieg hängt nicht nur vom Zufall ab, sondern wurde wertlos. Und seit es 1949 zum »Gleichgewicht des Schreckens« kam, die zwei »Größten der Großen« sich gegenseitig ausrotten können, leben wir in einer *neuen* Welt. Dank Forschern und Erfindern und einem kleinen Glasbläser, die *nicht* versuchten, diese Welt zu schaffen. Die ein »Nebenprodukt« der *reinen* Wissenschaft ist. Ebenso wie das wirtschaftliche Interesse an Krieg und Frieden sich grundlegend *nicht* durch Staatsmänner und Wirtschaftsführer wandelte, sondern ebenfalls durch Erfinder und Forscher und Unternehmer, die *nicht* an diese »Nebenwirkung« ihrer Arbeit dachten. Daß es zu einer *einmaligen* Wissenskonzentration und zu einem noch nie dagewesenen Forschungs- und Entwicklungsaufwand kam, um ein neues Vernichtungsmittel zu schaffen, ist gewiß traurig. Aber schon das Schießpulver hatte nicht *nur* Bedeutung für den Krieg. Auch das lange geheimgehaltene »Acht-zu-eins-zu-eins« galt als »Teufelsspruch«. Aber der veränderte im 14. Jahrhundert die Welt, denn der gab das Mischungsverhältnis von Salpeter, Schwefel und Kohle an, und die ermöglichten es Europas Bauern, gegen gepanzerte Ritter zu kämpfen. Das beendete die Feudalherrschaft, wurde ein »Werkzeug der Demokratie« wie kaum ein zweites. *Nur* das Schießpulver brach die Raubritterburgen und stellte Recht und Handelssicherheit wieder her.

Es diente auch dem Bösen, wie alles dem Bösen ebenso wie dem Guten zu dienen vermag, und als im Jahre 1687 bei der Belagerung Athens durch die Venezianer der Parthenon in die Luft flog, in dem die Türken ein Pulvermagazin eingerichtet hatten, erließ der Stiftshauptmann von Zödtenburg einen Aufruf an alle Gelehrten und Ingenieure,

DIE WANDLUNG DES SCHIESSPULVERS ZU EINEM WERKZEUG DES FRIEDENS

durchzusetzen, aus diesem Mordwerkzeug eine segenbringende Hilfe zu machen. Denn habe nicht schon der erleuchtete Christian Huygens die gleiche Idee verfolgt und durch seine Pulvermaschine gezeigt, daß diese zerstörende Kraft auch befruchtende Pumpwerke treiben könne?

Die damals Mächtigen hielten den Stiftshauptmann für einen verrückten Schwärmer. Aber was blieb von Tromps und Ruyters Siegen? Was vom Reich des Sonnenkönigs und was vom meerbeherrschenden England? Die »Pulvermaschine« aber setzte sich durch, wie sich die »Uranmaschine« durchsetzen wird. Der Explosionsmotor trat seinen Siegeszug an und machte selbst den jahrtausendealten Traum vom Fliegen wahr. Zödtenburgs Aufruf wirkte auf die *Besten* seiner Zeit, und deren Hoffen und Suchen trug tausendfach Frucht, wirkt weiter bis heute. Und so wird auch die Atomkraft Segen bringen, wenn sich längst kein Mensch mehr an Einstein, Roosevelt oder Truman erinnert. *Alles* kann mißbraucht werden. Aber *Dauer* haben nur die positiven Wirkungen, denn das Böse löst Reaktionen aus, die sich früher oder später als die stärkeren erweisen. Da waren z. B.

DEUTSCHLANDS SYNTHETISCHE ROHSTOFFE

eine der Ursachen des Zweiten Weltkrieges, und als erste »Friedens«-Tat wurden alle deutschen Synthesewerke von den Siegern geschleift. Aber die *Idee,* die dem Kohlebenzin und den Chemiefasern oder dem Synthesekautschuk zugrunde lag, setzte sich *weltweit* durch. Der Sieg der deutschen Forscher und Erfinder war total. Und damit siegte eine Entwicklung, die eindeutig friedensfördernd ist: Die von der Wissenschaft und Technik gebrochenen Klimamonopole, die den Rohrzucker-, Baumwoll- oder Kautschukbesitzern Macht gaben, waren Kriegsgründe, die heute wegfallen. Damit sind natürlich noch nicht *alle* Kriegsursachen beseitigt. Aber die Wissenschaft hilft wie sonst nichts die *Umwelt* schaffen, in der der Frieden gedeiht, erst Wissenschaft und Technik drangen zu den *Ursachen* der Machtkämpfe vor, begnügten sich nicht mit dem Herumdoktern an Symptomen, wie es jahrtausendelang Staatsmänner und Diplomaten taten. Forscher, Erfinder und Unternehmer zu bekämpfen, wie das heute in erschreckendem Ausmaß geschieht, zeugt von abgrundtiefer Dummheit oder skrupelloser Demagogie.

Auch im Atomzeitalter gibt es noch Möglichkeiten für Raubritter. Aber nicht mehr viele. Eine Zeitlang schien es, als ob an die Stelle der Atombombenmacht die der Ölländer treten würde. Und sollten sich die Kernkraftgegner durchsetzen, so *wird* deren Macht wachsen, bis es keinen Tropfen Öl mehr gibt. Aber jedenfalls haben wir heute die *Möglichkeit,* das zu verhindern, denn *bevor* die Urgewalt der Kernexplosion ausgelöst werden konnte, mußte ja die Kernreaktion beherrschbar gemacht werden. Wenn die ersten Reaktoren auch nicht der Energiegewinnung dienten, so waren sie unentbehrlich für die Erzeugung des Kernsprengstoffs Plutonium.

Der erste Kernreaktor der Welt wurde von Enrico Fermi gebaut. Bald nach seiner Ankunft in New York machte er mysteriöse Reisen nach Chicago, über deren Zweck er seiner Frau nichts erzählte, und die Ehe geriet in Gefahr. Die Freunde, die ins Haus kamen, waren so schweigsam wie er, aber manchmal hielt sie das Dienstmädchen für betrunken, so begeistert waren sie dann über diesen oder jenen Erfolg, über dessen Natur sie nichts verlauten ließen. Schließlich übersiedelte Fermi mit seiner Familie nach Chicago und arbeitete da angeblich »in einem metallurgischen Labor«.

Das war ein 20 Meter langer und 10 Meter breiter Saal unter den Zuschauertribünen des Stagg-Field, des Fußballstadions der Universität Chicago, in dem Schlagball gespielt worden war. Im Herbst des Jahres 1942 arbeiteten hier die verläßlichsten Soldaten, die zu finden gewesen waren, und stapelten Blöcke aus reinstem Graphit zu einer Art Meiler von fünf Quadratmetern Bodenfläche auf. Hohlräume wurden frei gelassen, in die 5600 Kilo Natururan eingebracht wurden. Von oben nach unten und quer durch das Graphitbauwerk führten Kanäle, in denen blechbeschlagene Holzlatten steckten. Die von oben in den Meiler reichenden hingen an Seilen, die über Rollen führten, und diese Seile konnten von einer Art Tribüne aus mit Beilen gekappt werden. Auf einem anderen Podium standen vollgefüllte Eimer bereit, und hinter einer Betonwand wurden Meßinstrumente montiert.

Am 2. Dezember 1942 waren in dieser Halle Enrico Fermi und 43 Leute versammelt, die fast alle ebenfalls aus Europa stammten. Die Holzlatten waren mit Kadmiumblech beschlagen und bildeten die Bremsstäbe, waren voll eingefahren, um alle in ihre Nähe gelangenden Neutronen aufzusaugen. Und nun wurden sie von Hand nach genau bemessenen Zeitabständen zentimeterweise herausgezogen. Auf der erwähnten Tribüne standen Leute bereit und bei den mit einer Kadmiumlösung gefüllten Eimern ebenfalls, die in den Reaktor geschüttet werden sollte, falls die Reaktion zu heftig wurde. Geschah, was Fermi erwartete, dann mußte die Zahl der überschüssigen Neutronen langsam, aber im geometrischen Verhältnis zur Zeit ansteigen und sich ohne Begrenzung weiter vermehren, bis die Bremsstäbe wieder in den Meiler eingeschoben wurden. Aber würden die wirklich bremsen? War eine Explosion ausgeschlossen? Oder würde es zu gar keiner Kettenreaktion kommen? Alles war bisher nur berechnet worden. Entscheidend blieb das Experiment, und Stunden vergingen in Ungewißheit. Niemand dachte an das Mittagessen. Die Spannung wurde unerträglich. Aber um 15 Uhr 44 Minuten war es soweit: Die Instrumente zeigten an, daß die Reaktion selbsterhaltend geworden war. Die Leistungskurve verlief exponential. Die Geigerzähler klickten immer schneller. Nach 28 Minuten begann die aus dem Meiler nach außen gelangende Strahlung gefährlich zu werden, und Fermi brach den Versuch ab, ließ alle Bremsstäbe wieder einfahren. Die Leistung des Reaktors, der »die Kaaba« hieß und dessen Bau 1,4 Millionen Dollar gekostet hatte, betrug *zwei* Watt.

Aber nichtsdestoweniger *hatte* mit ihm

EINE VÖLLIG NEUE ÄRA DER ENERGIEFREISETZUNG

begonnen. Die »Kaaba« wurde noch einmal in Betrieb gesetzt und gab nun 200 Watt, etwa so viel an Wärme, wie eine normale Zimmerbeleuchtung entwickelt. Im März 1943 wurde der Reaktor von Palos Park, 15 Kilometer südwestlich von Chicago, kritisch, und hier betrieb wenig später das Argonne National Laboratory auch den ersten Schwerwasserreaktor. Bereits seit Juni 1943 entstanden bei dem kleinen Dorf Hanford am Columbia-River die drei großen, mit allen technischen Schikanen versehenen Reaktoren des »Manhattan-Projekts«. Auch sie dienten ausschließlich der Plutoniumproduktion, die Wärme, die sie erzeugten, war lästiger »Abfall«, der durch komplizierte Kühlsysteme dem Fluß zugeführt wurde. Aber schließlich setzten Techniker, die diese Energievergeudung nicht länger mitansehen konnten, durch, daß das Kühlsystem des Reaktors von Arco in Idaho in einen Wärmeaustauscher umgebaut und mit der »Abwärme« dieses Plutoniumerzeugers am 21. Dezember 1951

DER ERSTE ATOMSTROM DER WELT

gewonnen wurde. Er brachte vier 200-Watt-Lampen zum Leuchten. Und schließlich trieb hier eine Dampfturbine einen 250-Kilowatt-Generator. Aber Licht- und Kraftstrom fiel in Arco an, wie Benzin in den Leuchtpetroleumraffinerien angefallen war und Steinkohlenteer in den Gaswerken: als zwangsläufig hinzunehmendes Koppelprodukt.

In der Sowjetunion kam am 27. Juni 1954 unweit Moskau ein 5000-Kilowatt-Graphitreaktor in Betrieb, der erstmals *nur* der Energieerzeugung diente. Die damit eingeleitete Entwicklung hat ihre Bedeutung einmal darin, daß mit dem Uran ein bisher nutzloser Stoff zu einem neuen Energierohstoff wurde. Außerdem wurde eine neue Dimension der Energiegewinnung aus Materie eröffnet. Ein Kernreaktor von 1250 Megawatt elektrischer Leistung, wie z. B. Biblis-A, »zerstrahlt« bei 7000 Stunden Benutzungsdauer im Jahr nur etwa ein Kilo Kernbrennstoff. Dabei liefert er 8,75 Milliarden Kilowattstunden elektrischen Stroms, mehr Strom, als in den besten »konventionellen« Wärmekraftwerken aus zweieinhalb Millionen Tonnen Steinkohle zu gewinnen sind.

Ist das heute eine technische Feststellung wie irgendeine andere, so dauerte es aber bis 1952, ehe *irgendeine* konkrete Zahl oder Feststellung über Atomvorgänge veröffentlicht werden konnte. Seit Ausbruch des Zweiten Weltkrieges hatte es keine wissenschaftlichen Veröffentlichungen und schon gar keine Berichte über technologische Fortschritte gegeben, und

AMERIKAS GRÖSSTE INDUSTRIE BLIEB ZEHN JAHRE LANG EINE GEHEIMINDUSTRIE.

Zwar hatte am 31. Januar 1946 die neugeschaffene AEC, die Atomic Energy Commission, den »Manhattan-District« der US-Armee übernommen, aber diese zivile Behörde ließ über die wichtigen Dinge so wenig verlauten wie ihr Vorgänger. Im Jahre 1952 beschäftigte die Nuklearindustrie der USA unmittelbar 130 000 Leute und durch ihre Zulieferer insgesamt etwa eine Million, da war die AEC de facto das größte Unternehmen der Welt, und der Kongreß hatte 1941–51 nicht weniger als 6373 Millionen Dollar – und Dollar der gut sechsfachen heutigen Kaufkraft – für die Atomforschung und die Atomtechnologie bewilligt. Aber dieser riesige Apparat war für den *Krieg* geschaffen worden. Und er lief nach dem Ende des Zweiten Weltkrieges auf vollen Touren weiter, weil er ja vom »Kalten Krieg« gefolgt wurde und die Russen nicht nur eine Fissions-Bombe gebaut und deren Sprengkraft ebenso rasch wie die Amerikaner erhöht hatten, sondern es 1953 zur

ÜBERHOLUNG DER AMERIKANISCHEN NUKLEARWAFFEN-ENTWICKLUNG DURCH DIE SOWJETUNION

kam: Präsident Truman gab am 31. Januar 1950 bekannt, er habe als Oberbefehlshaber der US-Wehrmacht verfügt, »mit aller Energie unsere Atomwaffen zu vervollkommnen und eine völlig neue Nuklearwaffe, die Wasserstoffbombe, zu schaffen«. Robert Andrews Millikan, der berühmte amerikanische Physiker und Nobelpreisträger, erklärte im Frühjahr 1951: »Eine Wasserstoffbombe wird es nie geben!« Aber am 12. August 1953 explodierte sie nichtsdestoweniger – nur daß es keine amerikanische, sondern eine sowjetische Wasserstoffbombe war. Zwar hatten die USA bereits am 1. November 1952 die fünf Kilometer lange und 400 bis 1600 Meter breite Insel Elugelab im Eniwetok-Versuchsgebiet des Pazifik durch eine »thermonukleare Vorrichtung« zum Verschwinden gebracht. Aber das war noch keine von einem Flugzeug oder einer Rakete transportierte Bombe gewesen. Deuterium und Tritium konnten damals nur unter sehr hohem Druck und sehr tief abgekühlt verwendet werden. Dickwandige Stahlbehälter wurden gebraucht und eine Kühlanlage, die allein 12 Tonnen wog. Die Russen verwendeten Lithium-Deuterid, das in der Bombe selber Tritium erzeugt, und brauchten auch keine »Uranzündbombe« mehr, sie bauten »einsetzbare« Wasserstoffbomben. Und kam die Hiroshima-Bombe, die etwa 50 Kilo Uran enthielt, von dem ein Kilo gespalten wurde, 20 000 Tonnen Trinitrotoluol gleich, so die sowjetischen Wasserstoffbomben schließlich bis zu 60 Megatonnen, das heißt 60 Millionen Tonnen TNT, da konnten sie aber auch »kleine« Wasserstoffbomben in Serien erzeugen, die jede 25 Millionen Tonnen TNT gleichkamen.

Damals, am 12. August 1953, hob sich die militärische Macht der Vereinigten Staaten und die der Sowjetunion ohne jeden weiteren Zweifel wie Plus und Minus auf, war das Wettrüsten sinnlos geworden. Es hörte deswegen bekanntlich nicht auf. Aber die Amerikaner erkannten, daß nun *nur* ihre industrielle Überlegenheit den Ausschlag geben konnte und bei dieser

DIE FRIEDLICHE NUTZUNG DER KERNENERGIE.

Die Atomenergiekommission gründete ihr »Office of Industrial Development«, das 225 Privatfirmen Unterlagen über die kommerziellen Nutzungsmöglichkeiten der Kernenergie aushändigte. Sie kaufte 1953 für 300 000 Dollar das Reaktorbaugrundpatent Fermis und seiner Mitarbeiter und stellte es seit dem 3. November 1953 auf Antrag US-Firmen gebührenfrei zur Verfügung. Hatte der sowjetische Wasserstoffbombenversuch (wie dann erneut 1957 der »Sputnik«) Zweifel an dem »uneinholbaren« wissenschaftlich-technologischen Vorsprung der Vereinigten Staaten laut werden lassen, so war nun aber auch der Schutz, den der »Atomschirm« der Amerikaner ihren NATO-Verbündeten zu gewähren vermochte, höchst fragwürdig geworden, und so beschloß Präsident Eisenhower, ihnen zu beweisen, daß sie von den Amerikanern mehr als von den Russen zu erwarten hatten: Am 8. November 1953 verkündete er vor der UNO:

> »Die Vereinigten Staaten sind davon überzeugt, daß die friedliche Nutzung der Atomenergie kein Zukunftstraum ist. Die bereits erprobten wissenschaftlichen Voraussetzungen sind vorhanden, hier, jetzt, heute. Wer kann daran zweifeln, daß dieses

> geistige Potential nicht schnell weltweit nutzbar gemacht werden könnte, wenn die Gesamtheit aller Naturwissenschaftler und Ingenieure der Erde genügend spaltbares Material in den Händen hätte, um Versuche durchzuführen und um ihre Ideen zu entwickeln? Um diesen Tag beschleunigt herbeizuführen, an dem die Furcht vor dem Atom aus den Gedanken der Völker und Regierungen in Ost und West zu weichen beginnt, sind gewisse Schritte notwendig, die jetzt getan werden können.«

Diese Schritte bestanden vor allem in der Freigabe bisher strikt geheimgehaltener Forschungsergebnisse und der Lieferung leicht angereicherten Urans an Staaten, die sich der Kontrolle der 1957 gegründeten Internationalen Atomenergie-Organisation unterwarfen. Damit war der Weg frei zu einer *einzigartigen* Entwicklung:

Im Jahre 1937 hatte der führende Atomforscher seiner Zeit, der inzwischen zum Lord Rutherford gewordene Ernest Rutherford, wie schon zitiert, erklärt: »Jeder, der in der Atomzertrümmerung eine Energiequelle sieht, ist ein Träumer!«

Im Jahre 1977 waren in 19 Ländern 196 Kernreaktoren in Betrieb, die mit 390 Milliarden Kilowattstunden mehr Strom lieferten, als 1937 die Gesamtstromerzeugung der Erde betrug.

Und da stand der größte Kernreaktor der Welt nicht in den Vereinigten Staaten und nicht in der Sowjetunion, sondern in Deutschland. Und zwar, weil Deutschland, dem bis 1955 jede Beschäftigung mit dem Atom, gleich in welcher Form, strikt verboten war, *nie* Nuklearwaffen besessen, *nie* Atombombenversuche durchgeführt hatte und weder den Korea- noch den Vietnam-Krieg führte. Weil in Deutschland die friedliche Nutzung der Kernenergie lange *nicht* durch organisierten Widerstand behindert wurde, die Not der Nachkriegsjahre und der *Zwang,* die Existenzgrundlagen wiederaufzubauen, radikalem Fortschrittspessimismus *vorerst* so wenig Raum bot wie der Wohlstandsmüdigkeit, die sich daraus ergibt, daß der Mensch nicht schätzt, was er sicher zu besitzen glaubt.

Als Präsident Eisenhower 1953 das Atom sozusagen »weltweit freigab«, konnte er das tun, weil die Russen sowieso schon wußten, was es zu wissen gab, und von allen andern Völkern keines als ernsthafter Konkurrent in Frage zu kommen schien.

DER VORSPRUNG DER AMERIKANISCHEN NUKLEARINDUSTRIE SCHIEN UNEINHOLBAR,

denn der standen nun all die Ergebnisse eines staatlichen Aufwandes zur Verfügung, wie es ihn nie zuvor und nirgends je gegeben hatte. Da waren nicht nur Dutzende Versuchsreaktoren gebaut worden, sondern auch die Erfahrungen mit den Reaktoren der amerikanischen Atomunterseeboote standen der Industrie zur Verfügung, und da waren auf Staatskosten alle nötigen Baustoffe ebenso entwickelt worden wie die nötigen nuklear-chemischen Verfahren.

Nur hatten für die Kernwaffenentwicklung Kosten keinerlei Rolle gespielt, während sie für die privaten Stromversorgungsunternehmen das wichtigste Kriterium bildeten. Diesen EVUs standen in den fünfziger Jahren sehr zum Unterschied von den deutschen und westeuropäischen jede Menge Energieträger zur Verfügung und Öl und Erdgas zu von der Regierung *viel* zu niedrig gehaltenen Preisen. Die meisten meinten, das werde ewig so bleiben. Aber es *gab* langfristig Denkende, und Amerikas Nuklear-Techniker waren tüchtig und zäh, und die setzten die Kernenergie durch, obwohl das zeitweilig hoffnungslos schien:

Das erste kommerzielle Kernkraftwerk der USA, der von »Westinghouse« für die Atomic Energy Commission und die »Duquesne Light & Power Co.« gebaute 60-MW-Reaktor in Shippingport unweit Philadelphia, der im Dezember 1957 in Betrieb kam, hatte vor allem durch die Sicherheitsvorkehrungen 110 Millionen Dollar oder 1850 Dollar pro Kilowatt gekostet. Und da die Leistung klein war, wurde der Strompreis untragbar: Die in Shippingport erzeugte Kilowattstunde kostete 64 Mills (64 Tausendstel Dollar) gegen die damals 7 bis 8 der konventionellen Kraftwerke.

Zwanzig Jahre später waren (dem Atomic Industrial Forum zufolge) die durchschnittlichen Gewinnungskosten für Atomstrom in den Vereinigten Staaten um 30% geringer als die der Kohlekraftwerke und um 63% geringer als die Stromkosten der mit Öl betriebenen Werke. Zwar waren auch 1977 die Baukosten von Kernkraftwerken noch wesentlich höher als die für konventionelle. Aber die Brennstoffkosten nun so viel niedriger, daß bei der gleichen Leistung von 1000 MW der Atomstrom in den USA 24,7 Mills je kWh kostete gegen die 33,2 der Kohle- und der 42,6 Mills der Ölkraftwerke. Solch ein Kernkraftwerk sparte nun jährlich 64 Millionen Dollar gegenüber dem Kohle- und 134 Millionen gegenüber dem Ölkraftwerk.

Überall war die Entwicklung die gleiche: Kleine Kernkraftwerke rentierten sich nicht. Aber große sehr wohl, und vor allem erwiesen sich durch ihre von den konventionellen ganz andere Kosten-Struktur

KERNKRAFTWERKE PRAKTISCH UNEMPFINDLICH GEGEN PREISERHÖHUNGEN DER BRENNSTOFFE:

Vom Gesamtaufwand entfallen in Prozent

	bei konventionellen	bei Kernkraftwerken
Anlagekosten	21	67
Betrieb und Unterhalt	9	10
Brennstoffkosten	70	23

Das bedeutet, daß sich bei Verwendung in den heutigen Leichtwasserreaktoren der Uranpreis verfünffachen kann, während der Strompreis nur um etwa ein Viertel zunimmt und der Strompreis von Brütern mit Thoriumeinsatz nur um etwa 3% steigt. Ölpreissteigerungen hingegen haben ganz andere Wirkungen. In Frankreich z. B. betrugen 1977 die Stromerzeugungskosten in Kernkraftwerken durchschnittlich 9,3 Centimes je kWh, in ölgefeuerten 14,5. Würde sich der Uranpreis verdoppeln, so würde das die Atomstromkosten auf 10 Centimes erhöhen. Eine Verdopplung des Ölpreises aber den Kilowattpreis auf 21 Centimes bringen.

Ein im Januar 1978 veröffentlichtes Gutachten der Forschungsstelle für Energiewirtschaft in München und des Energiewirtschaftlichen Instituts der Universität Köln kam statt der bisher angenommenen drei Pfennig Preisdifferenz pro kWh bei Berücksichtigung der Gesamtbetriebszeit zu

RUND FÜNFEINHALB PFENNIG PRO KILOWATTSTUNDE PREISVORTEIL DER KERNENERGIE.

Ein Kohlekraftwerk von 1200 MW verursacht in der Grundlast gegenüber einem gleich großen Kernkraftwerk jetzt jährlich 460 Millionen DM Mehrkosten, und bei 1985 etwa 24 000 MW Kernenergieleistung in der Bundesrepublik bedeutet das insgesamt 8 bis 10 Milliarden DM Stromkostenersparnis pro Jahr.

Zur heutigen Rentabilität der Atomstromerzeugung trug natürlich auch die Vervierfachung des Ölpreises seit 1974 und die Erhöhung der Erdgas- und Kohlepreise bei. Aber in den Vereinigten Staaten war der Durchbruch zur Wirtschaftlichkeit der Kernenergie bereits 1968 mit dem 640-MW-Siedewasser-Reaktor gelungen, den die »General Electric« in Oyster Creek baute. Kurz danach lieferte auch der von »Westinghouse« errichtete Connecticut Yankee-Druckwasser-Reaktor Strom billiger als konventionelle Kraftwerke, und seither traten die Leichtwasserreaktoren ihren Siegeszug um die Welt an. Aber das kam *nicht* der amerikanischen Nuklearindustrie zugute. Denn inzwischen war in Amerika aus der berechtigten Kriegsgegnerschaft die völlig unbegründete Kernenergiegegnerschaft geworden.

Vieles trug zu dieser bereits geschilderten Entwicklung bei. Da war langsam durchgesickert, *wie* es zum japanischen Angriff auf Pearl Harbour und damit zum Pazifik-Krieg kam. Da war durch Dokumentenveröffentlichungen bekannt geworden, daß Japan *vor* Hiroshima und Nagasaki zur Kapitulation bereit gewesen war. Da ernüchterte der Korea- und vollends der Vietnam-Krieg viele Amerikaner, und da *gab* es echte Gefahren durch

DUTZENDE ATOMBOMBENVERSUCHE IN DEN USA SELBER.

Große Expertenstäbe und umfangreiche Apparaturen Tausende Kilometer weit auf den »Pazifik-Schießplatz« zu fliegen, schien der AEC zu unbequem, und zudem kam es ja zur »Miniaturisierung« der »taktischen« Kernwaffen, und die wurden in Nevada erprobt. Inmitten kahler Berge und eines Wüsten- und Steppengebietes entstand da das »Camp Desert Rock« der Sechsten Armee, und binnen drei Jahren wurden auf dem Versuchsgelände Yucca Flat 23 Atombombenversuche durchgeführt. Und zwar atmosphärische, nicht unterirdische. Der »Ausfall« – die freigesetzte Radioaktivität – *war* meßbar und *richtete* Schaden an, und daß gegen diese Versuche protestiert wurde, war durchaus berechtigt. Ebenso begreiflich die Gegnerschaft gegen den Vietnamkrieg. Aber da diese Gegnerschaft keinerlei praktischen Erfolg erzielte und nirgends die Bemühungen um Verringerung der Militärlasten irgendwelche Resultate brachten, suchten sich die Demonstranten verwundbarere Objekte als die Staatsverwaltungen. Sie fanden sie in der »Profitwirtschaft«, die angeblich allein die Schuld an den lebensgefährlichen Rüstungen trägt, die angeblich hinter »allen« Kriegen steckt und die allein auch den Bau von Kernkraftwerken »vorantreibt«:

DA GEGEN DIE ATOMBOMBEN NICHTS AUSZURICHTEN WAR, WENDETE SICH DIE GEGNERSCHAFT GEGEN DEN ATOMSTROM.

Und so grotesk das ist, auch die Umweltschützer bekämpfen den nun, obwohl er der heute einzige ist, der außer dem Wasserkraftstrom *keine* Umweltbelastung verursacht.

Zu Umweltextremismus und Atomgegnerschaft kam in den Vereinigten Staaten aber auch (wie bereits im 3. Kapitel geschildert) eine völlig verfehlte, durch den Stimmenfang der Lokalpolitiker verursachte Energiepreispolitik. Und daß sich Amerikas Nuklearvorsprung sehr wohl als einholbar erwies, liegt nicht zuletzt auch an der Exportpolitik der USA und an dem Bestreben, auf dem Umweg über die Lieferung angereicherten Kernbrennstoffs

EIN AMERIKANISCHES WELTATOMMONOPOL

zu erreichen.

Das Atom*wissen* vermochten die USA nie zu monopolisieren, denn die Grundlagen der Nuklearphysik stammten, wie geschildert, aus Europa. Wenn die sowjetischen Atom-Großen Kurtschatow und Aleksandrow, Sacharow und Semenow, Kapitza, Veksler, Skobelzyn oder Flerow heißen, so die »amerikanischen« Einstein, Fermi, Teller und von Neumann, und entscheidende Fortschritte der Kernphysik wurden 1956 an der Columbia-Universität z. B. von Tsung Dao Lee, Tschen Ning Yang und Tschien Shiung Wu erarbeitet. Aber *nur* die USA vermochten dank ihrer industriellen Überlegenheit die riesigen Urananreicherungsanlagen zu bauen, die die Atombombe ermöglichten, und lange schien es, daß sonst *nirgends* entsprechende, nicht nur Milliardeninvestitionen erfordernde, sondern auch nur in *ganz* großem Maßstab halbwegs rentabel betreibbare Fabriken errichtet werden konnten. Reaktoren können auch mit Natururan betrieben werden. Aber das erfordert Schwerwasser oder Graphit als Moderator, und die Anlagen werden sehr groß. Weltweit herrschen heute, wie gesagt, Leichtwasserreaktoren vor, die auf etwa 3% U-235 angereichertes Uran erfordern, und so sind *alle* Leichtwasserreaktoren nicht nur von Uran abhängig, das es an vielen Stellen der Erde gibt, sondern von der Uran*anreicherungs*möglichkeit, die es *nur* in den USA gab. Wenn die USA dafür sorgten, daß überall Leichtwasserreaktoren gebaut wurden, konnten sie ihre Vorherrschaft bei der Weltölversorgung, die durch die Enteignung ihrer Konzessionsgesellschaften in den Förderländern verlorenging, durch eine

MONOPOLISIERUNG DER KERNBRENNSTOFF-VERSORGUNG UND DAMIT DIE HERRSCHAFT ÜBER DIE IN ZUKUNFT WICHTIGSTE ENERGIE-FREISETZUNGSMETHODE

ersetzen.

Das war eine der Überlegungen, die Präsident Eisenhowers so begeisternd altruistisch klingender UN-Erklärung vom Dezember 1953 vorausgingen. Und daß die amerikanische Nuklearindustrie ihre Kernkraftwerke zu *sehr* günstigen Bedingungen aller Welt anbieten konnte, ermöglichten vor allem staatliche Direktsubventionen und die großzügige Kreditpolitik der staatlichen Export-Import-

Bank. Wozu später kam, daß der im Inland immer schwieriger werdende Absatz das Auslandsgeschäft um so interessanter machte.

Auch Deutschland wurden amerikanische Leichtwasserreaktoren angeboten und auch zwei gekauft. Aber amerikanische Reaktoren konnten in Europa billiger als in den USA erzeugt werden, und so vergab z. B. die »General Electric« Lizenzen an ihre ehemalige Tochtergesellschaft »AEG«, an der sie nach wie vor beteiligt war. Und um nicht hinter dem großen Konkurrenten zurückzustehen, erteilte »Westinghouse« Baulizenzen an »Siemens«.

Auch die »AEG« und »Siemens« waren Konkurrenten. Aber sie erkannten die zukünftige Bedeutung des Kernkraftwerkbaus und wußten, daß er viel komplizierter als der Bau konventioneller Kraftwerke ist. Wenn *beide* die amerikanischen Typen verbessern und eigene Entwicklungsarbeiten betreiben wollten, bedeutete das nicht nur einen sehr viel größeren finanziellen Aufwand, sondern auch sehr viel verlorene Zeit, und so verbündeten sich »AEG-Telefunken« und »Siemens« und gründeten 1969

DIE »KRAFTWERK-UNION AKTIENGESELLSCHAFT«.

Deren Kraftwerke erwiesen sich rasch als *weltweit* konkurrenzfähig, weil sie alle Vorteile der amerikanischen Entwicklungen mit den deutschen vereinten. Bereits 1970 entfielen auf die »Kraftwerk-Union« 31% aller Leichtwasserreaktoraufträge der Welt gegen nur 22% auf »Westinghouse« und 17% auf »General Electric«. Die »Kraftwerk-Union« erhielt in Konkurrenz gegen ihre beiden amerikanischen Lizenzgeber Bauaufträge aus Argentinien, den Niederlanden und Österreich, und wenn »Westinghouse« 1970 auch den Lizenzvertrag mit »Siemens« kündigte, so war es nun zu spät. Eine ähnliche Entwicklung gab es in Japan, wo Mitsubishi, Hitachi und Toshiba amerikanische Lizenzen erwarben und dann nicht nur die (heute 16) Kernkraftwerke Japans bauten, sondern auch zu exportieren beginnen.

Aus dem amerikanischen Anreicherungsmonopol aber wurde nichts, weil das Gasdiffusionsverfahren für militärische Zwecke und ohne Rücksicht auf die Wirtschaftlichkeit entwickelt worden war. Die Anlage in Oak Ridge, die vier Milliarden Mark gekostet hatte, wurde im Gebiet der Tennessey-Valley-Authority errichtet, weil dort riesige Mengen Wasserkraft zur Verfügung standen. Aber bald stellte sich heraus, daß diese nicht genügte. Kohlekraftwerke mußten in aller Eile gebaut werden, und

LANGE WAR DIE AMERIKANISCHE ATOMENERGIEKOMMISSION DER GRÖSSTE EINZELNE KOHLEVERBRAUCHER DER WELT.

Natürlich wurde auch das Gasdiffusionsverfahren im Lauf der Zeit verbessert, aber nach wie vor erfordert es *zu* viel Strom. Dazu kam, daß sich der amerikanische Kongreß die Entscheidung über alle Nuklearexporte der USA vorbehalten hatte und immer häufiger »Uranpolitik« machte: Um z. B. Frankreich für die NATO-Politik General de Gaulles zu »bestrafen«, wurden vertraglich vereinbarte Uranlieferungen gestoppt. Die AEC selber verlangte 1973 z. B. Vertragsabschlüsse acht Jahre vor der ersten Lieferung und Vorauszahlung von je einer Million Dollar während der drei ersten Jahre Wartezeit. Die Folge war nicht nur, daß Frankreich eine eigene Urananreicherungsanlage baute und Lieferverträge mit der Sowjetunion zustande kamen, sondern die europäischen Uranverbraucher durch gemeinsame Anstrengungen ein ungleich rationelleres Trennverfahren als das amerikanische durchsetzten. Da sie selber genug Uran zu besitzen glaubten, vernachlässigten die Vereinigten Staaten weiter die Entwicklung von Brutreaktoren und die Wiederaufarbeitung des abgebrannten Kernbrennstoffs. Durch ihre »Wegwerfwirtschafts-Mentalität« gerieten sie auch in der Nuklearchemie in Rückstand, und aus den Fachvorträgen, die im Mai 1977 auf dem Salzburger Internationalen Atomenergiekongreß gehalten wurden, geht eindeutig hervor, daß Westeuropa nun den USA auf *allen* Gebieten der Kerntechnik voraus ist. Hier haben wir heute *niemanden* mehr zu fürchten.

Außer unsere eigenen Kernenergiegegner, die auch ohne Lizenzen von Amerika alles übernahmen, was dort an selbstzerstörerischem Ideengut entwickelt wurde. Die von Indiens Niedergang nichts wissen und das warnende Beispiel der USA ignorieren und so auch Europa in Gefahr bringen, nicht nur seine hart erarbeitete Kernenergiestellung, sondern *jede* Geltung zu verlieren.

VII
Vom Atomparia zum Atomhelfer der Welt

Die deutsche Nuklearentwicklung und Europas Führung in der Kernforschung und Kerntechnologie

Wenn heute viele unserer Kernenergiegegner und die extremen Umweltschützer eine »Entindustrialisierung« Deutschlands fordern, so sind sie auch darin wenig originell: Solche Pläne gab es bereits während des Ersten Weltkrieges, und die vertrat vor allem Englands einflußreichster Außenamtsbeamter, Lord Vansittard, denn wenn dieser Krieg viele Ursachen hatte, so sagte der amerikanische Historiker Ross J. S. Hoffman 1933 in seinem von der University of Pennsylvania heraugegebenen Quellenwerk »Great Britain and the Great Trade Rivalry« mit Recht: »Dieser Krieg war nicht made in Germany, aber ›Made in Germany‹ war seine wahre Ursache...«

Während des Zweiten Weltkrieges war es dann einer der intimsten Berater Präsident Franklin D. Roosevelts, Raymond Clendenin Miller, der forderte: »Deutschlands gesamte Industrie muß vernichtet werden, Deutschland wieder zum Agrarland herabsinken...« Und Millers Ideen lagen 1943 dem Plan zugrunde, den der damals stellvertretende Finanzminister der USA, Dexter White, ausarbeitete, der unter dem Namen seines Chefs Henry Morgenthau jun. weltberühmt wurde und der *nicht*, wie heute gerne behauptet wird, auf dem Papier blieb. Über die zweite Konferenz von Quebec, die am 11. September 1944 begann, berichtete Winston Churchill in seinen Memoiren: »...Roosevelt und Morgenthau interessierten sich vor allem für die Behandlung Deutschlands nach dem Kriege. Sie waren fest überzeugt, daß die militärische Macht auf der industriellen Leistungsfähigkeit eines Landes beruht... und versicherten, daß in einem so großen Land wie Deutschland, das sich in jeder Beziehung selber mit Nahrungsmitteln versorgen könne, eine bedeutende Industrie nicht erforderlich sei...« Roosevelt selber hatte es im August 1943 deutlicher gesagt:

»DEUTSCHLAND MUSS RE-AGRARISIERT UND ZU EINER ZIEGENWEIDE GEMACHT WERDEN!«

Und vieles, was nicht zerbombt war, *wurde* nach 1945 demontiert. Deutschlands damals einzige Primärenenergiequelle, seine Kohlenbergwerke, *wurden*, soweit sie im Osten lagen, Polen zugeteilt, und soweit sie sich im Westen befanden, unter die direkte Verwaltung der Sieger gestellt, was von Deutschlands Industrie noch übrig war, durch Energiemangel lahmgelegt. Wenn der Morgenthau-Plan nicht durchgeführt werden konnte, so einzig und allein, weil die Allianz, durch die Deutschland besiegt wurde, zerfiel: Deutschland wurde durch die Atombombe gerettet. Durch sie glaubte Truman die Alleinherrschaft der USA gesichert. Da sich das als irrig erwies und die Russen auf die Einhaltung des Stalin-Roosevelt-Paktes drangen und sich ihre Kriegsbeute holten, kam es zum »Kalten Krieg«. Deutschland wurde als »Bollwerk gegen den Bolschewismus« gebraucht. Es konnte schon deswegen nicht völlig »re-agrarisiert« werden, weil Churchill in Quebec richtig erkannt hatte, das bedeute »Europa an einen Leichnam anzuketten«. Weil *Europa* und nicht nur Deutschland die Kohle und den Stahl der Ruhr brauchte. So wurden die Fesseln gelockert und am 28. Dezember 1948 von den USA, England, Frankreich und den Benelux-Staaten das »Ruhrstatut« unterzeichnet und die »Internationale Ruhrbehörde« eingesetzt, die die deutsche Schwerindustrie zu kontrollieren und die deutsche Kohleförderung zu verteilen hatte. Dabei sollten – Artikel XIV dieses Statuts zufolge – nun auch »die wesentlichen Bedürfnisse Deutschlands« berücksichtigt werden. Doch 1951 und 1952 betrugen

Die deutschen Zwangskohlelieferungen

noch 25 Millionen Tonnen jährlich, obwohl damals der deutschen Textilindustrie 420 000 Tonnen Kohle monatlich fehlten, der deutschen Chemie 210 000 Tonnen und die Bundesbahn z. B. nie mehr als für fünf Tage Kohle besaß. Da blieben die Preise strikt gebunden und machten durch die Korea-Hausse nur ein Drittel der Weltmarktpreise aus: 1952 erhielt der Ruhrbergbau für seine Zwangslieferungen DM 46,20 je Tonne. Da Deutschland seine eigene Kohle weiter abliefern *mußte,* kaufte es amerikanische, und die kostete damals frei Abladeplatz 145 DM. Durch die Errichtung der Montanunion wurde die Ruhrbehörde 1952 aufgehoben. Deutschlands Kohlelieferungsverpflichtungen und die Preisbindung blieben jedoch bestehen.

Und *das* vor allem machte Deutschlands Kernindustrie möglich, brachte die enge Zusammenarbeit zwischen Privatwirtschaft und Staat zustande, durch die glückte, was während des Zweiten Weltkrieges vergeblich versucht worden war.

Otto Hahn hatte sich nach seiner weltbewegenden Entdeckung des Jahres 1938 nicht wie Fermi der technischen Auswertung der Kernenergie zugewandt, sondern er versuchte weiter, den Kernspaltungsvorgang bis ins Letzte wissenschaftlich zu ergründen. Der Leiter des Kaiser-Wilhelm-Instituts für Physik, an dem damals Deutschlands führende Atomforscher arbeiteten, Professor Peter Debye, machte eine Amerikareise, von der er nicht mehr zurückkehrte; so war bei Ausbruch des Zweiten Weltkrieges Werner Heisenberg der maßgebende Experte, der Schöpfer der Quantenmechanik, für die er 1932 einen Nobelpreis erhalten hatte. Wie Hahn war aber auch Heisenberg alles andere als ein Praktiker. Dessen Mitarbeiter Karl Wirtz, später Professor in Karlsruhe, war das wohl, und zwar so sehr, daß sie es von vornherein für ausgeschlossen hielten, mit den in Deutschland zur Verfügung stehenden Mitteln je eine Atombombe zu bauen. Wohl aber eventuell eine »Uranmaschine«, die die kriegsbedingten Engpässe der Energieversorgung beseitigen konnte. Diese Meinung teilte auch das Heereswaffenamt. Am 16. Dezember 1941 fand in dessen Forschungsanstalt eine Besprechung mit den leitenden Persönlichkeiten des »Uranvereins« statt (wie die Forschergruppe hieß, die sich damals mit Nuklearfragen beschäftigte), und das Ergebnis war, daß das »Uranprojekt« im Februar 1942 aus dem Heereswaffenamt ausgegliedert und dem Reichsforschungsrat unterstellt, das heißt jeder Versuch, die Kernenergie militärisch einzusetzen, in aller Form von Deutschland aufgegeben wurde.

Aber auch die zivile Nutzung erwies sich als schwierig. Zwar wurde

Bereits im Jahre 1908 ein »Uranzeitalter« von einem Deutschen beschrieben.

In seiner damals in München erschienenen Untersuchung »Radiumwert in der Natur« errechnete Dr. Karl Kurz, daß ein Haushalt, der jährlich 100 Zentner Kohle verbrauchte, auch mit 12,5 Gramm Uran auskommen müßte, die aber nicht 180 Mark, sondern nur 50 Pfennig kosten würden. Kurz erklärte, ein Hundertstel der damals in Cornwall geförderten 10 Tonnen Uran jährlich würden genügen, »eine Großstadt wie München ein ganzes Jahr lang mit Heizkraft zu versorgen«. Und 1938 *bewies* Hahn, daß das durchaus möglich war. Aber nur durch einen Laborversuch, nicht durch ein Kraftwerk, und auch im »Virus-Haus« gelang es nicht, Kernenergie freizusetzen.

So lautete der Deckname des kleinen Gebäudes, das unweit des Instituts für Biologie in Berlin-Dahlem gebaut wurde, um einen Versuchsreaktor in Gang zu bringen. Aber inzwischen gab es die ersten großen Rückschläge im Rußland-Feldzug, und die Luftangriffe auf Berlin wurden so heftig, daß das Institut verlagert werden mußte. »Möglichst weit nach Westen«, meinte Karl Wirtz. Und obwohl sich damals noch *sehr* wenige Deutsche die Russen in Berlin vorstellen konnten, zog der »Uranverein« nach Hechingen, Haigerloch und Tailfingen in der Schwäbischen Alb. In einem Felsenkeller bei Haigerloch entstand ein Reaktor, in dem 644 kubische Uranwürfel zu einer Art Perlenschnüren aufgereiht an 78 Ketten in einem mit Schwerwasser gefüllten Behälter hingen. Insgesamt waren eineinhalb Tonnen Uran zusammengebracht worden. Die kritische Masse betrug bei dieser Anordnung jedoch zwei Tonnen. Und so funktionierte auch die »Uranmaschine« von Haigerloch nie. Im März 1945 besetzten die Franzosen das Gebiet, 18 Stunden später war eine amerikanische Spezialabteilung da, die alle deutschen Forscher, darunter Otto Hahn, C. F. v. Weizäcker und Max v. Laue, verhafteten und auf dem Landgut »Farm Hall« unweit Cambridge in England zum Verhör internierten. Dort erfuhren sie vom Atombombenabwurf auf Hiroshima, und Hahn war so verzweifelt, daß seine Freunde fürchteten, er werde sich das Leben nehmen. Noch am 4. September 1953 erklärte er auf einer Forschungs-Konferenz in Helsinki, er hätte seine Atomarbeiten nie publiziert, wenn er dieses Ergebnis vorausgesehen hätte.

Während Deutschlands führende Atomforscher in England von Spezialisten verhört wurden, lief im besetzten Deutschland

DIE »OPERATION PAPERCLIPS«

auf vollen Touren, die ihren Namen nach den Reitern auf den Karteikarten der Gesuchten in einem Archiv trug, das vor allem mit Hilfe deutscher Emigranten bereits seit 1936 in England aufgebaut war: Was immer hier an technisch-wissenschaftlicher Prominenz verzeichnet war, sollte »ausgeforscht und sichergestellt« und alle ihre Arbeitsunterlagen beschlagnahmt werden. Natürlich stand auch jeder, der irgendwie mit der Nukleartechnik zu tun gehabt hatte, in diesem Archiv und gehörte zu den 24 000 deutschen Forschern und Technikern, die (einer Mitteilung des US-Verteidigungsministeriums aus dem Jahre 1950 zufolge) »ausführlich befragt und von denen 523 als Besitzer von anderweitig nicht verfügbarem Fachwissen in die USA verbracht wurden«. Alle mit der deutschen Atomforschung und Nuklearentwicklung zusammenhängenden Dokumente und Unterlagen wurden 1945 von einer Sonderkommission der Alliierten unter

Dr. Samuel Goudsmit nicht nur in Deutschland, sondern wo immer sie sich in Europa fanden, beschlagnahmt.

So erfolgreich waren

DIE AKTIONEN ZUR »GEISTIGEN DEMONTAGE« DEUTSCHLANDS,

daß man die erbeuteten Dokumente schließlich nicht mehr zählen konnte, sondern nur mehr ihr Gewicht angab. Die »schwerwiegendste« Sammlung von Geheimwissen ging an die US-Luftfahrtforschungsanstalt in Wright-Field, Ohio: Sie wog 1554 Tonnen. Insgesamt holte sich das amerikanische »Office of Technical Services OTS«, das einer seiner Beamten »die erste Organisation der Welt zum Aussaugen der Erfinderkraft eines ganzes Volkes« nannte, 3212 Tonnen wissenschaftlich-technologische Unterlagen aus Deutschland.

Was aber noch weit ärger war und Deutschland endgültig vernichten sollte: Nicht nur alles, was bis 1945 an Wissen und Erfahrung angesammelt worden war, ging verloren. Auf allen essentiellen Gebieten blieb auch weiterhin

DEUTSCHLAND JEDE EIGENE FORSCHUNG STRIKT VERBOTEN,

und alle privaten und staatlichen Forschungs- und Entwicklungseinrichtungen wurden von den Besatzungsmächten scharf überwacht, an allen deutschen Hochschulen gab es Kontrolloffiziere. Auch *jede* Art Atomforschung und *jede* Beschäftigung mit Fragen der friedlichen Kernenergiegewinnung war Deutschland natürlich streng untersagt.

Nur kann man eben *niemanden* am Denken hindern. Aus der Gefangenschaft entlassen, fanden sich Deutschlands Atomforscher in Göttingen zusammen, und gerade *denen* gelang es, am 26. Februar 1948 als Nachfolgerin der von den Alliierten aufgelösten »Kaiser-Wilhelm-Gesellschaft« die »Max-Planck-Gesellschaft zur Förderung der Wissenschaft« zu gründen, deren Präsident Otto Hahn wurde und deren Senat Werner Heisenberg und Professor v. Laue angehörten. Deren Wahlspruch blieb der bereits 1911 für ihre Vorgängerin gewählte

»FORSCHUNG HEISST LEBEN – LEBEN HEISST FORSCHUNG«,

und gerade *weil* es keine deutsche Forschung mehr geben sollte, blühte sie, hier geschah das gleiche wie in der Industrie. Wie es 1965 Dr. Ernst Voege in einem Brief an den Verfasser sagte: »Bei einem großen Teil gerade der dynamischsten Führer und Unterführer großer Unternehmen... ging es darum, daß diese Männer an sich selbst und oft auch zusätzlich an ihnen nahestehenden Personen das Hinabdrückende und Entwürdigende erlebt hatten, was den Besiegten von den Siegern – zu Recht oder Unrecht – in vielfältigen Variationen nach 1945 zugemutet worden war. In ihrem Selbstbewußtsein nun von der politischen und zugleich menschlichen Seite her auf ein unerträgliches Niveau hinabgedrückt, haben sie bewußt und unbewußt nach einem Ausgleich im wirtschaftlichen Erfolg... gestrebt...«

Das Bündnis zwischen Forschung und Wirtschaft, das allein die deutsche Kernenergieentwicklung ermöglichte, hatte also keineswegs nur materielle Voraussetzungen. Aber die Energienöte während des Zweiten Weltkrieges und

DER ENERGIE-NOTSTAND, DER NACH 1945 DIE ENTWICKLUNGSMÖGLICHKEITEN DER DEUTSCHEN WIRTSCHAFT KATASTROPHAL EINENGTE,

spornten Dutzende der besten Deutschen an, nach Auswegen zu suchen, und die lösten eine Art Schneeballwirkung aus: Als die Bundesrepublik Deutschland am 5. Mai 1955 ein souveräner Staat wurde und damit auch das Atomforschungsverbot fiel, gab es in den Vereinigten Staaten etwa 16 000 Nuklear-Fachleute, in Großbritannien etwa 4000 und in Frankreich 1800. In Westdeutschland gab es 53. Im Jahre 1978 aber arbeiten in den Kernforschungszentren der Bundesrepublik 11 000 Leute, und die westdeutsche Kernindustrie beschäftigte 120 000. Die *führte* nun beim Reaktorbau der Welt. Im Jahre 1977 wurden in der Bundesrepublik 36 Milliarden Kilowattstunden Atomstrom ins öffentliche Netz eingespeist, 11% der Gesamtstromerzeugung und so viel, wie 1935 alle öffentlichen E-Werke und alle Industrieeigenanlagen des Deutschen Reiches zusammen an Strom gewannen. Pro Kopf der Bevölkerung lieferten die westdeutschen Kernkraftwerke nun 600 kWh Strom gegen die 550, die im Jahre 1950 in der Bundesrepublik insgesamt an Elektrizität zur Verfügung standen.

Wer brachte das zustande?

Wollen wir uns eine eigene Meinung über Kernenergiefragen bilden, so sollten wir uns nicht nur für die Sachfragen interessieren, sondern uns vor allem auch die *Menschen* anschauen, die das Atomzeitalter und die Nukleartechnik schufen, und diejenigen, die sie bekämpfen.

DIE GRUNDZÜGE DER WESTDEUTSCHEN NUKLEARPOLITIK wurden von der Deutschen Atomkommission bestimmt, die am 26. Januar 1956 gebildet wurde und der 27 Männer angehörten, die unabhängige Positionen im öffentlichen Leben einnahmen, die über entsprechende Mitarbeiterstäbe verfügten und deren Aufgabe war:

Gesetze über die Verwendung der Kernenergie auszuarbeiten.

Gesetze über den Schutz der Bevölkerung vor Strahlungsschäden vorzuschlagen.

Ein Schwerpunktprogramm für Forschung und Entwicklung der friedlichen Kernenergienutzung auszuarbeiten.

Ein Koordinationsprogramm aufzustellen, das den Nachwuchs an Atomwissenschaftlern und Kerntechnikern sicherstellte.

Vorschläge für die Verwendung und Verteilung der für die Kernenergie eingesetzten Bundesmittel zu machen.

Die deutsche Teilnahme an der Europäischen Atomgemeinschaft und anderen internationalen Organisationen zu organisieren.

Bis zu ihrer Auflösung im Jahre 1971 waren in der Deutschen Atomkommission etwa 400 Persönlichkeiten ehrenamtlich tätig, und zwar Gewerkschaftsführer wie der damalige Vorsitzende des DGB, Ludwig Rosenberg, und Rupprecht Dittmar von der Deutschen Angestellten-Gewerkschaft ebenso wie der Bankier Hermann J. Abs. Führende Leute der Chemie wie Wilhelm Alexander Menne und Karl Winnacker. Gelehrte wie Otto Hahn und Werner Heisenberg und Forschungsorganisatoren wie Staatssekretär Leo Brandt oder der damalige Leiter der Deutschen Forschungsgemeinschaft, Gerhard Hess. Da war der Maschinenbau durch Dr. Hans Reuter von der DEMAG und die Elektrizitätsversorgung durch Heinrich Schoeller vom RWE vertreten, aber ebenso die Handwerkskammer Düsseldorf durch Georg Schulhoff. Waren das alles »Atomgangster«? Bildeten die eine »Atommafia«, um ihres »Profits« wegen das Volk »unvorstellbaren Katastrophen« aussetzen zu können und »die Gesundheit von dreißig Generationen« und »das Erbgut der Menschheit« aufs Spiel zu setzen?

Die neue technisch-wissenschaftliche Aktivität hatte in Deutschland mit der von dem damaligen Wirtschaftsminister Ludwig Erhard veranlaßten Gründung der »Physikalischen Studiengesellschaft« am 8. November 1954 begonnen, für die 16 deutsche Firmen vorerst 100 000 DM spendeten. Ihre Aufgabe war, »die wissenschaftlichen Arbeiten für die friedliche Anwendung der Kernphysik zu fördern«. Die Gesellschaft beschloß

DIE ERRICHTUNG EINES KERNREAKTORS EIGENER KONSTRUKTION UND EIGENER FERTIGUNG

und stützte sich dabei auf Vorarbeiten, die Karl Wirtz im Göttinger

Institut von Professor Werner Heisenberg ausgeführt hatte. Im Juni 1956 schlossen sich 92 deutsche Firmen zu einer »Kernreaktor-Finanzierungsgesellschaft« zusammen, deren Startkapital 15 Millionen DM betrug. Der Bund fügte 9 Millionen, das Land Baden-Württemberg 6 Millionen hinzu, und mit diesen 30 Millionen wurde die »Kernreaktor Bau- und Betriebsgesellschaft Karlsruhe« gegründet, die Keimzelle des Kernforschungszentrums Karlsruhe. Diese Gesellschaft baute und betrieb mit Hilfe der Techniker der beteiligten Firmen den 5-MW-Reaktor FR-2, der mit Natururan und Schwerwasser arbeitete, weil vorerst keinerlei Aussicht bestand, von den USA angereichertes Uran zu erhalten.

Das änderte sich jedoch, als Deutschland als Reaktorkunde in Frage kam: Im Herbst 1955 wandte sich das »Rheinisch-Westfälische Elektrizitätswerk«, das damals Heinrich Schoeller leitete, über die »AEG« an die »General Electric« und kaufte zusammen mit dem »Bayernwerk« einen 15-MW-Versuchsreaktor, der in Kahl am Main errichtet wurde. Die »General Electric« setzte durch, daß 1957 die amerikanische Atomenergiekommission Deutschland angereichertes Uran zur Verfügung stellte. Auch ein entsprechender Staatsvertrag zwischen Washington und Bonn kam zustande, und 1962 wurde ein zweiter Leichtwasserreaktor in den USA bestellt, den die »AEG« und »General Electric« in Gundremmingen an der Donau errichteten und der 1965 fertiggestellt wurde. Mit 240 Megawatt entsprach er der damaligen Betriebsgröße konventioneller Großkraftwerke. »Siemens« arbeitete, wie geschildert, mit »Westinghouse« zusammen und baute den 283-MW-Reaktor Obrigheim, der 1968 kritisch wurde, und erzielte im Jahr darauf den ersten Exporterfolg mit einem von den Niederlanden bestellten Druckwasserreaktor von 450 MW für Borssele unweit Vlissingen.

Wie verlockend die amerikanischen Angebote aber auch waren, die deutsche Eigenentwicklung wurde *nicht* aufgegeben. Auch »Siemens« und die »AEG« übernahmen, wie gesagt, die amerikanischen Entwicklungen keineswegs unbesehen, sondern unterhielten eigene, große Entwicklungsabteilungen und übertrafen so sehr bald die Lizenzgeber. Und als neue Entwicklung setzte sich

DER HOCHTEMPERATUR-KUGELHAUFEN-REAKTOR RUDOLF SCHULTENS

durch.

Schulten ging davon aus, daß *weit* mehr Energie in Form von Wärme gebraucht wird, vor allem die Industrie etwa die Hälfte ihres

Gesamt-Primärenergiebedarfes als Prozeßwärme einsetzt. Zwar wird mehr und mehr Energie in Form von Elektrizität verwendet, aber die allein genügt nicht, und so müssen Kernkraftwerke Strom *und* Wärme hoher Temperaturgrade liefern können. Vor allem, weil *nur* durch Hochtemperaturreaktoren Kohle wirtschaftlich hydriert und total vergast werden kann.

Da sie mit niedrigen Temperaturen arbeiten, erreichen die heutigen Leichtwasserreaktoren aber auch noch nicht die Wirkungsgrade konventioneller Kraftwerke und geben dadurch zu viel Abwärme ab. Und schließlich gibt es auf der Erde ungleich mehr Thorium als Uran, ist Thorium auch viel leichter abzubauen, und wenn es auch selber nicht spaltbar ist, so kann man es in einem Hochtemperaturreaktor in spaltbares Uran 233 verwandeln.

Schulten entwickelte also den Thorium-Brutkreislauf, und er entwickelte einen Reaktor, der nicht abgeschaltet zu werden braucht, wenn der Brennstoff erneuert wird. Und wenn seine Konstruktion zuerst nur als Kuriosum betrachtet wurde und die Fachwelt skeptisch blieb, so überzeugte Schulten mit typisch westfälischer Zähigkeit schließlich seine Kollegen ebenso wie die Energieversorgungsunternehmen, die Industrie und die Behörden.

Im Jahre 1923 in Oeding in Westfalen als Sohn eines Kaufmanns geboren, war Schulten 1943–45 Soldat, studierte dann in Bonn Physik und Mathematik und schrieb unter Professor Heisenberg im Max-Planck-Institut für theoretische Physik seine Doktorarbeit über »Die magnetischen Momente und Quadrupolmomente einiger leichter Atomkerne«. Aber 1953–56 war Schulten auch in der Reaktorentwicklungsgruppe der Max-Planck-Gesellschaft tätig, die den später in Karlsruhe gebauten, ersten deutschen Forschungsreaktor FR-2 entwarf.

Hier war es nicht mehr nur um rein theoretische Fragen gegangen. Aber Rudolf Schulten wollte unmittelbar mit der Industrie zusammenarbeiten und trat 1956 bei der Firma »Brown, Boveri & Cie.« ein und machte hier als Leiter der Abteilung Reaktorentwicklung 1958–62 den Kugelhaufen-Reaktor baureif.

Dieser Reaktortyp verwendet als Brennelemente nicht wie Leichtwasserreaktoren mit Uranoxid-Pellets gefüllte dünne, lange Rohre, sondern Graphitkugeln von etwa 60 Millimeter Durchmesser oder Tennisballgröße. Bei dem in Bau befindlichen THTR-300 hat z. B. der Brennstoff – etwa 10 Gramm Thoriumoxid und 1 Gramm Uranoxid – die Form von 30 000 bis 40 000 Partikeln von nur zwei bis acht Zehntel Millimeter Durchmesser. Beim Abbrand können auch hier keine gasförmigen Spaltprodukte austreten, weil man auf diese winzigen, kugelförmigen Brennstoffteilchen in einem Wirbelbett durch Pyrolyse von Kohlenwasserstoffen drei gasdichte Graphitschichten niederschlägt. Alle Volumenänderungen werden durch eine innere, poröse Pufferschicht, eine zähe Zwischenschicht und eine hochdichte Außenschicht aufgefangen. Jede Brennelementkugel wiegt so etwa 200 Gramm und besitzt eine sehr hohe mechanische Festigkeit: Wie der Betrieb des AVR in Jülich zeigt, geht während ihrer Einsatzzeit von etwa fünf Jahren pro 10 000 Kugeln durchschnittlich nur eine zu Bruch.

In einer Art großem Trichter befindet sich ein Haufen dieser Kugeln, die durch ihre eigene Schwere in den Reaktorkern gelangen, der hier nicht aus Metall, sondern aus Graphit besteht, weil das einer der temperaturbeständigsten aller Werkstoffe und zugleich ein guter Moderator ist. Während des Reaktorbetriebes befinden sich in diesem Kern etwa 700 000 Kugeln, und von diesen wird am Boden laufend eine gewisse Menge abgezogen. Sie durchlaufen eine Art Minireaktor, der prüft, ob ihr Brennstoffgehalt noch für einen weiteren Brennstoffzyklus ausreicht, und wenn das der Fall ist, werden sie wieder zuoberst auf den Haufen geworfen. Dieser besteht also aus unterschiedlich stark abgebranntem Brennstoff, und bei der Inbetriebnahme des Reaktors werden zwischen die frischen Kugeln »taube«, nur aus Graphit bestehende, gemischt und etwa 40 000 »Absorber«-Kugeln, die sogar Neutronen einfangen. Die werden im Lauf der Zeit entfernt und jährlich etwa 175 000 frische Brennelementkugeln nachgeladen. Abgeschaltet wird der Reaktor durch zylindrische Bohrkarbidstäbe, die ohne besondere Führung einfach in den Haufen geschoben werden.

Völlig automatisch schaltet sich ein Hochtemperaturreaktor ab, wenn z. B. sämtliche Kühlgebläse ausfallen. Auch in diesem unwahrscheinlichen Fall besteht keinerlei Gefahr, weil die dadurch ausgelöste Temperaturerhöhung die Reaktivität derart vermindert, daß die Leistung auf Null zurückgeht. 1971 wurde in Jülich solch ein Ausfall simuliert, und augenblicklich hörte die Reaktion auf. Nachdem der aufgebaute Temperaturüberschuß so weit abgebaut war, daß die Kettenreaktion wieder beginnen konnte – was etwa 24 Stunden dauerte –, pendelte sich die Leistung dann auf 1% der normalen ein. Schmelzen *kann* der Kern eines Kugelhaufenreaktors nicht.

Innerhalb dieses Kerns und des ihn umgebenden Druckzylinders zirkuliert Helium bei etwa 40 Atmosphären Druck als Kühl- und Wärmetransportmittel, das als Edelgas mit dem Graphit nicht reagiert.

Die gute Wärmekapazität des Heliums wirkt sich besonders günstig aus, wenn es unmittelbar in einer Gasturbine verwendet wird. Solche Turbinen haben bei kleinem Volumen sehr große Leistungen, vereinfachen den Kühlkreislauf und senken die Anlagekosten, und das vierte Atomprogramm der Bundesregierung sah 1973–76 für ihre Entwicklung 251 Millionen DM vor. Eine Versuchsanlage in Jülich erprobt die Endstufen von großen Heliumturbinen bei Temperaturen von 1000° C. Schon bei 850° sind Wirkungsgrade von 42 bis 45% möglich. Das deutsch-schweizerische Helium-Hochtemperatur-Projekt, zu dem sich »Brown, Boveri«, »Gebrüder Sulzer«, die »Hochtemperatur Reaktorbau GmbH«, die »Nukem GmbH«, das Eidgenössische Institut für Reaktorforschung und die Kernforschungsanlage Jülich zusammenschlossen, will die Gasturbinen in den Spannbetonbehälter eines heliumgekühlten Reaktors integrieren, das hier auf 850° C erhitzte Gas im Primärkreislauf umwälzen, während bei dem in Betrieb befindlichen und dem in Bau befindlichen deutschen Kugelhaufenreaktor Wärmeaustauscher und Dampfturbinen benutzt werden.

Schultens seit 1966 unweit Jülich in Betrieb befindlicher 15-MW-Versuchsreaktor kam zustande, weil der Konstrukteur nicht nur eine Firma von Weltruf für seine Idee gewonnen hatte, sondern auch Wilhelm Engel, den Generaldirektor der Düsseldorfer Stadtwerke, den erfahrenen Kraftwerksbauer W. Cautius und den damaligen nordrhein-westfälischen Staatssekretär Dr. Leo Brandt. Am 20. November 1956 konnte die »Arbeitsgemeinschaft Versuchsreaktor AVR« gegründet werden, zu der sich neun kommunale EVUs zusammenschlossen. »Brown, Boveri« bildete eine Arbeitsgemeinschaft mit »Krupp«, und diese erhielt am 25. April 1957 den Bauauftrag. Den durchzuführen erwies sich als schwierig, denn wenn heute die Proteste der Bürgerinitiativen die Genehmigungserteilung verzögern, so gab es damals Schwierigkeiten mit dem Atomgesetz, dessen Regierungsentwurf die Atomkommission im April 1956 gutgeheißen hatte. Forschung und Entwicklung waren bisher das ausschließliche Vorrecht der Bundesländer gewesen, und bundeseinheitliche Sicherheitsvorschriften und Genehmigungsverfahren stießen auf so großen Widerstand, daß das Gesetz erst im Dezember 1959 verabschiedet werden konnte. Jede Novellierung ließ den Streit neu aufflackern, und noch im August 1977 bezweifelte das Oberverwaltungsgericht in Münster die Verfassungsmäßigkeit des Atomgesetzes. Aber die Schwierigkeiten *wurden* überwunden. Am 26. August 1966 wurde der Kugelhaufenreaktor kritisch, und binnen zehn Jahren erzeugte er 900 Millionen Kilowattstunden Strom. Im Durchschnitt war er 78% der Zeit verfügbar, für einen Versuchsreaktor ein überaus günstiges Resultat, und 1976 betrug die Zeitverfügbarkeit 92% und die Arbeitsverfügbarkeit 90%. Im Februar 1974 wurde die Kühlgasaustrittstemperatur von 850° C (dem Auslegewert) auf 950° erhöht,

DIE HÖCHSTE, JE IN EINEM KERNKRAFTWERK ERREICHTE TEMPERATUR,

und bis heute ohne Schwierigkeiten beibehalten. Die Neutronenökonomie erwies sich als hervorragend und die Radioaktivität als die niedrigste bisher gemessene. Sie beträgt am ungünstigsten Ort der Umgebung des Reaktors nur ein Hunderttausendstel der natürlichen Strahlenbelastung.

Schulten war im Jahre 1964, während der Bauzeit dieses Versuchsreaktors, Leiter des Instituts für Reaktorentwicklung der Kernforschungsanlage Jülich geworden und hatte da die Projektleitung für den Bau des 300-MW-Thorium-Hochtemperaturreaktors übernommen, der seit Mai 1971 in Hamm-Uentrop in Westfalen entsteht. Zum Bau dieses Werkes, das insgesamt 1300 Millionen DM erfordert, bildeten die Firmen »Brown, Boveri & Cie.« in Mannheim, die »Hochtemperatur-Reaktorbau GmbH« in Mannheim und die »Nukem GmbH« in Hanau ein Konsortium. Zu den Besonderheiten dieses Werkes, das ebenfalls durch langwierige Genehmigungsverfahren behindert wurde und das so erst 1981/82 in Betrieb kommt, gehört ein Trockenkühlturm, dessen Seilnetzkonstruktion an einem 178 Meter hohen Pfeiler aus Stahlbeton hängt. Denn wegen seines hohen Temperaturniveaus ist das Hochtemperaturreaktor-Kernkraftwerk gut für Trockenkühlung geeignet.

Hat Schultens Arbeit *Weltbedeutung,* so erwiesen sich aber auch deutsche Pionierarbeiten, die auf den Zweiten Weltkrieg zurückgehen, als für *ganz* Europa überaus wichtig, denn sie ermöglichen die *eigene* Urananreicherung.

Das in der Natur vorkommende Uran enthält, wie gesagt, nur 0,7% spaltbares Uran-235 und 99,3% nichtspaltbares Uran-238. Eine Anreicherung des Isotops U-235 ist eine überaus schwierige Aufgabe, denn es handelt sich ja bei beiden Isotopen um das gleiche chemische Element. Ein chemisches Trennverfahren kommt deshalb nicht in

Frage. Wie schwierig ein physikalisches ist, geht daraus hervor, daß der Massenunterschied 235:238 minimal ist. Auch

DAS PROBLEM DER KERNBRENNSTOFFANREICHERUNG

aber *wurde* gelöst, und heute gibt es verschiedene Methoden. Bei allen Verfahren zur Isotopentrennung braucht man Uran in gasförmigem Zustand. Nur das Uranhexafluorid (UF_6) ist bei niedrigen Temperaturen schon gasförmig, es sublimiert bei etwas über 50° C. Bei der ältesten großtechnisch genutzten Methode, dem schon erwähnten Gasdiffusionsverfahren, wird an einer Membrane eine hohe Druckdifferenz an UF_6 aufrechterhalten. Die leichteren UF_6-Moleküle mit U-235 bewegen sich schneller durch die Membran als die schwereren mit U-238. Bei 10 000 Molekülen entsteht so ein Überschuß von 43 leichten Molekülen. Wird dieser Trennvorgang 1500- bis 2500mal wiederholt, so ist eine Anreicherung des U-235 von 0,7% im Natururan auf etwa 3% erreicht. Aus wirtschaftlichen Gründen müssen die Gaskompressoren für jede Trennstufe relativ groß sein. Deshalb lohnt sich auch der Bau einer Gasdiffusionsanlage erst ab einer bestimmten Mindestgröße, die erst dann ausreichend ausgelastet werden kann, wenn ca. 50 Kernkraftwerke laufend zu versorgen sind. Eine eigene Trennanlage dieser Größe kam also vorerst für Westdeutschland nicht in Frage, abgesehen davon, daß sie einen Strombedarf von etwa 2500 MW hätte, für sie allein ein großes Kernkraftwerk gebraucht würde und sie bei den heutigen Preis etwa 12 Milliarden DM kosten würde. Aber bereits 1941 wurde in Deutschland ein anderes Trennsystem erdacht, und zwar

DIE URANANREICHERUNG DURCH GASZENTRIFUGEN:

Zentrifugen nutzen die Fliehkraft oder Zentrifugalkraft, deren Theorie Christian Huygens bereits 1673 aufstellte und die praktisch zu nutzen James Ferguson schon 1749 versuchte. Weltweit sind Zentrifugen im Einsatz, seit der Schwede Gustav de Laval 1879 den »Separator«, eine kontinuierliche Milchzentrifuge, erfand, und heute gehören Zentrifugen zu den wichtigsten Hilfsmitteln der chemischen Industrie und zahlreicher anderer auf Stofftrennungen angewiesener Branchen. Durch Schleudern des Uranhexafluorids vergrößern die Zentrifugalkräfte auch den geringen Gewichtsunterschied der Uranisotopenanteile, und durch Erhitzen des Gases am Kopf des Zentrifugenzylinders und Kühlung an dessen Fuß kommt es zu einer Zirkulation, die den Trenneffekt verstärkt. Je 10 000 Moleküle können so je Trennstufe 1520 Moleküle statt bei der Gasdiffusion nur 43 des spaltbaren Urans abgesondert werden, und 10 bis 30 hintereinandergeschaltete Stufen statt 1500 bis 2500 genügen, um den für den Reaktorbetrieb benötigten Anreicherungsgrad zu erzielen. Bei Gaszentrifugen sind bereits Anlagen von 10% der Mindestgröße von Gasdiffusionsanlagen rentabel, und was das Entscheidende ist: Bei gleichem Durchsatz kommen Zentrifugenanlagen heute mit weniger als einem Zehntel des Stroms aus, den Gasdiffusionsanlagen brauchen.

Nur muß der Zentrifugenzylinder die Geschwindigkeit eines Punktes auf dem Zylinder von mindestens 500 Meter pro Sekunde haben, um den nötigen Trenneffekt zu erzielen, und das sind 1800 Stundenkilometer oder die doppelte Geschwindigkeit eines Düsenflugzeugs. Der rotierende Zylinder muß bei 20 Zentimeter Durchmesser etwa einen Meter lang sein und gewaltige Kräfte aushalten, und vor allem seine Lagerung schien ein unlösbares Problem. Solange man Kugellager benutzte, war der Energieverbrauch weitaus zu hoch. Heute aber steht der faserverstärkte Kunststoffbehälter auf einer Nadelspitze und wird oben durch Magnetkräfte gelagert. Drehzahlen von über 1500 pro Sekunde wurden so möglich, die einer Stundengeschwindigkeit von 5400 Kilometern gleichkommen.

Natürlich war 1941 an solch eine Leistung nicht zu denken. Aber Wilhelm Groth und Paul Harteck stellten am Physikalisch-Chemischen Institut der Universität Hamburg die grundlegenden Berechnungen an, und Konrad Beyerle bei der Firma Anschütz in Kiel, die durch ihren Kreiselkompaß weltberühmt geworden war, entwickelte die erste Ultrazentrifuge, mit deren Hilfe 1942 die ersten hundert Gramm schwach angereicherten Urans hergestellt wurden.

Da die beiden Erfinder ihr Verfahren in Deutschland wegen des Atomverbots nach dem Krieg nicht verwenden konnten, wanderte Harteck in die USA aus, und Groth nahm 1953 eine Einladung Admiral Alvaro Albertos, des Vorsitzenden des brasilianischen Forschungsrates, an, um es in Brasilien technisch reif zu machen. Aber der amerikanische Geheimdienst verhinderte das, ließ das Gepäck Groths beschlagnahmen und »stellte alle Unterlagen sicher«. Zwei Jahre später wäre das unmöglich gewesen. Aber auch nach 1955 gab es nicht nur technische Schwierigkeiten: Einer der Pioniere des deutschen Verfahrens, der Physiker Gernot Zippe, war in die Sowjetunion gebracht worden und kehrte erst 1955 zurück. Er nahm seine Arbeit bei der »Deutschen Gold- und Silberscheide-Anstalt«, der DEGUSSA, wieder auf, aber nun zwang die amerikanische Regierung, die ihr Anreicherungsmonopol zu erhalten gewillt war, die deutsche, die Arbeiten für »strikt geheim« zu erklären, und so stellte sie die DEGUSSA ein. Erst im August 1964 konnte die »Gesellschaft für Kernverfahrenstechnik GTK« in Jülich gegründet werden, deren Eigentümer der Bund war, und erst die 1969 zustande gekommene »Uranit GmbH«, an der sich die DEGUSSA-Tochter »Nukem« in Hanau und die »Gelsenberg« mit je 40% und »Hoechst« mit 20% beteiligten, erzielte praktische Erfolge. Schließlich kam es 1971 auf Regierungsebene zur Gründung der URENCO, an der Großbritannien durch die »British Nuclear Fuels Ltd.«, Holland durch die »Ultra-Centrifuge Nederland N.V.« und Deutschland durch die »Uranit« zu je einem Drittel beteiligt sind. Während die URENCO Gaszentrifugenanlagen in Almelo und Capenhurst betreibt, stellt die CENTEC, die »Gesellschaft für Zentrifugentechnik mbH« in Bensberg, die Zentrifugen her. Aus dem deutschen Verfahren war aber auch ein europäisches geworden, weil ja die meisten der 1945 in Deutschland beschlagnahmten Dokumente nach und nach publiziert wurden. Mehr als 2000 Forscher und Techniker waren schließlich an der Vervollkommnung des Gaszentrifugenverfahrens beteiligt, und für die Entwicklung der Ultrazentrifuge überreichte Bundespräsident Scheel bei einer Feier in Essen am 28. März 1978 acht Forschern den mit einer halben Million DM höchstdotierten deutschen Wissenschaftspreis, den »Krupp-Preis für Energieforschung«: Dr. Konrad Beyerle und Professor Hans Martin aus der Bundesrepublik Dr. Carl Cohen und Professor Paul Harteck aus den USA; Professor Jacob Kistemaker aus den Niederlanden; Dr. Stanley Whitley aus Großbritannien; Dr. Gernot Zippe aus Österreich und Professor Max Steenbeck aus der DDR. Nachdem 1977 die Prototypanlage in Almelo in Betrieb kam, erkannte auch die amerikanische Regierung die Überlegenheit des europäischen Verfahrens an: Da die Anreicherungsanlagen der USA, die ja schon für die Bombenherstellung gebaut wurden, weitgehend schrottreif sind, sollen nun neue Anlagen auf Grund der Zentrifugentechnologie errichtet werden.

Weiter gibt es heute

DAS DEUTSCHE TRENNDÜSENVERFAHREN DER URANANREICHERUNG,

das ebenfalls die Zentrifugalkräfte nutzt. Hier strömt das mit Wasserstoff oder Helium vermischte Uranhexafluorid durch schmale, düsenartig ausgeweitete Schlitze, die halbkreisförmig umgebogen sind. Die schwereren Moleküle drängen zum äußeren Rand des Schlitzes, während sich die leichteren an seiner Innenseite anreichern. Eine in den Gasstrom gestellte Trennwand sorgt dafür, daß es bei der Trennung bleibt. Dieses von Erwin W. Becker in Karlsruhe entwickelte Verfahren hat einen hohen Energiebedarf, weil es mit hochverdichtetem Gas arbeitet. Aber es hat den geringsten Raum- und Kapitalbedarf, weil es den größten Mengendurchsatz besitzt, und wird deshalb im brasilianischen Nuklearabkommen verwendet.

Diese wie die anderen deutschen Leistungen waren durch das enge Zusammenwirken von Forschung, Wirtschaft und Staat möglich, und sie setzten sich weltweit durch, weil sie dem

ZWANG ZUR WIRTSCHAFTLICHKEIT

unterlagen. Die deutsche Nuklearindustrie konnte ihre Entwicklungskosten niemals auf militärische Projekte abwälzen wie die amerikanische oder britische oder seitens der Waffenentwicklung überzählig gewordene Versuchs- und Fabrikationseinrichtungen für nominelle Beträge übernehmen. In der Bundesrepublik liegt auch die Elektrizitätserzeugung nicht wie in Frankreich oder England in der Hand staatlicher Gesellschaften, niemand konnte hier die EVUs dazu zwingen, Kernkraftwerke zu bestellen oder diese oder jene staatlich verordnete Reaktorbaulinie durchzusetzen. Der betriebswirtschaftliche Kilowattstundenpreis wurde stets unnachsichtig mit dem der herkömmlichen Kraftwerkstypen verglichen. Die Energieversorgung ist lebenswichtig für das *ganze* Volk, und so ist es selbstverständlich, daß sich *alle* Steuerzahler an den Forschungs- und Entwicklungskosten neuer, vorerst unrentabler Energiefreisetzungsmethoden beteiligen. Aber auch

DIE WESTDEUTSCHE FORSCHUNGS- UND ENTWICKLUNGSFÖRDERUNG

war stets marktorientiert und sicherte Deutschland keineswegs nur lebenswichtige Zukunftstechnologien, sondern die Steuergelder, die für die Kernenergie aufgewendet wurden, rentierten sich auch unmittelbar: Insgesamt wurden für Leichtwasserreaktoren von der öffentlichen Hand 4700 Millionen DM aufgewendet. Die Verbilligung der Kilowattstunde Atomstrom gegenüber konventionellem nur mit durchschnittlich drei statt der heute fünfeinhalb Pfennig angenommen, waren die bereits 1978 zurückbezahlt. Als das 4. Atomprogramm der Bundesregierung 1973 Jahresausgaben von 1,2 Milliarden DM vorsah, schien das vielen Leuten »viel zuviel«. Aber bereits im Jahr darauf mußte Westdeutschland für seine Ölimporte um 16 Milliarden DM *mehr* aufwenden, als angenommen worden war, kostete das Öl in diesem einen Jahr um soviel mehr, als seit 1955 insgesamt für die Kernforschung und Kernenergieentwicklung ausgegeben worden war. Die öffentliche Hand trug in den Jahren 1956–76 zur nuklearen Grundlagenforschung einschließlich der Beiträge zur gemeinsamen europäischen Forschung etc. 8,4 Milliarden DM bei und für die praktische Nutzung der Kernenergie, vor allem die Entwicklung von Hochtemperaturreaktoren, Brütern etc., 8,2 Milliarden. Die Privatwirtschaft brachte ebensoviel auf, und obwohl die deutschen Kernkraftwerksbauer bis 1978 nicht weniger als 15 Anlagen mit zusammen 16 000 MW in sieben Länder lieferten oder dort in Bau hatten und mit wenigen Ausnahmen alle deutschen bauten, erzielte die »Kraftwerk-Union«, die in den Jahren 1969–76 insgesamt einen Umsatz von 4715 Millionen DM hatte, erstmals 1976/77 einen Jahresüberschuß von 40,7 Millionen DM, durch den sie den Verlustvortrag des Vorjahres von 40,5 Millionen tilgen konnte.

Insgesamt betrugen die Aktiven der »Kraftwerk-Union« nun 9,3 Milliarden DM und ihr Auftragsbestand 27,2 Milliarden. Damit ist sie

FÜHREND IM WELTKERNKRAFTWERKSBAU,

und das ist ein überzeugender Erfolgsbeweis der Nuklearentwicklung. Denn die »Kraftwerk-Union AG« in Mülheim (die, wie gesagt, 1969 mit gleichen Kapitalteilen von der »AEG« und »Siemens« gegründet wurde, seit 1. Januar 1977 aber zu 100% »Siemens« gehört) baut Kraftwerke *aller* Art und hat keinerlei Interesse daran, mehr Kernkraftwerke zu bauen als andere, solange sich das nicht als wirtschaftlich bedingt oder durch die Energiesituation als unabwendbar erweist. Die Gasleute machten seinerzeit das Petroleum und die elektrische Beleuchtung schlecht. Die Ölleute bekämpften die Kohle und umgekehrt. Bei der Kernenergie gibt es keine Sonderinteressen, da entscheiden allein die gegebenen Tatsachen. Da ist vor allem aber auch

DIE SICHERHEIT DER NUKLEARANLAGEN SCHON DURCH DIE BAUFIRMEN GEGEBEN, DIE GENERATIONENLANG UND WELTWEIT IHR VERANTWORTUNGSBEWUSSTSEIN UND IHRE INTEGRITÄT UNTER BEWEIS STELLTEN

und deren Können und Erfahrung ebenso unzweifelhaft sind wie der Willen, ihren guten Ruf zu bewahren. Denn von diesem Ruf hängen ihre Aufträge ab, den *können* sie nicht aufs Spiel setzen.

Pioniere des Kernkraftwerksbaus in den USA waren, wie geschildert, »General Electric« und »Westinghouse«. Die »General Electric« entstand 1892 durch die Fusion der »Edison Electric Light Co.« mit der »Thomson-Houston Electric Co.«, zwei Firmen, die durch die

Erfindungen ihrer Gründer zustande kamen. Ebenso beruht die »Westinghouse Electric« auf den Erfindungen ihres Gründers, und beide dieser Weltkonzerne begannen mit sehr bescheidenen Mitteln und schufen selber ihr Kapital. Die Verkäufe der »General Electric« betrugen 1892 insgesamt 12 Millionen Dollar. 1977 waren es 17 519 Millionen, und da betrugen die Aktiven dieser Firma, die Nummer 9 unter den 500 bedeutendsten Industrieunternehmen der USA war, rund 14 Milliarden Dollar statt der 46 Millionen, mit denen begonnen wurde. Nun wurden 384 000 Leute unmittelbar beschäftigt. »General Electric« besitzt jetzt aber auch 43 000 Zulieferer, und über 400 000 Kleinfirmen besorgen den Vertrieb, die Installation und den Service der GE-Produkte. 16 000 der GE-Zulieferer beschäftigen weniger als 100 Leute, und ähnlich war die Entwicklung bei »Westinghouse«. George Westinghouse begann 1886 seine kleine Fabrik in der Garrison Alley von Pittsburgh mit 200 Arbeitern. Der erste »Katalog« bestand aus einer Postkarte. Aber bereits 1937 konnte die »Westinghouse Electric« einen eigenen Teilchenbeschleuniger für ihre eigene Atomforschung einsetzen, und 1953–54 baute sie das »Nautilus«-Atomtriebwerk. Heute werden neben Kernkraftwerken 300 000 andere Produkte hergestellt und 142 000 Leute beschäftigt, betragen die Verkäufe mehr als 6 Milliarden Dollar jährlich.

Hört sich das wie die Geschichte von Firmen an, die, von Spekulanten gegründet, durch Ausbeutung groß wurden? Oder die von hemmungslosen Profiteuren, die selber nichts zu verlieren haben?

Als erste Elektrofirma der Welt gilt die des Grobschmieds Thomas Davenport aus Brandon in Vermont, USA, die 1837 gegründete »Electro Magnetic Association«, die Faradays Entdeckungen praktisch zu nutzen versuchte, aber bereits 1840 in Konkurs ging. Zur

Keimzelle der heutigen Weltelektroindustrie

wurde durch ihre Dynamomaschinen und Motoren erst die Firma »Siemens & Halske«, die als »Telegraphenbauanstalt« am 1. Oktober 1847 in einem Hinterhaus der Berliner Schönebergstraße, nicht weit vom Anhalter Bahnhof, ihren Betrieb aufnahm. Sie besaß eine Drehbank und beschäftigte drei Gehilfen. Der erste, zum 1. Januar 1850 aufgestellte Geschäftsbericht wies für die abgelaufenen zweieinviertel Jahre einen Umsatz von 45 850 Thalern aus, von 137 500 Mark oder rund 60 000 Mark jährlich. Aber wenn Halske ein hervorragender Feinmechaniker war, so Werner Siemens Naturforscher, Erfinder und Kaufmann in einem, und von ihm stammt der Wahlspruch der Firma »An der Spitze bleiben!«

Siemens war 1816 in Lenthe bei Hannover zur Welt gekommen, einem damals nur aus wenigen strohgedeckten Häusern bestehenden Dorf zwischen Rüben- und Getreidefeldern. Sein Vater war da Gutspächter, ein sehr gebildeter und fähiger Mann aus einer alten Goslarer Handwerker- und Ackerbürgerfamilie, der aber immer wieder schwere Verluste durch Mißernten erlitt und nie aus den Geldsorgen herauskam. In Lenthe gab es keine Schule und in Menzendorf in Mecklenburg, wohin die Familie 1823 übersiedelte, ebensowenig. Werner und seine Brüder lernten von der Großmutter mütterlicherseits lesen und schreiben, schulten ihr Gedächtnis durch das Auswendiglernen zahlloser Gedichte. Erst mit 12 Jahren kam Werner Siemens auf die Bürgerschule der Kleinstadt Schönberg und mit 16 in die Obertertia des Katharineums in Lübeck. Er beschloß, Baumeister zu werden. Aber die Mittel zum Besuch der Berliner Bauakademie waren nicht aufzubringen. Siemens wanderte zu Fuß nach Berlin und versuchte es mit dem Preußischen Ingenieurkorps. Aber das Korps war überfüllt. Er zog weiter nach Magdeburg, kam dort 1834 als Offiziersanwärter bei der Artillerie unter, erwarb auf diesem Umweg technische Kenntnisse und machte 1841 seine erste Erfindung, die eines galvanischen Vergoldungsverfahrens. Die ermöglichte es ihm, Vorlesungen an der Universität Berlin zu hören, und 1845 nahm er dort an der Gründung der Physikalischen Gesellschaft teil. Siemens verfaßte einen »Historischen Abriß der Entwicklung und Vervollkommnung der elektrischen Telegraphie«, und ein entfernter Verwandter, der Justizrat Georg Siemens, der spätere Direktor der Deutschen Bank, lieh ihm 10 000 Thaler für die Gründung der »Telegraphenbauanstalt«. Die baute das Telegraphennetz Rußlands. Die baute schließlich 1867–70 die 11 000 km lange Indo-Europäische Telegraphenlinie, die London mit Kalkutta verband und die 8 Millionen Mark kostete.

Bereits 1866 hatte Werner Siemens die Dynamomaschine erfunden und 1872 den ersten Elektromotor gebaut, der 0,7 Kilowatt leistete. Was immer die Firma unternahm, sie *blieb* an der Spitze, und am 30. 9. 1977 betrug die Bilanzsumme des Konzerns 25 852 Millionen DM. Da war der Umsatz rund 420 000mal so groß wie vor vier Generationen. Da gab es statt der zwei Firmeninhaber 390 000 Aktionäre und statt der drei Arbeiter mehr als 300 000 in 130 Ländern, war Siemens der größte Arbeitgeber der Bundesrepublik. Der Reingewinn aber betrug 1976/77 mit 650 Millionen DM nur 2,5% des Umsatzes, und wegen seiner »Profite« war Siemens nie berühmt.

Aufsichtsratsvorsitzender der Firma ist nun ein Enkel des Gründers, Dr. Peter von Siemens und Ehrenvorsitzender Dr. Ernst Albrecht von Siemens, Vorstandsvorsitzender aber seit 1971 Dr. Bernhard Plettner, der 1940 als Angestellter mit 300 RM monatlich bei Siemens eintrat. Im Jahre 1914 in Oberlahnstein geboren, von Beruf Diplomingenieur und für Siemens viel im Ausland, sitzt Dr. Plettner heute in einem spartanisch einfachen Büro in einem alten Münchner Palast unweit der Oper. Er erkannte früh, daß die Entwicklungsländer fix und fertige Kraftwerke brauchen und eine Garantie von so und so viel Leistung. Vor allem Plettners Exportstrategie führte dazu, daß Auslandsaufträge heute die Hälfte des Siemens-Umsatzes ausmachen. Siemens-Vertreter wissen von jeder Ausschreibung, die es irgendwo auf der Erde gibt, und bieten rechtzeitig an. Da wird eine komplette Energieversorgungseinrichtung für ein Stahlwerk in Indonesien geliefert, Fernsprech- und Telexsysteme für Finnland, die Beleuchtung für die Fußballweltmeisterschaftsspiele in Argentinien, Kernkraftwerke und Wiederaufbereitungsanlagen für Brasilien.

Wie seinerzeit Siemens & Halske dem Zarenreich Telegraphenlinien anboten, weil diese bei den riesigen Entfernungen die *einzige* Möglichkeit bedeuteten, dieses Reich wirklich zu regieren, so bietet

> DIE KERNENERGIENUTZUNG BRASILIENS DIE EINZIGE MÖGLICHKEIT, DIE RASCH WACHSENDE BEVÖLKERUNG ÜBERALL IN DEM RIESIGEN RAUM AUSREICHEND MIT ENERGIE ZU VERSORGEN.

Brasilien ist der größten Tropenstaat der Erde. Es ist mit rund achteinhalb Millionen Quadratkilometern 34mal so groß wie Westdeutschland. Es ist um ein Zehntel größer als der Kontinent Australien und nimmt drei Siebentel von Iberoamerika ein. Dementsprechend sind die Verkehrs- und Transportprobleme. Zwar gilt Brasiliens Wasserkraftpotential als eines der größten der Erde, wurde es 1976 auf etwa 145 000 Megawatt geschätzt. Aber installiert waren nur 12 600, und in Bau sind nun Werke mit weiteren 22 200 MW. Denn selbst in der Luftlinie liegen die größten Wasserkräfte 2500 bis 3000 Kilometer von Sao Paulo, dem Ballungsgebiet der brasilianischen Industrie, entfernt. Auf Groß-Sao Paulo, das jetzt rund 30 000 Fabriken zählt, entfallen fast sechs Zehntel der Industrieproduktion Brasiliens, und fast vier Zehntel seines Bruttosozialprodukts und die Bevölkerung dieser Stadtregion wuchs seit 1932, als es hier insgesamt 700 Fabriken (und davon 500 in ausländischem Besitz) gab, von 600 000 auf heute mehr als 9 Millionen. Da liegen auch Brasiliens große Bergwerksgebiete und seine großen Häfen weiter von den

Wasserkräften entfernt als Paris von Moskau oder Moskau von Nowo Sibirsk. Praktisch nutzbar sind nur etwa 30 000 MW, und diese Grenze ist fast schon erreicht. 1977 stammten mehr als acht Zehntel allen Stroms aus Wasserkraftwerken, aber der genügt immer weniger, denn wenn

BRASILIENS ELEKTRIZITÄTSERZEUGUNG

auch von etwa 2,6 Milliarden kWh im Jahre 1940 auf 60 Milliarden 1977 stieg, pro Kopf bedeutete das nur eine Steigerung von 63 kWh auf 520, denn inzwischen nahm die Bevölkerung von 41 Millionen auf 115 Millionen zu.

Brasilien hat keineswegs zu viele Menschen, im Gegenteil, noch weitaus zu wenige, denn erst bei etwa 45 pro Quadratkilometer ist die Zahl erreicht, durch die genug Arbeitskräfte und genug Käufer für die Agrarintensivierung und die Industrialisierung zur Verfügung stehen, und Brasiliens Bevölkerungsdichte beträgt erst knapp 14 pro Quadratkilometer. Und auch das nur theoretisch. Denn 70 der heute 115 Millionen Brasilianer leben in Städten. Das flache Land bleibt leer. Bei 850 Millionen Hektar Gesamtareal beträgt die Ackerfläche nur 49 Millionen, weniger als 5%. Das zentrale Steppengebiet Brasiliens, das hervorragend zum Anbau von Weizen und Mais, Soja und Sorghum geeignet wäre und 137 Millionen Hektar einnimmt, wird selbst als Weideland nur völlig extensiv genutzt. Dennoch *ist* Brasilien bereits das nach den USA zweitbedeutendste Agrarexportland der Erde. Noch immer aber gibt es im Nordosten nicht selten Hungersnöte, denn das Verkehrs- und Transportwesen hielt so wenig wie die Energieversorgung mit dem *Tempo* der Bevölkerungszunahme Schritt: Wenn 1830 etwa 5 Millionen Menschen in Brasilien lebten, so auch 1900 erst 17 Millionen. In nicht sehr ferner Zukunft aber werden es zehnmal so viele sein, und um die über das ganze Staatsgebiet zu verteilen und *rasch* genug neue Siedlungen zu schaffen, können nicht Wasserkraftwerke und Hochspannungsleitungen gebaut und auch nicht Brasiliens nur etwa 11 Milliarden Tonnen Steinkohle rasch genug gehoben werden, da kann nur mit Hilfe der Kernenergie die brasilianische Wirtschaft den Bedürfnissen angepaßt werden:

BRASILIEN WILL IM JAHRE 2000 ETWA 63 KERNREAKTOREN IN BETRIEB HABEN.

Neben sehr großen Thoriumvorkommen, die der brasilianischen Atomkommission zufolge mindestens drei Zehntel der Weltvorkommen ausmachen, sind bereits heute sichere Vorkommen von 34 400 Tonnen Uran bekannt und ein Vielfaches wahrscheinlich.

Aber wenn es selber den nötigen Brennstoff besitzt und den *rasch* nutzen muß, weil die eigenen Mineralölvorkommen bisher gering scheinen, die Mineralöleinfuhrkosten aber von 1945 knapp 30 Millionen Dollar auf 1977 über 3900 Millionen stiegen und damit ein Drittel des gesamten Ausfuhrwertes ausmachten, so besitzt Brasilien selber weder die nötigen Fachleute noch die entsprechende industrielle Kapazität, um auch die Reaktoren zu bauen. Die baut Deutschland, das heißt die »Kraftwerk-Union«: Ein am 27. Juni 1975 geschlossener Staatsvertrag sieht binnen 15 Jahren die Lieferung von acht Reaktoren von je 1300 MW vor und die Sicherung eines *unabhängigen* brasilianischen Brennstoffkreislaufes durch den Bau der nötigen Anreicherungs- und Wiederaufarbeitungsanlagen. Für die ersten zwei Werke stellte ein deutsches Bankenkonsortium 1,4 Milliarden DM an Krediten zur Verfügung, und nachdem der Gouverneursrat der Internationalen Atomenergie-Organisation in Wien das deutsch-brasilianische Abkommen am 24. Februar 1976 billigte, begann die »Kraftwerk-Union« in Angra dos Reis an der Atlantikküste, etwa 130 Kilometer von Rio de Janeiro, die Arbeit. Am 6. Mai 1976 erteilte auch Bonn die Genehmigung zum Export der Anreicherungs- und Wiederaufbereitungsanlagen, die vier deutsche Firmen als Partner der staatlichen brasilianischen NUCLEBRAS liefern.

Die Vereinigten Staaten sehen in Brasilien einen in Zukunft sehr ernst zu nehmenden Konkurrenten und fürchten, durch ihn ihren Einfluß in Südamerika zu verlieren. Die deutsch-brasilianische Zusammenarbeit aber suchten sie angeblich nur zu unterbinden, um Brasilien daran zu hindern, eines Tages vielleicht ebenfalls zur Nuklearmacht zu werden. Deutschland jedoch hatte in London mit allen andern eventuellen Kernkraftwerksexporteuren vereinbarte, strikte Sicherheitsgarantien mit Brasilien ausgehandelt. Von einer »Proliferations«-Gefahr konnte keine Rede sein, und Bonn blieb fest. In Brasilien aber lösten Präsident Carters Drohungen eine neue Welle des Antiamerikanismus aus. Nichts vermochte nun mehr

DIE NUKLEARE BEGEISTERUNG BRASILIENS

zu dämpfen: Nach seiner Rückkehr von der Unterzeichnung des Kernenergieübereinkommens in Bonn hatte Brasiliens Energieminister Ueki im Juni 1975 in Rio de Janeiro erklärt, er komme sich vor, als ob er »einen Fußballweltmeistertitel heimbringe«. Und nur mit der Begeisterung, die seinerzeit Brasiliens Gewinn dieses Titels ausgelöst hatte, war die Massenbegeisterung, die dieses Abkommen auslöste, vergleichbar. Denn zum erstenmal fand sich eine führende Industrienation bereit, einem »Schwellenland« der Dritten Welt durch Technikübertragung den Weg zur unabhängigen Energieversorgung und selbständigen industriellen Entwicklung zu bahnen. Deutschland fügt bis 1990 Brasiliens Gesamtkraftwerkskapazität, die 1975 erst 15 840 MW betrug, 10 400 hinzu. Und die werden mit Brasiliens eigenem Uran betrieben, denn auch dafür sorgt Deutschland. Alle Sorgen wurden in Rio und Sao Paulo vergessen, wie der Fußballsieg einte der Nuklearvertrag die Nation, und daß er Brasilien den Eintritt ins Atomzeitalter ermöglichte, machte Präsident Geisel populärer als alles andere, was er unternommen hatte.

Vor allem, weil er gegenüber dem so lange allmächtig scheinenden großen Nachbarn im Norden fest blieb. Zwar veröffentlichte die brasilianische Regierung nicht den Drohbrief, den Staatssekretär Kissinger an den brasilianischen Außenminister richtete, aber die amerikanische Pression in Brasilia und in Bonn war so offenkundig, daß sie die gesamte öffentliche Meinung Brasiliens mobilisierte. Die amerikanische Parlaments- und Pressekampagne führte dazu, daß auch der »Mann auf der Straße« die Bedeutung des Nuklearvertrags erkannte, und daß Bonn fest blieb, wurde Deutschland nicht nur in Brasilien, sondern in ganz Iberoamerika hoch angerechnet. Im März 1978 reiste dann Präsident Ernesto Geisel selber demonstrativ nach Deutschland. Sechs Minister und 80 brasilianische Wirtschaftsführer begleiteten ihn auf diesem fünftägigen Staatsbesuch, um die wirtschaftlich-technische Zusammenarbeit zu vertiefen und Deutschland, das heute nach den USA Brasiliens zweitwichtigster Handelspartner und Kapitalanleger ist, womöglich zum wichtigsten zu machen.

Wie Brasilien, hoffen aber auch andere Länder, mit Hilfe der Kernenergie ihr Hauptproblem, das der *zu* raschen Bevölkerungszunahme zu meistern. *Nur* Kernkraftwerke sind standortunabängig, brauchen nicht konventionelle Häfen oder Eisenbahnlinien zu ihrer Versorgung. Energie steht zur Verfügung, *bevor* eine entsprechende Infrastruktur aufgebaut ist, und diese Energie kann die Infrastruktur schaffen helfen, eine wirtschaftlich entscheidende Umkehr der Prioritäten ist möglich. Und darum baut die »Kraftwerk-Union« als Generalunternehmer auch

DIE ERSTEN KERNKRAFTWERKE DES ÖLLANDES IRAN.

Diese Werke Iran I und Iran II entstehen bei Hallileh, 18 km von der Hafenstadt Bushere (Buschir) im Norden des Persischen Golfes, in einer Zone mit Lufttemperaturen von oft 50° C und extrem hoher

Luftfeuchtigkeit. Meerwassertemperaturen von 40° sind hier im Sommer die Regel. Die etwa 1500 deutschen Arbeitskräfte, die hier mit 5000 einheimischen tätig sind, haben es nicht leicht, noch weniger der Bauleiter Weiß und seine Helfer Gerhard Dodt und Horst Hubig. War in Brasilien die Infrastruktur vorhanden, so mußte im Iran vom Straßenbau, der Wasser- und Stromversorgung bis zum Wohnlager für die einheimischen Arbeitskräfte und einer vollklimasierten Kleinstadt für die auswärtigen *alles* getan werden. Das Wohnlager erhielt einen eigenen Basar, Kantinen und ein Freilichtkino. Für die deutsche Baustellenmannschaft und ihre Familien wurden 600 Einfamilien- und 70 Reihenhäuser gebaut, Sportanlagen, ein Kühlhaus und ein Supermarkt, eine Hauptschule und ein Krankenhaus mit 40 Betten, eine Bank, ein Postbüro, ein Kasino etc. Da mußten natürlich auch Lagerhallen und Werkstätten und ein eigenes Kieswerk errichtet werden, eine Betonsteinfabrik und zwei Meerwasserentsalzungsanlagen. Die Reaktoren von je 1300 MW, die 1980 und 1981 fertig werden, sind der KWU-Standard-Typ. Aber sie werden hier besonders erdbebensicher, das heißt mit fünf Meter dicken Stahlbetongrundplatten, gebaut und aus dem gleichen Grund in den Maschinenhäusern dreimal soviel Bewehrungsstahl verarbeitet wie in Deutschland. Besondere Probleme ergaben sich natürlich auch aus den hohen Meerestemperaturen. Die 155 Kubikmeter Kühlwasser pro Sekunde werden in Betonrücklaufkanälen bis 1200 Meter weit vor die Küste geführt und durch eine Düse beschleunigt, um eine rasche Wasserdurchmischung zu sichern. Vier weitere Kernkraftwerksblöcke von je 1300 MW mit einer neuartigen Luftkühlung sollen bei Isfahan und Saveh, etwa 170 km südwestlich Teheran, im Jahre 1987 fertig werden und bereits Bushere nicht nur Strom liefern, sondern auch durch Meerwasserentsalzung gewonnenes Trinkwasser. Die entsprechenden Anlagen bauen japanische Firmen.

Denn wenn es nur in wenigen Ländern mehr Öl gibt als im Iran, so haben fast alle Länder mehr Wasser: Das Land ist mit 1,6 Millionen Quadratkilometern größer als die neun Länder der europäischen Gemeinschaft zusammengenommen. Aber es gehört dem Trockengürtel an, der von der Sahara über die arabisch-syrische Wüste bis zur Gobi reicht, und so ist die Wasserversorgung seit jeher die vordringlichste aller Aufgaben und wird immer dringender, denn wenn die Bevölkerung des Iran für das Jahr 1900 mit etwa 5 Millionen angenommen wird, so waren es 1978 rund 35 Millionen. Von den 165 Millionen Hektar Gesamtareal sind heute nur 17 oder wenig mehr als ein

Zehntel Äcker und Gärten, während mindestens 45 als kultivierbar gelten – falls genug Wasser beschafft werden kann. Und das kann auf die Dauer *nur* mit Hilfe der Kernenergie geschehen.

DER ENERGIESELBSTVERSORGUNGSPLAN DES IRAN, für den Teheran etwa 60 Milliarden DM zur Verfügung stellt, sieht deshalb außer den 7800 MW Kernkraftwerkskapazität, die die »Kraftwerk-Union« baut, zwei französische 900-MW-Blöcke bei Dar-Khuyen südlich von Ahvaz vor. Die entsprechenden Verträge wurden im Oktober 1977 in Teheran unterzeichnet. Langfristig soll die Pro-Kopf-Stromversorgung von den rund 300 Kilowattstunden des Jahres 1972 auf 2000 im Jahre 1985 gebracht, das Land industrialisiert und die Landwirtschaft intensiviert werden, *bevor* die Ölvorräte zu Ende gehen, was bei den heute bekannten Vorräten und der heutigen Förderung etwa im Jahre 2005 der Fall sein müßte.

Bis 1974 gab es drei »Welten«: Die industrialisierte kapitalistische, die industrialisierte kommunistische und die unterentwickelte »Dritte Welt« der Armen. Durch die Ölpreisvervierfachung aber entstand eine völlig neue »Vierte Welt«: Die der unterentwickelten *reichen* Länder, und deren wichtigstes ist der Iran. Denn *nur* dieses heute zweitwichtigste Ölexportland der Welt, das 1977 über 276 Millionen Tonnen Öl gewann, verfügt über genügend Menschen ebenso wie über genügend Raum und kann seine Ölmilliarden im *eigenen* Territorium anlegen. Das will der Schah nutzen und damit auch *echte* Unabhängigkeit gewinnen, dafür sorgen, daß sein Land *niemand* mehr herumkommandieren kann, wie das viele Generationen lang geschehen war.

Im Grunde wollen das alle Völker.

Oder sie *sollten* es zumindest wollen. Und auch Deutschlands und Europas Kernenergiegegner müßten begreifen, daß ohne gesicherte Energieversorgung, die auch bei uns auf die Dauer *nur* mit Hilfe von genügend Kernkraftwerken möglich ist, keine echte Freiheit und Selbstbestimmung erhalten werden kann. Die Propaganda gegen friedliche Nukleareinrichtungen und die »Profitwirtschaft der Elektrokonzerne« ist selbstmörderisch, und sie ist verlogen oder dumm. Deutschlands Kernkraftwerke und immer mehr in aller Welt *werden* von Europas größtem Elektrokonzern gebaut. Aber deswegen ist

DIE NUKLEARTECHNIK KEINE SACHE DER »SUPERGROSSEN«: Genau ausgezählt, nehmen am Bau eines typischen deutschen Kernkraftwerks 700 Unternehmen als Zulieferer teil, und 71% dieser Komponentenlieferanten beschäftigten je weniger als 200 Leute, nur

15% sind »Grundunternehmer« mit mehr als je 1000 Beschäftigten. Vom direkten Zuliefervolumen gehen drei Zehntel an Handels-, Handwerks- und Dienstleistungsbetriebe. Wenn Kernkraftwerke um ein Fünftel bis ein Viertel teurer sind als konventionelle, so bedeutet das, wie schon gezeigt, *nicht*, daß auch der Strom, den sie erzeugen, entsprechend teurer wäre. Wohl aber, daß sie *weit* mehr Menschen Arbeit geben.

Der Beschäftigungseffekt eines Kernkraftwerks von 1300 Megawatt beträgt zufolge einer Studie des Deutschen Instituts für Wirtschaftsforschung in Berlin aus dem Jahre 1976: Insgesamt 24 000 Mann-Jahre infolge direkter Lieferungen und Leistungen. Plus 15 000 Mann-Jahre durch die Einkommensverwendung der am Bau Beteiligten. In Prozent der 39 000 Mann-Jahre entfallen auf:

Maschinenbau	17,3
Verschiedene Dienstleistungen	11,5
Handel	10,1
Baugewerbe	8,7
Bergbau, Energieversorgung, Landwirtschaft	7,3
Elektrotechnische Industrie	6,8
Handwerk und Kleinindustrie	6,5
Metallindustrie	6,2
Sonstige Industrie	5,4
Verkehr und Post	5,3
Stahlbau	4,6
Verbrauchsgüterindustrie	4,6
Banken und Versicherungen	3,9
Staat	1,8

Ein konventionelles Wärmekraftwerk von 1300 MW erfordert statt 39 000 etwa 23 000 Erwerbstätigen-Jahre. Die 1978 in Westdeutschland durch Einsprüche nicht ausführbaren Kernkraftwerksbauten im Wert von rund 15 Milliarden DM bedeuten ein Beschäftigungsdefizit von 70 000 Erwerbstätigen. Wäre auf den stillgelegten Baustellen gearbeitet worden, hätte es 70 000 Erwerbslose weniger gegeben. Schaffen Kernkraftwerke die verschiedensten Arten von Arbeitsplätzen, so sind sie aber auch

ein typisches Intelligenz-Industrie-Produkt, sind da nicht die verarbeiteten Grundstoffe das Wichtigste, sondern

Wissen, Können und Erfahrung. In der »Kraftwerk-Union« z. B. machten 1977 die technisch und kaufmännisch Tätigen 64% der insgesamt Beschäftigten aus, davon 45% Ingenieure und 28% sonstig technisch Tätige, während nur 36% gewerblich tätig waren. Von diesen wiederum waren 87% Facharbeiter. An Ingenieurstunden sind für ein Druckwasserkernkraftwerk von 1300 MW ohne Berücksichtigung der Zulieferer 1,7 Millionen nötig gegen nur 480 000 für zwei fossil befeuerte Kraftwerke von je 600 MW und nur 36 000 Ingenieurstunden für zwei Turbosätze von je 600 000 MW. Vor allem dieses Ingenieurwissen und Facharbeiterkönnen verkauft die »Kraftwerk-Union«. Und so sagte deren Vorstandsvorsitzender Klaus Barthelt (der 1926 in Berlin geboren, 1950 nach seinem Jurastudium bei Siemens eintrat und u. a. einige Jahre als kaufmännischer Vorstand einer Siemens-Auslandsgesellschaft in Asien tätig war) 1978 auch mit Recht auf der Reaktortagung in Hannover: »Unentbehrlich für unser Auslandsgeschäft ist die Operationsbasis unseres inländischen Marktes. Transferfähiges Know-how kann man nicht am Schreibtisch entwerfen, sondern nur im umfassenden Zusammenspiel der kreativen Menschen und in ständiger Wechselwirkung zwischen Theorie und Praxis, wobei auf einem Gebiet wie der Kraftwerkstechnologie, wo man wegen der Größe der technischen Einheiten allenfalls modellhaft im Labor experimentieren kann, der Heimatmarkt und das Zusammenspiel mit der heimischen Elektrizitätswirtschaft aber eine absolut unersetzliche Rolle spielen. Wer also den heimischen Kraftwerksmarkt bei uns behindert oder gar zerstört, macht sich verantwortlich nicht nur für die Energieengpässe, die dann in einigen Jahren unvermeidlich sind und kaum reparabel sein werden; nicht nur für Beschäftigungsausfall im deutschen Kraftwerksbau, sondern – erheblich stärker noch – in der gesamten deutschen Volkswirtschaft, die auf Auslandsaufträge nicht verzichten kann.«

Technische und wirtschaftliche Probleme der Kernenergienutzung bieten längst keine großen Schwierigkeiten mehr. *Das* Problem ist heute das mangelnde *Vertrauen* in die Kraftwerksbauer und Kraftwerksbetreiber, und dieser Mangel ist unverständlich, denn wenn die »Kraftwerk-Union« dem ältesten deutschen Elektrounternehmen gehört und das seit vier Generationen seine Vertrauenswürdigkeit *bewies*, so wird der meiste Atomstrom Deutschlands ja von einem Unternehmen erzeugt, das seit 1898 sein Verantwortungsbewußtsein und seine Weitsicht unter Beweis stellt und das seit 1903 als

Das erste gemischtwirtschaftliche Elektrizitätsversorgungsunternehmen der Welt *nicht* »hemmungslos nach Profit strebenden kapitalistischen Ausbeutern« gehört.

Als dieses »Rheinisch-Westfälische Elektrizitätswerk« am 25. April 1898 in Essen gegründet wurde, war das ein sehr großes Wagnis, denn damals galt die Elektrizität für so gefährlich wie heute die Kernenergie, und zudem tobte noch der Streit zwischen Gleich- und Wechselstromanhängern. Selbst ein so großer Erfinder wie Thomas Alva Edison besaß damals nicht Phantasie oder Großzügigkeit genug, um die Bedeutung der Arbeit seiner Konkurrenten anzuerkennen. Als man ihm 1889 bei seinem Besuch in Berlin einen Wechselstrommotor vorführen wollte, lehnte er das brüsk ab und erklärte: »Wechselstrom ist ein Unding, hat keinerlei Zukunft. Ich will nichts von ihm wissen und nichts von ihm sehen!« Aber *nur* durch Wechselstrom gelang zwei Jahre später die erste Übertragung größerer Mengen Elektrizität, und erst damit setzte sie sich durch.

Wechselstrom erzeugte auch das kleine Essener Zechenkraftwerk des RWE, und im Jahre 1900 wurden 2,7 Millionen Kilowattstunden abgesetzt. Hunderte und Tausende solcher kleiner Kraftwerke entstanden damals überall auf der Welt und viele Dutzende auch in Deutschland. Aber *nur* das RWE wuchs sich zum größten Elektrizitätsversorgungsunternehmen Europas aus, denn es nutzte die neue Energieform auf *neue* Art, im Geschäftsbericht für das Jahr 1902/03 steht: »Wir betrachten es nicht als unsere Aufgabe, in einzelnen Gemeinden bei geringem Stromabsatz großen Gewinn zu machen, sondern wir gedenken unsere Aufgabe für uns und die Allgemeinheit so zu erfüllen, daß wir den Konsumenten zu den denkbar billigsten Preisen größtmögliche Strommengen zur Verfügung stellen.« Diese Einstellung blieb bis heute die gleiche, aber damals war sie revolutionär, und ebenso waren das die Kapitalbeschaffungsmethoden des RWE: Der Hauptgründer, Hugo Stinnes, hielt es für unsinnig, die Kohle mit der Bahn zu vielen kleinen E-Werken zu transportieren. Man mußte umgekehrt

KOHLE ÜBER ELEKTRISCHE LEITUNGEN VERTEILEN, ENERGIE UND NICHT ENERGIETRÄGER TRANSPORTIEREN

und, da Elektrizität nicht lagerfähig ist, viele, über große Räume verteilte Verbraucher an ein gemeinsames Netz anschließen. Es mußten *Großkraftwerke* und weitverzweigte Verteilungsnetze geschaffen und, da das *sehr* viel Kapital erforderte, die Verbraucher veranlaßt werden, zu diesem Kapital beizutragen: Stinnes gewann die Gebietskörperschaften Essen, Mülheim und Gelsenkirchen als Aktionäre, und bereits 1905 traten die Oberbürgermeister dieser Städte dem RWE-Aufsichtsrat bei. Im Jahre 1920 besaßen die Kommunen die Aktienmehrheit, und 1924, nach der Neuregelung des deutschen Geldwesens, erhielten die Namensaktien der Gebietskörperschaften das zwanzigfache Stimmrecht der Stimmaktien: Die Vertreter der Strom*verbraucher* entscheiden seither im RWE. Aber durch die gemischtwirtschaftliche Unternehmensform blieb die Beweglichkeit und Anpassungsfähigkeit der privatwirtschaftlichen Geschäftsführung gewahrt und die Finanzierung der nötigen Investitionen *ohne* Belastung der Steuerzahler gesichert.

Die Pionierleistung des »Rheinisch-Westfälischen Elektrizitätswerkes« besteht also darin, daß es sich vom »Stadtwerke«-Gedanken freimachte. Daß es das erste »gemischtwirtschaftliche« Stromversorgungsunternehmen ist. Und vor allem auch, daß es erstmals

EINE EUROPÄISCHE ELEKTROVERBUNDWIRTSCHAFT

durchsetzte, obwohl das RWE ursprünglich nur gegründet worden war, um Steinkohle ertragreicher, das heißt in Form von Strom, abzusetzen.

Aber bereits zehn Jahre nach Inbetriebnahme der unmittelbar auf einer Zeche errichteten Essener Stammzentrale wurde auch »Konkurrenzenergie«, die Braunkohle des Kölner Reviers, genutzt, weil die im Tagebau und damit billiger als Steinkohle gewonnen, vor allem aber *nur* in Form von Strom über größere Entfernungen transportiert werden konnte. Das RWE erkannte von Anfang an, daß die Elektrizität nur dann zur »fördernden Kraft einer schöneren Welt« werden konnte, wenn sie für *alle* erschwinglich war. Es wurde also die 30-MW-»Vorgebirgszentrale« auf der Roddergrube bei Knapsack errichtet, die später nach ihrem Erbauer »Goldenberg-Werk« genannt wurde, die im April 1914 in Betrieb kam und Strom *so* billig lieferte, daß in ihrem Umkreis die ersten chemischen Großanlagen zur Herstellung von Kalziumkarbid, Kali- und Natronlauge, Ferrochrom- und Ferrosilizium entstanden. Das wiederum machte den Ausbau dieser Zentrale nötig, und 1919 war das Goldenberg-Werk mit 190 MW

DAS GRÖSSTE KRAFTWERK EUROPAS.

Da Deutschland durch den verlorenen Ersten Weltkrieg riesige Steinkohlemengen als Reparationen abliefern mußte, wurde die Braunkohle lebenswichtig. Eine Interessengemeinschaft des RWE mit der Roddergrube kam zustande, und heute ist die »Rheinische Braunkohlenwerke AG« in Köln, die jetzt 330 Millionen DM Kapital hat, eine hundertprozentige Tochtergesellschaft des RWE. Und *nur* durch die Verstromung an Ort und Stelle konnte die rheinische Braunkohlenförderung von 5 Millionen Tonnen im Jahre 1900 auf mehr als 130 Millionen heute gebracht werden. 1977 waren hier fast 12 000 MW installiert, und im Dreieck Köln–Aachen–Düsseldorf wurde mehr Strom erzeugt als sonst irgendwo in Europa.

Kurz nach dem Ersten Weltkrieg wurde auch die Übertragungsspannung von 100 Kilovolt – 100 000 Volt – auf 220 kV gesteigert und dadurch der Verbund der Ruhrsteinkohle und der Rheinbraunkohle mit den Alpenwasserkräften Süddeutschlands und Österreichs möglich, was vor allem der Spitzenbedarfsdeckung zugute kam, denn Wasserkraft bedeutet »Momentanreserven«, Stauseewerke können binnen zwei Minuten in Vollbetrieb genommen werden. Als 1930 die Leitung Brauweiler–Bludenz in Vorarlberg fertig wurde, hatte das Goldenberg-Werk eine Leistung von 500 MW erreicht, waren die Zentralen Fortuna I und Fortuna II und das Braunkohlekraftwerk in Weisweiler die modernsten der Welt, und da gab es hier auch Großraumbagger, die einmalig auf der Welt *blieben*: Mit 72 Metern so hoch wie ein 20stöckiges Haus, gewinnen sie jetzt 110 000 Tonnen Braunkohle täglich. Pro Mann und Schicht 76 Tonnen gleich 21 t Steinkohlewert. Schließlich kamen zu den Steinkohle-, Braunkohle- und Wasserkraftwerken auch Pumpspeicherwerke hinzu – zuerst das Koepchen-Werk in Herdecke an der Ruhr –, und das RWE erzeugte den Strom so rationell, daß auch die größten Verbraucher ihn selber nicht billiger herstellen konnten, die Großchemie und die Elektro-Metallurgie ebenso RWE-Kunden blieben, wie das immer mehr Haushaltungen wurden. War schon früh mit Österreich zusammengearbeitet worden, so nach dem Zweiten Weltkrieg über die Umspannanlage Tiengen mit der Schweiz; über Landres, Straßburg und Kembs mit Frankreich; über Jupille mit Belgien und über Lutterade mit Holland. Im Jahre 1954 wurde so eine Zusammenschaltung von 24 000 Megawatt erreicht und damit ebensoviel wie die damals größte Zusammenschaltung der Vereinigten Staaten.

Die Stromabgabe des RWE betrug damals 18 Milliarden Kilowattstunden. 1977 wurden hundert Milliarden überschritten oder das fast Vierzigtausendfache des Jahres 1900 geliefert. Das Hochspannungsnetz des RWE war nun 18 000 km lang, das Mittelspannungsnetz umfaßte mehr als 40 000 km und das Niederspannungsnetz rund 63 000 km. Zusammen gab es nun Leitungen, die dreimal rund um den Äquator reichen würden. Da wurden nun rund drei Millionen Kunden in 1496 Städten und Gemeinden versorgt, und im Durchschnitt erhielt das RWE für die Kilowattstunde 13 Pfennig. Und was das heißt, begreift nur, wer weiß, daß das erste Berliner Städtische Elektrizitätswerk 1885 für die Brennstunde einer 16kerzigen Kohlenfadenlampe (die 6 Mark kostete) 4 Pfennig berechnete, die Kilowattstunde etwa 80 Pfennige kostete und ein Elektromonteur als damals höchstbezahlter Facharbeiter 40 Pfennig pro Stunde verdiente. Strompreis 1885 also zwei Facharbeiterstunden pro kWh. Deutscher Durchschnitt 1950 dann $^1/_{17}$ Stundenlohn. Und 1977 eine halbe Minute, $^1/_{120}$ Stundenlohn.

Dennoch hatte das RWE alles für die ständigen Neuinvestitionen benötigte Kapital bilden können und seine Kreditfähigkeit ständig gesteigert. 1977 betrugen die Konzernaktiven 22 678 Millionen DM. Vom Grundkapital, das 1951–78 von 246 auf 1800 Millionen Mark erhöht worden war, gehörten nun rund 31% Gemeinden, Gemeindeverbänden und Bundesländern, die aber durch das erwähnte zwanzigfache Stimmrecht ihrer Namensaktien nach wie vor über die Stimmenmehrheit verfügen. Die 58 000 Mitarbeiter des Konzerns besitzen 8% der Anteile, Hausfrauen ebenso viele. Die etwa 18 000 Sondervertragskunden des RWE sowie Handel und Gewerbe sind mit weiteren rund 8% des Kapitals beteiligt. Im Aufsichtsrat des RWE sitzen heute drei Bankiers und der Chef einer großen Versicherungsgesellschaft sowie zwei Großindustrielle. Aber auch drei Oberstadtdirektoren und drei Oberbürgermeister, zwei Oberkreisdirektoren und ein Landrat, und da vertreten der Mechaniker Bruno Steinborn aus Bergheim und der Schlosser Josef Baumann aus Frechen-Bachem, der kaufmännische Angestellte Willi Esser aus Bedburg/Erft sowie zwei weitere Aufsichtsräte die Arbeitnehmer. Und so ist

DER HEUTE BEDEUTENDSTE NUKLEARSTROMERZEUGER EUROPAS EBENSOWENIG EIN »KAPITALISTISCHES PROFITUNTERNEHMEN«, WIE ES DER GRÖSSTE KOHLESTROMERZEUGER WAR.

Das RWE wurde von weitsichtigen Privatunternehmern geschaffen, die aber von Anfang an der Gemeinschaft dienten und schon vor mehr als zwei Generationen die soziale Bedeutung gemischtwirtschaftlicher Betriebe erkannten. Der Beschluß, Kernkraftwerke zu bauen, wurde nicht auf Grund »verantwortungslosen Gewinnstrebens« und »ohne Rücksicht auf die Bevölkerung« gefaßt, sondern im Einverständnis mit den gewählten Gemeinde- und Länderverwaltungen, die, wie gesagt, die Stimmen*mehrheit* im RWE haben. Diese

Kernkraftwerke *mußten* gebaut werden, weil das RWE gesetzlich verpflichtet ist, jederzeit den Strombedarf seines Versorgungsgebietes zu decken, der heute 25 730 Quadratkilometer mit fast sieben Millionen Menschen umfaßt. Das RWE *muß* rund ein Drittel allen in das öffentliche Netz gelangenden Stroms Westdeutschlands erzeugen, und das ist heute ohne Biblis, das größte Kernkraftwerk der Welt, und die anderen RWE-Kernkraftwerke nicht länger möglich. Wie alle anderen EVUs versorgt das RWE die Industrie, auf die 54% des westdeutschen Nettostrombedarfs entfallen. Aber 43% verbrauchen die privaten Haushaltungen und die anderen Kleinverbraucher. Auch daß nur der »Großen« wegen Kernkraftwerke gebaut werden, stimmt nicht.

Ist das RWE ein gemischtwirtschaftliches Unternehmen, so aber auch alle anderen großen Atomstromerzeuger der Bundesrepublik. Die »Hamburgische Electricitätswerke AG« z. B., die nicht nur 12 Milliarden kWh Strom jährlich verkauft, sondern auch der größte Fernwärmelieferant Westeuropas ist, gehört zu 73% der Freien und Hansestadt Hamburg, und von seinen rund 30 000 anderen Aktionären sind 7000 Belegschaftsmitglieder. Da wird der Bau »mörderischer Kernkraftwerke durch das profithungrige Elektrokapital der super-kapitalistischen Schweiz vorangetrieben«. Aber dieses Kapital ist zu *acht* Zehnteln im Besitz der Kantone, Städte und Landgemeinden. Und der Atomstrom Frankreichs stammt von der »Electricité de France«, die bekanntlich ebenso zu hundert Prozent staatlich ist wie die britische Stromversorgung.

Nun sind natürlich auch England und Frankreich »kapitalistische Ausbeuterstaaten«, und wenn dort staatliche Elektrizitätsversorgungsunternehmen Kernkraftwerke betreiben, so angeblich nur, um der privaten »Profitwirtschaft« die nötige Energie zu sichern.

In den kommunistischen Staaten gibt es also keine? Die verzichten auf »die heimlichen Mörder«, wie unsere Kommunisten die Kernkraftwerke nennen?

Anfang 1978 waren in Ostblockländern 32 Kernkraftwerke in Betrieb, weitere 32 in Bau oder bestellt, und die liefert die Sowjetunion, die natürlich auch selber *nicht* auf die Kernenergie verzichtet: Artjom Grigorjanz zufolge, dem Leiter der Hauptverwaltung für Kernenergie im Moskauer Ministerium für Energiewirtschaft und Elektrifizierung, erhöht der zehnte Fünfjahresplan die sowjetische Gesamtkraftwerkskapazität um etwa 70 000 auf 160 000 Megawatt, davon um rund 15 000 MW durch Kernkraftwerke:

Beträgt der Gesamtzuwachs der sowjetischen Kraftwerkskapazität in den Jahren 1976–80 rund 32%, so der Kernkraftzuwachs 300%.

Im Jahre 1980 wird es in der Sowjetunion außer den heute in Betrieb befindlichen 20 Blöcken mit rund 8000 MW sieben weitere Kernkraftwerke mit Einzelleistungen von über 1000 MW geben. Denn wenn die Sowjetunion über ein gewaltiges Wasserkraftpotential verfügt und jetzt in Sajana-Schuschenskaja in Sibirien das mit 6400 MW weitaus größte Wasserkraftwerk der Welt entsteht und das bisher größte, das von Bratsk, mit 4500 seit 1964 in Betrieb ist; wenn sie auch zu den kohlereichsten Ländern der Erde gehört und 1977 mit 546 Millionen Tonnen ungleich mehr Öl gewann als irgendein anderes Land, so schrieb z. B. am 8. April 1976 Pjotr Neporoschni als Minister für Energiewirtschaft und Elektrifizierung der UdSSR in der »Neuen Zürcher Zeitung«: »Es ist die Spezifik der Sowjetunion, daß etwa acht Zehntel sämtlicher Energieressourcen im Osten, im asiatischen Teil des Landes, konzentriert sind, während acht Zehntel der Energieabnehmer sich westlich des Urals befinden. Darum werden im 10. Fünfjahresplan im europäischen Teil der UdSSR vorwiegend Atomkraftwerke gebaut, die geographisch nicht an Rohstoffquellen gebunden sind. Große Wärmekraftwerke konventioneller Art hingegen werden im asiatischen Teil erstellt, in der Nähe von Lagerstätten billiger, im Tagebauverfahren geförderter Kohle, wie in der Nähe von Ekibastus, Itaksi Kushnezk u. a. Diese Lösung wird es ermöglichen,

die Einsparung von Erdöl und Erdgas für die Entwicklung der chemischen Industrie der Sowjetunion

und anderer Volkswirtschaftszweige sicherzustellen... Gegenwärtig liefern die Wärmekraftwerke der Sowjetunion 80% der gesamten Energiemenge des Landes, und auch in den kommenden Jahren werden sie die Grundlage der sowjetischen Energiewirtschaft abgeben. Aber neben den konventionellen Wärmekraftwerken werden 15 000 MW Atomkraftwerke gebaut. Die Kernkraftwerke Kursk, Tschernobyl, Smolensk und Ingalinsknaja, die bereits Energieaggregate von je 1500 MW aufweisen, sollen weiter ausgebaut werden...«

Auch das aber ist *keine* »rein innere« Angelegenheit der Sowjetunion, ebensowenig, wie es seinerzeit eine nur inneramerikanische Angelegenheit war, als Franklin D. Roosevelt 1933 als eine seiner ersten Amtshandlungen als neugewählter Präsident der Vereinigten Staaten die immer wieder aufgeschobenen Dammbauten befahl und damit die gewaltige Ausweitung der amerikanischen Wasserkraftgewinnung durchsetzte, durch die die Stromerzeugung von 97 Milliarden Kilowattstunden im Boom-Jahr 1929 auf 131 Milliarden ein Jahrzehnt später stieg.

Auch damals erkannten nur wenige die *weltpolitische* Bedeutung dieser Maßnahme. Kaum jemand rechnete bei Ausbruch des Zweiten Weltkrieges die von Roosevelt *neu* geschaffenen »Eisernen Sklaven« zum Rüstungspotential aus Fleisch und Blut hinzu, sah, daß die »arbeitsfähige Bevölkerung« der USA durch die zusätzlichen Maschinenkräfte im Grunde 6500 Millionen Menschen betrug, weil ja jede Pferdekraft-Stunde mindestens 20 Handarbeiter-Stunden gleichkommt. Wie das Dritte Reich diese Tatsache ignorierte und schließlich durch das sture Leugnen aller Fortschritte in der Sowjetunion ins Unglück taumelte, so werden aber auch heute wieder

DIE WIRKLICH ENTSCHEIDENDEN MACHTFAKTOREN

übersehen und das Energiepotential der Sowjetunion weit unterschätzt.

In Iljins »Erzählung vom Großen Plan«, dem 1932 deutsch erschienenen »Fünf Jahre, die die Welt verändern«, steht: »Die Zeit ist nicht fern, da wir das ganze Land elektrifiziert haben werden. In der Stadt hat die Elektrizität bereits das Petroleum verdrängt. So wird es auch im Dorf sein. Tausende und aber Tausende Stunden wird die elektrische Birne den Herbst- und Winternächten entreißen. Der Bauer wird mehr Zeit zum Arbeiten und zum Lesen haben. Elektrizität wird genauso selbstverständlich und unentbehrlich sein wie Wasser und Luft...«

Damals betrug die Stromerzeugung der Sowjetunion rund 13 Milliarden Kilowattstunden oder 87 kWh pro Kopf – und das war bereits ein großer Fortschritt, denn 1913 waren weniger als zwei Milliarden Kilowattstunden Elektrizität erzeugt worden, 14 kWh pro Kopf. Damals stand das Zarenreich an der elften Stelle aller Stromerzeuger Europas, und es erzeugte nur ein Achtundvierzigstel des Stromes, den damals die Vereinigten Staaten gewannen. Im Jahre 1977 jedoch betrug

DIE SOWJETISCHE STROMERZEUGUNG

1150 Milliarden kWh gleich 4400 kWh/Kopf. 1950 war die Sowjetunion der bedeutendste Stromerzeuger Europas, und nun gewannen die USA nur mehr weniger als doppelt soviel Strom. Hält der amerikanische Umweltfanatismus und die Kernenergiegegnerschaft an, so ist der Tag nicht fern, an dem die Sowjetunion der führende Stromerzeuger der Welt sein wird. Der Nettostromverbrauch der neun EG-

Länder, der 1976 insgesamt 1048 Milliarden Kilowattstunden betrug, war schon damals geringer als der sowjetische, und der Anteil unserer Kernkraftwerke an der Erzeugung mit rund 85 Milliarden kWh oder 8 % weit geringer als ursprünglich geplant. Und war für Europa bis 1985 eine Kernenergiekapazität von 160 000 MW vorgesehen, so werden wir Glück haben, wenn wir die Hälfte erreichen.

Die Sowjetunion aber steigerte nicht *nur* ihre Stromerzeugung: Erdgas wurde hier erstmals 1942 bei Jelschanka am Wolgaknie erbohrt und während der Schlacht um Stalingrad in aller Eile eine Rohrleitung zum Kraftwerk Saratow gelegt. *Nur* die Million Kubikmeter Gas, die diese täglich transportierte, hielt ein großes, von der Kohlezufuhr abgeschnittenes Industriegebiet in Gang, trug entscheidend zur deutschen Niederlage bei Stalingrad bei. Seither verging kein Jahr, ohne daß neue Erdgasquellen erschlossen worden wären, und 1977 betrug die sowjetische Erdgasgewinnung mit 346 Milliarden Kubikmeter rund ein Viertel der Weltförderung.

Bei Erdöl betrug der Weltanteil 1977 rund 18%. Da war die Sowjetunion, wie gesagt, mit 552 Millionen Tonnen der größte Produzent der Welt und erreichte das 150fache der Förderung des Jahres 1920 und das 19fache des Jahres 1938.

Auch die sowjetische Kohleförderung war 1977 mit 722 Millionen Tonnen die bedeutendste der Erde, machte fast drei Zehntel aus und war mehr als 90mal so groß wie 1920.

Die Atomforschung war und ist in der Sowjetunion hoch entwikkelt und ebenso die Kernenergietechnologie. Es waren, wie bereits geschildert, die Russen und nicht die Amerikaner, die am 16. August 1953 die erste transportable H-Bombe zündeten, dazu erstmals Lithiumisotope verwendeten – und zwar vier Wochen nachdem Dr. Robert Oppenheimer erklärt hatte, die Vereinigten Staaten besäßen auf allen Gebieten der Nuklearphysik sowie der militärischen und zivilen Kernkraftnutzung einen Vorsprung von mindestens vier Jahren. Die Sowjetunion könnte so aber nicht nur sehr wohl auch die erste Nation sein, der die *kontrollierte* Energiefreisetzung durch Kernfusion statt durch Kernspaltung gelingt, sondern auch beim Bau der heutigen Reaktortypen den Westen überholen, weil es ja, wie schon gesagt, dort nicht nur keine Antiatomdemonstrationen gibt, sondern auch unter den Regimegegnern *keine* Ablehnung der Kernenergie. Unter dem Titel

»Kernenergie und die Freiheit des Westens«

veröffentlichte z. B. die »Neue Zürcher Zeitung« am 3. Mai 1978 einen Artikel Andrej D. Sacharows, in dem er sein Erstaunen über die Kernenergiegegnerschaft im Westen ausdrückt, die Sicherheit und Umweltfreundlichkeit der Kernkraftwerke hervorhebt und u. a. sagt: »Ich behaupte, daß die Entwicklung der Kernenergie eine der *unerläßlichen* Bedingungen für die Erhaltung wirtschaftlicher und politischer Unabhängigkeit ist, handle es sich um einen fortgeschrittenen Industriestaat oder um ein Entwicklungsland. Besonders groß ist die Bedeutung für die westeuropäischen Länder und Japan. Die Abhängigkeit der Wirtschaft dieser Länder von Energielieferungen in Form von fossilen Brennstoffen aus der UdSSR oder anderen von ihr beeinflußten Ländern, die Erdgas und Erdöl produzieren, ist äußerst gefährlich, denn dauernd wird der Westen so von einem Lieferungsstopp bedroht und gerät dadurch in eine erniedrigende politische Abhängigkeit. Und jede politische Konzession führt zwangsläufig zur nächsten... In meinem Buch ›Über mein Land und die Welt‹ habe ich bereits über ein Gespräch mit einem hohen sowjetischen Beamten berichtet, das ich bereits 1955 führte, als man mich noch als einen der ›Ihrigen‹ betrachtete. Er sprach über die Neuorientierung der sowjetischen Nahostpolitik, über die Unterstützung Nassers mit dem Ziel, einen Erdölmangel in Westeuropa zu verursachen, um dadurch ein wirksames Druckmittel zu erhalten. Heute ist die Situation viel komplizierter... aber es bleiben bestimmte Parallelen. Zweifellos ist die Sowjetunion nach wie vor daran interessiert, von den Energieschwierigkeiten des Westens zu profitieren... Und so geht es... bei der Einsichtslosigkeit gegenüber der Unabwendbarkeit des Atomzeitalters... nicht nur um Komfort, um die Erhaltung der sogenannten Lebensqualität. Es geht um viel kardinalere Fragen: um die wirtschaftliche und politische Unabhängigkeit, um die *Freiheit* eurer Kinder und Kindeskinder...«

Sacharow war bekanntlich entscheidend daran beteiligt, die Sowjetunion zur Atommacht zu machen, und wenn er das Regime bekämpft, so keineswegs die sowjetische Kernenergieentwicklung, und die hat, wie gesagt, sehr gute Zukunftsaussichten. Nicht zuletzt, weil z. B. die Energetische Hochschule in Moskau die einzige Hochschule der Welt ist, die sich völlig auf Energiefragen spezialisierte, und sie bildet Nuklearingenieure aus, denen nicht nur in 60 Institutslaboratorien die modernsten Apparaturen zur Verfügung stehen, sondern die auch ausnahmslos in Kernkraftwerken, Anreicherungsanlagen und teilweise in Uranbergwerken praktisch arbeiten müssen.

Technische Basis der vom 25. Parteitag der KPdSU beschlossenen intensiven Entwicklung der Kernenergieproduktion ist jetzt das Industriekombinat in Wolgodonsk. Dorthin meldeten sich 1977 mehr als 17 000 Komsomolzen, und Mitglieder dieser kommunistischen Jugendorganisation halfen seit Januar 1977 auch das Kernkraftwerk und die dazugehörende neue Stadt am 260 km langen und 38 km breiten Zimljansker-Stausee bauen. Stolz berichtet auch die Sowjetbotschaft in Bonn über diese Arbeiten und versendet Photos, während die Kommunistische Partei in der Bundesrepublik scharf jede Kernkraftentwicklung ablehnt. Denn nur »die rote Kernenergie ist gut«. Was, wenn es in der Sowjetunion geschieht, als sozialer und technologischer Fortschritt gefeiert wird, gilt in Deutschland als »Komplott der Konzerne«, und diese Diskrepanz stört anscheinend unsere Umweltschutzorganisationen so wenig wie die Anti-Nuklear-Bürgerinitiativen.

In einem Flugblatt der Kommunistischen Partei Deutschlands/Marxisten-Leninisten (KPD/ML) vom 16. November 1976 wird unumwunden gesagt: »Nur der entschlossene Kampf, nur die gewaltsame Besetzung und Behinderung kann einen Kernkraftwerksbau... verhindern. Dieser Kampf richtet sich gegen den kapitalistischen Staat, der...seine Hand schützend über die Interessen der Geldsäcke hält. Erst wenn der Staat im gewaltsamen Aufstand des Volkes unter Führung der Arbeiterklasse geschlagen worden ist und die Herrschaft fest in den Händen der Arbeiter und Bauern liegt, kann endgültig der Riegel vorgeschoben werden vor die totale Vergiftung und Verseuchung unseres Landes...«

Ist hier noch vom »Umweltschutz« die Rede, so wird in anderen Anti-Atom-Manifesten aber nicht einmal mehr dieser Vorwand gebraucht: In der Ausgabe Nord Nr. 47 der »Kommunistischen Volkszeitung« z. B., dem Zentralorgan des Kommunistischen Bundes Westdeutschlands, stand am 25. November 1976:

»Nicht die Technik ist gefährlich, sondern ihre Anwendung durch die Kapitalistenklasse.«

Da hieß es: »Der Mensch kann die Naturgewalten nutzen; er lernt immer mehr, sie zu beherrschen. Kernenergie ist eine mächtige Naturgewalt. Auch sie wird vom Menschen genutzt und beherrscht werden können. Eine Gefahr sind KKWs in der Hand der Kapitalisten; denn sie sichern ihr Eigentum, um die Arbeiter auszubeuten und Profit zu erzielen.«

»Es ist nicht die Technik, die Unsicherheit und Risiko erzeugt, sondern ihre kapitalistische Anwendung. Die kapitalistische Anwendung bringt für die Kapitalisten Höchstprofite, für die Arbeiter erhöhte Ausbeutung, erhöhte Unfallgefahr... Doch die Arbeiterklasse ist Anhängsel der Maschinerie nur so lange, wie die Kapitalisten die Maschinen besitzen. Wenn sie in der proletarischen Revolution den bürgerlichen Staat gestürzt hat, wird sie die Technik beherrschen, auch die Kernenergie.«

Kommunistisch genutzt, ist die Kernenergie also gut. Aber nicht nur die friedlich genutzte Kernenergie, auch Kernwaffen: Am 25. November 1976 schlossen sich 30 Einzelinitiativen zur »BBA«, zur »Bürgerinitiative Bremen gegen Atomanlagen« zusammen. Bei der Wahl des Koordinationsausschusses durch die 700 Gründungsteilnehmer fielen die meisten Stimmen auf Professor Jens Scheer, den Berater der »Bürgerinitiative Umweltschutz Unterelbe BUU« und Drahtzieher der Brokdorf-Aktionen. Jens Scheer ist Mitglied der Kommunistischen Partei Deutschlands und der führende Maoist der Bundesrepublik, und er erklärte wörtlich: »So müssen z. B. auch die Atombombenversuche der Volksrepublik China, die sicherlich auch Radioaktivität erzeugen, gutgeheißen werden – sind sie doch zur Sicherung der sozialistischen Hauptmacht und der revolutionären Befreiungsbewegungen in aller Welt unentbehrlich.«

Solche Eingeständnisse beginnen zu wirken.

Mehr und mehr Deutsche und Europäer beginnen, die Anti-Nuklear-Propaganda zu durchschauen, und auf einer Versammlung in Buckenhofen bei Nürnberg wurde z. B. am 8. September 1977 eine Vereinigung gegründet, die sich »Recht auf Energie« nennt und in der unter Vorsitz Professor Dr. F. W. Winters von der Bergischen Universität Wuppertal Angehörige der verschiedensten Berufe aus Nürnberg, Erlangen und Wuppertal ihre Rechte auf eine gesicherte Stromversorgung gegen »die kleinen und kleinsten Minderheiten, die unsere Demokratie mit bürgerkriegsähnlichen Methoden und geistigem Terror zu demontieren versuchen«, verteidigen. Bereits im Juli 1977 hatten sich fünf Bürgerinitiativen, die *für* die Nutzung der Kernenergie eintreten, unter Führung der »Bürgerinitiative für gesicherte Energieversorgung« in Langen bei Frankfurt und der »Deutschen Bürgerinitiative für Energie« in Bochum zu einer Aktionsgemeinschaft zusammengeschlossen.

Denn langsam beginnen in Deutschland und in Europa die Menschen, die jede Menge Energie als »selbstverständlich« hinnahmen, die *echten* Gefahren zu erkennen: Heute werden von den Kraftwerksinteressenten »Bedarfsnachweise« verlangt. Morgen wird man sie von den Autokäufern verlangen und von den Leuten, die eine Waschmaschine installieren wollen. Heute wird uns Angst vor einem »Atomstaat« gemacht. Aber

DIE LOGISCHE FOLGE JEDER MANGELWIRTSCHAFT IST EINE ALLMÄCHTIGE VERTEILUNGSBÜROKRATIE.

Daß die Öl- und Erdgasvorräte der Welt rapide schwinden, ist aber unleugbar. Ebenso unbestreitbar, daß ihre Substitution vor allem eine gewaltige Steigerung des Elektrizitätsbedarfes bedeutet. Europas Ölimporte *werden* sinken, gleich, was wir für sie bezahlen wollen, und auch darauf müssen wir uns *sofort* einstellen. Denn z. B. den Lastautoverkehr einschränken und die Massentransporte wieder durch die Eisenbahn vornehmen zu lassen (wo sie immer schon hingehörten), ist ja nur möglich, wenn dann das *gesamte* deutsche und europäische Eisenbahnnetz elektrifiziert ist.

DIE ELEKTRIFIZIERUNG DER EISENBAHNEN

bedeutete schon bisher, daß mit einem Drittel des Energiebedarfes der Dampftraktion dreimal größere Transportleistungen erzielt wurden und z. B. die Deutsche Bundesbahn durch die Einschränkung der Dieseltraktion und verstärkte Elektrifizierung 1960–70 ihren Primärenergiebedarf trotz Steigerung ihrer Fahrleistung halbierte. Elektrifizierung bedeutet aber keineswegs nur, daß für den Tonnenkilometer etwa 183 Kilokalorien genügen statt der 281, die Diesellokomotiven brauchen, sondern daß der Verkehr *nicht* stockt, wenn die Ölzufuhr stockt. »British Rail« z. B. sagte im Mai 1978 in einer Inseratenkampagne: »Es mag scheinen, als ob wir durch das Nordseeöl die Energiekrise hinter uns hätten. Aber wir haben sie *vor* uns. In spätestens 20 Jahren, kalkulieren die Experten. Und so muß in England

EIN TRANSPORTSYSTEM, DAS VOM ÖL UNABHÄNGIG IST,

aufgebaut werden. *Darum* ist die Elektrifizierung unserer Eisenbahnen so wichtig. Elektrische Züge fahren mit jeder Art Energie: Kohle, Kernenergie, Gas oder Öl, und so heißt *jetzt* elektrifizieren auch morgen fahren können.«

Die Eisenbahnen der Schweiz, Schwedens und der Niederlande *sind* praktisch voll elektrifiziert, die Österreichs weitgehend. Aber von den 28 000 Streckenkilometern der Deutschen Bundesbahn können nur etwa 11 000 von Elektroloks befahren werden, und auch sonst bleibt da in Europa noch sehr viel zu tun – nicht zu reden von den Vereinigten Staaten, wo jetzt sechs Zehntel aller Frachteinnahmen auf Straßenferntransporte entfallen und nur ein Drittel auf die

Eisenbahntransporte. In den USA werden praktisch *nur* Diesellokomotiven benutzt, außer auf den Vorortstrecken spielt die Elektrotraktion keinerlei Rolle, und so muß dort Ölmangel den totalen Zusammenbruch des Transportwesens und damit die Lahmlegung der Gesamtwirtschaft bedeuten. Eine Katastrophe, die Washington natürlich um jeden Preis zu verhindern versuchen wird. Was wiederum heißt, daß sich die USA so oder so das nötige Öl beschaffen und für uns noch weniger als heute erwartet übrigbleiben wird.

Europa *könnte* seine Massentransporte sichern. Aber nur, wenn *rasch* gehandelt wird, und natürlich auch nur dann, wenn für den nötigen Strom gesorgt wird. Denn etwa eine Drittel Kilowattstunde für den Tonnenkilometer angenommen, würde die Vollelektrifizierung des heutigen Eisenbahngütertransports der Welt etwa 2000 Milliarden kWh Strombedarf oder etwa ein Viertel der heutigen Gesamtstromerzeugung bedeuten; die etwa 590 Millionen Tonnenkilometer Eisenbahngütertransporte Europas etwa 200 Milliarden kWh oder etwa ein Fünftel des Gesamtstromverbrauchs. Sollen die Lastautotransporte übernommen werden, müßte für ein Viertel bis die Hälfte mehr Strom gesorgt werden.

Müssen wir in absehbarer Zeit zur Vollelektrifizierung unserer Eisenbahnen übergehen, so muß aber auch alles Erdenkliche getan werden, um rasch genug

die Elektrifizierung des Strassenverkehrs

durchzusetzen, denn wenn in Europa 1975 vom Gesamtmineralölverbrauch 28% auf den Verkehr entfielen, so von diesem Verkehrsanteil sieben Zehntel auf unsere Personenkraftwagen.

Daß die statt mit Benzin- mit Elektromotoren fahren können, ist seit Jahrzehnten erwiesen, denn Elektromobile gehören zu den ersten aller Kraftfahrzeuge und waren schon deshalb beliebt, weil sie geräuschlos fahren und keinen Auspuff haben. Als Lieferwagen bewähren sie sich seit langem und vereinzelt noch immer oder bereits wieder. Aber mit den wachsenden Ansprüchen an die PKWs kamen sie sehr bald schon nicht mit, denn wenn auch kein heutiges Auto ohne den bereits 1859 erfundenen Bleiakkumulator auskommt, so genügt der *nur* für die elektrische Einrichtung, nicht auch für den Antrieb, für den wären Batterien nötig, die etwa doppelt soviel wiegen würden wie das ganze Auto. Zwar gibt es inzwischen auch andere Stromspeicherungssysteme, und Natrium-Schwefel-Batterien z. B. haben eine ungleich höhere Stromdichte, leisten beim gleichen Gewicht und Umfang das Fünf- bis Zehnfache. Aber nur bei geschmolzenen Elektrolyten, Betriebstemperaturen von etwa 350° C und ähnlichen Schwierigkeiten. Wenn die Energiekommission der amerikanischen Regierung dem US-Senat bereits am 25. Februar 1967 eine Studie vorlegte, die dem Elektromobil »eine goldene Zukunft« und für das Jahr 1980 einen Absatz von zwei Millionen Stück voraussagte, so stellte sich das wie vieles andere in den USA als übertriebener Optimismus heraus. Aber immerhin fuhr im August 1973 ein adaptierter Chevrolet-Vega drei Stunden lang mit durchschnittlich 80 km/h ununterbrochen um den Michigan International Speedway südwestlich von Detroit, und zwar mit einem 40-PS-Elektromotor, den eine Zink-Chlorid-Batterie der »Udylite Co.« speiste. Die Nachteile gasförmigen Chlors werden da vermieden, und wenn auch diese Batterie damals noch 900 Kilo wog, inzwischen wurden in England durch die Zusammenarbeit der privaten »Chloride Silent Power« mit drei staatlichen Partnern, mit »British Rail«, den Ministerien für Industrie und Umwelt und der britischen Atomenergie-Behörde, vielversprechende Fortschritte erzielt. Wie sich seit vielen Jahren und ganz besonders seit der Ölpreisvervierfachung das »Volkswagenwerk« um die Entwicklung eines brauchbaren Elektromobils bemüht, so die großen amerikanischen und japanischen Autohersteller, und so *wird* das zur Neige gehende Benzin durch Elektrizität ersetzt werden. Nicht zuletzt auch, weil aus je 100 Liter Benzin eine Million Liter Abgase entstehen und *die* vor allem eine auf die Dauer unerträgliche Umweltbelastung darstellen. Nur:

Wenn Elektroautos Öl sparen, so kosten sie Strom,
was zwar eine höchst banale Weisheit scheint, aber noch von *keiner* Strombedarfsstudie in Rechnung gezogen wurde. Denn wenn der Elektroantrieb auch wirtschaftlicher als der Benzin- oder Dieselantrieb gestaltet werden kann, was den Gesamtenergiebedarf angeht, wird der Unterschied kaum groß sein. Im Jahre 1977 aber betrug der Weltbenzinverbrauch 580 Millionen Tonnen, und da jede Tonne Benzin 12 800 Kilowattstunden gleichkommt, ist die Rechnung einfach: Dieser Benzinverbrauch entsprach 7424 Milliarden Kilowattstunden oder mehr als der *Welt*stromerzeugung des Jahres 1977. Natürlich braucht die Umstellung des Straßenverkehrs auf Elektroantrieb Zeit, und so ist die Ausweitung der Stromerzeugungskapazität kein Problem. Zudem bedeutet der elektrifizierte Straßenverkehr zugleich eine ungleich bessere Kraftwerksausnutzung, denn das Aufladen der Autoakkus wird ja normalerweise nachts erfolgen. Aber *nur* mit Hilfe der Kernenergie ist der zu erwartende *zusätzliche*

Stromverbrauch zu decken. Auch da gibt es keinen anderen Ausweg.

Diese neue Energieform steht vollausgereift zur Verfügung. Bis Mitte 1978 erzeugten die Kernkraftwerke der Welt bisher rund 2000 Milliarden kWh Strom, das Sechsfache des westdeutschen Jahresstrombedarfes und fast ein Viertel des Weltstrombedarfes des Jahres 1977. Allein das schon beweist, daß die Technologie voll beherrscht wird und die Rentabilität der Kernenergie voll erwiesen ist, denn nirgends sind die Stromversorgungsunternehmen voreingenommen, sie gewinnen Strom aus *allen* geeigneten Energieträgern, solange sich das rentiert und nur *falls* sich das rentiert.

Längst ist aber auch

DIE VOLKSWIRTSCHAFTLICHE RENTABILITÄT DER KERNENERGIE

klar erwiesen und die Behauptung der Kernenergiegegner, der Energieaufwand zur Urananreicherung und zum Bau der Kernkraftwerke sei höher als die gewinnbare Nutzenergie, grotesk.

Jede Energiegewinnungs- oder Energieumwandlungsanlage erfordert eine Energieinvestition, und zwar in Form der Baustoffe wie der unmittelbar und mittelbar aufgewendeten Arbeit. Setzt man die während der Lebensdauer solch einer Anlage gewinnbare Energie ins Verhältnis zur aufgewendeten, so erhält man den sogenannten »Erntefaktor«. Liegt der unter Eins, so ist die Errichtung der Anlage sinnlos.

Der Engländer Peter Chapman rechnete nun am 19. Dezember 1974 im »New Scientist« vor, ein dampferzeugender Schwerwasserreaktor des britischen SGHWR-Typs erfordere bei 1000 MW Leistung eine Energieinvestition von etwa 10 Milliarden Kilowattstunden und liefere während 25 Jahren Betrieb insgesamt 115 Milliarden. Dieser elfeinhalbfache Ertrag sei aber nur zu erreichen, wenn reiches Uranerz verwendet werde. Bei armen Erzen steige der Energieinput auf 20 Milliarden kWh, sinke der Output auf 56 Milliarden. Und dabei sei die Abfallbeseitigung nicht berücksichtigt. Vor allem aber wies Chapman darauf hin, daß ja die Verdopplung der Reaktorzahl alle fünf Jahre geplant sei und dann bei einem Verhältnis von Vorleistung und Produktion von im Mittel 1:5 *ständig* mehr Energie gebraucht werde, als die Reaktoren liefern könnten.

Diese Rechnung wird nach wie vor weltweit als Argument gegen die Kernenergie verwendet, obwohl der Reaktortyp, von dem Chapman ausging, längst von den Leichtwasserreaktoren verdrängt wurde; obwohl der Energieaufwand für die Urananreicherung heute, wie gezeigt, ein völlig anderer als gestern ist und teilweise nur mehr ein Hundertstel des Aufwandes beträgt, der 1942 nötig war. Und obwohl Chapman selber im »New Scientist« vom 16. Oktober 1975 unter dem Titel »For and against Nuclear Power« zugab, daß er sich irrte, und bestätigte, was heute eindeutig bewiesen ist:

Leichtwasserreaktoren erzeugen bereits in den ersten zwei bis drei Monaten ihres Betriebes mehr Energie, als insgesamt in sie investiert wurde.

Das ist der Weltdurchschnitt. Für deutsche 1300-MW-Reaktoren gilt: Energieaufwand vom Auftragseingang bis zum Betriebsbeginn 0,97 Milliarden kWh. Energetische Amortisation binnen 1,4 Monaten. Und bei 30 Jahren Betrieb Netto-Energie-Erlös mit ca. 255 Milliarden kWh das rund 260fache der investierten Energie.

Ähnlich »rentabel« ist aber auch die Urangewinnung, die Herstellung der Brennelemente und die Wiederaufarbeitung: Aus einer Kernbrennstoff-Tablette (pellet) von ca. 8 Gramm Gewicht werden während ihres Einsatzes 1760 kWh Strom gewonnen – 28mal mehr, als zur Herstellung dieser Tablette, beginnend mit dem Uranerzabbau, gebraucht wurde, und ebensoviel, wie aus 700 Kilo Kohle oder 400 Kilo Erdöl an Strom gewonnen werden könnte, die aber natürlich ebenfalls nicht ohne Energieaufwand zu gewinnen sind.

Ist Kernenergie volkswirtschaftlich wie privatwirtschaftlich rentabel, so ist aber längst auch

der Beitrag des Atomstroms zur Versorgungssicherheit

erwiesen: Während des amerikanischen Kohlenarbeiterstreiks von 1978 verhinderten *nur* die auf vollen Touren laufenden 60 Kernkraftwerke der USA weit mehr katastrophale Stromabschaltungen, als es gab. Ebenso bereits im katastrophalen Winter 1976/77, denn wenn sie 1977 rund 9% der amerikanischen Gesamtkraftwerksleistung ausmachten, lieferten sie 12% allen Stroms, um fast die Hälfte mehr, als ihrem Leistungsanteil entsprach.

Die Zahl der Kernkraftwerke auf der Welt

betrug 1978 insgesamt 208, davon führend Westeuropa mit 80, die USA und Kanada mit 73, der Ostblock mit 32 und Japan mit 16. Was die neuesten dieser Werke schon heute leisten, wird oft unterschätzt und noch mehr, was sie während ihrer Betriebsdauer von 30 bis 40 Jahren leisten: Bereits drei Jahrzehnte Betrieb eines 1300-MW-Kernkraftwerks ergeben bei durchschnittlich 8,5 Milliarden kWh jährlich mit, wie erwähnt, rund 255 Milliarden kWh die *Welt*-Stromerzeugung des Jahres 1929. Das 2500-MW-Kernkraftwerk Biblis erzeugt jährlich etwa 15 Milliarden kWh Strom. Dazu werden nur etwa 500 Menschen gebraucht, von denen 110 die beiden Reaktorblöcke »fahren«. Für die Instandhaltung sorgen 190, für die Überwachung 62. Pro Kopf werden also etwa 300 Millionen kWh gewonnen. Und das heißt:

ENERGETISCH BETRACHTET, IST DIE ARBEIT IN EINEM KERNKRAFTWERK 300 000MAL SO ERTRAGREICH WIE MUSKELARBEIT, denn die verwertbare körperliche Arbeit entspricht ja, wie gezeigt, nur etwa 100 Kilowattstunden jährlich.

Die 1978 in Bau befindlichen und bestellten weiteren 357 Kernkraftwerke bedeuten also eine geradezu unvorstellbare Vermehrung der menschlichen Leistungsfähigkeit. Aber natürlich überwachen die da eingesetzten Menschen ja nur einen Energiefreisetzungsvorgang, der die entsprechenden Kernbrennstoffmengen voraussetzt. Und so ist eine der wichtigsten aller Fragen: *Gibt* es genug Uran? Wenn Kernkraftwerke eine Energiemangelwirtschaft verhindern können: Für wie lange? Und *wie* muß das Uran genutzt werden, um einen Raubbau, wie es ihn beim Öl gab, zu verhindern?

VIII
Wieviel Kernbrennstoff gibt es?

Die Welt-Uranvorräte und die Art ihrer Nutzung

Wenn im Jahre 1977 von Schwedens Gesamtstromerzeugung rund 22% aus Kernkraftwerken stammten, in der Schweiz 17%, in den USA 13% und in der Bundesrepublik 11%, so nicht nur, weil diese Werke jetzt meist eine Kapazität von mehr als einer Milliarde Watt hatten statt der 200 Watt von Fermis Reaktor des Jahres 1942. Sondern ebenso, weil nun etwa 35 000 Tonnen Uran jährlich auf der Welt gewonnen werden statt der höchstens zwei Tonnen des Jahres 1900 und der 260 t des Jahres 1938.

Uran ist das wesentliche natürliche Element, das gesteuerte Kettenreaktionen und damit die Umwandlung von Materie in Energie mit unseren heutigen Mitteln ermöglicht. Jeder Reaktor von 1000 Megawatt braucht eine Startladung von etwa 100 Tonnen angereicherten Urans und jährlich 25 bis 30 Tonnen zur Erneuerung des verbrauchten Kernbrennstoffs. Eine Lebensdauer von 40 Jahren angenommen, heißt das:

> KERNKRAFTWERKE ZU BAUEN HAT NUR SINN, WENN FÜR JE TAUSEND MEGAWATT ETWA 6 700 TONNEN NATUR-URAN ZUR VERFÜGUNG STEHEN.

Für 1985 rechnet die OECD mit einer Westwelt-Uranförderung von 90 000 Tonnen. Für die heute betriebenen, in Bau befindlichen und bis zum Jahre 2000 geplanten Kernkraftwerke der Welt aber werden dann zwischen 178 000 und 338 000 Tonnen gebraucht. Kumuliert beträgt der Weltbedarf an Uran 1977–2000 im Durchschnitt der Schätzungen etwa 2,5 Millionen Tonnen. Und *gibt* es die?

Uran gibt es reichlich, denn wenn dieses eisenähnliche, nach dem Planeten Uranus benannte Schwermetall bereits 1789 entdeckt wurde, als der Apotheker und spätere Berliner Chemieprofessor Martin Heinrich Klaproth seine neuentwickelten Analysenmethoden an böhmischer Pechblende erprobte, so blieb es bis 1898 so gut wie wertlos. Wäre es ein wichtiges Legierungsmetall oder sonst großindustriell interessant gewesen, hätte man es gesucht und abgebaut. Da es nur zum Färben von Glas und Porzellan, als Textilbeize und zu ganz wenigen anderen, unwichtigen Dingen brauchbar schien, blieb es erhalten. Während der ersten hundert Jahre nach der Entdeckung des Urans wurden zusammengenommen höchstens eine Viertelmillion Tonnen Uranerze abgebaut. Nur 0,0008% der festen Erdrinde bestehen aus Uran, das heißt, pro Tonne Gestein gibt es nur etwa vier Gramm gegen z. B. 70 Gramm Kupfer und 80 Gramm Nickel. Dennoch ist Uran *nicht* selten, kommt es weitaus häufiger als viele wichtige Legierungsmetalle vor:

Uran ist hundertmal häufiger als Silber und zweitausendmal häufiger als Gold,

die bekanntlich seit vielen Jahrtausenden abgebaut werden und so nicht in mit dem Uran vergleichbaren Mengen übrigblieben.

Nun handelt es sich bei diesen Zahlen um die »dispersen«, das heißt von der Natur nicht selber angereicherten und so nur mit sehr großem Energieaufwand gewinnbaren Vorkommen. Aber es gibt auch sehr viele bedeutende Anreicherungen, und die sind weit regelmäßiger über die Erde verteilt als z. B. die Öllagerstätten. Wenn heute neun Zehntel des Exportöls aus dem Nahen Osten und Nordafrika stammen, so liegen die für den Export in Frage kommenden Uranvorräte zu etwa gleichen Teilen in Afrika, Amerika und Australien, und zum Unterschied von Öl- oder Kohletransportkosten spielen die des Urans durch die Konzentriertheit des Energiegehalts keine Rolle.

Die Westwelt-Uranvorräte

betragen einer 1977 veröffentlichten OECD-Untersuchung zufolge bei Gewinnungskosten bis 50 Dollar je Pfund Uranoxid gleich 130 Dollar je Kilo Uran, und wenn man die sicheren und wahrscheinlichen zusammenzählt, etwa 4,3 Millionen Tonnen. Davon entfallen in Tausend Tonnen Uran gleich Prozent der im Westen insgesamt vorhandenen:

Vereinigte Staaten	1696		39,4	
Kanada	838		19,5	
Afrika	605		14,0	
davon Südafrika		430		10,0
Europa	491		11,4	
davon Schweden		303		7,0
Frankreich		96		2,2
Spanien		18		0,4
Westdeutschland		6		0,14

Die deutschen Uranlagerstätten
liegen zum Großteil in der DDR, seit 1946 wurden für den Bedarf der Sowjetunion intensiv die Vorkommen von Freiberg, Schneeberg, Marienberg, Annaberg und Johanngeorgenstadt im Erzgebirge abgebaut, die der gleichen Formation wie das nordböhmische Revier von St. Joachimsthal angehören. In der Bundesrepublik waren 1978 vor allem in Baden-Württemberg Uranvorkommen bekannt, deren Energiepotential dem der Ölvorräte Libyens entspricht. In der Feldbergregion unweit Menzenschwand und Müllenbach im Schwarzwald sind bei Abbaukosten bis 170 DM/Kilo mit Sicherheit 2550 Tonnen zu gewinnen, vermutet werden 4300, insgesamt um etwa drei Zehntel mehr als der deutsche Kernkraftwerksbedarf von 1980.

Alle OECD-Zahlen enthalten auch die wahrscheinlichen und noch nicht erschlossenen Vorräte, und wenn nur die in Betrieb befindlichen Bergwerke berücksichtigt werden, ist Europa heute auch bei Uran von der Einfuhr abhängig. Aber zum Unterschied vom Öl *gibt* es in Europa reichlich Uran, und ob es gewonnen werden soll oder nicht, ist nur eine Kostenfrage.

Lange wurde weltweit nur das reichste Uranmineral, die Pechblende, abgebaut. In dieser Form gibt es Urankristalle, die nicht größer als Sandkörner sind, aber auch tonnenschwere Blöcke von der Härte des Stahls, die zu 95% aus Uranoxid bestehen. Wenn Kohleflöze oft 20 Meter mächtig sind, so gelten Pechblendeadern von 20 Millimeter als dick. In Katanga gab es Pechblende mit 30% Urangehalt. Aber am häufigsten ist eine amorphe Form mit einem Zehntel bis ein Prozent Metall, und lohnend ist auch noch der Abbau von Erzen mit 0,05%, das heißt mit einem halben Kilo Metall pro Tonne Gestein. Denn ob sich der Abbau lohnt, hängt natürlich von der Tiefe und der Struktur der Lagerstätte ab und nicht zuletzt davon, *wo* sie liegt. Stets natürlich auch vom erzielbaren Preis.

Kein Rohstoffvorkommen der Erde wurde bisher »erschöpft«.
Bevor es zu Ende geht, steigt der Preis und macht immer ärmere Lagerstätten, schließlich auch disperse Vorkommen rentabel, die praktisch unerschöpflich sind. Die höchsten Uranpreise wurden nicht während des Zweiten Weltkrieges, sondern während des Wettrüstens des »Kalten Krieges« erzielt: Ein Kilo Uranoxid kostete 1908 etwa 40 Mark, 1938 nur mehr vier, denn die Nachfrage nach Radium hatte zur Erschließung großer, neuer Vorkommen geführt. 1946–51 stieg der Preis von 12 auf 42 Mark, dann verfiel er, und erst die Ölpreisver-

vierfachung trieb ihn hoch. 1978 betrug er etwa 165 DM. Uran kostet jetzt etwa so viel wie Silber, und für Gold wird 50- bis 60mal mehr bezahlt. Auch Tantal oder Niobium z. B. sind ungleich teurer als Uran, von Platin nicht zu reden. Und auch für Uranoxid würden 2000 oder 3000 DM pro Kilo kaum eine Rolle spielen, weil die Brennstoffkosten, wie bereits geschildert, nur etwa 23% der Gesamtbetriebskosten eines Kernkraftwerkes ausmachen gegen die 70% konventioneller Kraftwerke. Eines Tages könnte so sehr wohl auch

DIE GEWINNUNG VON URAN AUS DEM MEERWASSER

interessant werden, das durchschnittlich drei Milligramm je Kubikmeter enthält – und damit geradezu unvorstellbare Mengen. Denn der Inhalt der Weltmeere beträgt ja 1350 Millionen Kubik*kilometer*. Japanischen Berechnungen vom November 1977 zufolge enthalten die Ozeane 4200 Millionen Tonnen Uran, die durch Titaniumsäure ausgefällt werden können, und Japan plant eine Anlage, die ab 1980 etwa 1000 Tonnen Uran jährlich geben soll.

Aber auch die Natur selber gewinnt Uran aus dem Meerwasser, und alle pessimistischen Voraussagen über die rasche Erschöpfung der bekannten Uranvorkommen wurden im Oktober 1977 durch den Bericht über eine Entdeckung entkräftet, den Egon T. Degens und Walter Michaelis vom Institut für Geologie und Paläontologie der Universität Hamburg mit Francis Khoo in »Nature« veröffentlichten: Im türkischen Teil des Schwarzen Meeres bedecken Sedimente, die sich während der letzten fünf Jahrtausende ablagerten, etwa 260 000 Quadratkilometer oder eine Fläche größer als Westdeutschland. Eine mit freiem Auge unsichtbare Planktonart, Umbilicosphaera, nimmt als freischwimmender Cocolith das im Meerwasser vorhandene Uran auf und bindet es an Eiweiß und Zucker seines Körpers. Das tote Plankton sinkt auf den Meeresboden und bildet in 1000 bis 2000 Meter Tiefe Schichten, die rund zehntausendmal mehr Uran enthalten als das Meerwasser.

DIE PLANKTONSEDIMENTE DES SCHWARZEN MEERES ENTHALTEN MINDESTENS SIEBEN MILLIONEN TONNEN URANOXID.

Da sie durch einen großen Anteil organischer Stoffe brennbar sind, kann das Uran aus der Asche gewonnen werden. Gelingt es, die uranbindenden Zuckerarten des Planktons zu synthetisieren, so ist eine Methode der Metallabscheidung aus dem Meerwasser gefunden.

Natürlich ist es nicht einfach, die Sedimente aus 1000 oder 2000 Meter Meerestiefe an die Oberfläche zu bringen, und auch die Verarbeitung stellt Probleme. Aber die sind ebenso lösbar wie die, die die Urangewinnung aus Graniten stellt, und jedenfalls steht fest, daß es außer den heute bekannten, von der Natur angereicherten Lagerstätten geradezu unermeßliche Vorräte an »armen« Uranerzen gibt, und nicht nur die reichen Pechblende- oder Carnotitlagerstätten sind interessant, sondern Dutzende heute noch ungenutzte Uran- und Thoriumverbindungen:

KERNBRENNSTOFFE KOMMEN IN FORM VON MEHR ALS 260 VERSCHIEDENEN MINERALIEN VOR, UND JEDE TONNE URGESTEIN ENTHÄLT VIERZIGMAL SOVIEL ENERGIE WIE EINE TONNE KOHLE:

Gibt es im Kaffotal Nigerias 1952 entdeckte Granitvorkommen mit 120 Gramm Uran und 2600 Gramm Niobiumoxid je Tonne Gestein, so auch in der Schweiz Granitarten, die statt der 4 und 11 Gramm des Erdkrustendurchschnitts 40 Gramm Uran und 65 Gramm Thorium enthalten, und daß die nicht nur theoretisch, sondern auch *praktisch* zu nutzen sind, bewies Professor E. Niggli vom Mineralogischen Institut der Universität Bern mit Hilfe der »Gebrüder Sulzer AG« bereits 1956. Uran und Thorium, diese »allgegenwärtigen Gesteine«, können mit rein physikalischen Methoden aus den Mineralanteilen Zirkon, Monazit, Titanit, Ilmenit, Orthit, Apatit und Pyrochlor, in denen sie konzentriert sind, abgetrennt werden. In der Schweiz geschah das durch Flotation und durch magnetische Scheideverfahren. Ohne Mühe wurden z. B. aus dem Sand der Aare Zirkonfraktionen abgetrennt, die zwei *Kilo* Uran je Tonne gleichkommen. Flußsand, wie es ihn praktisch überall gibt, hatte also einen Urangehalt von 0,1 und einen Thoriumgehalt von 0,3%, während Gold heute z. B. selbst dann rentabel gewonnen wird, wenn die Erze nur 0,001% Metall enthalten.

Durch die Verwitterung granitartiger Gesteine und von Pegmatiten, die es in Portugal, auf Madagaskar und in Kanada gibt und deren Urangehalt zwischen einem und 40% schwankt, entstanden sekundäre Lagerstätten. Da sie relativ hart und schwer löslich sind, können sie von den Flüssen weit mitgeführt werden und gelangen oft ins Meer, und so entstand z. B.

DIE 700 KILOMETER LANGE MONAZITKÜSTE BRASILIENS,

die etwa drei Zehntel allen Thoriums der Welt enthält. Die Vorkommen von Espirito Santo, Bahia und Pocos de Caldas enthalten 0,5 bis 5% Thorium, die riesigen Lagerstätten von Travancore in Südindien, die als größte der Erde gelten und auf eine halbe Millionen Tonnen Thorium geschätzt werden, 9 bis 10%.

Werden verwitterte Uran- und Thoriumerze aus den Primärlagerstätten ins Meer getragen, so auch in Seen und Sümpfe, wo sie chemisch oder biologisch wieder ausgefällt werden. Da Uran z. B. eine sehr starke Affinität zu Phosphor besitzt, sind sedimentäre Phosphatlager oft außerordentlich reich an Uran, und in Florida, Texas und Nordafrika gibt es Vorkommen mit 10 bis 300 Gramm Uran pro Tonne Phosphat. Da das Phosphat ein unentbehrliches Düngemittel ist, kann das Uran hier zusätzlich, sozusagen ohne eigene Abbaukosten, gewonnen werden, und ähnlich ist es bei den Golderzen des Witwatersrand:

SÜDAFRIKAS URANGEWINNUNG IST REINE ABFALLVERWERTUNG, ABER NUR SIE HIELT DEN GOLDBERGBAU IN GANG.

Hier zeigt sich, *wie* vielfältig die *weltweiten* Wirkungen der Kernenergienutzung sind.

Im Jahre 1944 hatte Südafrikas damaliger Premierminister Jan Christian Smuts mit Calvin Stowe McLean, dem Präsidenten der Bergbauvereinigung von Transvaal, telefoniert und ihn gefragt: »Stimmt es, daß unsere Golderze Uran enthalten?« McLean antwortete: »Jawohl, das ist seit 1923 bekannt. Aber es hat keinerlei kommerziellen Wert.« Smuts war vom »Manhattanprojekt« unterrichtet. Er ordnete an, festzustellen, wieviel Uran es in Südafrika gab und wie man es gewinnen konnte. Und wenn die Ergebnisse auch geheimgehalten, erst 1948 der South African Atomic Energy Board gegründet wurde, es auch bis 1952 dauerte und 112 Millionen Dollar investiert werden mußten, im Herbst dieses Jahres begann im Goldbergwerk der »West Rand Consolidated« unweit Johannesburg nach einem geheimgehaltenen chemischen Verfahren die Urangewinnung aus dem Erzschlamm, dem der Goldgehalt bereits durch das Zyanidverfahren entzogen worden war. Alle Witwatersrand-Bergwerke beteiligten sich an dem Unternehmen und errichteten binnen drei Jahren 27 Urangewinnungsanlagen. Sie gewannen mit Hilfe des Schwefelkieses, den diese Rückstände enthalten, zugleich auch die benötigte Schwefelsäure, und bereits 1955 betrugen die Uran-Einnahmen ein Fünftel der Gesamteinnahmen des südafrikanischen Goldbergbaus, und 1957 erbrachten sie die Hälfte des Gewinns. Da war Südafrika mit 4400 Tonnen Uranoxid gleich 3800 Tonnen Uran der damals bedeutendste Produzent der Welt, Uran nach Gold und Wolle das drittwichtigste Exportprodukt.

Das aber war für Südafrika lebenswichtig. Denn der Goldpreis blieb ja – einmalig in der Wirtschaftsgeschichte – von 1934 bis 1971 gleich, während die Gewinnungskosten – wie alle Preise – enorm stiegen. Präsident Franklin D. Roosevelt hatte 1934 den Goldpreis auf 35 Dollar die Feinunze festgelegt, und die USA hielten an diesem amtlichen und durch die Bretton-Woods-Abkommen von 1946 für die ganze Welt gültigen Preis 37 Jahre lang fest. Denn dieses Währungsabkommen hatte ja den Dollar dem Gold gleichgesetzt und praktisch zur Weltwährung gemacht. Die USA brauchten nur Dollars zu drucken, um weltweit kaufen zu können, was immer sie wollten. Sie brauchten kein Gold mehr, hatten aber auch keinerlei Interesse, dem großen Goldproduzenten Sowjetunion durch Preisanpassungen Vorteile zu verschaffen.

Während die südafrikanischen Goldgewinnungskosten stiegen, nahm der Goldgehalt der ja bereits seit 1886 abgebauten Erze ständig ab. Zwar gelangte südafrikanisches Gold auch auf den Schwarzmarkt. Aber auf die Dauer schien das Schicksal des südafrikanischen Goldbergbaus besiegelt. Die Urangewinnung aber bedeutete, daß heute rund 80 Millionen Tonnen Rückstände verwertet werden können und dazu, daß Goldvorkommen wie z. B. die des Bird-Reef rentabel wurden, denn schon für die Goldgewinnung müssen alle Erze gefördert, zerstampft und fein gemahlen werden, diese Kosten bleiben gleich, ob das Uran extrahiert wird oder nicht.

NUR DIE KERNENERGIE RETTETE DEN SÜDAFRIKANISCHEN GOLDBERGBAU.

Zwar kann man über die Notwendigkeit dieses Bergbaus verschiedener Meinung sein. Aber der Golderlös ist unentbehrlich für Südafrikas Wirtschaftsentwicklung, und ohne den wäre es ein ungleich unwichtigerer Handelspartner.

Heute stellt Südafrika bei etwa 10% der bekannten Weltvorräte an Uran rund 13% der Welturanproduktion. Im Jahre 1978 wurden 10 850 Tonnen Uranoxid gewonnen, und für 1985 sind etwa 16 000 Tonnen vorgesehen. Frankreich schloß 1977 einen Liefervertrag über 10 000 Tonnen ab, der von 1980–90 läuft, und durch die enge Zusammenarbeit zwischen Südafrika und dem Iran ist die Versorgung Südafrikas mit Öl und die des Iran mit Kernbrennstoffen gesichert.

Bei der Suche nach Uranvorkommen und bei der Urannutzung gab es drei Perioden: Die »Radiumperiode« 1898–1942. Die »Bombenperiode« 1942–1964 und die »Energieperiode« seit 1964. Das heißt, ein halbes Jahrhundert lang wurde nach Uran gesucht und

URANERZ NUR WEGEN EINER EIGENSCHAFT GEFÖRDERT, DIE HEUTE IN VERRUF GERATEN IST: WEGEN SEINER RADIOAKTIVITÄT.

Durch den natürlichen Zerfall von Uran entsteht Radium, und um das für Heilzwecke zu gewinnen, wurde Uranbergbau betrieben. Zuerst nur in Joachimsthal, dem heutigen Jachymow am Südrand des Erzgebirges in Böhmen, wo 50 000 Tonnen Gestein losgeschlagen werden mußten, um 150 Tonnen Erz zu gewinnen, das, auf 15 Tonnen Konzentrat angereichert, in neunmonatiger Trennarbeit zweieinhalb Gramm Radium gab, das so zeitweilig 700 000 Mark pro Gramm kostete. Dadurch entstanden Uranbergwerke auch in Cornwall in England und in Colorado in den USA, und 1915 kam es zum großen Pechblendefund von Shinkolobwe im damaligen Belgischen Kongo. Und wenn diese Vorkommen heute weitgehend erschöpft sind, so wurden doch durch die Prospektion während der »Radiumperiode« auch

DIE GEWALTIGEN URANVORKOMMEN DER KANADISCHEN ARKTIS

entdeckt, von denen 167 000 Tonnen sicher und 392 000 Tonnen wahrscheinlich sind, die etwa ein Fünftel der Westweltvorräte ausmachen und heute die für den Export wichtigsten sind. Schätze, die Kanada praktisch *einem* Mann dankt: Gilbert Charles La Bine.

Der war 1890 auf einer Farm in Ontario geboren worden und hörte seit seiner frühesten Kindheit von kaum etwas anderem als Silber- und Goldfunden, Kupfer- und Nickelvorkommen reden. Als Fünfzehnjähriger zog er nach Cobalt, wo Silber entdeckt worden war, und fand eine Ader, für die er 5000 Dollar bekam. Mit 17 stieß er auf eine, für die ihm 25 000 geboten wurden, die er aber nicht verkaufte, weil er sie für wertvoller hielt – und die sich als wertlos erwies. La Bine begriff, daß es mit Glück allein nicht getan ist. Er las und lernte Tag und Nacht, verschlang, was es an Lehrbüchern und Regierungsbroschüren gab, und studierte alle erreichbaren geologischen Karten. La Bine wußte bald mehr über Kanadas Bodenschätze als mancher Hochschulabsolvent, und sein Naturverstand sagte ihm, daß er suchen mußte, was andere Schatzsucher *nicht* interessierte. Gold und Silber und Kupfer jagten alle nach. La Bine aber spezialisierte sich auf seltene Legierungsmetalle, und als 1913 der Geologe W.G. Miller erklärte, in Kanada müsse es auch Pechblende geben, beschaffte sich La Bine Proben der wichtigsten Uranmineralien, um sie jederzeit wiederzuerkennen.

Für Radium wurden damals 120 000 Dollar pro Gramm bezahlt, aber 1915 auch die einzigartig reichen Pechblendevorkommen in Katanga entdeckt, und so vergingen 15 Jahre, ehe La Bine sein Wissen nutzen konnte. Er hatte weiter Glück gehabt, hatte Gold-, Silber-

und Kupfervorkommen entdeckt und war Direktor der Eldorado-Goldminengesellschaft geworden. La Bine vermutete seit Jahren, daß die reichen Erzvorkommen Ontarios sich längs des Kanadischen Schildes quer durch den unbesiedelten Nordwesten bis an den Rand des Nördlichen Eismeeres fortsetzten. La Bine hatte stets auch versucht, von den Indianern zu lernen, die ihre Jagdgründe besser kannten als jeder Weiße, und die hatten ihm u. a. erzählt, am Großen Bärensee gäbe es Felsklippen mit einem Geruch wie nirgends sonst, sie behaupteten, sie hätten da »ein ganz besonderes Metall« gerochen. Ob das vielleicht Pechblende war? La Bine konnte der Sache nicht nachgehen, weil der Große Bärensee nicht nur 1800 Kilometer von der nächsten Eisenbahnstation entfernt liegt, sondern auch zugefrorene Flüsse nicht als Schlittenwege zu benutzen waren und das Terrain praktisch jede Annäherung außer zu Fuß unmöglich machte. Für Fußmärsche aber war die schneefreie Periode zu kurz.

Nach dem Ersten Weltkrieg jedoch gab es Flugzeuge und Flieger. La Bine überzeugte die Aktionäre der Eldorado Goldmining, daß es sich lohnte, die damals noch unvermessenen und völlig menschenleeren Nordwestterritorien zu erkunden. Im Sommer 1929 startete er mit dem Piloten Leigh Brintwell im Flugzeug von Winnipeg nach The Pas, McMurray, Fort Simpson und Fort Norman. Dem Bear River entlang wurde der Great Bear Lake erreicht und La Bine dort am Westufer abgesetzt.

Als ihn Brintwell, der zu den Gründern der Canadian Airways gehört, vier Wochen später wieder abholte, fand er einen müden, enttäuschten Mann. La Bine hatte an einem 130 Kilometer langen Uferstreifen zutage tretende Erzgänge untersucht, Kupfer, Blei, Kobalt und Silber gefunden, jedoch nicht genug, um in dieser Einöde lohnend zu sein. Aber auf dem Rückflug nach Fort Norman beschloß La Bine, sich auch das Ostufer des Bärensees zumindest aus der Luft anzusehen. In nur 150 Meter Höhe überflog die Maschine kahlen Fels. Und da gab es grüne, gelbe, organgefarbene und schließlich schwarze Flecken. Da zog sich ein schwarzes Flözband quer über eine Landzunge.

Zu diesem Flöz flog La Bine am 28. März 1930 mit seinem alten Freund Charles Saint-Paul. Die Gegend war noch tief verschneit, und am 16. Mai war Saint-Paul schneeblind. La Bine wußte, daß ihm das auch bevorstand. Aber noch am gleichen Tag fand er die Stelle, die er aus der Luft gesehen hatte. Pechschwarz, orange und kanariengelb gesprenkelt lag die Ader da, und die Gesteinsbrocken waren schwerer als Gold. Das Flözband war fast zwei Meter breit, von Kobaltblüte durchsetzt. Es führte zu einer 30 Meter hohen Kupferformation. Wenige Schritte weiter gab es eine 6 Meter breite Silberader. Und wieder nur wenige Schritte weiter lagen nebeneinander drei Pechblendeflöze, zutage tretende Ablagerungen, die sich als

DAS MÄCHTIGSTE URANVORKOMMEN DER WELT

erwiesen: Joachimsthal wurde von Shinkolobwe überflügelt, jetzt überflügelte La Bine-Point das Katangavorkommen. In Port Hope in Ontario entstand eine weit modernere und größere Anreicherungsanlage als die im belgischen Oolen, 1938 besaß Port Hope eine Jahreskapazität von 108 Gramm Radium, und der Radiumpreis sank von 300 000 auf 62 000 Mark pro Gramm. Die Weltproduktion, die seit dem Jahre 1902 insgesamt 506 Gramm betragen hatte, konnte nun derart gesteigert werden, daß statt einigen Tausenden Millionen Krebskranke gerettet werden konnten.

Hätten gerettet werden können. Denn sehr bald wurde ja nun die »Radiumperiode« von der »Bombenperiode« abgelöst. Da wurde das Uran selber wichtig, das bisher nur ein Abfallprodukt der Radiumgewinnung gewesen war, und das löste dutzenderlei Wechselwirkungen aus.

Bereits 1919 war z. B. am Mackenzie-River, im Gebiet von Fort Norman, Öl erbohrt worden. Aber es hatte keine lokalen Verbraucher gegeben, und um eine 1100 Kilometer lange Ölleitung zu bauen, waren die Funde nicht groß genug gewesen. Jetzt entstand bei Norman Wells eine Raffinerie. Da entstand bei Fort Sith eine Flußschiffwerft, und da La Bines Fund Hunderte Prospektoren an den Großen Bärensee brachte, entstand nicht nur »seine« Uranstadt Eldorado, sondern Bergbausiedlungen auch an der Echobucht, bei White Eagle Falls, an der Mündung des Camsell River und in der Cameronbucht. Mit La Bines Funden *begann* die Erschließung der riesigen Northwest Territories, die mit rund 3,2 Millionen Quadratkilometern fast ein Drittel ganz Kanadas einnehmen, denn nur für das Urankonzentrat lohnte sich der Lufttransport, und erst *nachdem* Uransiedlungen entstanden, lohnte sich der Bau von Häfen und Straßen.

Nach wie vor wird der Urangewinnung nur lokale Bedeutung zugemessen. Aber

ÜBERALL HALF UND HILFT URAN EINÖDEN BESIEDELN,

die bisher für die Welt praktisch nicht bestanden, die aber nicht *nur* Uran enthalten und die erst durch ihre Besiedlung Märkte werden. Wenn heute z. B. Westaustralien ein »Land der Zukunft« ist und u. a.

einer der bedeutendsten Eisenerzlieferanten Europas und Japans, so nur, weil dort 1891 ein Schafhirte einen Stein aufhob, um ihn nach einer Krähe zu werfen, und am Gewicht merkte, daß er einen Goldklumpen in der Hand hielt. *Nur* durch das Gold von Collgardie und Kalgoorlie kamen binnen acht Jahren 120 000 neue Einwanderer nach Westaustralien, wurde dort die erste Eisenbahn und die erste Talsperre gebaut. Und nur diese Infrastruktur ermöglichte die Nutzung aller anderen Bodenschätze und des Ackerlandes, das es hier gibt.

Ähnlich wirkten

DIE URANFUNDE IN NORDAUSTRALIEN,

die 1949 gemacht wurden und durch die Australien heute mit 376 000 Tonnen Niedrigkostenvorräten zu den bedeutendsten Kernbrennstoffbesitzern der Erde zählt. Nordaustralien ist mit 1,4 Millionen Quadratkilometern nur wenig kleiner als die neun EG-Länder. Aber hier lebten bei der Zählung von 1947 insgesamt 10 900 Menschen und davon die Hälfte in Port Darwin, dem Haupthafen und Verwaltungssitz, von dem böse Zungen behaupteten, der wichtigste Einfuhrartikel seien Beamte und das wichtigste Exportgut leere Bierfässer. Die Autopiste von Winton in Queensland nach Broome in Westaustralien, die durch die zukunftsreichsten Teile des Northern Territory führt, ist 3600 km lang, eine Entfernung, die der von Madrid zum Nordkap entspricht, aber da wenige Menschen wenige Wähler bedeuten, gab das Commonwealth, das das Gebiet seit 1911 verwaltet, noch weniger Geld für seine Entwicklung aus als Südaustralien, dem es vorher unterstand und das immerhin den Überlandtelegraphen Adelaide–Darwin baute. Die fehlenden Investitionen wiederum verhinderten jede dichtere Besiedlung, und so hatte Nordaustralien auch bei der Zählung von 1974 erst 101 000 Einwohner, acht auf je *hundert* Quadratkilometer. Dabei ist das Nordterritorium keineswegs unkultivierbar. Wo es Siedler *gibt,* entstanden wahre Paradiese.

Die erste wesentliche Siedlerzahl brachten 1949 die Uranfunde von Rum-Jungle. Hier entstand das erste Bergwerk in den Tropen, in dem nur Weiße arbeiteten, und für diese und deren Familien Farmen, Obstplantagen und Viehzuchtbetriebe. Diese Funde führten zur Prospektion der ganzen Region, brachten neue am Alligator-River, und das 1970 entdeckte Vorkommen bei Jabiluka enthält 3150 Gramm Uran je Tonne Mineral und liegt nur 200 Meter tief. Als reichstes Uranvorkommen der Welt galt 1978 das der »Pan-Continental Mining Co. Ltd.« unweit dem Alligatorfluß mit 220 000 Tonnen Uranoxid im Wert von mindestens 45 Milliarden DM. Durch diese Funde heißt heute

AUSTRALIEN »DAS SAUDI-ARABIEN DES URANMARKTES«.

Das heißt, es *könnte* der wichtigste aller Uranexporteure sein. Aber 1973–77 war der Uranabbau im Northern Territory verboten. Die eng mit den Gewerkschaften liierte Labourregierung hatte dem Druck der Kernenergiegegner und Umweltschützer nachgegeben, und als die Labourpartei 1977 die Wahlen verlor und die Regierung unter Malcolm Fraser den Uranabbau freigab und das Parlament einen Entwicklungsplan verabschiedete, durch den die Uranausfuhr Australiens von 1981 etwa 3000 Tonnen bis 1985/86 auf 10 000 Tonnen gesteigert werden sollte, gab es Massendemonstrationen, und der Labourführer Gough Whitlam erklärte, der Uranverkauf komme »dem Verkauf von Thalidomid« (Contergan) gleich, und Australien nehme an einer Technologie teil, die maximal 50 Jahre dauern könne, aber giftigen Abfall bringe, der die Welt eine Viertelmillion Jahre bedrohe. Tom Uren, der stellvertretende Labourführer, drohte, alle Lieferverträge für ungültig zu erklären, sobald es wieder eine Arbeiterregierung gäbe. Die Gewerkschaften widersetzten sich offen dem Parlamentsbeschluß und verhinderten alle Bauarbeiten der Bergbaugesellschaften wie jederlei Uranexport.

DER VON DEN GEWERKSCHAFTEN AUSTRALIENS VERHÄNGTE »TOTALE URANBOYKOTT«

wurde nun zwar im März 1978 durch die Delegierten von 132 Verbänden, die rund zwei Millionen Arbeiter vertreten, aufgehoben. Eisenbahner, Lastwagenfahrer und Docker sollten nun nicht länger die Ausfuhr von Urankonzentrat verhindern. Aber das gilt nur für Lieferverträge, die die »Mary Kathleen Uranium Ltd.« *vor* 1972 schloß, und das ist weiter die einzige produzierende Mine. Die Erschließung der nordaustralischen Vorkommen machen die Gewerkschaften weiter von der »Erfüllung der legitimen Forderungen der farbigen Ureinwohner« und von »substantiellen Lizenzzahlungen der Bergbauunternehmen« abhängig, und da die nicht näher definiert werden, wagt niemand neue Investitionen. Denn daß die Arbeitslosigkeit in Australien nun 7% aller Erwerbstätigen beträgt und 64% aller wahlberechtigten Australier *für* den Abbau des Energierohstoffs und den Uranexport sind, stört die Urangegner nicht im geringsten. Schon bei einem Preis von 30 Dollar pro Pfund Uranoxid würden die Vorkommen Nordaustraliens zwischen 1981 und 2000 etwa 50 Milliarden

DM einbringen und 500 000 Arbeitsplätze schaffen. Aber das scheint den Umweltschützern und den Studenten und Intellektuellen, die für die Ureinwohner eintreten, »völlig nebensächlich«. Die Ureinwohner haben im Gebiet des Alligator-River angeblich viele »heilige Stätten«, die »gefährdet werden könnten«. Dabei verpflichtete Canberra die Bergbaugesellschaften bereits, auch für Boden, der außerhalb der Reservate liegt, 2,5% aller Einnahmen an die Eingeborenen zu bezahlen, und der »Land Rights Act« von 1976 sprach den Ureinwohnern 250 000 Quadratkilometer zu, fast ein Fünftel des ganzen Northern Territory, obwohl ihre Zahl hier höchstens 60 000 beträgt. Jeder Erzabbau bedarf hier ihrer Zustimmung. Kommt keine Einigung zustande, so kann die Regierung zwar einen Schiedsrichter einsetzen, dessen Entscheidung verbindlich ist, und im Notfall den Abbau als »im nationalen Interesse liegend« durchsetzen. Aber das bleibt aus innenpolitischen Gründen weitgehend Theorie, denn die Ureinwohner haben heute Führer wie den 29jährigen Galarrwuy Yumupingu, einen Vollblut-Aboriginal aus dem Gumatistamm, der ein Universitätsstudium absolvierte, und sie engagierten Leute wie Stephen Zorn und Ross Garnaut als »Berater«, die in Papua-Neuguinea die Rechte der Eingeborenen gegenüber den Kupfergesellschaften vertraten und in Kanada und Alaska Indianerstämme und Eskimos.

Ob und wann Nordaustralien durch den Uranbergbau erschlossen werden kann und australisches Uran der Welt zur Verfügung steht, ist also fraglich, aber glücklicherweise gibt es auch noch andere, sehr bedeutende Vorkommen:

Uran ermöglicht nun die Erschliessung der westafrikanischen Republik Nigeria,

die seit 1960 unabhängig und mit rund 1,2 Millionen Quadratkilometern größer als Frankreich, England und Westdeutschland zusammengenommen ist, aber nur 5 Millionen Einwohner hat, weil sie zur Sahelregion gehört, die immer wieder durch Dürrekatastrophen heimgesucht wird. Während der Hungersnot der Jahre 1972–74 gingen acht Zehntel des Viehbestandes von Nigeria zugrunde. Mehr noch als an Futtermangel durch Mangel an Trinkwasser.

In etwa 20 Jahren wird dieses Problem gelöst sein und jedes der 9000 Dörfer Nigerias statt eines Schöpfloches mit rasch versiegendem, trübem Wasser in ihrer ganzen Tiefe von 50 bis 60 Meter auszementierte Brunnen mit ständig drei bis vier Meter klarem, gesundem Wasser haben. 1977–78 wurden rund 700 geschaffen, denn das

Staatsbudget konnte durch Uranexporte, die bereits 1975 rund sechs Zehntel des Ausfuhrerlöses stellten (während No. 2 mit 15% lebende Tiere waren), um vier Zehntel erhöht werden.

Die Ausbeutung der Uranlagerstätten wurde durch einen Staatsvertrag ermöglicht, den Nigeria 1967 mit Frankreich schloß. Mit einem Aufwand von 220 Millionen DM wurden die schwer zugänglichen, in einer Wüstenregion des Nordens liegenden Vorkommen von Arlit erschlossen, die etwa zweieinhalb Quadratkilometer bedecken und nur 30 bis 40 Meter tief liegend mindestens 20 000 Tonnen Uranmetall enthalten. Heute sind in Nigeria mindestens 100 000 Tonnen Uran sicher festgestellt, vor allem bei Akouta, bei Tassa Ntghalgué, bei Afasta-Ouest und Afasta-Est, Abkorum-Azalik, In Adrar und Djado. Mit 1600 Tonnen gewann die damals noch allein produzierende »Société des Mines d'Air« 1977 bereits 6,8% der Welturanförderung, war Nigeria No. 5 aller Produzenten, und 1978 stieg es auf den vierten Platz auf.

Löst Uran hier das Wasserproblem, so wurden bei der Uransuche aber auch Kohlevorkommen entdeckt, durch die der Holzraubbau beendet wird. Da entdeckten die Uranprospektoren bei Say, 50 km südlich der am linken Ufer des Nigerflusses liegenden Hauptstadt Niamay (die 1975–78 ihre Einwohnerzahl von 160 000 auf 320 000 verdoppelte) mindestens 200 Millionen Tonnen Phosphate. Bei Tin Touma wurde Öl entdeckt und bei El-Mecki Eisen.

Ähnlich war es stets und ist es überall: Wird intensiv nach einem interessant gewordenen neuen Rohstoff gesucht, finden sich auch fast immer andere. Und stets zwingen neue Bergwerke natürlich auch zu neuen Straßen und Eisenbahnen. Schon für die Uranlager von Arlit wurden 4000 Kilometer Straßen, Pisten und Eisenbahnen gebaut, und die wichtigste Verkehrsader Nigerias ist heute

DIE »ROUTE D'URANIUM«,

die zehn Breitengrade oder 1100 Kilometer durchquert, bei Agadèz beginnt und im westafrikanischen Hafen Cotonou endet. Eine Verbindung der »Route du Haggar«, die durch die wichtigsten Bergwerkszentren Nigerias verläuft, zu der 3000 km langen, an der algerischen Mittelmeerküste beginnenden Trans-Sahara-Straße ist im Bau.

Und all dies geht *nicht* nur ferne Neger oder noch fernere Antipoden an, sondern auch Hunderttausende und Millionen Europäer und Deutsche. Denn neue Produzenten bedeuten stets auch neue Abnehmer, und heute ist die Arbeitsteilung *so* vielfältig, daß sich jede

Wohlstandssteigerung *irgendwo* früher oder später weltweit auswirkt. Die neuen Uranbergwerke brauchen nicht deutsche Maschinen zu kaufen, es können auch Schweizer Maschinen oder französische Ausrüstungen sein, denn auch die Schweiz und Frankreich sind unsere Kunden, und je besser es ihnen geht, desto besser geht es uns. Auch

> das für die Kernenergieentwicklung aufgewendete Geld fliesst in zahllose Kanäle

und schafft zusätzliche Kaufkraft. Es ersetzt aber auch rechtzeitig das Geld, das sehr bald nicht länger durch Raffinerie- und Tankerbauten in Umlauf gelangen wird. Und nur dadurch können schwere Krisen und die entsprechende Arbeitslosigkeit vermieden werden.

Nur brauchen auch Kernkraftwerke Brennstoffe. Und wie beim Öl ist nicht nur wichtig, daß es die *gibt*, sondern daß sie *uns* zur Verfügung stehen und daß wir *rechtzeitig* über sie verfügen können.

Der OECD zufolge betragen die sicheren und wahrscheinlichen Westwelt-Uranvorräte, wie schon gesagt, 4,3 Millionen Tonnen. Die der Welt insgesamt werden auf etwa 6 Millionen Tonnen geschätzt. Aber auf der im September 1977 in Istanbul abgehaltenen 10. Weltenergiekonferenz wurde bis 2020

> ein kumulierter Uranoxidverbrauch von 13 Millionen Tonnen

angenommen, und um den zu decken, müßte ab sofort alle sechs Wochen eine neue Urangrube mittlerer Größe ihren Betrieb aufnehmen. Daß genügend Uran *vorhanden* ist und gefunden werden kann, wurde nicht bezweifelt. Wohl aber, ob die nötigen Produktionsanlagen *zeitgerecht* erstellt werden. Und so wurde die *rasche* Brüterentwicklung als einzige Möglichkeit gesehen, den unbedingt erforderlichen Beitrag der Kernenergie zur Weltenergieversorgung sicherzustellen. Denn stets muß daran gedacht werden:

> Die Zahlen über die Uranvorkommen der Welt sind keine festen Grössen, was sie bedeuten, hängt ganz davon ab, wie das Uran genutzt wird:

Eine Tonne Uran kann so viel Energie liefern wie 17 000 bis 20 000 Tonnen Kohle. Aber die gleiche Tonne Uran kann ein bis zwei Millionen Tonnen Kohle entsprechen. Wieviel Kernbrennstoffe es gibt und wie lange sie reichen, hängt ganz von der Art ihrer Nutzung ab, davon, ob nur die 0,7% des im Natururan enthaltenen spaltbaren U-235 genutzt werden oder auch die 99,3% des nichtspaltbaren U-238, das für die Leichtwasserreaktoren »Abfall« ist.

Heute gibt es praktisch nur Leichtwasserreaktoren. Aber die waren nur der erste Schritt zu einer Kernkraftwerkssymbiose, in Entwicklung sind auch Hochtemperatur- und Brutreaktoren, und die verändern die reale Größe der Spaltstoffvorräte völlig: Für einen 1000-MW-Brutreaktor genügt eine Jahresförderung von etwa 400 t Uranerz, verglichen mit 52 000 t für einen 1000-MW-Leichtwasser-Reaktor. In Brütern verwendet, entsprechen selbst die sehr geringen deutschen Uranvorkommen den gesamten deutschen Kohlevorkommen, und das heißt:

> DIE BRÜTERENTWICKLUNG IST FÜR DEUTSCHLANDS ENERGIEVERSORGUNG GLEICH WICHTIG WIE DIE AUFRECHTERHALTUNG DER KOHLEFÖRDERUNG.

Und unentbehrlich auch die heute erbittert bekämpften Wiederaufarbeitungsanlagen: Um einen 1000-MWe-Leichtwasserreaktor mit Brennstoff zu versorgen, braucht man etwa 175 t Natururan im Jahr. Bei der Anreicherung entstehen daraus etwa 30 t angereichertes und 145 t abgereichertes Uran. Ohne eine Wiederaufarbeitung würden die 30 t nach dem Einsatz als Abfall anfallen.

Wird dieser Abfall jedoch aufgearbeitet und das gewonnene Plutonium wieder als Kernbrennstoff verwendet, so muß man zusätzlich nur noch 115 t Natururan pro Jahr einsetzen und verringert damit die Menge an abgereichertem Uran auf etwa 112 t pro Jahr. An Abfall, der gelagert werden muß, entstehen jetzt nur noch etwa 3 t, also nur 10%. Diese 3 t sind Spaltprodukte, aber auch restliches Uran aus Prozeßverlusten.

Bei einem 1000-MWe-Brüter schließlich muß man nur noch 3 t Natururan pro Jahr aufwenden, die sich dann nach dem Einsatz als Spaltprodukte und Resturan wiederfinden. Abgereichertes Uran fällt überhaupt nicht an. Das heißt:

> WIEDERAUFARBEITUNG DER BRENNSTOFFE UND BRÜTEREINSATZ VERSECHZIGFACHEN DIE URANVORRÄTE DER ERDE.

In der Analyse der Weltenergiesituation, die der Vorstandsvorsitzende des RWE, Professor Dr.-Ing. Heinrich Mandel, im April 1978 gab, rechnete er vor: Der Energiegehalt von 10 Millionen Tonnen Natururan entspricht bei Einsatz in Leichtwasserreaktoren etwa 300 Milliarden Tonnen Steinkohleeinheiten oder der Summe der identifizierten, heute wirtschaftlich gewinnbaren Erdöl- und Erdgasreserven. In Brütern und unter Berücksichtigung der Wiederaufarbeitungsverluste entsprechen diese 10 Millionen Tonnen Uran etwa 18 000 Milliarden Tonnen SKE oder dem rund Zwanzigfachen *aller* identifizierten, heute wirtschaftlich gewinnbaren fossilen Primärenergiereserven der Welt.

Der Unterschied zwischen den heute vorherrschenden Leichtwasserreaktoren und Brütern ist folgender: Im Leichtwasserreaktor wird von den zwei bis drei Neutronen, die bei der Kernspaltung freiwerden, eines zur Fortführung der Kettenreaktion verwendet, während ein Teil der übrigen von dem nichtspaltbaren Uran 238 und den Reaktorbaumaterialien absorbiert werden. Zwar wird dadurch auch ein Teil des nichtspaltbaren Urans in spaltbares Plutonium umgewandelt, aber dieser Konversionsprozeß hat einen schlechten Wirkungsgrad, weitaus weniger Plutonium 239 entsteht als Uran 235 verbrannt wird.

In Brutreaktoren hingegen wird

MEHR SPALTBARES MATERIAL ERZEUGT ALS VERBRANNT.

Das scheint unmöglich, dem Ersten Hauptsatz der Thermodynamik zu widersprechen. Aber auch das Atom ist kein Perpetuum mobile. Der Brüter erzielt seinen überraschenden Effekt vielmehr dadurch, daß hier nicht zur Aufrechterhaltung der Kettenreaktion benötigte Neutronen dazu verwendet werden können, zusätzlich eingesetztes nicht spaltbares Uran 238 in ein neues Spaltmaterial zu verwandeln: in Plutonium 239. Auf diese Weise kann nach und nach das ganze Natururan als Spaltmaterial, d. h. zur Energiegewinnung genutzt werden. Auf gleiche Weise läßt sich auch das nicht spaltbare Thorium in Spaltmaterial verwandeln: aus Thorium 232 entsteht das spaltbare Uranisotop 233.

THORIUM IST IN EINEM BRUTREAKTOR EBENSO WERTVOLL WIE URAN,

und von dem waren 1977 sichere Vorräte von etwa 490 000 und wahrscheinliche von weiteren 833 000 Tonnen bekannt. Gestartet wird ein »Brüter« mit dem Plutonium, das zwangsläufig in allen Leichtwasserreaktoren anfällt, zum laufenden Betrieb braucht er nur Nachschub an Natururan oder abgereichertem Uran, das heißt Uran, dem sein U-235-Gehalt bereits entzogen wurde. Und damit fallen auch die aufwendigen Isotopentrennanlagen weg.

Der wesentlichste Unterschied zwischen Leichtwasserreaktoren und Brütern ist also deren besserer »Brutfaktor«, das bessere Verhältnis zwischen neu erzeugtem Brennstoff und verbrauchtem Brennstoff. In Leichtwasserreaktoren beträgt dieser Faktor etwa 0,5 bis 0,6, im Brüter hingegen liegt er über 1, in praktischen Fällen z. B. bei 1,3. Das heißt, werden in einem Leichtwasserreaktor für je zehn gespaltene U-235-Kerne etwa 6 Pu-239-Kerne erzeugt, so im Brüter 13. Schon bei einem Brutfaktor von 1 wird theoretisch Natururan zu 100% statt zu einem Prozent ausgenutzt. Praktisch liegt durch die Plutoniumverluste von 1 bis 2% im Brennstoffkreislauf der Grenzwert bei 1,05 und die Uranausnutzung im Mittel bei 60%. Brutraten über 1,05 ergeben einen Überschuß von Plutonium, das für zusätzliche Reaktoren verwendet werden kann. Im französischen Brüter »Phénix« betrug die Brutrate 1977 exakt gemessen 1,15.

Von diesem »Brutverhältnis« hängt die »Verdopplungszeit« ab, das heißt die Betriebsdauer des Reaktors, die er braucht, um zusätzlich zum eigenen Brennstoffbedarf noch die Anfangsladung eines weiteren Reaktors zu liefern. Die Verdopplungszeit wird aber auch noch von anderen Faktoren beeinflußt, und beim »Phénix« beträgt sie heute noch 30 bis 40 Jahre. In absehbarer Zeit hofft man auf 10 bis 15 Jahre zu kommen. Vor allem durch eine andere Brennstoffzusammensetzung, ein anderes Verhältnis des spaltbaren zum inerten Material und weitere technische Fortschritte, einen besseren Wirkungsgrad der Reflektoren etc.

Technisch entscheidend ist: Im Leichtwasserreaktor wird das U-235 mit langsamen, sogenannten »moderierten« Neutronen gespalten. In Brütern mit ungebremsten, »schnellen«: »Schnelle Brüter« heißen nicht so, weil sie schnell brüten (das tun sie heute leider noch keineswegs), sondern weil sie »schnelle« Neutronen verwenden. Im übrigen erzeugen sie Strom wie alle andern Reaktoren: Durch die in Dampf verwandelte, bei der Kernspaltung frei werdende Wärme. Durch den fehlenden Moderator ist aber das Volumen des Reaktorkerns viel kleiner als bei einem Reaktor mit langsamen (»moderierten«) Neutronen (»Thermischer Reaktor«). Damit ist bei gleicher Leistung die Leistungsdichte viel höher. Es wird deshalb ein Kühlmittel mit sehr hohem »Wärmetransportvermögen« benötigt. Damit kommt z. B. Wasser nicht in Frage – ganz abgesehen davon, daß es im Reaktor ja auch als Moderator wirkt. Hauptsächlich flüssiges Metall kommt in Betracht, und als ideal erwies sich Natrium, das bereits bei 97°C schmilzt, aber erst bei 889 Grad siedet, also nicht unter Druck gesetzt zu werden braucht, um hohe Dampftemperaturen und damit einen hohen Wirkungsgrad der Turbinenanlage zu ermöglichen. Für eine Betriebstemperatur von 540° C genügen bereits 6 Atmosphären Druck, während die heutigen Leichtwasserreaktoren mit Kühlmitteln arbeiten, die unter 175 Atmosphären Druck stehen. Die mit Hochdruckanlagen verbundenen Schwierigkeiten fallen bei

Brütern weg, und durch plötzlichen Druckabfall auftretende Probleme gibt es nicht. Natrium wird allerdings im Brüterkern stark radioaktiv, kann so nicht unmittelbar in einem Wärmeaustauscher verwendet werden, sondern gibt seine Wärme an einen zweiten Natriumkreislauf ab, erst dieser an den Dampfkreislauf. Natrium dehnt sich weit mehr als Wasser aus und erfordert so besonders konstruierte und womöglich flexible Leitungen und natürlich auch andere Pumpen etc. als Wasser. Das Natrium darf nicht zu heiß werden, weil das den Neutronenfluß stört. Es darf natürlich auch nicht »einfrieren«, fest werden und so das ganze System verstopfen. Es muß genug Natrium geben, um die großen Wärmemengen abzuführen, aber nur gerade genug, weil es auch selber Neutronen schluckt, und auch sonst ist die Brütertechnik nicht einfach, denn wenn Natrium mit Wasser in Berührung kommt, kann der dabei gebildete Wasserstoff Feuer fangen.

Die physikalischen Gesetze, auf denen der Brüter beruht, sind seit den ersten Anfängen der Kernenergieentwicklung bekannt. Bereits im »Metallurgical Laboratory« (wie der Codename für die Nuklearlaboratorien der Universität Chicago lautete) wurde nicht nur am Einsatz der Kernenergie für den Unterseebootantrieb gearbeitet, sondern 1942 die Möglichkeit des Baus von Brütern diskutiert. Enrico Fermi erklärte schon 1944:

»DAS LAND, DAS DEN BESTEN BRUTREAKTOR ENTWICKELT, WIRD BEI DER ATOMENERGIENUTZUNG DER WELT FÜHREN.«

Der Versuchsreaktor »Clementine« der Atomic Energy Commission, der 1946–53 in Los Alamos in Betrieb war, war ein Brüter, verwendete Plutonium als Brennstoff und flüssiges Metall als Kühlmittel. Ebenso war der erste stromerzeugende Reaktor, der Experimental Breeder Reactor I, den das Argonne National Laboratory auf dem windigen Lava-Plateau von Arco in Idaho baute und 1951–63 zur Erfahrungssammlung benutzte, ein Brüter, und hier wurde erstmals *bewiesen,* daß ein Reaktor binnen zwei Jahren mehr Spaltstoff gewinnen kann, als er verbraucht. Heute ist der ein »Nationales Monument«. Aber 40 Kilometer entfernt ist der EBR-II nach wie vor in Betrieb, und 1957–77 wurden in den USA sieben Brüter gebaut.

All diese Anlagen und ebenso der 14-MW-Dounreay Fast Reactor, der 1960 in Schottland in Betrieb kam, oder der Brüter »Rapsodie« des Centre d'Etudes Nucléaires unweit Aix-en-Provence in den Ausläufern der französischen Alpen waren Versuchsreaktoren, große Leistungsreaktoren zu bauen, schien lange zu gefährlich:

Kommt es in einem Leichtwasserreaktor zum Ausfließen oder Verdampfen des Kühlmittels, so führt das automatisch zum Aufhören der Kettenreaktion, denn das Kühlwasser ist ja gleichzeitig der Moderator, und nur langsame Neutronen halten hier die Reaktion aufrecht. In einem Brüter gibt es keinen Moderator. Was müßte geschehen, wenn hier der Natriumkühlkreislauf versagte?

Die Physiker meinten, dann werde der »Doppler-Effekt der Reaktivität« wirksam werden, der besagt, daß bei überhöhter Temperatur die Uranatome eine höhere Geschwindigkeit erhalten, dadurch die Neutronenverluste zunehmen und die Kettenreaktion automatisch gebremst wird.

Aber wenn das auch rechnerisch nachweisbar ist, gilt es auch für die Praxis? Kann ein Brutreaktor nicht durch Überhitzung zerstört, und können und dann gefährliche Mengen Radioaktivität freigesetzt werden?

Siebzehn Elektrizitätsversorgungs-Unternehmen des Südwestens der Vereinigten Staaten, die Euratom-Organisation und (mit 5 Millionen Dollar) die Bundesrepublik Deutschland finanzierten im September 1965 den Bau des 20-MW-SEFOR-Reaktors (South-West Experimental Fast Oxyde Reactor) durch die »General Electric Co.« in Fayetteville in Arkansas. Mit Plutonium und Uranoxid betrieben, wurde der Reaktor so angelegt, daß auch seine Zerstörung keinen Schaden anrichten konnte, und *so* betrieben, daß er eigentlich hätte zerstört werden müssen. Aber der Reaktorkern schmolz nicht. Die Doppler-Rückwirkung bestätigte sich, und die Reaktivität ließ nach:

DIE SICHERHEIT DES BRÜTERBETRIEBES WURDE EXPERIMENTELL UND DAMIT UNANZWEIFELBAR NACHGEWIESEN.

Inzwischen wurde, wie bereits geschildert, in Jülich auch die Gültigkeit des Dopplereffekts für Hochtemperaturreaktoren experimentell erprobt. Und die Brütersicherheit weiter dadurch erhöht, daß heute statt eines Gemisches von metallischem Uran und Plutonium Uran-Plutonium-Oxide verwendet werden, deren Sauerstoffgehalt die Neutronengeschwindigkeit herabsetzt. Neben sechs Ländern, in denen Versuchsbrüter in Betrieb sind, gibt es deshalb jetzt auch drei mit großen Prototypbrutreaktoren. In Erprobung stehen: In der Sowjetunion seit 1973 der BN 350 bei Schewschenko auf der Halbinsel Mangyschlak in Westkasachstan, der eine Leistung von 240 MW hat und davon 60% zur Meerwasserentsalzung verwendet, täglich 120 000 Kubikmeter Trink- und Brauchwasser aus dem Kaspischen Meer gewinnt. In Frankreich seit 1974 etwa 35 km nördlich Avignon der 250-MW-»Phénix«. An der Nordspitze Schottlands unweit Thurso ebenfalls seit 1974 der PFR mit 254 MW. In Bau sind in Frankreich der »Super-Phénix« mit 1200 MW bei Bugey und in Westdeutschland der SNR 300 mit 295 MW in Kalkar, die beide 1982 in Betrieb kommen sollen, während der sowjetische BN 600 mit 600 MW 1979 mit der Stromlieferung beginnt und da 1977 der Bau einer 1600-MW-Anlage begann.

Die ersten Brüter wurden, wie gesagt, in den Vereinigten Staaten gebaut, aber noch keine Großanlagen, durch die allein technische Fortschritte zu erzielen sind, denn aus innenpolitischen Gründen, dem Widerstand der Umweltschützer und Kernkraftgegner, ist die Regierung dabei, das Brüterprogramm der Massenmeinung zu opfern, und so sind die USA bereits heute gegenüber Frankreich und Westdeutschland weit im Rückstand.

Die deutsch-französische Brüterzusammenarbeit wurde am 5. Juli 1977 vereinbart. Das gemeinsame Entwicklungsprogramm für den »Surgénérateur« läuft 20 Jahre, und beide Partner werden jährlich je mindestens 220 Millionen DM aufwenden. Gleichzeitig wurde von Frankreich (das vorerst mit 65% beteiligt ist), der Bundesrepublik, Italien, Belgien und den Niederlanden die Gesellschaft »Serena« gegründet, die ab 1990 Lizenzen vergeben und Brüter exportieren will.

Die deutsche Brüterentwicklung hatte mit den Berechnungen begonnen, die das Max-Planck-Institut für Physik bereits im Jahre 1955 anstellte. Fünf Jahre später begann im Kernforschungszentrum Karlsruhe das »Projekt Schneller Brüter« zu laufen, und 1963 kam es auf diesem Gebiet zur Zusammenarbeit mit »Euratom«. Seit 1973 wird bei Kalkar am Niederrhein der erwähnte Brüter-Prototyp von 300 Megawatt elektrischer Leistung gebaut, dessen Kosten etwa drei Milliarden Mark – oder etwa soviel wie eine Rohölreserve für vier Wochen – betragen werden. Diese Kosten wurden wiederholt scharf kritisiert. Aber sie schließen mehr als zehn Jahre wissenschaftlicher und technischer Vorarbeiten ein. Die Investition beträgt so *nicht* 10 000 DM pro Kilowatt statt der etwa 1200 eines Leichtwasserkernkraftwerkes, sondern nur etwa 1800. Das Projekt wird mit Holland und Belgien zusammen durchgeführt. Die Bundesrepublik und die deutschen Firmen tragen 70% des Aufwandes, die beiden anderen Regierungen und Firmengruppen je 15%.

Natürlich sind Brüter nicht als Ersatz, sondern als Ergänzung der Leichtwasserreaktoren gedacht. Aber *nur* sie nutzen das Uran rationell aus, halten, zusammen mit Wiederaufarbeitungsanlagen, den Uranbedarf so gering, daß er aus einer einmal importierten Reserve oder aus eigenen, wenn auch noch so armen Vorkommen gedeckt werden kann:

BRÜTER BEDEUTEN UNABHÄNGIGKEIT VON ENERGIEEINFUHREN.

Sie machen immun gegen Blockademaßnahmen anderer Staaten und unabhängig von eventuellen Urankartellen.

Und Brüter stellen die beste und sicherste Methode zur Beseitigung des in den Leichtwasserreaktoren entstehenden Plutoniums dar,

NUR BRÜTER BANNEN DIE »PLUTONIUMGEFAHR« UND VERWANDELN SIE IN EINEN SEGEN FÜR DIE MENSCHHEIT.

Richtig genutzt, stellt das Waffenplutonium (wie noch geschildert werden wird) eine Energie*reserve* und gewaltigen Reichtum dar. Um Plutonium vor unerwünschten Zugriffen zu sichern, gibt es keinen besseren Ort als Kernreaktoren, die es durch Spaltung *beseitigen* und es dabei Energie statt Strahlungen abgeben lassen. Durch Brüter entsteht nicht eine »Plutoniumwirtschaft«, sondern sie *verhindern* sie.

BRÜTER VERWERTEN DAS ABFALLURAN,

das heißt das Uran 238, dem sein U-235-Isotop weitgehend entzogen wurde und von dem in den westlichen Anreicherungsanlagen bis 1980 etwa eine Viertelmillion Tonnen anfallen werden. Professor Hans Grümm zufolge ergab bereits die bisherige amerikanische Kernwaffenproduktion so viel »Abfalluran«, daß das an Energiegehalt der Ölversorgung der USA für 500 Jahre und seiner Kohleversorgung für tausend Jahre entspricht. Das für den dreißigjährigen Betrieb eines Leichtwasserreaktors abgereicherte Uran würde ausreichen, um einen Brüter 1120 Jahre lang zu betreiben.

Das heißt aber auch, daß für Brüter der Brennstoffpreis praktisch überhaupt keine Rolle spielt, z. B. auch Granituran durchaus in Frage kommt. Und das wiederum heißt:

SCHNELLE BRÜTER BEDEUTEN PRAKTISCH UNBEGRENZTE ENERGIEVORRÄTE, NACH HEUTIGEN SCHÄTZUNGEN ENERGIE FÜR ACHT JAHRTAUSENDE.

Sie sichern unsere Energieversorgung bis in die fernste Zukunft und werden darin nur durch die Kernfusionsanlagen übertroffen, die wir eines Tages zu besitzen hoffen.

Aber gerade *darum* wird die Brüterentwicklung erbittert von den Gegnern der Industriegesellschaft bekämpft. Brüter stehen seit Jahren im Brennpunkt der Kernenergiediskussion, denn angeblich vergiften sie die Völker; erleichtern sie die Kernwaffenproliferation; machen sie die Staaten durch Terroristen erpreßbar; und das wiederum »führt zur schrittweisen Vernichtung der Freiheitsrechte«.

Irgendwelche Beweise für diese Behauptungen gibt es nicht.

Aber in den Vereinigten Staaten *haben* sie die Brüterentwicklung gestoppt, den Politikern ist da ihre nächste Wahl wichtiger als die Nöte ihrer Nachfolger. Und die Gefahr, daß das auch anderswo geschieht, besteht. Da zeigt das Beispiel Australien, daß vorhandenes Uran keineswegs mit dem zur Verfügung stehenden gleichgesetzt werden kann, und so muß auch um die Brüter *gekämpft* werden. Da ist nicht ihre technische Reife das Problem, sondern ob sie gebaut werden *können,* ob sich zumindest bei uns der gesunde Menschenverstand durchsetzt und unsere Wählermassen erkennen, daß *sie* die Sklavenarbeit leisten müßten, für die nicht genügend »Energiesklaven« zur Verfügung stehen.

IX
Die größten nichtexistierenden Weltprobleme des Jahrhunderts

Die Gefahren des »Plutoniumzeitalters«, der »Atommüll«, »Atomterrorismus« und »Atomstaat«

Je mehr Kernkraftwerke in Betrieb kommen, desto schwieriger wird es, ihre Gefahren glaubhaft zu machen, denn eines der wichtigsten Ergebnisse von 15 Jahren westdeutscher Meinungsumfragen ist: Je größer und je länger die persönlichen Erfahrungen der Befragten mit Kernkraftwerken sind, desto geringer ist die Abneigung. In unmittelbarer Nachbarschaft der Atomzentralen finden sich weit weniger Gegner als im weiteren Umkreis. Und so verlagert sich die Atomdiskussion immer mehr auf *zukünftige* Gefahren, denn das Unbekannte wird am meisten gefürchtet, und da hat die Phantasie freien Spielraum. Auch klingt es gut, daß man sich nicht nur Sorgen um die eigene Existenz macht, sondern um die »aller kommenden Generationen« und daß man »die Verseuchung der Erde auf Jahrmillionen hinaus« verhindern will. Die Brüter zu verteufeln aber bedeutet erstens den Reaktortyp zu verteufeln, der vorerst allein alle Energiesorgen beseitigen und damit die »Industriegesellschaften« erhalten kann; und zugleich

DIE SCHRECKEN DER »PLUTONIUMWIRTSCHAFT«

ausmalen zu können, die angeblich alles übertreffen, was es bisher an Menschheitsbedrohungen gab. Pluto war bei den Griechen ursprünglich der Gott des Reichtums der Erde. Später wurde er als Pluton mit Hades, dem Gott der Unterwelt, identifiziert. Und doppeldeutig *ist* das Plutonium: Einerseits konzentrierte Energiequelle, jedes Gramm entspricht zweieinhalb Tonnen Steinkohle. Andererseits genügen 7 bis 15 Kilo, um eine Atombombe herzustellen. Und so gilt Plutonium den Kernenergiegegnern als der gefährlichste Stoff, mit dem es der Mensch *je* zu tun hatte. Und zudem als ein furchtbares Gift, das erst der *Mensch* in seiner Maßlosigkeit schuf.

Tatsächlich glaubte man bis 1972, daß Plutonium in der Natur nicht vorkommt. Glenn T. Seaborg entdeckte dieses Element 1940 als Folgeprodukt des Urans, das auf dem Umweg über das ebenfalls künstliche Element Neptunium durch Aufnahme von einem Neutron aus Uran 238 entsteht. Und zwar in Form der Isotope Pu-239 und Pu-241, die spaltbar sind, und der Isotope Pu-240 und Pu-242, die nicht unter Energieabgabe zerfallen. Dann aber wurde, wie bereits geschildert, die Urankettenreaktion von Oklo in Gabun bekannt, bei der etwa eineinhalb Tonnen Plutonium entstanden, der Mensch »erfand« dieses Element also nicht. Wohl aber stellt er es seit 1943 für Atombomben her, und so *gibt* es eine »Plutoniumwirtschaft«. *Nicht* durch Brüter, die außer zu Versuchszwecken noch nirgends gebaut wurden. Wohl aber durch den Brief, den Albert Einstein 1939 an Präsident Roosevelt schrieb, und die bis 1951 *nur* der Plutoniumerzeugung dienenden Reaktoren, die seinerzeit für rein militärische Zwecke gebaut wurden.

SELBST EINE »VOLLENTWICKELTE« ZIVILE »PLUTONIUMWIRTSCHAFT« WÜRDE NICHT MEHR PLUTONIUM IN UMLAUF BRINGEN, ALS BEREITS HEUTE IN DEN KERNWAFFENSTAATEN LAGERT und laufend verarbeitet wird. Und »vollentwickelt« würde dann die phantastische Zahl von tausend Brutreaktoren im Jahre 2000 voraussetzen. Denn bis 1978 entstanden in allen Kernkraftwerken der Welt zusammengenommen nur etwa 12 Tonnen Plutonium. Je nach dem Reaktortyp werden je 1000 MW jährlich etwa 250 Kilo U-238 in Plutonium umgewandelt, und in Westdeutschland z. B. werden im Jahre 1985 insgesamt etwa 7000 Kilo anfallen.

Von den bis 1978 auf der ganzen Erde in Leistungsreaktoren entstandenen etwa 12 000 Kilo Plutonium entwich höchstens ein *Gramm* in die Umwelt, während durch oberirdische Kernwaffenversuche bisher etwa sechs Millionen Gramm Plutonium in die Atmosphäre gelangten. Und zwar, *ohne* daß bisher nachteilige Folgen hätten festgestellt werden können. Ebensowenig wie die Großflächenkontaminationen, die durch den Absturz amerikanischer Bombenflugzeuge 1965 bei Palomares in Spanien und 1968 bei Thule in Grönland entstanden, irgendwelche feststellbaren Gesundheitsschäden durch Plutonium mit sich brachten.

Über Plutonium wurden die phantastischsten Behauptungen in Umlauf gesetzt: »Eine Menge, nicht schwerer und größer als eine Orange, kann die Weltbevölkerung ausrotten«, hieß es. Aber mit dieser aus der Luft gegriffenen Behauptung räumte 1976 nicht nur eine britische Royal Commission auf, zu deren Mitgliedern prominente Kernkraftgegner gehörten, sondern Dixy Lee Ray z. B., eine amerikanische Zoologin, die Direktorin des Pacific Science Center in Seattle war und 1972 Vorsitzende der amerikanischen Atomenergiekommission wurde, rechnete im April 1975 der Pariser Konferenz der European Nuclear Society ENS vor, daß oral eingenommen zwei Teelöffel Plutonium nötig wären, um einen Menschen zu töten (Letaldosis), während von dem Bakterientoxin Batulin ein Teelöffel genügen würde, 140 Millionen Menschen zu töten. Und Clostridium botulinum zu züchten ist ungleich einfacher, als aus Kernkraftwerksabbränden das Plutonium zu isolieren.

Ist Botulin ungleich giftiger als Plutonium, so Blei ungleich weniger giftig, die Letaldosis beträgt hier etwa 30 Gramm statt einem. Aber dafür werden auf der Welt jährlich etwa viereinhalb Millionen Tonnen Bleiverbindungen freigesetzt. Das sind 150 Milliarden Letaldosen statt einer oder 4000. Allein in den USA gelangen jährlich sieben Milliarden Letaldosen Blei in die Luft, vor allem durch die Automobilabgase, und das heißt:

DIE MENSCHHEIT WIRD DURCH BLEI MILLIARDENFACH STÄRKER BEDROHT ALS DURCH PLUTONIUM.

Und nicht nur durch das Autofahren, auch durch das Kaffeetrinken ungleich mehr als durch alle Nuklearanlagen geschädigt. Denn Plutonium ist zwar zehnmal giftiger als Koffein. Aber das macht 1 % bis 1,76 % ungebrannten Kaffees aus, und bei einer Welternte von jetzt rund 5 Millionen Tonnen Kaffee nimmt die Menschheit also alljährlich etwa 70 000 Tonnen dieses giftigen Alkaloids zu sich. Besonders auch in Deutschland, das der zweitwichtigste aller Kaffeekäufer ist und wo 1977 mit 164 Litern mehr Kaffee als Bier getrunken wurde, müßte man sich über das Koffein ungleich mehr Sorgen als um das Plutonium machen.

Ist Plutonium also keineswegs »das giftigste aller Elemente«, so auch keineswegs der gefährlichste Strahler, von Radon und Radium wird es da um ein Vielfaches übertroffen. Aber es strahlt unbestritten Alphateilchen ab, und dem britischen radiologischen Protection Board zufolge ist die maximal zulässige Körperaufnahme aus Strahlenschutzgründen rund dreihunderttausendmal geringer als die Dosis, bei welcher eine Gefährdung auf Grund der chemischen Toxizität allein zu erwarten ist. Auf die Radiotoxizität des Plutoniums kommt es an, und um so mehr, als es chemisch dem Kalzium ähnelt, welches maßgeblich beim Aufbau des menschlichen Knochengerüsts beteiligt ist: Plutonium *kann* vom Körper anstelle des Kalziums eingebaut werden.

Und nur *im* Körper kann es Schaden anrichten, denn in der Luft hat die Alphastrahlung des Plutoniums eine Reichweite von 3,8 Zentimetern.

Die Plutoniumstrahlung wird bereits durch die menschliche Haut oder ein Blatt Papier abgeschirmt.

Und so muß es eingeatmet werden, um zu wirken. Auch dann, heißt es, ist die Gefahr, die Plutonium für alle bedeutet, die mit diesem furchtbaren Stoff umgehen müssen, untragbar. Und nicht nur als Bombenmaterial, sondern auch als Kernbrennstoff *ist* Plutonium gefährlich. Aber dementsprechend niedrig sind auch die von der International Commission on Radiological Protection ICRP zugelassenen Plutoniumkonzentrationen an den betreffenden Arbeitsplätzen. Um auch die Aufnahme geringster Mengen zu verhindern, wird mit dispergierbaren Formen von Plutonium weltweit *nur* in Handschuhkästen und in lüftungsmäßig gleichwertigen »Heißen Zellen« gearbeitet. Handschuhkästen sind luftdichte Behältnisse mit Fenstern und luftdicht befestigten Gummihandschuhen, mit denen man innerhalb des Kastens hantieren kann. Im Handschuhkasten herrscht Unterdruck, auch bei kleinsten Undichtigkeiten oder dem Entstehen eines Lecks entsteht eine Luftströmung nach *innen,* die auch die kleinsten Plutoniumpartikel daran hindert, nach außen in die Atemluft zu entweichen. Sowohl die Zuluft wie die Abluft werden vor Ort doppelt gefiltert, die Gesamtabluft der Handschuhkästen dann noch einmal gefiltert und selbstverständlich auch die Luft der Räume, in denen die Handschuhkästen stehen, gereinigt und ständig auf jede mögliche Radioaktivität überwacht. Alle mit Plutonium in Berührung kommenden Personen werden halbjährlich genau untersucht. Plutonium wird in den USA seit 1943 im Großen hergestellt. Der einzige Unfall, den es bisher in einem Verarbeitungsbetrieb gab, erfolgte dort im Jahre 1945, und 26 Personen waren da der etwa zehnfachen Ganzkörperdosis ausgesetzt, die heute maximal während eines ganzen Jahres zugelassen ist. Seither werden sie regelmäßig untersucht, und keinerlei Gesundheitsschäden auf Grund dieser Plutoniumdosis konnten festgestellt werden. Alle 26 Betroffenen leben noch, keiner erkrankte an Krebs. Und überhaupt wurde bisher kein einziger Plutoniumtodesfall irgendwo auf der Welt bekannt.

Aber stellt das Vorhandensein größerer Plutoniummengen nicht eine Versuchung für Böswillige dar? Könnten sie nicht zu Erpressungen ungeahnten Ausmaßes verwendet werden?

Wird durch Brüter und die Kernbrennstoff-Wiederaufar-

BEITUNG NICHT DIE MÖGLICHKEIT DES »ATOMTERRORISMUS« GESCHAFFEN?

Plutonium entsteht, wie gesagt, in *jedem* Reaktor. Aber *nur* Brüter schaffen es aus der Welt, indem sie es in Energie verwandeln, und in *keinem* Reaktor entsteht oder vergeht Plutonium unkontrolliert, denn das nichtspaltbare Uran 238, aus dem es gebildet wird, ist ja in Hüllrohren eingeschlossen. Es aus diesen Brennstäben abzuscheiden, ist eine (wie noch geschildert werden wird) *äußerst* komplizierte Angelegenheit. Gefährlich ist Plutonium, weil es strahlt. Terroristen oder wer immer sonst müssen also über die entsprechenden Schutzmittel verfügen, brauchen schon zum Transport geraubter oder gestohlener Brennstäbe Spezialbehälter, die 50 Tonnen oder mehr wiegen, und dann ferngesteuerte Manipulatoren in »Heißen Zellen«, deren jede z. B. durchschnittlich 16 Kilometer Rohre aus einem erst 1954 entwickelten, nichtrostenden Spezialstahl enthalten, die 50 000 Schweißstellen haben. Dazu entsteht in *keinem* Reaktor reines Plutonium 239, sondern, wie schon gesagt, ein Isotopengemisch, das zu trennen eine hochentwickelte Technologie und kostspielige Großanlagen voraussetzt. Das Plutonium der Leichtwasserreaktoren ist besonders reich an Pu-240, das Neutronen emittiert und so jeden Bombeninteressenten vor äußerst schwierige Probleme stellt, denn die können eine vorzeitige Kettenreaktion auslösen: *Bevor* genug Plutonium für die »kritische Masse« von etwa sieben Kilo zusammengebracht ist, zerfällt es.

Auch aus unreinem Plutonium *können* Kernwaffen hergestellt werden. Aber

WOZU SOLLTE JEMAND BOMBENPLUTONIUM IN SEINE GEWALT BRINGEN, WENN ES HUNDERTE LAGER FERTIGER KERNWAFFEN GIBT?

Alle Plutoniumängste entspringen mangelnder Logik: Gefährlich sind nur intelligente Terroristen – von denen es leider eine Menge gibt –, und die wählten bisher stets den Weg des geringsten Risikos und der größten Wirksamkeit. Es gibt keine Anzeichen dafür, daß sich das in Zukunft ändert, und dutzenderlei andere Erpressungsmöglichkeiten sind für Terroristen »interessanter« als Anschläge auf Kernkraftwerke, Überfälle auf Wiederaufarbeitungsanlagen oder der Diebstahl oder die Eroberung von Kernwaffen. *Weit* einfacher können sie sich verheerende Nervengifte beschaffen, deren Formeln längst nicht mehr geheim sind und die keinerlei besondere Fabrikationsanlagen erfordern. Die chemisch-biologische Kriegführung verspricht weit risikolosere Erfolge. Das Trinkwasser von Millionenstädten zu verseuchen, ist jedem halbwegs intelligenten Biologen möglich. Plutoniumstaub in eine Klimaanlage zu schmuggeln ist zwar ebenfalls kein Problem, und eingeatmetes Plutonium *ist* gefährlich. Aber sehr zum Unterschied von anderen Giften tötet es nicht sofort, die Klimaanlagenopfer würden noch 15 bis 45 Jahre leben, ehe sie an Lungenkrebs zugrunde gehen. Und ein weiterer Nachteil aller Plutoniumattentate: Auch die allerkleinste Plutoniummenge ist mit Hilfe von Geigerzählern ungleich leichter festzustellen als fast alle anderen Gifte durch komplizierte chemische Analysen.

In der Kernkraftnutzung eine besondere Terrorismusgefahr zu sehen, ist dumm oder verlogen. Das Aufgeben des Brüterbaus würde ebensowenig das Ende des Terrorismus bedeuten wie der Verzicht auf die Luftfahrt, denn Terroristen gibt es seit Jahrtausenden und wird es voraussichtlich immer geben, schon weil der Terrorismus nicht nur ein politisches und soziales, sondern auch ein psychiatrisches Problem ist; bereits Kallisthenes, ein Neffe und Schüler Aristoteles', um 330 vor Chr. auf die Frage, wie man der berühmteste der Menschen werden könne, antwortete: »Indem man den berühmtesten tötet!« Das Wort »Terror« ist lateinisch und heißt »Schrekken«, und durch Verursachen von Angst und Schrecken bei anderen den eigenen Willen und die eigenen Machtansprüche durchzusetzen, versuchte bekanntlich bereits Spartacus. Dieser Führer der römischen Gladiatoren- und Sklavenrevolte der Jahre 73–71 vor Christus, nach dem sich dann 1919–1920 eine kommunistische Terroristengruppe in Deutschland nannte, war ebenso ein Terrorist wie Robespierre während der Französischen Revolution und Trotzki während der bolschewistischen. Terroristen waren aber auch die »Ludditen«, die Maschinenstürmer des frühen 19. Jahrhunderts, und wird

TERROR ALS »STRATEGIE DER FURCHTERREGUNG, UM DAS VERHALTEN DER MASSEN ZU BEEINFLUSSEN«

definiert, so sind nicht wenige unserer heutigen Anti-Kernenergie-Propagandisten »Terroristen«. Und weit gefährlichere als die anarchistischen Bombenwerfer des Zarenreiches, die drei Generationen lang Attentate verübten, ohne praktisch etwas zu erreichen, denn Energiemangel würde unser Wirtschafts- und Sozialsystem mit Sicherheit zerstören. Und

NICHT KERNKRAFTWERKSBAU, WOHL ABER ENERGIEMANGEL KANN ZU EINEM »POLIZEISTAAT« FÜHREN.

Wenn Robert Jungks im Winter 1977 erschienenes Buch »Der

Atomstaat. Vom Fortschritt in die Unmenschlichkeit« ein Bestseller wurde, so stammt die völlig unrealistische Einengung des Polizeistaatproblems auf die Kontrolle der Kernenergie doch nicht von ihm, sondern bereits am 6. April 1975 sagte Ralph Nader in der Syracuse University: »Nuklearanlagen und die Transporte tödlich-radioaktiven Materials sind so sabotageanfällig und Terroristendiebstählen ausgesetzt, daß ein Garnisonstaat geschaffen werden muß, um sie zu sichern...« Diese Behauptung wurde sofort in Deutschland wiederholt, 1975 erklärte z. B. auch ein Mitarbeiter des Max-Planck-Instituts zur Erforschung der Lebensbedingungen in der wissenschaftlich-technischen Welt, Professor Klaus Meyer-Abich: »In einem scharf organisierten Polizeistaat ist eine Plutoniumwirtschaft vielleicht sogar gefahrlos zu unterhalten, aber wer möchte um dieser Art von Energieversorgung willen einen Polizeistaat in Kauf nehmen?« Der SPD-Abgeordnete Gerhard Flämig, Mitglied des Energieausschusses des Europa-Parlaments, ergänzte: »Wenige Gramm Plutonium, von Terroristen entwendet mit der Drohung, sie in irgendeine Talsperre zu werfen – so etwas könnte den Rechtsstaat an den Rand der Selbstaufgabe bringen!«

Seither läßt die Angst vor dem »Atomstaat« manche Bürger nicht mehr ruhig schlafen – obwohl sie doch klar ersichtlich schizophren ist. Denn gibt es »gutes« und gibt es »schlechtes« Plutonium? Gut 40 000 Kernwaffen liegen heute in Ost und West auf Lager. Allein in Westdeutschland lagern nach amerikanischen Angaben 7000 Nuklearsprengsätze. Nur 5 Kilo Plutonium pro Satz angenommen, sind das 35 Tonnen Plutonium, während alle westdeutschen Kernkraftwerke 1978 nur etwa 1,6 Tonnen oder ein Zweiundzwanzigstel erzeugten. Für die Kernenergiegegner »gutes« Plutonium – Atomwaffenplutonium also – wird seit 1943 hergestellt und gelagert und transportiert, und selbst diese Unmengen Waffenplutonium zwangen zu keinerlei Einschränkung bürgerlicher Freiheiten, und kein Terrorist interessierte sich für diese Massenvernichtungsmittel. Das »schlechte« Reaktorplutonium aber sollte die Terroristen locken? In den Jahren 1969–77 gab es 392 Versuche, Passagierflugzeuge zu entführen, von denen 201 glückten. Es gab bisher *keinen* Versuch, Kernbrennstoffe oder Nuklearanlagen zu Erpressungen zu verwenden. Dennoch aber zwingen *die* zu Polizeimaßnahmen?

Auch »Polizeistaaten« gibt es bekanntlich, und zwar zu Dutzenden. Aber gerade dort, wo es *keine* Kernkraftwerke gibt und wo sie nicht einmal geplant sind. Polizeistaaten entstanden und entstehen stets durch Angst und Mißtrauen vor innenpolitischen Gegnern und *nicht* aus Angst vor einer Handvoll Terroristen. Und eine Polizeistaatgefahr droht nicht durch die Kernenergie, sondern ihre *Nicht*nutzung, denn die Verhinderung der nötigen Kernkraftwerksbauten (von der gleichzeitigen Verhinderung des Baus von Kohlekraftwerken nicht zu reden) muß ja zu Energiemangel und damit zu einer allgemeinen Mangelwirtschaft führen, und *die* zwang (vor gar nicht so langem bekanntlich auch bei uns) und die zwingt immer und überall zu Rationierungen, das heißt zu *Zwangs*maßnahmen. Die Alternative zu Kraftwerksbauerlaubnissen lautet Strom- und Gasbenutzungserlaubnisse, Benzinkarten und Kohlezuteilung. *Jede* staatliche Verteilungswirtschaft *muß*, falls sie halbwegs funktionieren soll, eine Kommandowirtschaft sein, und war das bekanntlich noch lange nach dem Zweiten Weltkrieg in der »klassischen« Demokratie England ebenso, wie sie es heute noch in der Sowjetunion ist. Aber

ENERGIEMANGEL WÜRDE UNWEIGERLICH AUCH ZU ZWANGSARBEIT IN FORM EINER ALLGEMEINEN DIENSTPFLICHT FÜHREN,

weil es bekanntlich schon seit Jahren nicht genug Bergarbeiter gibt und der Ausfall der Traktoren zur Hackkultur zwingen würde, wie deren Mangel das heute in Kambodscha tut. Energiemangel bedeutet Hunger, und Hungerrevolten würden bestimmt noch zu ganz anderen Polizeimaßnahmen führen als die größtdenkbare Angst vor Terroristen.

Die einzige *echte* Sozialrevolution, die es bisher gab, war, wie geschildert, die »Industrielle Revolution«. *Nur* die brachte den Massen Selbstbestimmungsrechte ebenso wie eine der wichtigsten Freiheiten, die Kauffreiheit. Die setzt entsprechende Gütermengen voraus, deren Herstellung die entsprechende Energieversorgung. Niemals Güterüberfluß, sehr wohl aber Gütermangel bringt Bürgerkriegsgefahren mit sich, und *die* vor allem führen zu Diktaturen.

Es *gibt* also Zusammenhänge zwischen Energieversorgung und Staatsform. Aber nicht die von den Kernenergiegegnern behaupteten. Und gibt es *keinen* Zusammenhang zwischen Kernenergienutzung und Terrorismus und damit *keinen* zwischen Kernenergienutzung und Polizeistaat, so ist aber auch

DIE FRAGE DER KERNBRENNSTOFF-WIEDERAUFARBEITUNG UND DER ATOMABFALLBESEITIGUNG,

die heute im Mittelpunkt der Kernenergiediskussion stehen, kein echtes Problem. Wenn hier Wahrheit und Dichtung ständig vermischt werden, so ebenfalls *nur,* um die Sicherung unserer Energieversorgung zu hintertreiben.

Die Wiederaufarbeitung der Brennelemente ist unerläßlich, weil nur sie eine rationelle Uranausnutzung ermöglicht und nur sie den Atomabfall *sicher* beseitigt. Die Wiederaufarbeitung bedeutet durch Rückführung des Resturans und des Plutoniums in den Leichtwasserreaktor, wie gesagt, eine Einsparung von 34 % des Natururans und von 27 % der Anreicherungskosten. Diese Rückführung aber bedeutet vor allem, und *darauf* kommt es an:

In Wiederaufarbeitungsanlagen wird der kleine Anteil hochradioaktiven Abfalls aus den »abgebrannten« Brennelementen abgetrennt und so stark konzentriert, daß er leicht und sicher gelagert werden kann.

Der große Anteil an noch nicht verbrauchtem Uran und das entstandene langlebige Plutonium dagegen werden in eine Form gebracht, die ihre Umsetzung in Energie, also ihren erneuten Einsatz im Reaktor ermöglicht.

Die endlose Diskussion über die Nuklearabfälle wird durch »Spiegel«-Titel wie »Atommüll: Problem für 25 000 Generationen« in Gang gehalten, der vom Juli 1975 stammt, obwohl bereits zwei Jahrzehnte zuvor, auf der im August 1955 in Genf abgehaltenen Atomenergiekonferenz, Einhelligkeit darüber herrschte, daß das Atomabfallproblem absolut sicher und wirtschaftlich zu lösen ist. Die Reaktorabfälle aber gelten vor allem auch deshalb nach wie vor als *die* große Gefahr und als »ein Verbrechen, das *nie* wiedergutgemacht werden kann«, weil völlig falsche Vorstellungen über die Dimension des Problems herrschen. Alle nichtnuklearen Abfälle gelten heutzutage als rasch verfaulend und relativ rasch vergehend, obwohl die Gifte unter ihnen »ewig« giftig bleiben. Radioaktive Abfälle dagegen werden, weil es unter ihnen einige mit sehr langer »Lebensdauer« (insbesondere Plutonium) gibt, als Generationenproblem hingestellt, obwohl alle Radioaktivität von selber abklingt und eines Tages gänzlich aufhört. Gerade die langlebigen radioaktiven Substanzen sind in Wirklichkeit keine Abfälle, sondern wertvolle Kernbrennstoffe, die wieder in Reaktoren zur Energieerzeugung eingesetzt werden können.

Unter »Entsorgung der Kernkraftwerke« versteht man:
Transport der Brennelemente zur Wiederaufarbeitungsanlage.
Wiederaufarbeitung.
Abfallkonditionierung.
Endlagerung der radioaktiven Abfälle, abgeschlossen von der Biosphäre.

Fabrikation von neuen Brennelementen, die Plutonium und Uran enthalten.

Mehrmals im Reaktorkern umgruppiert, bleiben die Brennelemente zwei bis drei Jahre in Leichtwasserreaktoren und geben dabei pro Tonne Brennstoff genug Wärme ab, um 860 Millionen Kilowattstunden Strom zu gewinnen. Lange bevor der Kernbrennstoff verbraucht ist, »verarmt« er, das heißt, haben sich Spaltprodukte gebildet, die Neutronen einfangen, sie dem Fortpflanzungsmechanismus der Kettenreaktion entziehen und diese zum Erliegen bringen können. Dazu genügen bereits drei Gewichtsprozent des »abgebrannten« Brennstoffes, und *nur* die sind echter Abfall, die Mengen echten »Atommülls« (wie noch gezeigt werden wird) geradezu unglaublich gering.

Die »abgebrannten« Brennelemente sehen nicht anders aus als die neuen. Aber sie sind »heiß«, nicht nur radioaktiv, sondern entwickeln auch die sogenannte »Nachzerfallwärme». Und die 34 Gramm Spaltprodukte, die aus jedem Kilo Kernbrennstoff entstehen, *sind* gefährlich, denn die Erstladung eines Reaktors beträgt ja etwa 120 000 Kilo, und wenn dieser frische Brennstoff eines 1200-MW-Kernkraftwerkes insgesamt nur etwa 600 Curie abgibt (die Strahlung, die 600 Gramm Radium abgeben), so strahlen die Brennelemente nach der Reaktorentladung durch die Spaltprodukte, die sich in ihnen gebildet haben, 200 Milliarden Curie aus. Glücklicherweise sind das meist Isotope mit äußerst geringen Halbwertzeiten. Von diesen Spaltstoffen zerfallen die Hälften in

weniger als einem Tag	45 %
1 bis 10 Tagen	20 %
10 bis 100 Tagen	30 %
Mehr als 100 Tagen	5 %

Bereits nach 180 Tagen ist die Strahlung der entladenen Elemente auf 6 Milliarden Curie oder 3 % der ursprünglichen zurückgegangen. Aber auch 6 Milliarden Curie sind noch

DIE STRAHLUNG VON 6000 TONNEN RADIUM,

während der Weltbestand an Radium 1939 etwa 600 Gramm betrug.

Die in Kernkraftwerken entstehende Strahlung scheint also geradezu unvorstellbar groß. Aber die Brennelemente werden, wie gesagt, ständig umgruppiert und niemals alle auf einmal entladen, die genannten Strahlungszahlen sind pure Theorie. Und das Abklingen der Strahlung geht rasch weiter: Nach 10 Jahren beträgt sie ein Tausendstel der ursprünglichen. Da sind 99,9 % abgeklungen und nur mehr 0,1 % übrig. Nach 30 Jahren strahlt auch der »heißeste« Abfall nicht mehr stärker als Pechblende, die zu 60 % aus Uran besteht, aber auch das weit stärker strahlende Radium mit einer Halbwertzeit von 1580 Jahren enthält. Was dann noch weiterstrahlt, ist z. B. das Plutonium 239, das eine Halbwertzeit von 24 000 Jahren hat und von dem heute als Waffenplutonium große Mengen gespeichert sind. Im Reaktorabfall hingegen findet sich an Plutonium nur, was chemisch aus Brennstäben nicht wiederzugewinnen war. Winzige Mengen also. Denn Plutonium ist im Reaktor spaltbar und wird wo immer möglich in Energie umgewandelt – und damit endgültig aus der Welt geschafft. Und das heißt:

DER MENSCH VERGIFTET NICHT DIE UMWELT »FÜR ALLE KOMMENDEN GENERATIONEN«, SONDERN ER ENTGIFTET SIE DURCH DIE UMWANDLUNG STRAHLENDER STOFFE IN ENERGIE.

Wieso strahlt alles?

Einfach, weil es Unmengen natürlich vorkommende Strahler, u. a. Uran, gibt, auch wenn angereicherte Lagerstätten hier relativ selten sind. Uran ist, wie schon gesagt, zweitausendmal häufiger in der Erdrinde zu finden als Gold. Das Natururan zerfällt in das überaus stark strahlende Radium, und die Strahlenwirkung der *naturgegebenen* radioaktiven Substanzen ist *so* groß, daß man allein die im Boden der neun EG-Länder befindlichen acht Trillionen »Krebsdosen« gleichsetzen muß. Diese Strahlung aber erhöhen wir nicht, sondern vermindern sie mit jeder Tonne Uran, die wir aus dem Boden holen und in unsern Reaktoren in Energie verwandeln. Das ist allerdings nicht zu 100 % möglich, sondern nur zu 96,5 %. Von je 1000 Kilo Uran bleiben, wie gesagt, 34 Kilo »Atommüll« übrig. Aber den lagern wir in absolut unschädlicher Form an ganz wenigen und völlig sicheren Orten in sorgfältig ausgewählten geologischen Formationen weit außerhalb der Reichweite des Grundwassers, was die Natur *nicht* tut. Denn *jeder* Kubikmeter Boden enthält im Durchschnitt 2,4 Millionstel Gramm des Alphastrahlers Radium, der, über die Verdauungswege aufgenommen, 1500mal gefährlicher als Plutonium ist. Radium wirkt – sehr zum Unterschied von Plutonium – auch noch durch seine Zerfallsprodukte Radon und strahlende Blei- und Wismutisotope weiter, und ist im Mittel

EINE TÖDLICHE RADIUMDOSIS IN JE 170 KUBIKMETER BODEN

enthalten, so bereits in je 85 Kubikmeter Urgestein. Für Österreich stellte Professor Hans Grümm 1978 folgende Rechnung auf: 30 Jahre Betrieb des Kernkraftwerkes Zwentendorf bedeuten eine Erzeugung von etwa 6000 Kilo Plutonium. Von dem werden 5880 Kilo als Spaltstoff wiederverwendet und in Energie umgesetzt. Etwa 120 Kilo sind zu lagern. Die entsprechen – verschluckt – 0,4 bis 1,6 Millionen Letaldosen. Bis 500 Meter tief liegen im Boden Österreichs aber naturgegeben etwa 300 Millionen Tonnen Uran und 100 Tonnen Radium, und die entsprechen 250 Milliarden Letaldosen. Jeder Quadratkilometer Österreichs enthält gut 3 Millionen Letaldosen. Die sind *nicht* sorgfältig in Glas eingeschmolzen und durch nichtrostende Stahlbehälter geschützt tief in Salzstöcken gelagert. Und solche Berechnungen sind nicht »pure Theorie«: Professor B. Cohen von der Universität Pittsburgh kam 1976 durch die Analyse Tausender Obduktionsberichte für die USA auf 12 Tote jährlich durch die Aufnahme zu großer Mengen in der Natur vorkommender Strahler. Denn wenn der Atomabfall mit größter Vorsicht behandelt wird, so läßt die Natur auch in der Nähe von Uranlagern Quellen entspringen.

Die Entsorgung der Kernkraftwerke

beginnt damit, daß die abgebrannten Brennelemente im Reaktor selber zum Abklingen in großen Wasserbecken gelagert werden, deren Wasser ständig gereinigt und gekühlt wird und in denen sich die Radioaktivität *nicht* »summiert«, denn wenn stark strahlende eingelagert werden, haben ja die früher eingebrachten bereits an Aktivität verloren, und so ergeben die Elemente aus zehn Brennstoffwechseln in einem Reaktorlagerbecken binnen zehn Jahren nur eine um 14 % höhere Gesamtaktivität.

Je nachdem erfolgt

der Transport des strahlenden Abbrandes

zu den Wiederaufarbeitungsanlagen nach Monaten oder Jahren. Und zwar in Spezialbehältern, die 30 bis über 100 Tonnen wiegen und die die strengsten denkbaren Sicherheitsnormen erfüllen. Noch niemals gab es bei solchen Transporten irgendwie durch Strahlungen Geschädigte, denn diese Behälter bestehen aus einem 25 Millimeter dikken inneren Spezialstahlmantel, der entweder mit 200 mm dickem Blei oder 100 mm abgereichertem Uranmetall umgeben ist. Diese Anordnung wird ihrerseits von einem 38 mm dicken äußeren Stahlbehälter geschützt, an dem meist Kühlrippen angeschweißt sind, um die vom verbrauchten Brennstoff abgegebene Wärme abzuführen. Diese Behälter, die auf Lastwagen, Eisenbahnwaggons oder Schiffe verladen werden, sind so konstruiert, daß sie einen freien Fall aus neun Meter Höhe ohne irgendeine Beschädigung aushalten, dreißig Minuten lang ein Feuer von 800° C und eine anschließende, rasche Abkühlung überstehen und acht Stunden lang metertief unter Wasser liegen können. Am 5. Juni 1978 veröffentlichte »Fortune« Photos eines von den »Sandia Laboratories« in Albuquerque für die ERDA durchgeführten Versuchs»unglücks«: Ein 28 Tonnen schwerer Behälter für abgebrannte Brennstäbe lag auf einem Traktoranhänger, und dieser Transport kam auf einem Bahnübergang mitten auf den Geleisen zum Halten. Mit 130 Kilometer Stundengeschwindigkeit fuhr eine Gasturbinenlokomotive auf den Anhänger, von dem so wenig übrigblieb wie von den Lokomotivaufbauten, die vor allem der Abfallbehälter zerschlug. Der selber flog 50 Meter weit durch die Luft und bohrte sich in den Boden. Die zwei Stahlmäntel und die Bleiausfütterung blieben intakt, keinerlei Radioaktivität trat aus. Daß solch ein Transport wirklich auf einem Bahnübergang stehenbleibt, könnte den Statistikern zufolge einmal in 4500 Jahren vorkommen. Es könnte natürlich auch morgen schon geschehen. Aber das hätte ebensowenig irgendwelche Folgen, wie sie der ERDA-Versuch hatte, bei dem ein Abbrandtransport mit voller Fahrt auf einen Düsentreibstofftanker auffuhr, der explodierte und in weitem Umkreis alles in Flammen setzte. Auch da blieb der Behälter intakt.

In der Wiederaufarbeitungsanlage kommt kein Mensch in die Nähe der entladenen Brennstäbe, alles geschieht mit Hilfe ferngesteuerter Roboter. Als erste Arbeit werden die Brennstäbe automatisch in kleine Stücke zerhackt, ihr Inhalt in heißer Salpetersäure aufgelöst und die Hüllenreste entfernt. Die Trennung des wiederverwendbaren Brennstoffs von den unerwünschten Spaltprodukten ist möglich, weil sich ölige und wäßrige Flüssigkeiten nicht vermischen und auch nach dem Umrühren stets von selber trennen: Durch die Salpetersäurebehandlung entsteht Uranyl-Nitrat. Das wird mit einer organischen Flüssigkeit – Tributyl-Phosphat – vermengt, und die nimmt die Uran- und Plutoniumverbindungen auf, während die Spaltprodukte in der sauren Lösung zurückbleiben. Durch weitere Auswaschvorgänge werden die Uran- und Plutoniumverbindungen voneinander getrennt und mit Hilfe von Ionenaustauschern nachgereinigt. Den gelösten Spaltprodukten wird die Salpetersäure entzogen, und es bleibt ein flüssiges Konzentrat mit einer Aktivität von etwa 4000 Curie pro Liter übrig. Dieser Abfall wird vorerst in gekühlten Behältern gelagert, um erneut seine Radioaktivität zu verringern. Neben diesem flüssigen Abfall müssen in den Wiederaufarbeitungsanlagen auch gasförmige Spaltprodukte beseitigt werden, die zwar bereits im Reaktor entstanden, aber erst durch das Zerhakken der Brennstäbe frei werden. Von diesen sind nur drei langlebig: Jod 129, Krypton 85 und Tritium (Wasserstoff mit der dreifachen Kernmasse). Jod bildet mit Silber eine schwer lösliche Verbindung, wird so durch Spezialfilter abgeschieden und zusammen mit den festen Abfällen (vor allem den Hüllenresten) gelagert. Krypton wird mit Hilfe der Tieftemperaturtechnik mit einem Abscheidungsgrad von fast 100 % extrahiert und als Flüssiggas aufbewahrt. Insgesamt wird es in der Bundesrepublik jährlich 15 solcher Kryptonflaschen von je 50 Litern geben. Tritium tritt nicht als freies Gas in Erscheinung, sondern ersetzt den Wasserstoff in den Molekülen der Extraktionslösungen, es reichert sich in der zum Auflösen der Brennelemente verwendeten Salpetersäure an und wird mit deren Resten eingelagert.

Als hypothetischer Störungsherd kommt in einer Wiederaufarbeitungsanlage praktisch nur das Eindampfen der Salpetersäure in Frage, durch das das Volumen des Abfalls verringert und die Salpetersäure zurückgewonnen wird. Die selber ist nicht entflammbar, wohl aber das organische Extraktionsmittel, und so wird das *vorher* ausgewaschen und zudem die Prozeßtemperatur auf einem Wert gehalten, der weit unter der Zündtemperatur möglicher Verunreinigungen liegt. Da dennoch radioaktive Spaltprodukte bei all diesen Arbeiten freigesetzt werden *könnten,* ist das ganze Gebäude entsprechend gegen ihr Austreten wie die Reaktoren, das heißt durch Unterdruck, gesichert. Unterdruck herrscht auch in den bereits beschriebenen Handschuhkästen, in denen das aus dem Abbrand gewonnene Plutonium zu Brennelementen verarbeitet wird. Der Großteil dieser Herstellung ist vollmechanisiert, das »Dosieren« des abgereicherten Urans und des Plutoniums erfolgt an Mischpulten weit entfernt von allen möglichen Gefahrenquellen.

Der hochaktive Abfall der Wiederaufarbeitungsanlagen besteht aus verfestigtem Schrott von Brennelementresten und andern, intensiv bestrahlten Metallteilen. Und aus Spaltproduktkonzentraten, die verglast werden. Mittelaktive Flüssigkeiten werden eingedampft, mit teerähnlichen Stoffen, mit Zement oder mit Kunststoffen vermischt und die erstarrte Masse in dichtverschlossenen Stahlfässern gelagert.

All diese Techniken sind zum Teil seit Jahrzehnten erprobt. Ehe

z. B. im Juli 1978 die Großverglasungsanlage der »Cogéma«, einer privatrechtlich strukturierten Tochtergesellschaft des staatlichen Atomenergiekommissiariats Frankreichs, in Marcoule nördlich von Avignon in Betrieb kam, war dort seit 1969 eine Versuchsanlage in Betrieb, obwohl das Verfahren an sich ganz einfach ist: Die Lösung mit den hochaktiven Abfällen wird bis zur Kalzinierung erhitzt. Das dabei entstehende Granulat verschmilzt nach abermaligem Erhitzen auf 1050 Grad mit einem Glasbildner zu einem kompakten Körper, der ungleich widerstandsfähiger als alle natürlichen Gesteine ist und unmöglich ausgelaugt werden kann.

DIE »VERPACKUNG« HOCHAKTIVER ABFÄLLE IST HÄRTER ALS GRANIT UND FEUERRESISTENT.

Die Flamme eines Schweißbrenners hinterläßt auf dieser Art Glas keine Spur. Und dieser verglaste Abfall wird zudem in 150-Liter-Gefäße aus dickem, rostfreiem Spezialstahl gegossen, diese Behälter zugeschweißt. Die bei diesem Verfahren zu überwindenden Schwierigkeiten ergaben sich einzig daraus, daß alles fernbedient hinter eineinhalb Meter dicken Mauern aus Barytbeton geschehen muß und die Einrichtungen, die durch die starke Strahlung auch nicht repariert werden können, hundertprozentig verläßlich und Jahrzehnte gebrauchsfähig sein müssen. Und das sind sie heute.

Zwischengelagert werden die Stahlzylinder mit dem verglasten Abfall in Marcoule in einem unterirdischen Betonunterstand, der nur 15 x 20 x 11 Meter mißt und nicht nur den gesamten hochaktiven Abfall aus den französischen militärischen und zivilen Anlagen aufnimmt, der während der vergangenen 20 Jahre anfiel, sondern auch den der nächsten 10 Jahre, und zwar einschließlich der Abfälle, die die Lohnarbeit der Anlage für Deutschland, die Schweiz und andere Länder ergibt. Denn das werden insgesamt höchstens 330 Kubikmeter sein. Die Nachzerfallswärme, die in den Glaskörpern Temperaturen bis 650° C entstehen lassen kann, wird durch Luftkühlung mittels eines Gebläses entfernt.

Nun genügen 10 Jahre Lagerung natürlich nicht, sondern der wirkliche, hochaktive Nuklearabfall muß Tausende Jahre lang sicher gelagert oder sonstwie aus der Menschenwelt entfernt werden, und die phantastischsten Vorschläge dazu wurden gemacht: Superraketen sollten den Abfall in die Sonne schießen. Er sollte sich durch seine Wärme selber Tausende Meter tief ins Grönlandeis versenken. Er sollte durch Bodenspalten in der Tiefsee (die es gibt) den Weg ins Magma finden. Jeder dieser Vorschläge wurde endlos diskutiert. Aber

Die endgültige Deponie der verglasten Atomabfälle in Salzbergwerken

600 bis 1000 Meter tief unter der Erdoberfläche genügt vollkommen. Denn als ökologisches Transportmittel der radioaktiven Abfälle, *falls* sie jemals freigesetzt werden könnten, kommt nur Wasser in Frage, und alle Salzlagerstätten entstanden vor 200 bis 300 Millionen Jahren und nur vereinzelt vor weniger als 100 Millionen Jahren durch Austrocknung urweltlicher Binnenmeere. Im Verlauf eines Verdunstungsprozesses, der etwa 100 000 Jahre dauerte, setzte sich zuerst das Steinsalz (Kochsalz), später die leichter löslichen Kalisalze als Bodensatz ab, und auf dem Salz lagerten sich Ton und Sandmassen ab, die es vor Wasserzutritt schützen. *Nur* so entstanden und erhielten sich Salzstöcke. Wäre der Wasserzufluß nicht schon seit Hunderten Millionen Jahren unterbunden, wären sie ja ausgewaschen worden, und es gäbe sie nicht mehr. Weiter hat Salz eine große »Fließfähigkeit«, gibt es starken Pressungen nach und dichtet Risse und Klüfte von selber wieder ab.

Deshalb wurde in Deutschland das 1964 stillgelegte Salzbergwerk Asse im Harzvorland unweit Braunschweig zur Versuchslagerstätte für radioaktive Abfälle gemacht. Seit April 1967 wurden hier 200-Liter-Fässer mit verfestigten, schwachaktiven Abfällen 750 Meter unter der Erdoberfläche gestapelt. Seit August 1972 wird auf der 511-Meter-Sohle auch mittelaktiver Abfall gelagert, dazu eine ehemalige Abbaukammer mit einer 80 cm dicken, mit einem Bleiglasfenster versehenen Betonmauer abgeriegelt. In diese nichtbetretbare Endlagerkammer werden aus einer darüber angeordneten Beschikkungskammer die Abfallfässer direkt aus ihren Transportabschirmbehältern heraus an einem Stahlseil abgesenkt und der Vorgang an Fernsehmonitoren kontrolliert. Da in Asse – gegen eine Tarifgebühr – alle Abfälle aller deutschen Nukleareinrichtungen eingelagert wurden, konnten alle nötigen Erfahrungen gesammelt werden, und auch die Unterbringung der hochaktiven Abfälle stellt hier keine Probleme. Auch andere Salzstöcke, die von vornherein *nur* für die Endlagerung radioaktiver Abfälle verwendet werden, stehen reichlich zur Verfügung, und die Schweiz untersucht für diese Zwecke Anhydridformationen (Kalziumsulfatlagerstätten), Frankreich Granitmassive.

Wenn es aber nun *dennoch* zu einem Wassereinbruch in die Atomabfallkavernen käme?

Wie sich Glas verhält, ist durch jahrtausendealte Funde bekannt.

Das wurde aber in Kanada seit 1960 erneut praktisch erprobt. Da wurden 25 hochaktive Glaskörper *ohne* Stahlschutzhülle in einen Grundwasserstrom eingelagert und dessen Strahlungen ständig gemessen. Die Auslaugungsraten blieben derart minimal, daß an keinem Ort die gemäß den internationalen Richtlinien zulässigen Trinkwasserkonzentrationen überschritten wurden. Der 1977 veröffentlichten Ford-Stiftungs-Studie »Nuclear Power Issues and Choices« zufolge (die der »Proliferationsgefahr« wegen der Wiederaufarbeitung kritisch gegenübersteht) würde selbst das Trinken des Hudsonwassers keine nachteiligen Folgen haben, wenn in diesen Fluß jährlich sämtliche Abfälle von 10 Reaktorjahren einsickern würden. Eine 1978 veröffentlichte Studie der Schweizer »Nationalen Genossenschaft für die Lagerung der radioaktiven Abfälle NAGRA«, die u. a. 2000 Meter tiefe Bohrlöcher in den Granitsockel des Mittellandes und darin das Einzementieren der Abfallbehälter vorsieht, nahm als schlimmst denkbaren Störfall eine tektonische Störung im Wirtgestein an. Da aber der Transport radioaktiver Substanzen mit dem Wasser durch physikalische und chemische Prozesse in den geologischen Schichten stark verzögert wird, »würden auch unter pessimistischen Annahmen Spaltprodukte 7000 bis 7 Millionen Jahre brauchen, um in die Umgebung des Menschen zu gelangen, und für Aktinide wie das Plutonium würde die Wanderzeit 700 000 bis 70 Millionen Jahre dauern«.

Im Vergleich zur Natur, die, wie gezeigt, ungeheure Mengen strahlender Stoffe frei »herumliegen« läßt, wurden also für den Reaktorabfall geradezu unglaubliche Vorsichtsmaßnahmen ergriffen.

Im Vergleich zur Natur sind auch die vom Menschen produzierten Gift*mengen* geradezu lächerlich gering.

Da stimmt es aber auch nicht, daß erst durch Kernkraftwerke strahlende Stoffe angereichert wurden: Längst sind z. B. Phosphate als Mineraldünger unentbehrlich, und im Laufe der Zeit sammelten sich z. B. in Florida riesige Gebirge von Phosphatabfällen an, deren Urangehalt sich als so groß erwies, daß 1954 Dr. Viktor K.LaMer von der Columbia-Universität einen physikalisch-chemischen Extraktionsprozeß entwickelte, der die Urangewinnung aus diesen Halden rentabel machte. Natürlich strahlten diese Halden und ebenso die weit größeren Marokkos. Nicht anders die riesigen Mengen des Golderzabraums, die heute Südafrika, wie bereits geschildert, zu einem der größten Uranproduzenten der Welt machen. Und da müssen wir schädliche Abfälle nicht nur in Kauf nehmen, wenn wir Kernenergie gewinnen wollen:

Seit Jahrtausenden fallen riesige Giftmengen bei der Metallgewinnung an,
vor allem bei der Erzeugung von Kupfer, Blei, Zink und Gold, deren Erze meist sehr große Mengen Arsen enthalten.

Arsen aber und dessen wichtigste Sauerstoffverbindung Arsenik gehören zu den beliebtesten Mitteln, unerwünschte Personen ohne viel Aufhebens aus dem Weg zu räumen. Das war im antiken Rom wie in Byzanz und während der Renaissance vor allem in Italien üblich, denn ein Zehntel Gramm des Giftes genügt. Das Opfer wird durstig, bricht Galle und Blut, Angstgefühlen folgen Lähmungen und Krämpfe, und nach einem halben bis zwei Tagen ist es tot. Auch langsam kann man mit Arsenik töten, und das geschieht heute noch überall auf der Welt. Arsenik aber fällt beim Bergbau nicht in Gramm- oder Kilomengen an, sondern tausendtonnenweise. Und das in Europa, in Australien oder in Brasilien wie in den Vereinigten Staaten oder in Kanada.

In Boliden in Nordschweden z. B. wurden 1925–26 Erze gefunden, die zu den reichsten der Erde gehörten: Jede Tonne enthielt 60 Gramm Gold, 180 Gramm Silber und 45 Kilo Kupfer. Aber auch 270 Kilo Arsen- und Schwefelkies. Die 30 % Schwefel des Erzes sind zur Herstellung eines der wichtigsten Chemiegrundstoffe, der Schwefelsäure, zu gebrauchen, von der jetzt in Rönnskär 160 000 Tonnen jährlich hergestellt werden. Die 7 % Arsen aber waren eine schwere Belastung.

Als größte Bergbaugesellschaft Skandinaviens betreibt Boliden heute 21 Bergwerke und verarbeitet jährlich etwa 6 Millionen Tonnen Erze zu Konzentraten oder reinen Metallen. Die Kupfergewinnung begann 1930 mit 500 Tonnen. Vier Jahrzehnte später waren es 31 000 Tonnen, aber wenn die Kupfererze geröstet werden, entsteht nicht nur Schwefeldioxid, sondern auch Arsenik in gasförmigem Zustand. Dieses Gas wird gekühlt und durch Elektrofilter ein graues Pulver, Roh-Arsenik, abgeschieden, das auch Selen enthält. In einem hochautomatisierten Betrieb wird weißes Arsenik erzeugt und davon etwa 20 000 Tonnen jährlich exportiert. Boliden stellt auch metallisches Arsen her, ist nun der größte Erzeuger der Welt und der einzige Europas. Kupfer-Chrom-Arsensalze dienen zur Holzkonservierung.

Boliden gewann seit 1930 etwa 1,4 Millionen Tonnen Kupfer. Dazu mußten etwa 160 Millionen Tonnen Erze verarbeitet werden. Die reichsten dieser Erze enthalten heute je Tonne nur mehr etwa 20

Kilo Kupfer, nur mehr durchschnittlich 20 Gramm Gold und 75 Gramm Silber. Aber nach wie vor 70 Kilo Arsen, und so ist die Rechnung einfach: Seit 1930 wurden

IN NORDSCHWEDEN RUND ELF MILLIONEN TONNEN ARSENIK GEWONNEN.

Die jetzt etwa 6 Millionen jährlich verarbeiteten Erze enthalten etwa 42 000 Tonnen Arsenik – und Arsen ist fünfzigmal giftiger als Plutonium. Es hat eine unendliche Halbwertzeit, zerfällt *nicht* von selber. Und allein die USA importieren jetzt alljährlich zehnmal mehr Gift in Form von Arsenik, als an radioaktivem Abfall entstünde, falls die *gesamte* Elektrizität der Vereinigten Staaten aus Kernkraftwerken stammen würden.

Als Boliden zu produzieren begann, war mit Arsen praktisch nichts anzufangen, und so wurde das Roh-Arsenik mit Zement vermischt und in Form von Betonblöcken in die Ostsee geworfen. Aber bald bedeckten Hunderttausende Fischleichen die Ufer, das Meerwasser laugte das Gift aus. Und so wurde

DIE ARSENIKFESTUNG VON RÖNNSKÄR

gebaut, ein Gebäude, 165 Meter lang, 40 Meter breit und 22 Meter hoch, ein Giftmagazin mit 150 000 Kubikmeter Inhalt. Eine Rohrleitung bringt hier das Arsenik unter, und bereits 1938 lagerten hier rund 300 000 Tonnen, genug, um 3000 Milliarden Menschen umzubringen, oder mehr, als bisher überhaupt auf unserem Planeten lebten, und 750mal mehr, als heute leben. Die Apotheker müssen über jedes Gramm Arsenik Buch führen. In Rönnskär war in den Hütten lange alles grau von Arsenikstaub, bedeckte er die Schuhe und Kleider der Arbeiter, und alle schienen sie durch den Staub grauhaarig. Aber niemanden störte das, denn Arsenik schadet nicht, solange man es nicht ißt. Und *dafür* wurde gesorgt. In Umkleidekabinen legen die Arbeiter alle Kleider, auch die Unterwäsche ab und gehen in den Duschraum. Die Hände werden besonders gut geschrubbt, Rachen und Nase ausgiebig gespült. Kein Stäubchen Arsen bleibt auf dem Körper, und kein Taschentuch darf mit in den streng getrennten Raum, in dem die außerhalb der Fabrik getragenen Kleider angelegt werden:

IN BOLIDEN GESCHIEHT SEIT 1930, WAS HEUTE IN UNSEREN NUKLEARANLAGEN GESCHIEHT: LEBEN UND TOD WERDEN STRIKT VONEINANDER GESCHIEDEN.

Die Gefahr ist *bekannt*, und so wird dafür gesorgt, daß die Sicherheitsvorschriften eingehalten werden. *Niemand* starb in den Boliden-Gruben oder Boliden-Hüttenwerken je an Arsenvergiftung. *Niemand* bisher irgendwo in zivilen Nuklearanlagen an Strahlungsschäden. Im Vergleich zum Giftlager auf der Halbinsel Skelleftea aber sind alle Atommülldeponien der Welt geradezu lächerlich harmlos, und die Vorsichtsmaßnahmen, die beim Transport und der Lagerung von Nuklearabfällen eingehalten werden, sind geradezu astronomisch denjenigen überlegen, die bei chemischen Giftstoffen getroffen werden. Denn Arsenik z. B., das heute auch als Schädlingsbekämpfungsmittel verwendet wird, wird nicht tief unter der Erde von der Biosphäre abgeschlossen, sondern findet sich nun fein verteilt überall, ganz ebenso wie DDT und Hunderte anderer Gifte.

Da wir auf Kupfer und die anderen Metalle, deren Erze Arsen enthalten, nicht verzichten *können,* müssen wir auch dieses Gift hinnehmen, und ähnlich ist es bei der Kohle. Denn was die giftigen Abfälle betrifft, besteht der Unterschied zwischen Kohle- und Kernkraftwerken darin, daß sich die Abfallmenge eines Kernkraftwerks zur Rauchgasmenge eines Kohle-Kraftwerkes wie 1:400 000 verhält und die jährlich 5 Millionen Tonnen Kohlendioxid und die 53 000 Tonnen Schwefeldioxid, die ein 1000-MW-Kohle- oder Ölkraftwerk ausstößt, in die Atemluft gelangen, während der verglaste Abfall eines gleich leistungsfähigen Kernkraftwerks jährlich zweieinhalb Tonnen wiegt und von dessen Strahlung keine Spur in die Umwelt gelangt. Die Emanationen konventioneller Kraftwerke aber sind ebenso »tückisch« wie Strahlungen auch, sie sieht man ja nicht, seit die Flugasche zurückgehalten wird. Und einer 1975 veröffentlichten Untersuchung der amerikanischen »National Academy of Sciences« zufolge verursacht bereits ein 620-MW-Kohlekraftwerk durch den Schwefelgehalt seiner Abgase *jährlich:*

	weit außerhalb größerer Siedlungen	innerhalb von Ballungsgebieten
Fälle chronischer Atemwegeerkrankungen	25 600	75 000
Tage verschlimmerter Herz-Lungen-Erkrankungssymptome	265 000	755 000
Asthmaanfälle	53 000	156 000
Erkrankungen von Kindern an Atembeschwerden	6 200	18 400
Vorzeitiger Tod	14	42

Und

»HARMLOSE« KOHLENASCHE?

Die urzeitlichen Wälder, aus denen unsere Kohlenlager entstanden, speicherten nicht nur Sonnenenergie, sondern auch die mit dem Bodenwasser aufgenommenen Metalle, und die sind in der Kohlenasche angereichert, bis zu sechzehnhundertmal häufiger als in der Erdrinde. Arsen z. B. gibt es im Boden durchschnittlich 5 Gramm pro Tonne. Der Durchschnittsgehalt der Kohlenasche beträgt 500 Gramm pro Tonne und der Maximalarsengehalt dieses Kraftwerksabfalls 8000 Gramm, acht Kilo je Tonne also. Kohlenasche enthält bis 11 Kilo pro Tonne Germanium und andere wertvolle Metalle wie Beryllium und Zirkonium in Mengen, die eines Tages die Aschenutzung interessant machen könnten. Aber auch Selen und Vanadium, die wie Quecksilber im Lauf der Zeit äußerst giftige Salze bilden, und meist auch Thorium und Radium 226, das eine Halbwertzeit von 1260 Jahren hat: Auch Kohlenasche strahlt, und einige der in ihr enthaltenen Radium- und Thoriumisotope sind wasserlöslich und chemisch sehr aktiv. Und Kohlenasche enthält krebsauslösende Stoffe wie Benzpyrene.

Der Aschengehalt der Kohle ist sehr verschieden und bestimmt weitgehend ihren Preis. Aber stets fallen *riesige* Mengen an, in den meisten Industrieländern heute durchschnittlich 15 Kilo pro Kopf der Bevölkerung jährlich: In Großbritannien jährlich etwa 10 Millionen Tonnen und in den Vereinigten Staaten mehr als fünfmal soviel, und schon beim Durchschnitt von nur 500 Gramm Arsen je Tonne sind

DIE IN DEN JÄHRLICH 50 MILLIONEN TONNEN KOHLENASCHE DER VEREINIGTEN STAATEN ENTHALTENEN 25 000 TONNEN ARSEN GLEICH 250 MILLIARDEN LETAL-DOSEN.

Niemand ißt Asche. Aber große Aschedeponien können sehr wohl ausgelaugt werden und das Arsen so in Pflanzen und Fleischtiere gelangen. Und um *wie* große Deponien es sich da handelt, weiß praktisch niemand.

Und ebensowenigen Leuten ist klar, daß es sich um

WINZIGE MENGEN KERNKRAFTWERKSABFALL

handelt: Der hochradioaktive Abfall, der entsteht, wenn ein westdeutscher Vierpersonenhaushalt ein Jahr lang voll mit Strom aus Kernkraftwerken versorgt wird, nimmt verglast nicht mehr Raum ein als ein sehr kleiner Mantelknopf. Die amerikanische Durchschnittsfamilie verbrauchte 1977 insgesamt etwa 30 000 Kilowattstunden Strom. Wäre der ausschließlich durch Kernenergie gewonnen worden, so hätte der dabei entstehende hochaktive Abfall fünf Kubikzentimeter betragen. Pro Kopf entspricht dieser Abfall drei Aspirintabletten. Und der gesamte hochaktive Abfall, der bei der Deckung des lebenslangen, siebzigjährigen Energiebedarfs eines Großverbrauchers anfällt, würde in fester Form etwa 210 Gramm betragen. Falls in den USA im Jahre 2000 tausend Kernkraftwerke von je 1000 MW Leistung in Betrieb sind, genügen für die Lagerung aller hochaktiven Abfälle 20 Hektar Bodenfläche. Allein die 120 Millionen Tonnen Schlamm hingegen, die binnen 20 Jahren in den USA dadurch anfallen werden, daß jetzt alle neugebauten Kohle- und Ölkraftwerke das Schwefeldioxid ihrer Abgase an Kalk binden müssen, würden rund 50 000 Hektar zweieinhalb Meter hoch bedecken. Würde ein Drittel des Gesamt*energie*bedarfs der Menschheit durch Kernenergie gedeckt, betrüge der Atomabfall nur etwa drei Tonnen pro Tag, eine winzige Menge keineswegs nur im Vergleich zum Industrie- oder Haushaltsabfall, sondern auch zu den heute als von *niemandem* kritisierte Nebenerscheinung des Industriezeitalters entstehenden oder ständig verwendeten giftigen Stoffen, von denen nicht nur Zehntelgramm wie im Fall des Arseniks, sondern bereits Milligramm wie im Fall des Zyankalis töten.

Dabei steht doch z. B. fest, daß die Wichtigkeit der Goldgewinnung nicht im entferntesten mit der der Energiegewinnung zu vergleichen ist. Aber seit Urzeiten gilt Gold nun einmal als wertvoll, und so wird es heute, wie gesagt, selbst aus Erzen gewonnen, die nur 6 Gramm je Tonne enthalten, und das ist möglich, weil 1891 ein junger Chemiker aus Glasgow, John Stewart MacArthur, eine Methode des Herauslösens des Metalls aus dem gemahlenen Gestein, den sogenannten Zyanid-Prozeß, erfand. Seither wird der weltweit angewandt. Da nun auch ärmere Erze als bisher verwendet werden konnten, vervierfachte sich die Weltgoldproduktion binnen 20 Jahren. Das trug entscheidend dazu bei, daß sich damals die Goldwährung allgemein durchsetzte – mit allen weltpolitischen und weltwirtschaftlichen Folgen, die sich daraus ergaben. Und mit der Folge, daß

> DIE WELTPRODUKTION VON ALKALI-ZYANIDEN MIT HEUTE JÄHRLICH 178 000 TONNEN GENÜGEN WÜRDE, DIE 680FACHE WELTBEVÖLKERUNG ZU VERNICHTEN.

Denn Zyankali ist bekanntlich eines der wirksamsten aller Gifte, die Letaldosis wird mit einem Milligramm pro Kilo Körpergewicht angenommen. Wie viele Menschen tatsächlich mit Zyankali vergiftet wurden, ist nicht festzustellen. Einer der größten europäischen Hersteller löslicher Zyanide ist die Deutsche Gold- und Silberscheideanstalt, die DEGUSSA, die Muttergesellschaft einer der führenden Nuklearfirmen der Welt, der NUKEM in Hanau. Und ist anzunehmen, daß solch ein altangesehenes Unternehmen, das seit drei Generationen mit einem der gefährlichsten Gifte umgeht, ohne daß es da *je* einen Betriebsunfall gegeben hätte, in der Nuklearchemie weniger vorsichtig sein sollte? Daß sich die DEGUSSA je auf die Versorgung von Kernkraftwerken eingelassen hätte, wenn sie die für eine Bedrohung der Menschheit hielte?

Als 1955 in der Bundesrepublik die friedliche Nutzung der Kernenergie möglich wurde, gehörte der damalige Vorstandsvorsitzende der DEGUSSA, Hermann Schlosser, der Sohn eines kinderreichen Gießener Pfarrers, zu den damals wenigen, die an die Konkurrenzfähigkeit des Atomstroms glaubten. Noch im Jahre 1955 entstand im Werk Wolfgang der DEGUSSA eine nukleare Forschungsgruppe, und 1957 erhielt sie den Auftrag, für den in Karlsruhe errichteten deutschen Forschungsreaktor FR-2 die ersten Brennelemente zu liefern. Schlosser erkannte auch, daß vielerlei Erfahrungen genutzt und die Rohstoffversorgung gesichert werden mußte, und so wurde 1960 die »NUKEM GmbH« gegründet, an der jetzt die DEGUSSA mit 35%, das RWE mit 45%, Rio Tinto (der bedeutendste Bergbaukonzern der Welt) mit 10% und die »Metallgesellschaft« in Frankfurt mit 10% beteiligt sind. Durch weltweite Querverbindungen kann die NUKEM heute *alle* Erfahrungen nutzen, die auf dem Gebiet der Kernbrennstoffversorgung und Kraftwerksentsorgung gemacht wurden.

Der Brennstoffkreislauf wird seit Jahrzehnten praktisch erprobt: Bereits im Jahre 1964 bewilligte die Bundesregierung die Mittel für den Bau der erwähnten Prototyp-Wiederaufarbeitungsanlage in Karlsruhe. Bereits im August 1971 gründete die jetzt von den deutschen Elektrizitätsversorgungs-Unternehmen getragene »Kernbrennstoff-Wiederaufarbeitungsgesellschaft KEWA« zusammen mit der »British Nuclear Fuels Ltd.« und dem französischen »Commissariat à l'Energie Atomique« die internationale »United Reprocessors GmbH« mit Sitz in Frankfurt, wird ein

INTENSIVER GESAMTEUROPÄISCHER ERFAHRUNGSAUSTAUSCH IN ALLEN FRAGEN DES KERNBRENNSTOFFZYKLUS

betrieben. Besonders Frankreich verfügt in Marcoule und in La Hague auf der Halbinsel Cotentin über Großanlagen zur Wiederaufarbeitung von Kernbrennstoffen und zur Unschädlichmachung aller Abfälle mit jahrzehntelangen Erfahrungen.

In einem gemeinsamen Bericht erklärten die westdeutsche »Reaktor-Sicherheitskommission RSK« und die »Strahlenschutz-Kommission SSK«, die die Sicherheitsaspekte des geplanten Entsorgungszentrums Gorleben untersucht hatten, am 20. Oktober 1977, die geplanten Maßnahmen seien technisch ausgereift, und irgendwelche Sicherheitsbedenken bestünden nicht. Die Uran- und Plutoniumverarbeitung einschließlich der Herstellung neuer Brennelemente böte nach langjähriger Erfahrung keine Probleme, und »das Konzept der Endlagerung radioaktiver Abfälle in Salzstöcken stellt eine sicherheitstechnisch günstige Lösung dar, mit der ein dauerhafter und sicherer Abschluß der Abfälle gegen die Biosphäre erreicht wird... Auf Grund der großen Ausdehnung des Salzstocks Gorleben ist sichergestellt, daß er... auch hochaktive Abfälle aufnehmen kann...«

Die immer wieder aufgestellte Behauptung, die Wiederaufarbeitungstechnik sei noch nicht ausgereift und Endlagerungsmöglichkeiten noch nicht vorhanden, ist also eindeutig falsch. Und nicht nur die deutschen Gutachten erklären, daß *alle* Phasen des Brennstoffkreislaufs völlig sicher beherrscht werden. Zu dem gleichen Ergebnis kam die internationale Expertengruppe, die 1974–77 im Auftrag der OECD-Atomenergie-Agentur das Abfallproblem studierte und im September 1977 die Ergebnisse ihrer Arbeit als »Objectives, Concepts and Strategies for the Management of Radioactive Waste Arising from Nuclear Power Programmes« veröffentlichte. Ausdrücklich heißt es auch da: »Die Technologie, die gebraucht wird, um bei Einführung der Kernenergie in großem Maßstab die Abfallprobleme zu bewältigen, ist verfügbar..., und die bereits entwickelten Lösungen für die Lagerung radioaktiver Abfälle genügen allen Sicherheitsanforderungen...«

Aber wie sicher sind die Kernkraftwerke selber?

Daß 600 oder 1000 Meter tief unter der Erde in einem Salzbergwerk nicht viel passieren kann, ist leicht einzusehen. Aber wenn es demnächst Hunderte riesige Kernkraftwerksblöcke gibt, von denen jeder Licht und Kraft für eine Millionenstadt liefern kann, muß es da nicht durch *diese* zu Katastrophen kommen?

Diese Kernkraftwerke gibt es nicht nur fern großer Agglomerationen. Biblis z. B. mit seinen 60 Meter hohen Kuppelbauten und seinen 80 Meter hohen Kühltürmen, dieses größte Kernkraftwerk der Welt, liegt nur 10 km nördlich von Worms und auf halbem Weg zwischen Heidelberg und Mainz am Ostufer des Rheins. In einem Umkreis von

50 Kilometern gibt es hier acht Großstädte mit zusammen mehr als zwei Millionen Einwohnern. Und wenn Kernkraftwerke so sicher sind, warum wurden dann in Biblis in jeden Block 130 000 Kubikmeter Beton und 13 000 Tonnen Stahl verbaut? Warum gleichen Kernkraftwerke dann mit ihren vielen Metern dicken Betonmauern wahren Festungen?

X
Wie sicher ist die Kernenergie?

Die wirklichen und die angeblichen Risiken der Nuklearwirtschaft und der anderen Energiesysteme

Es ist eine uralte Menschheitserfahrung: Was überhaupt wirkt, ist auch gefährlich. Jeder Arzt weiß: Ein Medikament, das, falsch dosiert, einen Kranken nicht umbringt, kann ihm auch nicht helfen. Das zwingt zu präzisem Arbeiten und den nötigen Vorsichtsmaßnahmen, nicht aber zum Aufgeben dieses oder jenes Mittels. Und nicht anders ist es bei *allem* im Leben: Jeder Schritt ist riskant, denn da *kann* eine Bananenschale liegen, über die man ausgleitet, da *kann* einem ein Dachziegel auf den Kopf fallen. Kein Augenblick des Lebens ist denkbar ohne irgendein Risiko. Wollen wir *leben,* müssen wir es tragen. Und so vorsichtig wie möglich sein.

HANDELT ES SICH UM EIN BESONDERES RISIKO, SO WIRD ES ALS »DIE GESAMTHEIT DER ZUR ERLANGUNG EINES NUTZENS ERFORDERLICHEN BEWUSSTEN UND UNBEWUSSTEN WAGNISSE«

definiert. Man kann Geld wagen oder das Leben und die Gesundheit wagen. Und man kann ein Wagnis freiwillig eingehen oder gezwungen sein, es auf sich zu nehmen. Und die Kernkraftgegner behaupten: Autofahren ist zugegeben gefährlicher als neben einer Nuklearzentrale zu wohnen. Aber niemand wird gezwungen, Autos zu benutzen, jeder einzelne entscheidet selber darüber, ob er dieses Risiko tragen will. Den Gefahren, die die Nuklearwirtschaft mit sich bringt, sind wir alle ausgesetzt, und niemand kann sich diesem Risiko entziehen.

Aber niemand auch vermag heute ohne Hilfe der Naturkräfte auszukommen, wenn er in »entwickelten« Gesellschaften leben will. Selbst wenn er auf elektrisches Licht verzichten und bei einer Kerze sitzen wollte, wäre er auf Nahrungsmittel angewiesen, die ohne Energieträger so wenig zustande kommen wie ohne sie unsere Häuser und Straßen zu bauen sind, und auch der Fußgänger nutzt die Arbeit zahlloser Maschinen. Und damit geht er ein Risiko ein, denn

JEDE ART ENERGIETRÄGERNUTZUNG WAR UND IST GEFÄHRLICH UND BRINGT NEBEN VORTEILEN AUCH NACHTEILE MIT SICH.

Die Frage ist allein, in welchem Verhältnis die zueinander stehen und was getan wird, um die Risiken so gering wie nur möglich zu halten. Bei der Beurteilung der »Gefährlichkeit« der Kernenergie kommt es darauf an, die richtigen Maßstäbe anzuwenden, *vollständige* Risikobilanzen aufzustellen und das *weit* größere Risiko der »konventionellen« und vor allem der »sanften« Energieträger nicht zu verschweigen.

Die wahre Menschwerdung begann mit dem Feuermachen. Erst die im Holz gespeicherte Sonnenenergie ermöglichte die Keramik und das Ziegelbrennen, das Salzsieden und Metallschmelzen, nur mit Hilfe von Holzkohle konnte das Eisen aus seinen Erzen reduziert werden. Aber

DAS FEUERMACHEN WAR NICHT NUR STETS, ES BLEIBT GEFÄHRLICH.

Wenn erbittert gegen Kernkraftwerke gekämpft wird, obwohl es noch nirgends auf der Welt auch nur einen einzigen durch sie getöteten Menschen gab, so sterben Jahr für Jahr mindestens 90 000 auf der Welt an ihren Brandwunden. Da verbrennen bei fast jedem Flugzeugunglück Menschen, allein bei dem von Teneriffa am 27. März 1977 z. B. 583 auf einmal. Denn Feuer wird wissenschaftlich als »Flammenerscheinung eines glühenden Gasstromes« definiert, »die beim Übergang von energiehaltigen Kohlenstoffverbindungen (von Brennstoffen) auf die energieneutralen Stufen Kohlendioxid und Wasser im Urbild der Kettenreaktion, der Verbrennung, entsteht«.

Ob nun Holz verbrannt wird, Kohle, Mineralöl oder Erdgas, *stets* müssen Flammen erzeugt werden, wenn Wärme freigesetzt werden soll, und Flammen *können* nicht nur tödlicher als Strahlungen werden, sie *sind* das auch immer wieder, allein in England starben seit dem Jahre 1900 (als entsprechende Statistiken begannen) mehr als hunderttausend Menschen an Brandwunden. Für die Welt nehmen vorsichtige Schätzungen für die Jahre 1915–75 etwa 30 Millionen an, denn wenn es in Großbritannien durchschnittlich 15 Feuertote jährlich je Million Einwohner gibt, so in Belgien 39 und in den USA 61. Im Durchschnitt der Jahre 1970–75 gab es

JEDE MINUTE EINEN BRANDFALL IN EINEM AMERIKANISCHEN HAUS.

Es gab im Jahresdurchschnitt 12 000 in den USA an Brandwunden Gestorbene, und von den durchschnittlich 110 000 in Krankenhäusern Behandelten kam die Hälfte für das ganze Leben brandentstellt oder verkrüppelt nach Hause. Eine Statistik aus dem Jahre 1974 nennt an finanziellen Auswirkungen von Bränden in den USA:

	Milliarden Dollar
Sachschäden	2,7
Behandlungskosten Verletzter	1,0
Feuerwehr-Unterhaltskosten	2,5
Produktionsverluste	3,3
Jährlich insgesamt	9,5

In keinem Land, in dem es Statistiken gibt, beträgt heute der durch Brände verursachte Sachschaden weniger als 30 DM pro Kopf und Jahr, die Zahl der an Brandwunden Gestorbenen pro Million Einwohner weniger als vier (in der Schweiz), die Zahl der durch Brände Verletzten weniger als 20 (ebenfalls in der Schweiz). Die höchsten Zahlen weisen die USA auf (516 Verletzte und 62 DM Schaden pro Kopf), aber all das sind Durchschnittswerte, und immer wieder gab und gibt es Brandkatastrophen: Wenn am 2. September 1666 in London ein Großbrand ausbrach, der 13 200 Häuser zerstörte (zugleich allerdings auch so viele Ratten umbrachte, daß die Pestepidemien aufhörten, die es hier immer wieder gegeben hatte), so verbrannten auch noch am 1. Februar 1974 in einem Hochhaus in Sao Paulo 220 Menschen. Trotz aller Vorsichtsmaßnahmen und trotz aller Bekämpfungsmittel bleibt Feuermachen eine riskante Angelegenheit – und erst mit Hilfe des elektrischen Stromes im 19. und mit Hilfe der Kernenergie im 20. Jahrhundert gelang es, Wärme *ohne* Flamme freizusetzen. Auch hier *verringert* die Kernenergie das Risiko. Und sie zu mißbrauchen ist ungleich schwieriger als der Mißbrauch des Feuers: In England ist heute

BRANDSTIFTUNG DIE HÄUFIGSTE ALLER GROSSFEUERURSACHEN. Drei Fünftel aller Brände mit mehr als 20 000 Pfund Sachschaden entstanden hier 1976 durch Brandstiftung, und 1975 waren es drei von acht. Allein 1965–77 nahm die Zahl der Brandstiftungen in Großbritannien, die Großfeuer zur Folge hatten, von 34 auf 368 zu. Und am 20. August 1978 gab es durch ein in einem Kino in Abadan im Iran gelegtes Feuer 432 Tote. Nach wie vor verursachen auch mit Zündhölzern spielende Kinder Feuersbrünste: Im Mai 1977 brannten in Cobalt im kanadischen Ontario auf diese Art 120 Häuser nieder.

Verbieten wir deswegen die Zündhölzer? Wird der Fall Cobalt verallgemeinert, der das Zusammentreffen von starkem Wind mit dem Feuermachen zur Voraussetzung hatte?

Eine alte Geschichte erzählt von dem König, der sein Reich verlor, weil sein Pferd einen Hufnagel verlor, und kleine Ursachen *können* große Wirkungen haben. Aber

BEI ALLEM MENSCHLICHEN TUN KOMMT ES NICHT DARAUF AN, WAS GESCHEHEN KANN, SONDERN WIE GROSS DIE WAHRSCHEINLICHKEIT DIESES ODER JENES EREIGNISSES IST.

Nicht das »Gefährdungspotential« ist wichtig, sondern das echte Risiko: Jemand zündet eine Zigarette an. Das Zündholz fällt auf den Teppich. Es gibt einen Wohnungsbrand, die Nachbarhäuser fangen Feuer, und die ganze Stadt brennt nieder. Theoretisch ist das möglich. Praktisch nicht, denn in 99,9% der Fälle wird schon das Zündholz ausgetreten. Da gibt es Feuerlöscher und die Feuerwehr, Brandmauern und Nachbarn, die das Feuer bekämpfen.

Ähnlich groß ist der Unterschied zwischen der Gefährdungs*möglichkeit* und dem effektiven Risiko bei allem. Das aber wird bei der Kernenergiediskussion so gut wie immer ignoriert und ebenso die *Nebenwirkungen* jeder Art Energiefreisetzung unterschätzt. Bereits die Sonnenenergienutzung in Form von Holz war aber nicht nur mit persönlichen und lokalen Risiken verbunden, sondern

DURCH DIE HOLZNUTZUNG VERKARSTETEN RIESIGE GEBIETE,

wurden Millionen Quadratkilometer unseres Lebensraumes unfruchtbar und veränderte sich das Mikroklima, weil es ja bis spät ins 19. Jahrhundert keinen anderen nennenswerten Brennstoff gab und dementsprechend große Waldgebiete kahlgeschlagen wurden. Holzkohle war, wie gesagt, auch als Reduktionsmittel zur Eisengewinnung unentbehrlich, und so *mußte* schließlich Kohle im Tiefbau gewonnen und die Weltförderung von etwa 14 Millionen Tonnen oder 16 Kilo pro Kopf im Jahre 1810 auf 2600 Millionen Tonnen oder 650 Kilo pro Kopf der Weltbevölkerung im Jahre 1977 gebracht werden. Dieser Aufstieg ermöglichte das Maschinenzeitalter, und *wie* das unser Leben verbesserte, wurde bereits geschildert. Aber die Frühzeit der Industrialisierung bedeutete zugleich unvorstellbare Not für Millionen und Abermillionen. Die Kohlenutzung kostete und kostet Opfer, wie sie die Kernenergie *niemals* bedeuten kann. Denn da steht z. B. im »Children's Employment Commission Report I«, dem 1842 dem britischen Unterhaus erstatteten Bericht der Parlamentarischen Untersuchungs-Kommission über

DIE KINDERARBEIT IN DEN KOHLEBERGWERKEN:

»Es gibt Fälle, daß Kinder schon mit vier Jahren, manchmal mit fünf... in den Bergwerken zu arbeiten anfangen, das gewöhnliche Alter aber ist das achte und neunte Lebensjahr. In vielen Distrikten fangen die Mädchen ebenso früh zu arbeiten an wie die Knaben. Die Natur der Beschäftigung bedingt, daß dieselben in die Grube kommen, sobald die Arbeit beginnt, und sie erst verlassen, wenn Feierabend gemacht wird... und daß während des größten Teiles des Winters Wochen vergehen, ohne daß sie das Licht des Tages erblicken... Die harte Arbeit des Schiebens und Ziehens der Kohlewagen... beginnt von sechs Jahren aufsteigend; es ist dies eine Arbeit, welche, wie alle Zeugen versichern, das unausgesetzte Anstrengen aller physischen Kräfte erfordert... Im östlichen Schottland werden viele Mädchen beschäftigt, deren Hauptarbeit darin besteht, die Kohlenstücke auf dem Rücken die Leitern hinaufzuschleppen... Die regelmäßige Arbeitszeit dauert hier selten weniger als elf, öfter zwölf Stunden und in einem Distrikt 14 Stunden, die Nachtarbeit ist in der großen Mehrzahl der Bergwerke ein Teil des gewöhnlichen Arbeitssystems. Von einer regelmäßigen Freizeit zum Ausruhen ist keine Rede, sondern die Arbeitenden nehmen ihre Nahrung während der Arbeit ein, so gut es eben geht...«

1842, das scheint lange her. Längst sind die englischen wie alle andern Kohlebergwerke hoch mechanisiert. Aber das setzte und setzt die entsprechenden Energieinvestitionen voraus, und soll es mit der Bergwerksfron für immer vorbei sein, genügen die »sanften« Energien *nicht.* Gibt es keine Kinderarbeit mehr, so sind unsere heutigen Bergwerke auch ungleich sicherer als die des 19. Jahrhunderts. Aber gefahrlos ist der Kohlebergbau bekanntlich trotz aller Vorsichtsmaßnahmen durch Schlagwetterkatastrophen, Wassereinbrüche etc. noch immer nicht, und wenn z. B. in Indien im Dezember 1975 über 400 Kohlearbeiter starben, so 1968 in Mannington in West-Virginia 78.

UNFÄLLE BEI DER STEINKOHLEGEWINNUNG KOSTETEN IN DEN JAHREN 1907–77 RUND 89 000 AMERIKANISCHE BERGLEUTE DAS LEBEN,

im Durchschnitt 1270 jährlich, und noch immer sind es jetzt 246 und beim Kohletransport jährlich weitere 110. Große Grubenunglücke wurden relativ selten. Aber kleine gibt es ständig, und verheerend wirkt sich auch die Berufskrankheit der Bergleute, die Staublunge (»Black Lung«), aus, an der in den USA alljährlich rund 4000 Menschen zugrunde gehen und an der ständig etwa 50 000 leiden. Der Energiekonferenz in Denver, Colorado, rechnete Professor Richard Wilson von der Harvard-Universität 1974 vor, daß je Milliarde Megawattstunden Kohlestromerzeugung 1036 Kohlebergleute ihr Leben einbüßen, je Milliarde Megawattstunden Atomstrom nur 20 Uranbergleute.

Nur durch die Nutzung der in Form von Kohle gespeicherten Sonnenenergie kam es zu einer reicheren und auch zu einer gerechteren und menschlicheren Welt. Aber diese Nutzung kostete und kostet *sehr* viele Menschen Leben und Gesundheit und, wie schon gezeigt, nicht *nur* die beruflich mit der Kohlenutzung verbundenen. Sie bedeutete zeitweilig eine unerträgliche Luftverschmutzung und bedeutet nach wie vor

ABFÄLLE, DIE DER MENSCHHEIT UNGLEICH GEFÄHRLICHER WERDEN KÖNNTEN ALS JEDE ERDENKLICHE MENGE »ATOMMÜLL«,

denn auch wenn wir eines Tages die Kohle entschwefeln und dem Rauch sämtliche Feststoffe entziehen, Kohle – oder Öl – zu verbrennen, ohne daß Kohlendioxid entsteht, wird stets *unmöglich* bleiben. Die Anreicherung der Atmosphäre mit Kohlendioxid aber kann angeblich katastrophale Folgen für unser Klima haben.

Nun entsteht Kohlendioxid bei *jedem* Verbrennungsvorgang, auch durch die Atmung der Tiere und Menschen, und es entstand auch, als nur Holz verbrannt wurde. Seit *Urzeiten* gelangt Kohlendioxid in einen natürlichen Kreislauf, denn die Pflanzen auf dem Land und im Meer nehmen es auf, setzen es mit Hilfe des Sonnenlichts und von Wasser in Kohlehydrate um und geben dafür Sauerstoff ab, der so für die Verbrennungsvorgänge zur Verfügung steht. Dieser Vorgang verlief bis in die jüngste Vergangenheit im Gleichgewicht, aber je mehr Kraftwerke gebaut und private Ölheizungen etc. betrieben werden, desto mehr Kohlendioxid gelangt in die Atmosphäre, und heute wird die entsprechende Menge bereits auf jährlich etwa 20 Milliarden Tonnen geschätzt. Da man den Gesamtinhalt unserer Atmosphäre an CO_2 mit 2000 Milliarden Tonnen annimmt, heißt das, daß binnen 100 Jahren der Mensch ebensoviel Kohlendioxid freisetzen wird, wie es in der Natur gibt. Und die Frage ist, ob die Assimilationsfähigkeit der Pflanzenwelt mit dieser Produktion Schritt zu halten vermag. Wie seit Jahrhunderten konstant blieb der CO_2-Gehalt der Luft jedenfalls nicht. Sehr genaue Messungen der Konzentration, die seit 1958 vorgenommen werden, zeigen in Alaska wie in Schweden und unweit des Südpols einen praktisch parallel verlaufenden Anstieg.

Dieser Kohlendioxid-Konzentrations-Anstieg entspricht weniger als einem Promille pro Jahrhundert, erst in tausend Jahren wird also die Zunahme ein Prozent betragen. Aber die Katastrophenpropheten behaupten, schon der heutige Kohlendioxidgehalt der Atmosphäre genüge, um eine Art »Treibhauseffekt« auszulösen. Die Verbrennungsgase wirken angeblich wie das Glas in einem Treibhaus, halten die ultrarote Strahlung zurück, und die Temperatur steigt. Die amerikanische National Oceanic & Atmospheric Administration rechnete im Januar 1978 vor, daß bis zum Jahre 2050 die Temperatur um durchschnittlich 3° C zunehmen könnte und das für die Sahara Regenfälle, für den Maisgürtel des amerikanischen Mittelwestens aber Versteppung bedeuten könnte. Dr. J. H. Mercer vom Institute of Polar Studies der Universität Ohio zufolge, der seine Untersuchungen ebenfalls im Januar 1978 publizierte, könnte binnen 50 bis 200 Jahren eine Temperaturerhöhung um 2° C in den Tropen, um 4° C in den gemäßigten Zonen und um 10° C in der Nähe der Pole eintreten. In der westlichen Antarktis aber würden bereits 5° C genügen, um das Abschmelzen riesiger Eismengen auszulösen. Satellitenphotos zeigen, daß das Packeis unweit der Null-Grad-Isotherme bereits aufzubrechen beginnt. Und setzt sich diese Entwicklung fort, so könnte es

EINE NEUE SINTFLUT BINNEN 50 JAHREN

geben, denn die Eisschmelze würde ein Ansteigen des Meeresspiegels um durchschnittlich 5 Meter bedeuten. Tiefliegende Gebiete wie die Niederlande oder Florida würden völlig überschwemmt. Da auch die britischen Seedeiche nur auf 30 Zentimeter Wasserstandserhöhung während eines Jahrhunderts ausgelegt sind, ist London schwer bedroht, und da müßte auch ein großer Teil Norddeutschlands unter dem Meer verschwinden.

Nun gibt es glücklicherweise auch Unglückspropheten, die erklären, *so* viel feste Verbrennungsprodukte kämen heute schon in die Luft, daß – wie allbekannt – eine dichte Dunstdecke entsteht. Die hält die nötige Sonneneinstrahlung ab, die Temperatur muß sinken, und unser »maßloser Energieverbrauch« wird zwangsläufig zu einer neuen Eiszeit führen. Da hielt Professor Hubert Lamb, Direktor der Climatic Research Unit der East Anglia University, im Januar 1978 J. H. Mercer entgegen, daß bisher *nichts* beweise, daß ein Anwachsen des Kohlendioxidgehalts der Atmosphäre die Temperatur erhöhe. Der globale Temperaturdurchschnitt *fiel* 1950–73 und scheint weiter zu fallen. Viel größeren Einfluß auf die Atmosphäre habe der erhöhte

Kohlendioxidanfall auf die Pflanzenwelt, und *deren* Wachstum könne die Abstrahlung der Sonnenenergie von der Erdoberfläche verändern, das heißt erhöhen, und so die Temperatur senken.

Eine Katstrophentheorie hebt also die andere auf. Wie der Mensch die Kohlendioxidentstehung erhöht, kann er sie zudem auch *nutzen,* indem er (wie noch gezeigt werden wird) mit Hilfe der Kernenergie Wüsten fruchtbar macht und so die beste Art der Sonnenenergienutzung, die durch die Photosynthese der Pflanzen, vervielfacht. Und jedenfalls entsteht bei der Kernenergienutzung *kein* Verbrennungsprodukt, weder Kohlendioxid noch irgendwelche andere, die Luft verschmutzende Stoffe, und so müßten die Umweltschützer für die Kernenergie kämpfen wie die Löwen. *Warum* sie das nicht tun?

Auch die Kohlenutzung ist also nicht ohne Probleme, und zwar weltweiter ebenso wie nationaler, lokaler und persönlicher. Jedes Kind im Ruhrgebiet weiß ja z. B. auch, daß es Bergschäden gibt, die man natürlich zu vermeiden sucht, die aber nicht immer zu vermeiden sind und die z. B. den Ruhrbergbau 1924–48 rund 880 Millionen Mark kosteten und auch heute noch durchschnittlich 80 Pfennig je geförderte Tonne. Und wie Hohlräume tief im Erdinnern entstehen, wenn man die Kohle abbaut, so bedeuten natürlich auch die Öl- und Erdgasförderung schwerwiegende Veränderungen des Untergrunds, obwohl die keine Flöze bilden. Daß 1959 in Holland eines der bedeutendsten Erdgasvorkommen der Erde entdeckt wurde, war ein Glück für ganz Europa. Aber hoffentlich geschieht in den niederländischen Küstengebieten, die bekanntlich weit *unter* dem Meeresspiegel liegen, nicht, was in der Po-Ebene geschah:

DURCH DIE ERDGASGEWINNUNG GAB ES IN NORDITALIEN VERHEERENDE ÜBERSCHWEMMUNGEN,

denn die Ausbeutung dieser Vorkommen verursachte Bodensenkungen bis zu drei Metern. In den Jahren 1951, 1957 und 1966 verwandelten sich hier Hunderttausende Hektar besten Ackerlandes in unbetretbare Sümpfe, wurden alle Ernten vernichtet, zahllose Häuser zum Einsturz gebracht.

Dabei hatte hier die Erdgasförderung erst nach dem Zweiten Weltkrieg begonnen. Im Jahre 1959 wurden in Italien insgesamt 6 Milliarden Kubikmeter Erdgas gewonnen, aber im gleichen Jahr mußte die Regierung die Ausbeutung in der Poebene verbieten, denn allein während dieses Jahres senkte sich das Deltagebiet um durchschnittlich 35 Zentimeter, und 1954–59 waren es vereinzelt zehnmal soviel gewesen. Mit dem Verbot hörten die Bodenbewegungen natürlich nicht auf, eine der schwersten Katastrophen gab es 1966, und wie neue Dämme errichtet werden mußten, mußte man alle Deiche erhöhen und die Schleusen umbauen: Das Erdgas der Poebene erwies sich als Italiens teuerster und gefährlichster Energieträger.

Und es ist auch sonst alles andere als harmlos: Im Oktober 1944 explodierte ein LNG-(Liquid Natural Gas-)Tank in Cleveland, Ohio, tötete 133 Menschen und verletzte 225 schwer. Heute sind die Lagereinheiten zwanzigmal so groß, wird verflüssigtes Erdgas von Algerien und vom Persischen Golf weltweit verfrachtet und in den USA sehr oft dicht bei Millionenstädten wie Boston gelagert. Jeder Flüssiggastanker *kann* – sehr zum Unterschied von einem Kernkraftwerk – explodieren, und auch der kleinste kommt (Edward Teller zufolge) einer Hiroshima-Bombe gleich. Insgesamt gibt es jetzt in den USA 60 Großerdgaslager, und in einem im März 1978 veröffentlichten Bericht des US-General Accounting Office (des Obersten Rechnungshofes) zufolge stellt die *Art* dieser Erdgaslagerung eine ebenso große Gefahr für das Land dar wie ein Atombombenangriff: Bei minus 162° C verflüssigtes Erdgas hat nur ein 640stel des Volumens des gasförmigen. Kehrt es plötzlich wieder in seinen ursprünglichen Zustand zurück, so entstehen riesige explosive Wolken, und das hochexplosive Gas-Luft-Gemisch dringt auch in die Kanalisation der Städte und in Untergrundbahntunnels und kann so geradezu unvorstellbare Zerstörungen anrichten. Schon durch schadhafte Rohre ausströmendes Stadtgas bringt ja immer wieder große Wohnhäuser zum Einsturz.

Am 11. Juli 1978 genügte auf der spanischen Nationalstraße 340 das Heißlaufen eines der Räder eines mit nur 43 Kubikmeter verflüssigten Propangases gefüllten Tankwagens, um 144 Menschen sofort und weitere 82 später zu töten: Der Tank fiel auf die Mauer des Campingplatzes Los Alfaques bei San Carlos de la Rápita unweit der Ebromündung, und die Explosion ließ einen Krater von 30 Metern Durchmesser entstehen. Aber auch eine Druckwelle, die Menschen Hunderte Meter weit brennend ins Meer schleuderte. Die glühende Wolke brachte die Benzintanks Hunderter Autos und die Butangasflaschen der Zelte und Wohnwagen zur Explosion, von denen über hundert völlig ausbrannten. Der dichtbesetzte Platz glich der Hölle, und obwohl es rasch Hilfe gab und Armee-Helikopter die Verletzten in die Spitäler brachten, blieben viele lebenslang verstümmelt.

Vierundzwanzig Stunden später explodierten unweit Valencia in Nordspanien 410 Flaschen Butangas durch einen Motorbrand, und nur durch die Geistesgegenwart des Fahrers, der den Transporter auf ein freies Feld fuhr, gab es keine Opfer. Am 16. Juli explodierte ein Naturgastanker 80 Kilometer nördlich Mexico City, wahrscheinlich ebenfalls durch einen Reifenschaden, und es gab 16 Tote und 200 schwer verbrannte Menschen. Wäre der Tanker in der Millionenstadt selber explodiert, hätte es eine kaum vorstellbare Katastrophe gegeben.

Weit wichtiger als Erdgas wurde bekanntlich das Mineralöl für unsere Energieversorgung, und das bereits geschilderte »Ölzeitalter« brachte Luft- *und* Meeresverschmutzungen ungeahnten Ausmaßes mit sich, Ölkriege und eine unerträgliche Abhängigkeit zahlreicher Verbrauchernationen, die amerikanische Öleinfuhr stürzt heute die ganze Welt in Währungskrisen, und selbst ob unsere großen Ölvorratslager nicht ungleich gefährlicher als Kernkraftwerke sind, ist *sehr* die Frage: Ein mit Öl geheiztes 1000-MW-Kraftwerk braucht etwa 6000 Tonnen Öl täglich. Sechs Wochen Vorrat sind üblich, und das macht etwa 300 000 Tonnen. Fangen die Feuer, so hängt es ganz von der Wetterlage ab, was geschieht. Bleibt der dichte, schwarze Qualm in Bodennähe und treibt ihn ein leichter Wind in eine Siedlung, so können Tausende ersticken – und es fehlte nicht viel, daß es am 6. Januar 1973 zu solch einer Katastrophe gekommen wäre: In Bayonne in New Jersey stießen zwei Schiffe zusammen, gerieten in Brand, und der sprang auf die Tankfarm über. Der Rauch war weit dichter als im Dezember 1952 in London, als eine besondere Wetterlage die Luftverschmutzung derart ansteigen ließ, daß 3900 Menschen starben. Aber glücklicherweise wehte der Wind den Qualm in Bayonne nicht nach Manhattan, sondern auf die offene See. Ähnlich war es, als am 3. Januar 1976 in South Brooklyn ein Öllager von 13 000 Tonnen Feuer fing und es eine Explosion gab. Am nächsten Tag erfolgte eine zweite Explosion, und erst nach einer Woche konnte das Feuer unter Kontrolle gebracht werden, vier Feuerwehrleute wurden dabei getötet. Aber wieder verhinderte das Wetter eine Katastrophe. Die mächtigen Rauchwolken stiegen hoch, und der Wind wehte seewärts. Verglichen mit andern war das Öllager in Brooklyn winzig. Und es war auch winzig im Vergleich mit einem Supertanker. Denn die transportieren ja oft 400 000 Tonnen Öl. Und die Energie dieser Ölmenge entspricht vier Wasserstoffbomben von je einer Megatonne Sprengkraft.

Mit Recht wurden Tankerkonstruktionen gefordert, die das hohe Unfallrisiko dieser Schiffe verringern, aber auf die Idee, ein Ölverwendungsverbot zu verlangen, kamen nicht einmal die Umweltfanatiker. Denn Öl als Maschinen»nahrung« wurde ja ebenso wichtig wie Getreide als menschliche, und kann man das Brotessen aufgeben, nur weil

AUCH DER UMGANG MIT GROSSEN MENGEN BROTGETREIDE NICHT UNGEFÄHRLICH

ist? Allein in den Vereinigten Staaten gibt es rund 10 000 Getreidelagerhäuser – meist 30 bis 40 Stock hoch –, erfüllt von feinverteiltem Staub, der alles andere als harmlos ist. Aus Gründen, die nur selten exakt festzustellen sind, durch schlecht geschützte elektrische Schalter oder durch Selbstentzündung gibt es immer wieder Explosionen – allein im Januar 1978 z. B. sieben –, die 62 Menschen das Leben kosteten. Je größer diese Elevatoren werden – manche fassen 10 Millionen Bushel oder 270 000 Tonnen –, desto größer wird die Gefahr, aber an der Entstaubung des Getreides sind die Lagerhausbesitzer nicht interessiert, denn sie würde ja das Gewicht vermindern, sie zwingen, mehr Getreide zurückzugeben, als sie einlagerten. Die zuständige Aufsichtsbehörde ist machtlos, denn es gibt kein entsprechendes Gesetz. Als am 27. Dezember 1977 eine Staubexplosion in Galveston, Texas, 18 Menschen tötete, verlangten die Familien der Opfer die Einstufung der Getreidelagerung als »gefährlich«. Niemand kümmerte sich um sie. Wären aber binnen zwei Monaten 18 Todesfälle durch Nuklearinstallationen verursacht worden, die USA kämen jahrelang nicht mehr zur Ruhe.

Nun, Wasser zumindest kann nicht explodieren, und die Wasserkraft *ist* eine geradezu ideale und dazu ewige Energiequelle. Aber gefahrlos? Arbeit leistet das Wasser nur, wenn ein entsprechendes Gefälle zur Verfügung steht. Fast immer müssen also Staumauern gebaut werden, und die wurden immer höher, die Wassermassen, die sie speichern, immer größer: Eines der gewaltigsten Bauwerke der Welt, die Cheopspyramide, ist 137 Meter hoch. Die Staumauern Grande Dixence und Mauvoisin im Schweizer Wallis aber messen 280 und 235 Meter, der Hooverdamm und der Shastadamm in den USA 210 und 183 Meter. Schon bei einem Staudamm von nur 50 Meter Höhe und 300 Metern Länge drückt das gestaute Wasser auf eine Fläche von 15 000 Quadratmeter. Nehmen wir nur einen mittleren Druck von 2,5 Atmosphären an, von zweieinhalb Kilo auf den Quadratzentimeter also, so muß der Damm einen Druck von 370 Millionen Kilo oder 370 000 Tonnen aushalten. Bei einem andern, kleinen Damm, der Sorpetalsperre im Sauerland, der 700 m lang und 63 m hoch ist, beträgt der Druck eineinhalb Millionen Tonnen, obwohl die hier gespeicherte Wassermenge von 80 Millionen Kubikmetern geradezu lächerlich gering verglichen mit der ist, die heute die größten Dämme der Welt stauen. Denn wenn die zehn größten deutschen Talsperren zusammen 1,6 Milliarden Kubikmeter Wasser speichern, so allein der Damm von Bratsk in der Sowjetunion 180 Milliarden und der erwähnte Hooverdamm (früher Boulderdamm) in Colorado über 38 Milliarden.

All diese Dämme sind Menschenwerk. Und so *können* sie nicht nur versagen, sondern taten und tun das auch immer wieder:

> Während des vergangenen Jahrhunderts gab es 212 Dammbrüche katastrophalen Ausmasses.

In diesem Jahrhundert z. B. 1928 den Bruch des St.-Francis-Dammes bei Santa Paula in Kalifornien mit 452 Toten. Im Dezember 1959 die Dammkatastrophe von Malpasset in Frankreich mit 412 Opfern. Und selbst ein ganz kleines Wasserkraftwerk wie das am Vaiontdamm bei Belluno in Norditalien wurde am 9. Oktober 1963 mehr als 40 000 Menschen zum Verhängnis: Eine durch einen Erdrutsch ausgelöste Flutwelle zerstörte die Stadt Longarone und sechs Dörfer, tötete 2018 ihrer Einwohner und machte mehr als 38 000 Menschen obdachlos.

Am 18. Juli 1978 brach ein Damm des Bhakeraflusses in Nepal. Die Stadt Aur wurde zerstört, mehr als 400 Häuser in 20 Dörfern weggespült und rund 500 Menschen getötet.

Im Durchschnitt der Jahre 1965–75 wurden auf der Erde *jährlich* 330 große Talsperren gebaut, und die sind *ungleich* empfindlicher gegen Erdbeben als Kernreaktoren, wurden und werden mit ungleich geringeren Sicherheitsvorkehrungen errichtet und sind natürlich auch ungleich empfindlicher gegen Terroristenattentate als Nukleareinrichtungen. Am 16. Mai 1942 griffen z. B. 19 britische Lancaster-Bomber die Möhne-, Eder- und die erwähnte Sorpetalsperre an. Der Sorpedamm, dessen Krone 10 Meter breit ist, der am Fuß eine Stärke von 308 Meter hat und zu dessen Bau zweieinhalbmal soviel Material aufgeschüttet werden mußte als die Cheopspyramide enthält, erhielt einen Volltreffer, und nur weil der Wasserstand ungewöhnlich niedrig war und der Treffer nicht drei Dezimeter tiefer reichte, als er das tat, wurde eine Katastrophe verhindert, die – den Memoiren Albert Speers zufolge – mehr erreicht hätte als Tausende alliierte Bomber vorher: Schon durch Kühlwassermangel wäre die Ruhrproduktion um 65% gesunken. Gegen heftige Flakabwehr nachts einen schmalen Damm treffen ist aber weit schwieriger, als im Frieden eine entsprechende Sprengladung anzubringen. Bei Hearings in den USA wurden 1976 drei Dämme genannt, deren Zerstörung relativ einfach wäre und jeweils mehr als 100 000 Opfer kosten würde. Die amerikanische Kernkraftwerks-Aufsichtsbehörde, die Nuclear Regulatory Commission NRC, die damals der Exastronaut William Anders leitete, nahm 1975 als höchstdenkbare Gesamtopferzahl einer Reaktorkatastrophe 3300 Tote an. Der MIT-Professor Henry Kendall von der atomfeindlichen »Union of Concerned Scientists« in Boston 23 000 bis 36 000. Professor David Okrent von der Universität Kalifornien in Los Angeles zufolge aber würden die durch den Bruch des Stone-Canyon-Kraftwerk-Dammes entfesselten Fluten fast mit Sicherheit 125 000 bis 200 000 Menschen töten und ein Bruch des Folsomdammes bei Sacramento 260 000 Menschen das Leben kosten.

Auch ohne Berücksichtigung von Kriegseinwirkungen und *ohne* Annahme von Sabotagehandlungen wurde 1976 in den USA die Wahrscheinlichkeit eines Dammbruches mit tausend Opfern oder mehr mit einmal alle 80 Jahre kalkuliert. Da dem Rasmussenbericht zufolge die gleiche Zahl Kernkraftopfer einmal alle Million Jahre zu erwarten ist, sind also

Kernkraftwerke 12 500mal sicherer als Staudämme.

Aber Dämme bedeuten eben nicht nur Strom oder ermöglichen die Bewässerung von Neuland, sie verhindern zugleich Überschwemmungskatastrophen wie z. B. die des Yangtse-kiang, die 1929-31 mindestens dreißig Millionen Menschen das Leben kosteten, denn die Fluten ertränkten damals nicht nur Unzählige, sondern sie machten auch Ackerflächen, dreimal so groß wie das heutige Deutschland, so lange unbestellbar, daß es zur schwersten aller bisherigen Hungersnöte auf der Erde kam, und sie lösten Seuchen aus, die Millionen das Leben kosteten. Der Nutzen unserer Dammbauten ist *ungleich* größer als der Schaden, den sie anrichten *können,* und so wurden eben (»Fortune« zufolge) allein 1960–70 auf der Welt 30,5 Milliarden Dollar für Dammbauten aufgebracht (wobei nur Projekte berücksichtigt wurden, die je mehr als 100 Millionen Dollar kosteten). Insgesamt entstanden 1965–75 etwa viertausend große Talsperren in 68 Ländern, während 1977 in 34 Ländern insgesamt 187 Kernkraftwerke in Betrieb waren. Und der Haken ist nur, daß geeignete Dammbaustellen rar zu werden beginnen, wir nicht mehr viel Wasserkraftreserven besitzen und auch aus diesem Grund Kernkraftwerke bauen *müssen.*

All das ist – oder *sollte* – allgemein bekannt sein. *Warum* also ist

DIE ANGST VOR KERNKRAFTWERKEN

so unendlich viel größer als die vor allen anderen Energieumsetzungseinrichtungen und *allen* andern Gefahren überhaupt?

Nur in Kernkraftwerken entsteht Radioaktivität.

Zwar gibt es die auch in der Natur seit jeher und überall. Aber entdeckt wurde sie erst 1896, und die *Gefahren* dieser Strahlungen wurden den Massen erst durch die Bombardierung von Hiroshima und Nagasaki im Jahre 1945 klar. Oder besser durch die intensiven und weltweiten *Proteste* gegen die Atomrüstung. Da dem Zweiten Weltkrieg der »Kalte Krieg« folgte, kam es zu immer häufigeren Nuklearwaffenversuchen mit der von diesen ausgelösten *echten* Bedrohung und den sehr berechtigten Demonstrationen gegen sie. Und wie schon Hiroshima brachten die »Ostermärsche« der Atombombengegner den Massen die Gefahr des »Atoms« zum Bewußtsein. Und zwar eine Gefahr, die sich von den allbekannten tatsächlich sehr wesentlich unterscheidet, soweit es sich um riesige, strahlende Kern*explosions*wolken und ihren »Fallout« handelt, ihre teilweise zu Boden sinkenden Spaltproduktteilchen: Auch Großbrände und Überschwemmungen bleiben wie Gasexplosionen oder Tankerkatastrophen in ihren Folgen *lokal* und *zeitlich* beschränkt. Alle nicht unmittelbar Betroffenen »gehen sie nichts an.« Strahlende Wolken jedoch werden vom Wind sehr oft über weite Entfernungen verschoben, der »Ausfall« sowjetischer und amerikanischer Bombenversuche *war* in Europa und Japan registrierbar. Auch die Gefahren dieses radioaktiven Ausfalls wurden maßlos übertrieben. Aber es *gab* sie, und so gelten Kernkraftwerke nicht wie eine chemische Fabrik oder eine Munitionsfabrik nur für ihre unmittelbare Umgebung als gefährlich, sondern »für die ganze Menschheit«. Und nicht nur als für die heute lebenden Menschen gefährlich, sondern durch die (angeblich) Genveränderungen hervorrufenden Strahlen auch »für alle kommenden Generationen«.

ZWISCHEN ATOMBOMBEN UND KERNKRAFTWERKEN GIBT ES NICHT DEN GERINGSTEN ZUSAMMENHANG.

Aber für die Massen gibt es nur *»das«* Atom, und deren Risikoeinschätzung orientiert sich nach überlieferten Erfahrungen und nach deren Publizität, nicht nach irgendwelchen Berechnungen. Konkrete Ereignisse haben stets weit mehr Überzeugungskraft als abstrakte Informationen, und wenn es Brände und Überschwemmungen seit jeher gibt, so (glücklicherweise) bisher keine einzige zivile Nuklearkatastrophe. *Niemand* kennt das zivile Atomrisiko auf Grund von *Erfahrungen* – und was man nicht kennt, fürchtet man, und was man fürchtet, will man verbieten. Überdies sind Kernkraftwerke vielen Menschen schon deshalb verdächtig, weil nichts von ihrer Tätigkeit zu sehen ist: Keine langen Kohlenzüge fahren da vor, kein Rauch entweicht, nichts ist zu hören. Der Zugang wird streng bewacht. Alles, was sich hinter den hohen Mauern oder elektrisch geladenen Gittern abspielt, ist mysteriös.

Geht es bei Kernkraftwerken um eine *neue* Gefahr, so bei der Kernenergie um eine *neue* Energieform. Jedes Angebot aber, gleich welcher Art, muß zwei Bedingungen erfüllen, um angenommen zu werden: Es muß ein Problem zu lösen versprechen. Und es muß so vertrauenswürdig sein, daß der, dem es gemacht wird, keinerlei Schaden fürchtet. *Nur* die Kernenergie vermag unsere Energieprobleme zu lösen. Aber Millionen sind diese Probleme heute noch gar nicht bewußt, noch herrscht ja Überfluß an Öl und Kohle, erst in 10 bis 15 Jahren wird es Energiemangel geben, der auch die Menschen in den »reichen« Ländern trifft. Und daß Kernkraftwerke nicht *doch* gefährlich sind, davon sind Millionen eben nach wie vor nicht überzeugt, weil die Massenmedien »konfliktfähige« Themen brauchen und so seit Jahren und immer wieder neu die Gleichsetzung der Kernkraftwerke mit Atombomben durch die Kernenergiegegner wirksam erhalten helfen.

Diese Gleichsetzung ist infam. Aber sie *wird* akzeptiert. Ralph Nader z. B. fragte den damaligen Leiter der US-Atomenergie-Kommission Doub im November 1974 auf einer Massenversammlung seiner Anti-Kernenergie-Organisation »Critical Mass«: »Wie viele Atomexplosionen in unseren Städten würden Sie hinnehmen, bevor Sie beschließen, daß die Kernenergie nicht sicher ist? Keine komplizierte Erklärung bitte, nur eine klare Zahl!« Da wird auch immer wieder Naders Behauptung wiederholt: »Jeder Reaktor enthält soviel Spaltmaterial wie 2000 Hiroshima-Bomben.« Als im Januar 1978 der sowjetische Satellit »Kosmos 954« über Kanada verglühte, wurde das weltweit dazu benutzt, die Kernenergie zu diffamieren, hieß das niedergegangene Bruchstück in Spanien »Die Bombe, die die Apokalypse ankündigt«, und die »Deutsche Gemeinschaft« in München schrieb am 18. Februar 1978: »...Der Satellit hatte 45 Tonnen angereichertes Uran an Bord, das unter ungünstigen Bedingungen eine Atomexplosion hätte auslösen können...« Tonnen statt Kilo – ein »Druckfehler«. Aber niemand korrigierte ihn. Und die

»Überparteiliche Bewegung gegen den Bau von Atomkraftwerken« in der Schweiz erklärte: »Wir sind noch einmal davongekommen. Aber der Vorfall... hat gezeigt, daß die Bevölkerung einem atomaren Unfall völlig hilflos gegenübersteht...« Auch Robert Jungks »Atomstaat« beginnt mit den Worten: »Mit der technischen Nutzbarmachung der Kernspaltung wurde der Sprung in eine ganz neue Dimension der Gewalt gewagt. Zuerst richtete er sich nur gegen militärische Gegner. Heute gefährdet er die eigenen Bürger. Denn ›Atome für den Frieden‹ unterscheiden sich prinzipiell nicht von ›Atomen für den Krieg‹. Die erklärte Absicht, sie nur zu konstruktiven Zwecken zu benutzen, ändert nichts an dem lebensfeindlichen Charakter dieser Energie...«

Dieser durch *nichts* bewiesenen Behauptung aber steht nicht nur eine gegenteilige Behauptung gegenüber, sondern die ist *erwiesenermaßen* falsch. *Wäre* die Kernenergie »lebensfeindlich«, so gäbe es keine belebte Erde. Denn seit Entstehung der Erde gibt es Radioaktivität. Ebensolang finden auch im Uran *spontane* Kernspaltungen statt: in jedem Gramm im Mittel nach je 100 Sekunden eine. Trotz dieser seit Milliarden Jahren stattfindenden natürlichen Kernspaltungen, trotz der geschilderten Kettenreaktion von Oklo, die bestimmt nicht die einzige war, eine Atom*explosion* gab es nicht und *konnte* es nicht geben, weil die Natur entsprechende Barrieren in Form des geringen Anteils an spaltbarem Uran im Natururan errichtete.

Daß ein Kernreaktor so wenig explodieren kann wie ein Uranbergwerk, ist also *naturgesetzlich* begründet.

Daß auch sonst von einem in Betrieb befindlichen Kernreaktor keine Gefahr ausgeht, ist Aufgabe der Reaktorkonstruktion. Nehmen wir z. B. einen Leichtwasserreaktor.

Da stehen also ähnlich einem Tauchsieder mit Uran gefüllte Rohre im Wasser, das sie erhitzen und in Dampf verwandeln, der sich in nichts vom Dampf eines jeden anderen Wärmekraftwerks unterscheidet. Nur daß die Uranstäbe keine Stromzuleitung brauchen, sondern »von innen heraus« heiß werden und das Wasser hier nicht nur dazu da ist, um in Dampf verwandelt zu werden, sondern zugleich den Reaktorkern kühlt und als Moderator die Kettenreaktion ermöglicht. Und daß dieses Wasser unter Druck steht, denn anders würde es ja schon bei 100° C sieden, während für die Turbinen Dampf von mindestens 300 bis 350° C benötigt wird.

Der wichtigste Bestandteil eines Kernreaktors

ist sein »Kern« oder »Core«: Hier findet die Energiefreisetzung statt, und zwar in einem 1200-MW-Reaktor wie Biblis z. B. in rund 36 000 rund 5 Meter langen und zu 193 dicht nebeneinanderstehenden Brennelementen zusammengefaßten Brennstäben, damit eine Wärmeübertragungsfläche von etwa 6000 Quadratmetern zustande kommt. Diese Stäbe sind mit Uranoxidtabletten von etwa 1 Zentimeter Dicke und 1 Zentimeter Durchmesser gefüllt. Eine starke Feder drückt diese Pellets zusammen, und der Federraum nimmt zugleich die gasförmigen, hochradioaktiven Spaltprodukte auf, die während des Abbrandes nach und nach entstehen. Die können schließlich Drücke von einigen hundert Atmosphären aufbauen, und so müssen die Hüllen überaus widerstandsfähig und sorgfältig verschweißt sein. Heute bestehen sie vorwiegend aus Zirkaloy, einer Legierung aus Zirkonium mit 2–4% Zinn, und

DIE HERSTELLUNG VON BRENNELEMENTEN IST PRÄZISIONSARBEIT, Brennelemente dementsprechend kostspielig: Jedes kostet einschließlich des Brennstoffes etwa 600 000 DM. Andererseits erzeugt es während seines Einsatzes auch so viel elektrische Energie, daß ein westdeutscher Durchschnittshaushalt damit 40 000 Jahre auskäme.

Die Brennstabhüllen schmelzen nicht, weil sie z. B. in Biblis durch 72 000 Tonnen Wasser pro Stunde gekühlt werden. Zwischen die Brennstäbe greifen fingerartig 20 Borkarbidstäbe ein. Werden die voll eingefahren, so bringen diese Steuerstäbe die Kettenreaktion sofort zum Stillstand, denn das Bor schluckt so viele Neutronen, daß für die Kernspaltung keine übrigbleiben. Teilweise eingefahren, regulieren sie den Neutronenfluß und halten damit die Energiefreisetzung konstant.

DIE EINZIGE WIRKLICHE GEFAHR EINES REAKTORUNFALLS besteht deshalb im totalen Kühlmittelverlust. Denn durch diesen *kann* ein Reaktor zu heiß werden, und sobald die Brennstäbe schmelzen, *kann* der ganze Kern schmelzen, denn sehr heißes Zirkonium reagiert mit Wasser und erzeugt neben Wasserstoff noch mehr Hitze. Zwar hört dann die Kettenreaktion auch ohne Einfahren der Bremsstäbe sofort und völlig automatisch auf, weil es in diesem Fall keinen Moderator mehr gibt. Aber auch die »Resthitze« *kann* genügen, um binnen 30 Sekunden die ersten Stabhüllen zum Schmelzen zu bringen, und langsam aber sicher *kann* auch der ganze Kern so heiß werden, daß er schmilzt und sich schließlich

400 BIS 500 TONNEN EINER ART HOCHRADIOAKTIVER LAVA

bilden, die theoretisch auch den sechs Meter dicken Betonboden des Reaktorgebäudes zerstören und »sich auf den Weg nach China« machen würden. Das heißt, die so lange in den Boden einsinken, solange sie heiß genug sind. Damit wäre der Reaktor zerstört und immenser Sachschaden angerichtet. Die sehr großen Wassermengen, die den Kern normalerweise kühlen, *könnten so* rasch verdampfen, daß ein ungeheurer Druck entsteht, der die ganze Reaktoranlage zerstört und eine radioaktive Wolke entweichen läßt. *Die* gilt als die große Gefahr, und Ralph Nader erklärte z. B. am 21. März 1974 der Legislative von Massachusetts, die müsse »mindestens hunderttausend Opfer« fordern, eine »Feststellung« die alle amerikanischen Zeitungen mit Balkenlettern auf der ersten Seite brachten.

Auch derartige Behauptungen sind (wie noch gezeigt werden wird) *völlig* falsch und durch *nichts* begründet, denn wie unwahrscheinlich eine Kernschmelze auch ist, ihrer Möglichkeit wird bei *allen* Reaktoren von vornherein durch die Konstruktion vorgebeugt: Der Kern befindet sich in einem Druckbehälter aus 25 bis 28 Zentimeter dikkem Spezialstahl, der so ausgewählt wird, daß es z. B. versprödete Bereiche entlang der Schweißnähte nicht geben *kann.* Die Herstellung wird nicht nur von den betreffenden Firmen, sondern auch von unabhängigen Sachverständigen, z. B. den Technischen Überwachungsvereinen, ständig kontrolliert, und drei voneinander unabhängige Stellen führen eine lückenlose Ultraschallprüfung der Druckbehälterwand durch, wobei die Schweißnähte durchweg *zehnmal* geprüft werden. Nach der Inbetriebnahme wird die Druckbehälterwand in einem Vierjahresturnus zerstörungsfrei untersucht, zusätzliche Wasserdruckproben werden unter verschärften Bedingungen durchgeführt. Ein katastrophales Bersten des Reaktordruckbehälters kann dank dieser Maßnahmen ausgeschlossen werden.

Im Kernkraftwerk Biblis am Rhein ist dieser Druckbehälter über 13 Meter hoch, hat 5 Meter Durchmesser und wiegt 530 Tonnen. Solch ein Werkstück zu schmieden, zu verschweißen und zu überprüfen erfordert eine derart hochentwickelte Technik, daß nur wenige Firmen auf der Welt imstande sind, sie zu erzeugen. Und das sind ausschließlich Firmen mit generationenlangen Erfahrungen.

Das nötige Wasser gelangt in Biblis durch vier Rohre aus Spezialstahl in das Kerngefäß, die 80 Zentimeter Durchmesser haben, von hier in einen 19 Meter hohen Wärmeaustauscher und Dampferzeuger und wieder zurück. Es gibt die Wärme an einen zweiten Kreislauf ab, und die Turbinen erhalten Dampf ohne jede Kontamination. Die vier Pumpen, die das unter 160 Atmosphären Druck stehende, 320° C heiße Reaktorwasser umwälzen, wiegen je 50 Tonnen und benötigen eine Antriebsleistung von je 6000 Kilowatt.

Die für Kernreaktoren typische Kuppelform ist durch das kugelförmige Stahlgefäß bedingt, in dem der Druckbehälter mit dem Reaktorkern, die Vorrichtungen zur Dampferzeugung und alles, was dazugehört, untergebracht sind, Stahlkugeln, die z. B. in Biblis einen Durchmesser von 58 Metern haben. Diese Stahlhülle ist ihrerseits von einer Betonkuppel umgeben, und im Zwischenraum herrscht Unterdruck. Selbst wenn der Stahlbehälter leck werden sollte, kann keine Radioaktivität ins Freie gelangen, sondern sie wird aus dem Zwischenraum abgesaugt und unschädlich gemacht. Die Betonkuppel aber ist darauf eingerichtet, abstürzenden Flugzeugen ebenso zu widerstehen wie Windgeschwindigkeiten von 300 Stundenkilometern. Sie besteht aus sechs Schichten dichtverflochtener Stahlarmierung, durch die der Spezialbeton mit besonderen Vibratoren hindurchgepreßt wird, und ist auch gegen Bomben ungleich widerstandsfähiger als die Betondecken der U-Boot-Schutzräume des Atlantikwalls, die im Zweiten Weltkrieg von den Alliierten vergeblich mit den schwersten Bomben belegt wurden. Natürlich würde ein Volltreffer mit einer der heutigen Wasserstoffbomben ein Kernkraftwerk zerstören und entsprechende Mengen Radioaktivität freisetzen. Aber lächerlich geringe Mengen im Vergleich zu der Strahlung der Bombe selber. Um die Gammastrahlen und die Neutronen unschädlich zu machen, werden Reaktoren mit Wänden von bis zu sechs Meter dickem Beton gebaut, dem Flußspat zugesetzt ist. Alle haben auch wannenförmige Fundamente, durch die sie erdbebensicher sind, und das schwere Erdbeben z. B., das im Februar 1977 Rumänien heimsuchte, verursachte keinerlei Schaden an dem Forschungsreaktor des Instituts für Atomphysik in Bukarest, obwohl in unmittelbarer Nähe alle Gebäude einstürzten.

Kann aus Reaktoren praktisch nichts unbeabsichtigt nach außen gelangen, so umgekehrt nichts Unerwünschtes nach innen, und alles, was innerhalb eines Reaktors vorgeht, wird ständig automatisch gemessen: Kontrollinstrumente stellen ständig die Wassertemperatur und den Wasserdruck an den verschiedensten Stellen fest. Der Uranverbrauch in jedem einzelnzen Brennelement ist bekannt, und alle Steuer- und Kontrolleinrichtungen, die stets doppelt und meist dreifach vorhanden sind, sind an Prozeßrechner angeschlossen, die ein lückenloses Betriebsprotokoll führen. Die Steuerwarte, von der aus ein Kernkraftwerk »gefahren« wird, befindet sich außerhalb des eigentlichen Reaktorgebäudes und ist nach dem »Rolls-Royce-Prinzip« eingerichtet: Diese englischen Luxusautos haben Fenster, die *nur* motorisch bewegt werden können. Fällt der Motor oder die Ölhydraulik aus, bleiben sie zu oder, was bei Regen und Wind weit ärger ist, offen. Rolls-Royce liefert Fenster mit einer Druckknopfbedienung, die *immer* funktioniert. Aber da sie ausfallen *könnte,* gibt es neben der motorischen auch die gute, alte Handkurbelbedienung.

Bei Kernkraftwerken ist das ebenso: *Falls* die vielfach gesicherte Automatik ausfallen sollte, *kann* der Mensch eingreifen. Aber nur soweit das wünschenswert scheint: *Kein* Kernkraftwerk kann z. B. so gesteuert werden, daß es absichtlich zu einer Kernschmelze kommt. Daß der Chefingenieur den Verstand verliert, ist unwahrscheinlich, aber denkbar. Noch unwahrscheinlicher, daß je eine Terroristengruppe bis in die Befehlszentrale eines Kernkraftwerks vordringen könnte. Aber nehmen wir es dennoch an. Auch wenn das alles Experten wären, *kann* nichts passieren, das Werk hätte dazu ganz anders ausgelegt sein müssen. Nicht anders, wie z. B. ein Hochhausaufzug durch Sabotage nicht zum Abstürzen gebracht werden kann: Er funktioniert sicher, oder er funktioniert überhaupt nicht.

In den Vereinigten Staaten gibt es jetzt etwa 125 000 tödliche Unfälle jährlich. Dabei führen – wie überall – die durch Autos verursachten, und Nummer zwei sind Stürze. Aber 3000 Unfalltote jährlich gibt es auch durch unvorsichtigen Umgang mit Feuerwaffen, obwohl nur relativ sehr wenige Leute mit ihnen umzugehen haben. Nennenswerte Aufzugsunfälle hingegen gibt es nicht, obwohl die USA mehr Hochhäuser haben als irgendein anderes Land und hier Dutzende Millionen mehrmals täglich Aufzüge benutzen. Wieso? Durch die gesetzlich vorgeschriebene Revisionspflicht? Weit mehr durch die entsprechende Konstruktion und

DIE UNFALLVERHÜTUNGS-»PHILOSOPHIE«

der Aufzugsindustrie: Jeder Aufzug ist mit starken Greifern ausgerüstet, die ihn an den Leitschienen festklemmen und jeden Absturz unmöglich machen. Und die treten *nicht* in Aktion, sobald etwas schiefgeht, sondern die bleiben nur so lange außer Tätigkeit, solange alles in Ordnung ist: Die Spannung des Kabels, an dem der Aufzug hängt, hält die Greiferklauen fest. Hört die auf oder vermindert sie sich auch nur, so löst das sofort und automatisch die Festhaltewirkung aus.

Ähnliche Sicherheitsvorkehrungen gibt es im Führerstand von Lokomotiven, in der chemischen Industrie und nun vor allem auch in allen Kernkraftwerken. Die Bremsstäbe z. B., die, voll eingefahren, binnen Sekundenbruchteilen jede Kettenreaktion zum Stillstand bringen, bleiben nur so lange ausgefahren, wie alles in Ordnung ist. Denn ihre »natürliche« Position ist die Abschaltstellung, die sie auf Grund ihres Eigengewichts einnehmen. Sind die Bremsstäbe ausgefahren, so werden sie von Elektromagneten festgehalten, deren Stromzufuhr durch jede Art Unregelmäßigkeit ausfällt.

Gefährlich kann, wie gesagt, nur der Ausfall des Kühlsystems werden. Niemals steht deshalb nur ein Kühlsystem zur Verfügung, sondern stets auch ein völlig unabhängiges zweites als »Notkühlvorsorge«. Und *was* geschehen müßte, damit die ausfallen, und was weiter, damit es zu einer Kernschmelze kommen könnte, berechneten nicht nur die Computer der Reaktorkonstrukteure, das wurde *experimentell* festgestellt. *Wie* die Kühl- und Notkühlsysteme in extremen Unfallsituationen reagieren, wurde praktisch *erprobt:* Die in der ERDA aufgegangene Atomic Energy Commission der USA baute in einem Wüstengebiet Idahos die »LOFT-Facility« (von »Loss of Fluid Test«), die 35 Millionen Dollar kostete, und simulierte da seit März 1976 alle erdenklichen Versager. Neben dem LOFT gibt es die National Reactor Testing Station in Idaho, hier führt die »Aerojet Nuclear Corporation« im Auftrag der ERDA Spezialexperimente über Reaktorsicherheit durch, und ähnliche Einrichtungen gibt es natürlich auch in England, Frankreich und Deutschland, wo 1973–76 für ein Reaktorsicherheits-Forschungsprogramm 200 Millionen DM zur Verfügung standen. 1978 wurde im Kernforschungszentrum Karlsruhe z. B. *experimentell* festgestellt, daß bei einem hypothetischen Unfall *nicht* das gesamte Spaltproduktinventar des Reaktorkerns freigesetzt werden kann: Eine der Zusammensetzung dieses Kerns entsprechende Mischung aus 55% Stahl (dem Strukturmaterial des Kerns), aus 10% Zirkaloy (dem Hüllenmaterial der Brennstäbe) und aus 35% Urandioxid (dem Kernbrennstoff) wurde in Betontiegeln erschmolzen, die das Fundament des Reaktorgebäudes simulieren. Das Schmelzen erfolgte durch Induktion in einer oxidierenden Atmosphäre aus Wasserdampf und Luft bei 2800° C. Stahl und Zirkaloy wurden in aktivierter, also radioaktiver Form verwendet, das Uran als »Fissium«, das heißt mit Zusatz aller Spaltprodukte. Die Freisetzung dieser Spaltprodukte wurde in ihrer Abhängigkeit von der Temperatur der Schmelze, der jeweiligen Versuchsatmosphäre etc. gammaspektroskopisch bestimmt und so erstmals *tatsächliche* statt der bisher nur angenommenen Werte ermittelt. Amerikanische Versuche hatten sich auf die leichtflüchtigen Spaltprodukte Jod, Cäsium und Tellur bei Temperaturen bis zu 1500° C beschränkt.

Waren manche Behauptungen der Kernenergiegegner lange nicht zu entkräften, weil es einfach keine entsprechenden Daten *gab,* so ist das nun anders, und ebenso gibt es nun derart detaillierte Risikostudien, daß die Reaktorsicherheit *exakt* bemessen werden kann. Und die ist eindeutig der *aller* anderen Energieumsetzungsanlagen weitaus überlegen.

Die jüngste Kernreaktorrisikostudie ist die der »Deutschen Gesellschaft für Reaktorsicherheit«. Das ist eine im wesentlichen vom Bund und den Ländern getragene *neutrale* Sachverständigenorganisation, die rund 300 technisch-wissenschaftliche Mitarbeiter beschäftigt. Diese Gesellschaft erhielt 1976 vom Bonner Ministerium für Forschung und Technologie den Auftrag, eine Risikostudie über die heute in der Welt weitaus häufigsten Leicht-Druckwasser-Reaktoren durchzuführen, und im November 1977 wurden deren Ergebnisse auf einer Münchner Tagung bekanntgegeben und zugleich klargelegt, *wie* diese Ergebnisse erarbeitet worden waren.

Angenommen wurde hier der schwerste überhaupt denkbare Unfall, das Schmelzen des Reaktorkerns eines 1300-Megawatt-Werkes, das Entstehen von Lecks in *beiden* Schutzhüllen und damit das Entweichen einer radioaktiven »Wolke«: Folge maximal 180 akute Todesfälle und 3500 Spätschäden.

Diese Opferzahl gäbe es, *falls* es zu einer ganzen Kette von höchst unwahrscheinlichen Ereignissen kommt, die mit einem totalen Kühlmittelverlust nur beginnen würde. Und so ist die entscheidende Frage: *Ist* mit solch einem Zusammentreffen widriger Umstände zu rechnen? Wir haben nun länger als eine Generation praktische Erfahrungen mit Kernanlagen. Jedes Versagen wurde und wird (nicht zuletzt von den Versicherungsgesellschaften) registriert, und so wissen wir z. B., daß eine Reaktorpumpe durchschnittlich einmal binnen 12 Jahren und ein Ventil einmal binnen 11 Jahren versagt. Aber den Bruch einer Kühlmittelleitung (von Spezialstahlrohren, die bis 10 Zentimeter dicke Wände haben) gab es bisher noch *nie,* und hunderterlei andere, denkbare Unfälle kamen ebenfalls noch niemals vor. Man kann hier also nur höchst pessimistische Schätzungen auf Grund andersartigen Ingenieurwissens vornehmen, um ganz sicherzugehen.

Angenommen also, ein Reaktorkern schmilzt *trotz* aller Vorsichtsmaßnahmen. Dann müßte, wie schon gesagt, *gleichzeitig* auch ein Leck in der Stahlhülle des Reaktors entstehen, und *wie* groß dieses Leck ist, entscheidet darüber, wieviel radioaktive Gase und radioaktive Aerosole in den Zwischenraum zwischen Stahl- und Betonhülle geraten. Auch diese Betonhülle müßte bersten, und vom Ausmaß *dieses* Risses schließlich hängt es ab, wieviel Radioaktivität ins Freie gelangen kann. *Stets* würde das nur ein Teil der entstandenen Radioaktivität sein, denn zwischen einem Kühlwasserleitungsbruch und dem Versagen der Stahlhülle vergehen mindestens 30 Stunden, und während dieser Zeit setzen sich so gefährliche Aerosole wie Cäsium, Strontium und anorganisches Jod im Innern des Reaktorgebäudes ab. Gibt es beim Nuklearkrieg, wie schon geschildert, praktisch keinerlei Warnzeit mehr, so steht eindeutig fest:

AUCH BEI DER DENKBAR GRÖSSTEN REAKTORKATASTROPHE STEHEN MINDESTENS DREISSIG STUNDEN FÜR GEGENMASSNAHMEN ZUR VERFÜGUNG.

Und diese 30 Stunden ermöglichen natürlich auch die Evakuierung bedrohter Wohngebiete. *Falls* die nötig werden sollte. Denn Ausbreitung und Wirkung der radioaktiven Wolke hängen entscheidend vom Wetter ab. Die Studie der »Deutschen Gesellschaft für Reaktorsicherheit« erfaßte das mitteleuropäische Wetter mathematisch mit Hilfe von 115 »Modellwetterabläufen« und untersuchte für jeden einzelnen die Ausbreitung der Wolke mit ihren 54 radioaktiven Bestandteilen in 36 verschiedenen »Modellwindrichtungen«, die ihrerseits typisch mitteleuropäische Siedlungsdichten beschreiben. Das ergibt

4140 VERSCHIEDENE WIRKUNGSMÖGLICHKEITEN EINER RADIOAKTIVEN WOLKE,

von denen (dieser Studie zufolge) nur 29 – 0,7% – zu akuten Todesfällen durch Strahlung führen könnten. Im ungünstigsten Fall zu den eingangs erwähnten 180 Toten und 3500 Strahlungsgeschädigten.

Dieser Fall aber würde nur eintreten, wenn es nach dem Entstehen der Strahlungswolke sechs Stunden lang ununterbrochen stark regnet. Jene 180 Personen müßten sich nicht nur der Evakuierung widersetzt haben, sondern sich auch in weniger als drei Kilometer Entfernung vom Reaktor im Freien haben vollregnen lassen, schon der Aufenthalt in einem geschlossenen Raum hätte sie gerettet. Die schädigende Strahlung geht nämlich praktisch nur von den radioaktiven Ablagerungen aus, die der Regen zu Boden bringt. Auch die

3500 Spätschäden treten unter praktisch *nie* anzunehmenden Umständen auf, und sie würden auch bei extremsten Wetterbedingungen nur in einem Umkreis von höchstens 40 Kilometern erfolgen.

Gibt es eine neutrale und mit aller erdenklichen Sorgfalt erstellte deutsche Risikoabschätzung, so tritt aber auch

DER AMERIKANISCHE »RASMUSSEN-BERICHT«

klar und überzeugend gegen die Katastrophentheorien der Kernenergiegegner auf. Diese minuziöse Untersuchung gab die amerikanische Regierung beim MIT, dem weltberühmten Massachusetts Institute of Technology, in Auftrag, einer Hochschule, die ihre höchst kritische Einstellung zum »Establishment« wiederholt und vor allem durch das pessimistische »Club of Rome«-Weltmodell von Meadows und Forrester aus dem Jahre 1971 bewies. Diese nach dem Projektleiter, dem Nuklearingenieur Professor Norman C. Rasmussen, benannte »Reactor Safety Study Wash-1400«, die im Oktober 1975 veröffentlicht wurde, kostete vier Millionen Dollar und erforderte 70 Mannjahre von 60 Experten und zahlreichen Beratern. Die Erfahrungen der NASA bei der Abschätzung des Mondlanderisikos, die des Pentagon und des britischen Generalstabes bei militärischen Risikoabschätzungen und die von Lloyd's und der amerikanischen technischen Überprüfungsvereine bei zivilen wurden genutzt, der Vorentwurf ein Jahr lang zur Einsicht ausgelegt und begründete Kritik berücksichtigt. Die Quintessenz dieser Analyse lautet:

DIE WAHRSCHEINLICHKEIT, IN EINEM BESTIMMTEN JAHR EINEN TÖDLICHEN AUTOUNFALL ZU ERLEIDEN, VERHÄLT SICH WIE 1 ZU 4000. DIE WAHRSCHEINLICHKEIT, DURCH EINEN REAKTORUNFALL UMZUKOMMEN, WIE EINS ZU FÜNF MILLIARDEN.

Auch die Amerikaner hatten genau wissen wollen, *was* geschieht, falls die schlimmstvorstellbare Katastrophe eintritt, und die MIT-Experten beantworteten die Frage: Beim normalen Betrieb fließen jede Minute rund 1,8 Millionen Liter Wasser durch den Kern der heute vorherrschenden Reaktoren, und im Rasmussen-Szenario bricht die Hauptwasserleitung, und zwar nicht wie bei Rohrbrüchen üblich, indem ein Riß entsteht, sondern »total.« Es entsteht ein »double ended guillotine break«, das heißt, das Rohr reißt völlig auseinander.

Sofort entstehen Wolken radioaktiven Dampfes. Die Kettenreaktion kommt automatisch zum Stillstand. Aber mit der Wahrscheinlichkeit von eins zu einer Milliarde versagen nun *sämtliche* Schutzvorkehrungen. Nicht nur der Reaktorkern schmilzt, auch die beiden

Dome bersten, und die Radioaktivität gelangt ins Freie. Das kostet sofort 62 Menschen das Leben, meist im Reaktor Beschäftigte, die der intensivsten Strahlung ausgesetzt sind. Weitere etwa 2000 sterben in der näheren Umgebung. Und 2300 gehen innerhalb der nächsten 30 Jahre an der Strahlung zugrunde, vorwiegend durch Krebsleiden, die die Kontamination auslöste. Der Sachschaden beträfe sechs Milliarden Dollar.

Nimmt die deutsche Studie von 1977 insgesamt 3680 Strahlungsopfer an, so der Rasmussen-Report also 4360. Auch das ist eine völlig hypothetische Zahl. Nach menschlicher Voraussicht wird es derartige Katastrophen *niemals* geben, *zu* viele widrige Umstände müßten dazu zusammentreffen. Amateure aber, die über keinerlei stichhaltige Unterlagen verfügen und die ganz auf sich allein gestellt sind, reden von der »Verseuchung ganz Europas« durch von Kernkraftwerken freigesetzte radioaktive Wolken und von »Hunderttausenden Strahlungstoten«. Und *das* machte Schlagzeilen, nicht die etwa gleichzeitig veröffentlichte Schätzung der ERDA, die *einen* Unfall mit mehr als tausend Betroffenen innerhalb einer Million Jahre annimmt. Die Kernenergiegegner konnten keinen einzigen Punkt des Rasmussen-Berichtes widerlegen. Aber sie erklärten ihn für »wertlos, weil er den Terrorismus außer acht läßt«. Den zu berücksichtigen war völlig überflüssig, denn die Katastrophenmöglichkeiten, die hier (wie auch in der deutschen Untersuchung) angenommen *wurden,* liegen unendlich *über* allem, wozu Saboteure oder Terroristen fähig wären. Die »Union of Concerned Scientists« erklärte, wenn man ihr vier Millionen Dollar zur Verfügung stellen würde, bliebe vom »Rasmussen-Bericht« nichts übrig. Auf die Frage, *wofür* sie dieses Geld ausgeben würde und *wer* ihr die Gegenargumente liefern solle, blieb sie bis heute die Antwort schuldig. Ralph Nader aber beschränkte sich auf die Frage: »Galt nicht auch die ›Titanic‹ für unsinkbar? Und ist sie nicht doch gesunken?« Die Titanic war nach den damals geltenden Sicherheitsvorschriften gebaut worden, aber niemand hatte je behauptet, sie sei unsinkbar, denn *kein* Schiff ist unsinkbar. Niemand behauptet auch, Kernkraftwerke seien absolut sicher, denn »absolute« Sicherheit *gibt* es nicht. Der Rasmussen-Report wies nur nach, *wie* gering die Wahrscheinlichkeit einer Reaktorkatastrophe ist. Er kam für eine Gruppe von hundert Kernkraftwerken auf *einen* Unfall mit mehr als 100 Toten *einmal* in 100 000 Jahren und auf einen Kernschmelzunfall *ohne* Opfer beim gleichzeitigen Betrieb dieser 100 Reaktoren einmal binnen 200 Jahren. Das heißt *eine* Kernschmelze für

20 000 Reaktorbetriebsjahre wurde angenommen und dazu stets die »fault-tree«-(»Fehler-Baum«-)Methode angewendet: Die Wahrscheinlichkeit des Versagens eines jeden einzelnen Bauteils wird analysiert und daraus die Gesamtrisikoquote errechnet.

Sind Kernkraftwerkskatastrophen praktisch undenkbar, so aber mit der Kernenergiefreisetzung direkt zusammenhängende Unfälle überhaupt, denn

KERNENERGIE IST NATURGEGEBEN SICHERER ALS ALLE ANDEREN ENERGIEN,

weil sie die konzentrierteste aller Energien ist: Daß es bei der Förderung von Hunderten Millionen Tonnen Kohle mehr Opfer geben muß als bei der von wenigen Tonnen Uran, ist offensichtlich. Ebenso aber sind bei einem kleinen Reaktorkern und in ganz wenigen Kernkraftwerken ganz andere Vorsichtsmaßnahmen möglich wie z. B. bei Millionen und Abermillionen Autos. Die Atomgefahr liegt in wenigen Kubikmetern Raum beschlossen, die der Sonnenenergie z. B. verteilt sich auf ungeheure Flächen, für 1000 Megawatt sind da 130 Quadratkilometer Kollektoren nötig, und um die allein von Schmutz oder Schnee freizuhalten, werden so viele Leute gebraucht, daß auch die Haushaltsunfallsrate genügt, um hohe Totalziffern zu ergeben. Wenn es zu so vielen Solarhäusern kommt, wie man hofft, werden auch da die Kollektoren rein gehalten werden müssen, und was das die Krankenkassen und Lebensversicherungsgesellschaften kosten muß, ist kaum auszurechnen. Und da werden die Leute am Wochenende ihr Leben für 10 Kilowatt und nicht für 1000 Megawatt riskieren.

In einer vom amtlichen »Atomic Energy Control Board of Canada« (AECB) durchgeführten und am 18. Mai 1978 vom »New Scientist« und am 21. Juni 1978 von der »Neuen Zürcher Zeitung« besprochenen Studie werden Risikobilanzen aufgestellt, die den gesamten Weg der verschiedenen Energieträger von ihrer Gewinnung bis zur Endverwendung berücksichtigen und das Risiko auf die Leistungseinheit beziehen. Und da gerade für die »sanften« Technologien der Material- und Arbeitsaufwand pro Leistungseinheit überaus hoch ist, sind *die* die gefährlichsten: Je nach der Anwendungsart ist z. B. die

SONNENENERGIE ZWANZIG- BIS SECHZIGMAL GEFÄHRLICHER ALS KERNENERGIE

und das Risiko der Gewinnung von Methanol aus Biomasse z. B. für die beruflich Beteiligten mehr als 140 mal höher als die Gewinnung von Kernenergie, weil für jede Einheit Methanol sehr viel Holz gebraucht wird und das Holzfällen nach wie vor ein sehr gefährlicher Beruf ist. Auch die Kohlegewinnung ist – beruflich – weitaus weniger gefährlich als die Biomassegewinnung. Um so gefährlicher dafür für die Allgemeinheit.

Die kanadische Studie geht von den Zahlen der staatlichen Arbeitsämter und der Versicherungsgesellschaften aus und vergleicht die auf Grund von Unfällen und Todesfällen verlorenen Arbeitstage, wobei ein Todesfall 6000 Arbeitsstunden gleichgesetzt wird. Als »beruflich gefährdet« gelten alle diejenigen, welche ein Energiesystem aufbauen und betreiben. Als »allgemein gefährdet« der gesamte Rest der Bevölkerung.

Das Gesamtrisiko pro Megawattjahr Energiegewinnung beträgt der kanadischen AECB zufolge in verlorenen Arbeitstagen:

	berufliche Gefährdung	allgemeine Gefährdung
Kohle	73,0	2010,0
Erdöl	18,0	1920,0
Kernenergie	8,7	1,4
Erdgas	5,9	?
Meerwärme	30,0	1,4
Wind	282,0	539,0
Sonne, im Durchschnitt	131,0	343,0
Heizen/Warmwasser	103,0	9,5
Turmkraftwerk	101,0	510,0
Solarzellen	188,0	511,0
Methanol aus Biomasse	1270,0	0,4

Die großen Unterschiede ergeben sich, wie gesagt, vor allem durch die unterschiedliche Energie*dichte,* aber zu dieser sozusagen »angeborenen« Sicherheit der Kernenergie kommen

die striktesten amtlichen Sicherheitsvorschriften, die es jemals gab oder in irgendeiner andern Industrie gibt,

und zur staatlichen Überwachung tritt die der Versicherungsgesellschaften und nicht zuletzt das *Eigeninteresse* der Kernkraftwerksbetreiber, denn diese Anlagen sind *so* kostspielig, daß jeder Tag Betriebsausfall Unsummen kostet.

Diese Betriebsausfälle sind angeblich so häufig und die Materialschäden so hoch, daß keine private Versicherungsgesellschaft das Risiko übernimmt. Auch das aber ist eindeutig *falsch:* Diplomingenieur J. Feldmann zufolge, der den Fachbereich Kernenergie der »Allianz Versicherungs AG« leitet, ergeben die Unterlagen dieser führenden Versicherungsgesellschaft, daß

SCHÄDEN IN KERNKRAFTWERKEN NICHT HÄUFIGER ALS IN KONVENTIONELLEN KRAFTWERKEN

sind. Der Unterschied liegt nur darin, daß niemanden interessiert, was in einem Kohle- oder Ölkraftwerk passiert, und darüber nicht berichtet wird, jede kleinste Störung in einem Kernkraftwerk heute aber Nachrichtenwert hat. Noch nie und nirgends wurde bisher die Versicherung eines Kernkraftwerkes abgelehnt, und dies gilt auch für die Strahlenunfallversicherung des Bedienungspersonals. Einen Beweis dafür, daß Störfälle und Schäden in Kernkraftwerken keineswegs den Rahmen normaler industrieller Risiken sprengen, bietet auch die Tatsache, daß die Versicherungsprämie für die Vollversicherung eines Kernkraftwerks von 1200 MW nur etwa ein Zehntel Pfennig pro Kilowattstunde beträgt, obwohl der Versicherer auch alle Kosten der Sicherheits- und Schutzvorkehrungen im Fall einer Reparatur und nicht nur die Kosten dieser Reparatur selber zu tragen hat. Und obwohl Kernkraftwerke nicht nur gegen Feuer- oder Maschinenschäden versichert sind, sondern wie die nuklear bedingten Sachschäden auch die nuklear verursachten Haftpflichtschäden zu marktwirtschaftlichen Prämien versichert werden. Denn

UNWIDERLEGBARE TATSACHE IST: NIEMAND AUF DER WELT STARB BISHER AN DER ZIVILEN KERNENERGIENUTZUNG,

und bei keinem einzigen Menschen konnten durch Kernkraftwerke oder andere zivile Nukleareinrichtungen ausgelöste Strahlenschäden nachgewiesen werden. Wohl aber gab es drei Tote und zehn Schwerverletzte durch einen Bombenanschlag gegen das in Lemoniz bei Bilbao in Spanien in Bau befindliche 930-MW-Kraftwerk am 17. März 1978. Natürlich gibt es auch in Kernkraftwerken Unfälle. Da fallen Leute von Leitern, verletzen sie sich auf dutzenderlei Art wie in *jedem* Kraftwerk, *jeder* Fabrik und wie in zahllosen Haushaltungen, manchmal auch tödlich. Aber das hat nichts mit der Kernenergie zu tun. Die ist *extrem* sicher und zwar, weil hier von *vornherein* mit allen vorstellbaren Unsicherheitsfaktoren gerechnet wurde. Wie Professor Hans Grümm das 1978 hervorhob, wäre es für einen Kerntechniker z. B. undenkbar gewesen, eine Substanz wie Dioxin, das mindestens so giftig wie Plutonium ist, ohne besondere Sicherheitsmaßnahmen herzustellen. Er hätte die Anlage in Seveso in eine doppelte Sicherheitshülle eingeschlossen, den Zwischenraum auf Unterdruck gehalten und ein Sprühsystem vorgesehen. Für den Kerntechniker wäre es ebenso undenkbar, in tiefem Wasser nach Öl zu bohren. Er würde nur auf trockenem Meeresboden arbeiten, einen inneren, leergepumpten Betonzylinder durch einen zweiten gegen den Wellenschlag schützen, und ein automatisches Meßsystem würde die beiden Zylinder ständig auf Leckagen überwachen. Brückeneinstürze wie den der Wiener Reichsbrücke gibt es selten. Aber wäre sie von Kerntechnikern gebaut worden, hätte sie nicht einstürzen *können*. Denn schon bei der Berechnung, der Materialprüfung und den Modellversuchen wären ganz andere Sicherheitsmaßstäbe angelegt worden. Die Brücke wäre mit Hunderten Meßsonden besetzt gewesen, die sie automatisch gesperrt hätten, falls die ständig besetzte Meßwarte nicht auf ihren Alarm reagierte. Es hätte monatliche Inspektionen und jährliche Belastungsproben gegeben, und natürlich wären die Pfeiler zur Inspektion begehbar und durch Stahlwände von der Berührung mit dem Wasser geschützt gewesen. Nach 30 bis 40 Betriebsjahren wäre die Brücke wegen der möglichen Materialermüdung und Korrosion abgetragen worden. Und bei einer Hängebrücke wie der Wiener Reichsbrücke wäre ein vom Stahlkabelsystem unabhängiges Trägersystem vorhanden gewesen.

Dennoch gab und gibt es auch in Kernkraftwerken Betriebsstörungen. Als

»DIE ERSTEN UNFALLOPFER EINER BUNDESDEUTSCHEN ATOMANLAGE«

wurden am 25. November 1975 in Lauingen in Bayern die Schlossermeister Otto Huber und Josef Ziegelmüller begraben, die im Kernkraftwerk Gundremmingen beschäftigt gewesen waren. Sie sollten dort am 19. November im Pumpenraum I eine Stopfbuchse reparieren und hatten von ihrem Vorgesetzten Stenzel den strikten Auftrag, deren Brille nur zu lockern und nicht zu lösen und vorher im Schauglas der Stopfbuchsen-Entwässerungsleitung zu kontrollieren, ob noch Wasser austreten konnte. Beides taten sie nicht. Keinerlei Radioaktivität trat aus. Wohl aber Dampf von 285° C, und *der* tötete Huber sofort und verbrühte Ziegelmüller so schwer, daß er am folgenden Morgen in der Spezialklinik für Brandverletzte in Ludwigshafen, wohin ihn ein Hubschrauber gebracht hatte, starb.

Beide starben durch einen Dampfaustritt, den es in *jedem* Kraftwerk hätte geben können. Ihr bedauerlicher Tod hat *nichts* mit der Kernenergie-Nutzung zu tun. Aber für die Kernenergiegegner *bleiben* es »Atomopfer«...

Und so ist es immer und überall. Selbst so altangesehene Nachrichtenagenturen wie Reuters scheuen sich heute nicht, durch weltweit verbreitete Falschmeldungen Anti-Kernenergie-Propaganda zu machen. Reuters meldete z. B. am 27. April 1977, im Kernkraftwerk von Puentes de Garcia Rodriguez in Nordspanien seien 10 Menschen intensiver radioaktiver Strahlung durch abgebrannte Brennstäbe ausgesetzt gewesen. Ein solches Kernkraftwerk aber gibt es nicht. Das genannte Werk ist ein Kohlekraftwerk, und hier wurde eine Dampfleitung einer Röntgenprüfung unterzogen. Dabei kam es zu einer Strahlenbelastung, die über dem Normalen, aber *innerhalb* der Toleranzgrenzen lag, und zu Schaden kam niemand. Die Behörden dementierten die auch bei uns groß als »Schwerer Reaktorunfall in Spanien« aufgemachte Falschmeldung. Aber kaum eine Zeitung druckte das Dementi.

Nun, verglichen mit der »Unfall«-Aufbauschung in den USA ist unsere noch harmlos. Auch da *gibt* es natürlich Betriebsstörungen. Im amerikanischen Fermi-I-Reaktor im Bundesstaat Michigan z. B. löste sich im Oktober 1966 ein Schutzblech und behinderte die Kühlung von zwei der hundert Brennstabbündel. Die wurden zu heiß und begannen zu schmelzen. Der Reaktor schaltete sich automatisch ab, alle Sicherheitssysteme funktionierten fehlerfrei, und nach der entsprechenden Reparatur nahm der Reaktor wieder seinen Normalbetrieb auf. Aber dieser Vorfall liegt J. G. Fullers 1975 – neun Jahre später – in »Reader's Digest Press« erschienenem Bestseller »We Almost Lost Detroit« zugrunde. »Fast hätten wir Detroit verloren« wirkt bis heute, denn ein gutgeschriebener Roman findet fast stets mehr Leser als nüchterne Sachbücher, und hier wurden durch Weglassen aller positiven Momente latente Ängste angefacht. *Niemand* kam durch den Fermi-Reaktor zu Schaden, weder in dem 48 km entfernten Detroit noch sonstwo. Theoretisch *hätte* sein Kern schmelzen können. Aber praktisch schmolz der Kern des Fermi-I-Kernkraftwerks im Oktober 1966 *nicht.* Für »Fast hätten wir Detroit verloren« gab die »Reader's Digest Press« 30 000 Dollar für Reklame aus, und die bedeutendsten Zeitungen brachten enthusiastische Besprechungen. Die Kritik, die z. B. am 30. November 1975 in der »New York Times« erschien, schrieb eine Funktionärin der »American Civil Liberties Union«, Mary Ellen Gale, und die schrieb nicht nur »In glücklicher Unwissenheit gingen vier Millionen Menschen ihrer Arbeit nach... während im Enrico-Fermi-Reaktor die Techniker wußten, daß eine Nuklearexplosion drohte...«, die nannte Fullers Buch auch

»eine ernüchternde und notwendige Erinnerung daran, daß die Demokratie noch nicht die Technologie kontrolliert«.

Weltweites Aufsehen erregte auch

DAS FEUER IM BROWNS-FERRY-REAKTOR,

das am 22. März 1975 ausbrach. Dieses Kraftwerk in Athens unweit Decatur in Alabama wird seit 1974 von der staatlichen Tennessee-Valley-Authority betrieben. Unter der Kommandozentrale gibt es da einen 10 Meter breiten und 55 Meter langen Kabelverteilerraum mit mehr als 2000 elektrischen Leitungen, und hier sollten zwei Arbeiter eine Dichtung erneuern, die schadhaft geworden sein mußte, denn es gab einen Luftzug, den es nicht geben sollte. Bei *welcher* Kabeldurchführung der entstand, war nicht zu sehen, aber eine altbewährte Methode mußte sie lokalisieren: Eine offene Kerzenflamme, die beim leisesten Luftzug flackert. Die flackerte jedoch nicht nur, sondern wurde fast waagerecht in die schadhafte Polyurethandichtung eines Kabels gezogen und setzte diese in Brand. Statt Alarm zu geben, suchten die zwei Leute selber das Feuer zu löschen. Ehe sie die Notrufnummer drehten, vergingen 14 Minuten. Sechs Minuten später gingen die Kontrollampen der Kühlwasserpumpanlage aus, drang Rauch in den Kontrollraum. Um 12 Uhr 38 wurde der Reaktor abgeschaltet. Aber da gab es die »Resthitze«, die »decay heat«, und um 12 Uhr 51 versagten die Pumpen, weil das Feuer die Stromzuleitung unterbrochen hatte. Der Wasserspiegel über dem Kern fiel von 5 auf 1 Meter 20. Aber inzwischen sprangen die Reservepumpen an, war eine Reservestromleitung eingesetzt und auch durch den Ausfall zahlreicher anderer brennender Leitungen die 17 Mann des Bedienungspersonals *nicht* hilflos. Noch bevor die Löschmannschaften eintrafen, wurden Schalter und Ventile von *Hand* bedient. Hier bewährte sich das »Rolls-Royce-Prinzip« hundertprozentig, und wenn das Feuer, das 250 Millionen DM Sachschaden verursachte, erst nach sieben Stunden völlig erstickt werden konnte, *niemand* wurde verletzt und keinerlei Strahlung freigesetzt. Fehler *waren* gemacht worden: Die zwei Elektriker waren nicht im Brandschutz ausgebildet. Sie besaßen keine Gasmasken. Die Schaumlöschanlage im Kabelverteilerraum hatte keinen automatischen Auslöser, und überhaupt war die Feuergefahr zu gering eingeschätzt worden. Daß eine Kerzenflamme eines der größten und modernsten Kernkraftwerke Amerikas zu zerstören drohte, klingt wie ein Witz. Aber das erklärt sich sehr einfach daraus, daß der Mensch an die Feuergefahr schon *so* lange gewöhnt ist, daß er sie immer wieder zu wenig ernst nimmt.

Natürlich wurde der Brand durch eine von der Nuclear Regulatory Commission eingesetzte Sonderkommission untersucht. Die prangerte jeden einzelnen Fehler an, ging der Ursache jedes einzelnen Versagens nach und beschönigte nichts. Aber die Quintessenz ihres Berichtes lautete: Keinen Augenblick lang bestand die Gefahr einer Reaktorkatastrophe. Ebensowenig *irgendeine* Gefahr für die Menschen in der Umgebung des Reaktors. Im Browns-Ferry-Reaktor geschah weit weniger, als eine offene Flamme in jedem Öl- oder Gaslager angerichtet hätte. Und natürlich wurde eine Wiederholung des Browns-Ferry-Zwischenfalls unmöglich gemacht: Wo es in amerikanischen Reaktoren noch Kabel mit brennbaren Isolationen gab, mußten sie ausgewechselt werden. In deutschen Reaktoren gab es sie nie.

Im »National Enquirer« z. B. aber hieß es über das Browns-Ferry-Feuer in den größten Lettern, die das Blatt besaß, und auf der ersten Seite: »Der entsetzliche Tag, an dem ein in Flammen stehender Reaktor elf Millionen Amerikaner bedrohte.« Und als Untertitel: »Menschen in neun Staaten nur Minuten vor dem Tod.« Die Deutschen konnten noch 1978 in »Das Beste aus Reader's Digest« den Bericht James Nathan Millers über diesen Vorfall lesen, und für deutsche Kritiker war auch die »wirkliche« Ursache dieses Feuers klar, nämlich »daß Profit vor Sicherheit kommt« – obwohl die TVA dem amerikanischen »Volk« gehört. Wie in beiden erwähnten Fällen benutzt aber »Reader's Digest« jede Gelegenheit, um die Kernenergie zu diffamieren. Und diese Zeitschrift ist bekanntlich nicht nur die »Gartenlaube« der Amerikaner mit 18 Millionen Auflage in den USA, sondern erscheint in 30 Ausgaben in 13 Sprachen und garantiert heute ihren Inserenten 60 Millionen Leser. Selten wird hier die Unwahrheit gesagt, aber sehr oft die wesentliche Wahrheit weggelassen. Wollten die Verteidiger der Kernenergie mit den gleichen Mitteln arbeiten, könnten sie behaupten: »Alle in ›Reader's Digest‹ angekündigten Lebensmittel sind radioaktiv.« Denn das ist unbestreitbar, weil *alle* Nahrungsmittel radioaktiv sind. Genau wie *alle* Wärmekraftwerke bereits naturgesetzlich bedingt mindestens 44% der von ihnen benötigten Gesamtenergie in das Kühlwasser abgeben. Kernkraftwerke aber gelten nicht nur als »so gefährlich wie Atombomben«. Sie stellen auch »eine der schwersten Umweltbedrohungen durch ihre enormen Mengen von Abwärme« dar. Edwin Newman z. B. erklärte im Juni 1970 in einer Fernsehsendung der »National Broadcasting Corporation«: »Ende des Jahrhunderts werden unsere

Flüsse zu kochen beginnen. Drei Jahrzehnte später könnten sie restlos verdampft sein... und die Hauptursache dieser thermischen Verschmutzung unserer Umwelt ist die Verbreitung von Kernreaktoren über das ganze Land...«

Nun arbeiten heute Leichtwasserreaktoren tatsächlich noch mit einem geringeren Wirkungsgrad als die modernsten konventionellen Kraftwerke, denn sie erzeugen Naßdampf, nicht überhitzten Trokkendampf. Aber auch

DAS KÜHLPROBLEM IST KEIN MAKEL DER KERNENERGIE,

sondern bestimmt z. B. auch den Wirkungsgrad eines jeden Automobilmotors, und rechnet man die erzielbare Leistung in Kilowattstunden um, dann beträgt heute die Abwärme im Durchschnitt je Kilowattstunde in Kilokalorien

Automotoren	9200
Gasturbinen	3200
Kernkraftwerke	1750
Kohlekraftwerke	1450

Die Wärmebelastung der Umwelt durch Kernkraftwerke beträgt also weniger als ein Sechstel der Belastung durch unsere Kraftfahrzeuge. Aber wer von den Demonstranten in Wyhl wußte das oder *wollte* das auch nur wissen? Hier hatten die Weinbauern durch das Kühlwasser des geplanten Kernkraftwerks Nebelschwaden befürchtet, die die Sonne öfter als bisher verfinstern und den Wein saurer machen konnten. Und wer wußte schon, daß es auch einen Prozeß gegen die Elektrifizierung der Strecke Freiburg–Basel gegeben hatte? Der Ruß der Dampflokomotiven, der sich auf den Blättern ablagerte, hatte die Sonnenwärmeabsorption in den Weinbergen erhöht. Auch die Elektrifizierung konnte schlechteren Wein bedeuten...

So aber ist es bei allem:

MANGELNDES WISSEN VERFÄLSCHT DIE PROPORTIONEN

und verführt zu Fehlurteilen und zu *unbegründeter* Angst. Vor allem auch zu der Angst vor der radioaktiven Belastung unserer Umwelt nicht durch Katastrophen, sondern durch den Normalbetrieb der Kernkraftwerke. Auch Leute, die nicht deren Explosion fürchten, fürchten ihre Strahlungen und die Folgen, die sie nicht nur für die heute Lebenden haben könnten.

Sind solche Folgen denkbar?

XI
Die Kernenergie und der »schleichende Tod«

Die naturgegebenen und die vom Menschen verursachten Strahlungen

»Strahlen« ist ein physikalischer Sammelbegriff für die aus elektromagnetischen Wellen bestehenden Licht-, Röntgen- und Gammastrahlen sowie die aus Elementarteilchen bestehenden Kathoden-, Alpha- und Betastrahlen. Alle diese

Strahlen sind eine Ausbreitungsform der Energie,

und wie Wärme oder Elektrizität je nach ihrer Menge und Intensität sowohl heilen wie töten können, können das deshalb die Strahlen, die beim Zerfall radioaktiver Elemente freigesetzt oder in Röntgenröhren erzeugt werden. *Jede* ionisierende, das heißt elektrisch leitend machende Strahlung spaltet ebenso wie Neutronen bei entsprechender Intensität die chemischen Verbindungen in den Körperzellen auf. Als »subatomare Geschosse« geben sie ihre Energie an die Atomkerne des in den Geweben gebundenen Wasserstoffes ab, und diese zerstören durch diesen Stoß ihrerseits die Zellsubstanz, indem sie die Molekülverbände aufbrechen. Die Physikochemiker nennen das »juicing«, den Organismus »versaften« – und das ist z. B. der Zweck der »Neutronenbombe«.

Auch harmlosere Strahlen wirken – und sind dem Menschen schon deshalb unheimlich, weil er keine Sinnesorgane zu ihrer Wahrnehmung besitzt: Man sieht und riecht und schmeckt sie nicht, sie sind nur durch besondere Instrumente festzustellen. Aber die biochemischen Veränderungen können sich nicht nur als Ermüdungserscheinungen, Appetitlosigkeit oder durch Verdauungsstörungen äußern, sondern auch die Haut zerstören, die blutbildenden Organe schädigen, zu bösartigen Geschwülsten und zum frühzeitigen Tod führen. Und was das Ärgste scheint:

Niemand vermag die Aussendung der Strahlung radioaktiver Stoffe zu unterbrechen.

Aber man kann, wie bereits geschildert, radioaktive Stoffe *beseitigen* und Strahlungen unwirksam machen. Alle Strahlungen haben *begrenzte* Wirkungen durch ihre relative Durchdringungskraft und durch ihre naturgegeben beschränkte Dauer. Alphastrahlen z. B., die beim radioaktiven Zerfall instabiler Elemente entstehenden, doppelt positiv geladenen Heliumatome, werden, wie erwähnt, schon durch ein Blatt Papier abgeschirmt, das heißt wirkungslos gemacht. Die Abschirmung der Strahlungen von Kernkraftwerken erfordert meterdicke Spezialbetonmauern. Der Transport gewisser Radioisotope, z. B. von 200 Gramm des zur Krebsbekämpfung dienenden Kobalts, von dem jeweils 3000 bis 7000 Curie eingesetzt werden, erfordert einen Bleibehälter, der eineinhalb Tonnen wiegt, also 7500mal so schwer ist. Aber den durchdringen die Strahlen eben *nicht.* Und da Strahlungen durch den *Zerfall* von Elementen entstehen, stehen Strahlungsdauer und Strahlungsintensität im umgekehrten Verhältnis:

INTENSIVE STRAHLUNGEN SIND ÄUSSERST KURZLEBIG. LANGDAUERNDE STRAHLUNGEN SCHWACH.

Wie »gefährlich« ein Stoff ist, hängt also von seiner »Halbwertzeit« ab, die angibt, wie lange es dauert, ehe sich die Hälfte eines radioaktiven Elements umgewandelt hat, das heißt die ursprünglich vorhandene Menge eines Stoffes zerfallen ist und so nur mehr die Hälfte der ursprünglichen Aktivität ausstrahlt. Das aber bedeutet: Nach zehn Halbwertzeiten ist die Aktivität aller strahlenden Stoffe auf ein Tausendstel der Ursprungsaktivität abgeklungen, weil dann nur mehr ein Tausendstel der ursprünglich vorhandenen Elementmenge existiert.

Die Halbwertzeit variiert zwischen den 4 Millionstel Sekunde des Polonium 213 und den 4,5 Milliarden Jahren bei Uran 238. *Nur* diese außerordentlich lange Zerfallsdauer ermöglicht die Kernenergienutzung, weil es sonst ja kein Uran mehr gäbe, dieser Kernbrennstoff ebenso zum Endprodukt Blei zerfällt wie alle anderen radioaktiven Elemente. Und diese hohe Halbwertzeit ermöglicht es auch, daß man die aus Uranoxid bestehenden Brennstoffpellets, aus denen im Reaktor die Energie freigesetzt wird, vor dem Einsatz ruhig in der Hand halten kann, weil ihre Strahlung nicht nennenswert ist.

Gibt es nur *sehr* wenige »heftig« strahlende Stoffe, so hängt aber auch die Wirkung der aktivsten Substanzen ganz davon ab, wie *lange* sie auf lebendiges Gewebe einwirken.

NICHT DIE STRAHLUNG AN SICH, SONDERN NUR DIE BIOLOGISCH WIRKSAME IST WICHTIG, UND BEI DER WIEDERUM DIE JEWEILIGE DOSIS.

»Aktivität« heißt die Zahl der Zerfallsakte pro Sekunde, die in einem radioaktiven Stoff vor sich gehen, und die wird in »Curie« (nach Madame Curie, der Entdeckerin des Radiums) – Abkürzung »Ci« – gemessen. Vom Zerfall eines Gramms Radium abgeleitet, entspricht ein Curie 37 Milliarden Kernumwandlungen pro Sekunde. Die »spezifische Aktivität« ist die in Curie gemessene Aktivität eines Grammes einer bestimmten Substanz. An die Umwelt abgegebene Radioaktivität wird in »Pikocurie« (pCi), das heißt in Billionstel Curie je Liter oder Kilo angegeben. Und um sich einen Begriff von der tatsächlichen »Verseuchung« der Umwelt durch die Nukleartechnik im Vergleich zur natürlichen zu machen, muß man die entsprechenden Werte kennen.

Die Radioaktivität verschiedener Stoffe beträgt im Durchschnitt in Pikocurie je Liter oder Kilogramm:

	pCi/kg
Uranmineral	23 520 000
Mineraldünger (27% K_2O)	169 980
Armbanduhr-Leuchtziffern	151 490
Braunkohle	15 700
Getrocknete Bohnen	11 880
Salatöl	4 900
Kartoffeln	3 720
Brot	1 890
Milch	1 270
Meerwasser	350
Bier (mit 4% Alkohol)	130
Flußwasser	10 – 100
Städtisches Trinkwasser	20

Hingegen z. B.

Betriebsabwasser des österreichischen Atomforschungszentrums Seibersdorf	292 pCi/kg/Jahr
Kühlwasser von Kernkraftwerken	1–10

Diese jährlich abgegebenen Aktivitätsmengen, gemessen in pCi, besagen aber *nichts* über die dadurch bewirkte Belastung der Umwelt. Es kommt nämlich erstens darauf an, in welcher Konzentration der

Strahler, etwa ein radioaktives Abgas, den Menschen erreicht, und das hängt von der Windrichtung, der Wetterlage, der Zeit, die zwischen der Emanation und dem Auftreffen auf einen Körper verstreicht, und noch anderen Faktoren ab. Was schließlich an radioaktiven Stoffen aufgenommen wird, hängt von der Atemgeschwindigkeit und dem Atemvolumen ab, ist also auch individuell sehr verschieden, und die Wirkung der in den Körper gelangenden Radioaktivität wiederum ist abhängig von der chemischen Beschaffenheit, der Teilchengröße etc. Und verringert sich die Aktivität des aufgenommenen Stoffes durch seine natürliche Halbwertzeit, so wird die Radioaktivität vom Körper auch mit einer gewissen »biologischen Halbwertzeit« ausgeschieden.

Der Zusammenhang zwischen den z. B. aus einem Schlot binnen einem Jahr ausströmenden Curies und der möglichen biologischen Schadenswirkung ist deshalb äußerst kompliziert. Kernenergiegegner verwenden mit Vorliebe *nur* Curie, denn diese Maßeinheit ergibt z. B. durch das Edelgas Krypton 85, das Kernkraftwerksschlote abgeben, höhere Strahlungswerte als das in der Flugasche von Kohlekraftwerken enthaltene Radium 226, obwohl die gesundheitliche Belastung der Umwohner durch Radioaktivität aus einem Kohlekraftwerk, gemessen in »rem«, wesentlich größer sein kann als die durch ein Kernkraftwerk, von Schwefeldioxid, Ruß und Staub ganz abgesehen.

Die biologische Schadenswirkung darf daher nur in »roentgen equivalent man«, kurz »rem«, gemessen werden, in der Einheit der Strahlen*dosis.* In der Strahlenschutzpraxis wird

das Ionisationsvermögen einer Strahlung
die Energieübertragung und
die biologische Wirksamkeit

einer Strahlung in Betracht gezogen, und die entsprechenden Begriffe lauten:

Ionendosis: Einheit »Röntgen«
Energiedosis: »rad« und
Äquivalentdosis: »rem«.

Das »Röntgen« als älteste Einheit gibt an, wie viele Ionenpaare in einem Kubikzentimeter Luft bei einer gewissen Temperatur und einem gewissen Druck durch Röntgen- oder Gammastrahlen erzeugt werden. Das »rad« = »roentgen absorbed dose« ist jene Strahlendosis, welche unabhängig von der *Art* der Strahlung und der bestrahlten Substanz in letzterer eine Energieabsorption von 100 erg je Gramm

Substanz hervorruft. Das »rem« schließlich ist die Einheit der vom menschlichen Körper aufgenommenen Wirkungs- und Äquivalentdosis, und praktisch *nur* auf diese kommt es bei der Kernenergie-Diskussion an.

WAS IST EIN »MILLIREM«?

Zahllose Tierexperimente ergaben, daß bei gleicher Energiedosis das Ausmaß der im biologischen Gewebe erzeugten Reaktion von der Strahlen*art* und ihrer jeweiligen Energie abhängt. Dementsprechend mußte ein neuer Begriff, der sogenannte Qualitätsfaktor »QF«, geschaffen werden, und als Bezugsbasis gilt dabei die Wirkung einer Röntgen- oder Gammastrahlung mit einer Maximalenergie über 30 000 Elektronenvolt (30 keV), für die der Qualitätsfaktor gleich Eins gesetzt wird. Auf dem Radiologenkongreß in Kopenhagen wurden 1953 erstmals die Richtwerte für die Qualitätsfaktoren festgesetzt, die heute international gültig sind und z. B. für Alphastrahlen natürlicher Radionuklide 10, für thermische Neutronen 3, für Neutronen von 1 Mega-Elektronenvolt 10,5 etc. betragen. Das Maß der biologischen Strahlenwirkung erhält man durch Multiplikation des physikalischen Maßes »rad« mit diesem Qualitätsfaktor: rem = QF x rad. Für den praktischen Strahlenschutz bei Röntgen- und Gammastrahlungen ist die Messung der Ionendosis eine nahezu ideale Methode zur Bestimmung einer gewebsäquivalenten Dosis, da 1 rad (Gewebe) gleich 1 rem gesetzt werden kann. Diese Einheit gibt also die in unserem *Organismus* hervorgerufene Strahlenbelastung an, ganz gleich, ob diese durch natürliche radioaktive Stoffe oder durch künstliche Radioaktivitätsquellen hervorgerufen wird. Wo ein Rem als praktische Einheit zu groß ist, verwendet man meist den tausendfach kleineren Wert, das Millirem, und

DIE FÜR DIE MENSCHEN DES »ATOMZEITALTERS« LEBENSWICHTIGEN MILLIREMZAHLEN LAUTEN:

Eine auf einmal wirkende Dosis von 600 000 Millirem führt beim Menschen und bei Versuchstieren in der Hälfte der Fälle binnen etwa zwei Wochen zum Tode. Eine einmalige Dosis von 30 000 Millirem hingegen wird fast ausnahmslos ohne klinisch feststellbare Krankheitssymptome und ohne registrierbare Langfristschäden überstanden.

In Deutschland beträgt die naturgegebene Strahlenbelastung im Durchschnitt 125 Millirem jährlich, im Verlauf einer normalen Lebenszeit also etwa 9000 Millirem.

Die Zusatzbelastung in der unmittelbaren Nähe eines Kernkraftwerkes beträgt *ein* Millirem pro Jahr, und auch das nur in der Haupt-Windrichtung. Diese radioaktive »Belastung« kann *nicht* addiert werden. Hundert Kernkraftwerke bedeuten *nicht* 100 Millirem zusätzliche Belastung, denn die Radioaktivität wird in die Atmosphäre und zu einem völlig geringfügigen Teil ins Kühlwasser abgegeben und schon nahe den Werken derart verdünnt, daß sie nicht mehr meßbar ist.

Diese Daten stehen fest und werden von keinem Fachmann bestritten, weil heute über alle Arten von Strahlungen sehr exakt Auskunft gegeben werden kann. Sie sind genauso meßbar wie alle anderen Energieformen, und auch ihre Wirkungen sind *längst* erforscht. Wenn verlangt wird, man solle mit der Kernenergienutzung warten, bis alle möglichen Strahlenwirkungen bekannt sind, so wird die Tatsache ignoriert, daß die natürliche Radioaktivität seit 1898 studiert wird und die Wirkung ionisierender Strahlen seit der Entdeckung der heute nach Röntgen benannten im Jahre 1895. Zahllose Forscher und Spezialärzte beschäftigen sich seit drei Generationen mit der Strahlenwirkung auf Lebewesen, die Dosis-Effekt-Beziehungen sind hier bis ins kleinste Detail bekannt, und über kein chemisches Gift, kein Arzneimittel und kein Pestizid wurden auch nur annähernd so viele unbestrittene Daten zusammengetragen:

DIE STRAHLENBELASTUNG IST DIE WEITAUS BESTBEKANNTE ALLER UMWELTBELASTUNGEN UND GESUNDHEITSBEDROHUNGEN

und die wissenschaftliche Grundlage des Strahlenschutzes heute ungleich solider als z. B. die des Schutzes vor chemischen Krebsauslösungsstoffen. Der beste Schutz vor *jeder* Art Gefahr ist deren exakte Kenntnis. Wie von Anfang an alle möglichen Gefahren eines Kernreaktors bekannt waren, so aber auch alle denkbaren Gefahren von Strahlungen, denn *nicht* die Opfer von Hiroshima und Nagasaki waren die ersten Strahlenopfer. Die Entdeckung der Röntgenstrahlen brachte ungeahnte Fortschritte auf den verschiedensten Gebieten: Sie enthüllten dem Arzt das Innere des lebenden Körpers. Ermöglichen dem Techniker, die Struktur und die Fehler von Werkstoffen zu entdecken. Sie enthüllen dem Forscher den Aufbau der Moleküle und ermöglichen so die Synthese zahlloser Stoffe. Aber tausendmal kürzer als Lichtwellen, lösen sie auch die »Röntgen-Dermatitis« aus, eine krankhafte Entartung der Zellen, die Blutarmut und Unfruchtbarkeit, Geschwüre und krebsartige Wucherungen hervorruft. Auf einer Gedenksäule im St.-Georgen-Krankenhaus in Hamburg sind nicht weniger als 179 Namen von Forschern, Ärzten und Pflegerinnen verzeichnet, die als starben. Ihnen mußten Stück für Stück die Glieder amputiert werden, weil sie sich den Strahlungen zu lange aussetzten.

Als man lernte, daß Röntgenstrahlen schaden können, lernte man auch, sie zu Heilzwecken zu nutzen, und die »Dosimetrie« ist entsprechend entwickelt. Anlagen wurden gebaut, die Röntgenstrahlen auf einen Punkt von 15 Millimeter Durchmesser konzentrieren, die gleiche Wirkung wie die Strahlung von 10 Kilo Radium haben, von 10 000 Curie also. Nach wie vor am wichtigsten aber bleibt die Röntgendiagnose, und der Röntgenfilmverbrauch der Schweiz z. B. verdreifachte sich 1957–71 auf rund 15 Millionen jährlich und beträgt nun etwa 18 Millionen. Bei einer mittleren natürlichen Strahlendosis von 125 Millirem pro Jahr bedeutet das etwa 50 Millirem zusätzliche Belastung durch Röntgenaufnahmen und Röntgenbehandlung. Der im Oktober 1977 der Vollversammlung der UN vorgelegte Bericht des wissenschaftlichen Ausschusses der Weltorganisation, der regelmäßig die Strahlenbelastung der Bevölkerung durch die verschiedenen Strahlungsquellen festzustellen hat und den Zeitraum 1972–77 umfaßte, ergab:

> Die Strahlenanwendung im medizinischen Bereich belastet die Weltbevölkerung über hundertmal stärker als der Betrieb aller heute bestehenden Kernkraftwerke der Erde.

Den höchsten Beitrag zur kollektiven Weltdosis an Strahlen leisten diagnostische Röntgenverfahren.

Aber die retten alljährlich Millionen und Abermillionen Menschen durch die *rechtzeitige* Erkennung von Krankheiten, die *nur* dadurch bekämpfbar sind. Und so fällt es selbst Umweltfanatikern nicht ein, die Anwendung von Röntgenstrahlen zu verdammen.

Kernkraftwerke aber werden sehr bald ebenso unentbehrlich, ja noch unentbehrlicher sein als Röntgenanlagen.

Das Strahlungs*potential* eines Reaktors ist unbestritten *sehr* groß. Aber, wie schon im vorigen Kapitel gezeigt, die *Wahrscheinlichkeit* einer Katastrophe geradezu unvorstellbar gering und die beim Betrieb auftretende Radioaktivität *ständig* unter schärfster Kontrolle.

Große Teile eines Kernkraftwerks bleiben während des Betriebes unzugänglich, und die Teile, die betreten werden können, stehen unter Unterdruck, damit keine Radioaktivität entweichen kann. Zudem steht das ganze Reaktorgebäude nur durch Personen- und Materialschleusen mit der Außenwelt in Verbindung. Wird die äußere Tür geöffnet, bleibt die innere automatisch verschlossen und umgekehrt. Menschen wie Material werden einer strengen Strahlenkontrolle unterworfen, damit auch durch sie keine radioaktiven Stoffe nach außen gelangen können.

Da wird die Gefährdung durch Radioaktivität aber auch schon dadurch verhindert, daß man den Kernbrennstoff sintert. Die Aktivität verläßt nur zu einem ganz geringen Prozentsatz das Gefüge der gesinterten UO_2-Tablette, die also schon die erste Sicherheitsbarriere darstellt. Die Brennstäbe sind, wie schon geschildert, gasdicht verschweißt, und das ist die zweite Sicherheitsbarriere. Die dritte das den Reaktorkern umschließende Druckgefäß. Die vierte der Stahlmantel und die fünfte der Betondom des Reaktors.

Die geringe Menge radioaktiver Stoffe, die durch den Betrieb in die Reaktorluft gelangt (aber durch den Unterdruck nicht austreten kann), wird durch Filtersysteme abgeschieden. Chemisch träge Stoffe wie Argon 41 oder Jod 131 treten zwar gasförmig durch Hochkamine ins Freie, aber schon bei der Standortwahl für Reaktoren wird darauf geachtet, daß die in die Atmosphäre gelangende Radioaktivität derart zerstreut und verdünnt wird, daß sie völlig harmlos ist. Theoretische Überlegungen wie praktische Erfahrungen zeigen, daß radioaktive Gase und Partikel von weniger als 5 Mikron, deren Bewegungen nicht mehr von der Schwerkraft beeinflußt werden, auch bei extremsten Wetter- und Windbedingungen so weit verdünnt werden, daß eine Gefahr ausgeschlossen ist. Zu den Emanationen von Kernkraftwerken gehört z. B. das langlebige Tritium. Aber die nur in Ausnahmefällen maximal im Regen- und Trinkwasser festgestellten 300 Pikocurie pro Liter entsprechen einem Tritiumatom auf 10 000 Billionen Wasserstoffatome. Die meisten der radioaktiven Gase verlieren ihre Strahlung binnen weniger Tage.

Die Reinigung radioaktiver Abwässer erfolgt am besten durch Destillation. Schon bei zweifacher Verdampfung in entsprechenden Anlagen beträgt der Dekontaminationsfaktor DF 10^6 bis 10^9, das heißt, nur noch ein Millionstel bis ein Milliardstel der ursprünglichen Aktivität bleibt zurück. Dieses Abwasser ist weniger radioaktiv als reines Quellwasser und hat auch sonst volle Trinkwasserqualität. Würde jemand seinen gesamten Trinkwasserbedarf direkt aus dem Kondensator eines Kernkraftwerkes decken und sich *nur* mit Tieren ernähren, die in diesem Wasser leben, von Fischen, Krebsen und Muscheln z. B., dann würde die gesamte zusätzliche Strahlenbelastung pro Jahr etwa *ein* Millirem ausmachen.

Werden *sämtliche* Möglichkeiten der Radioaktivitätsabgabe berücksichtigt, so steht fest:

KEIN BISHER AUF DER WELT GEBAUTES KERNKRAFTWERK ERHÖHTE DIE RADIOAKTIVITÄT »AUSSERHALB DES ZAUNS« UM MEHR ALS DREI MILLIREM JÄHRLICH.

Der Eidgenössischen Kommission zur Überwachung der Radioaktivität zufolge betrug 1977 die durchschnittliche Belastung durch die Nuklearindustrie ein *Zehntel* Millirem. International *maximal* zugelassen sind in unmittelbarer Nähe von Kernkraftwerken jährlich 5 Millirem. Die von der deutschen Strahlenschutzverordnung als Jahresdosis zugelassene Menge für in strahlungsgefährdeten Betrieben Beschäftigte aber beträgt 5000 Millirem, und die wiederum müssen mit den 100 000 Millirem verglichen werden, bei denen deutliche Krankheitserscheinungen auftreten.

Die Strahlenbiologie ist, wie gesagt, *längst* eine exakte Wissenschaft mit völlig gesicherten, durch zahllose Experimente kontrollierten Ergebnissen. Aber auch

DIE STRAHLENSCHUTZGESETZGEBUNG IST LÄNGST INTERNATIONAL GEREGELT

und keineswegs von lokalen Politikerentscheidungen abhängig: Seit 1928 und nach dem Zweiten Weltkrieg erneut seit 1950 gibt die vom Internationalen Radiologiekongreß begründete unabhängige »International Commission on Radiological Protection« (ICRP) – die Internationale Kommission für Strahlenschutz – Richtlinien heraus, die von der Weltgesundheitsorganisation, der Internationalen Atomenergieagentur, der OECD etc. übernommen wurden und *weltweit* die Grundlage der nationalen Strahlenschutzgesetzgebung bilden. *Kein* ICRP-Richtwert mußte bisher geändert werden, weil es bei seiner Einhaltung zu irgendwelchen feststellbaren Schädigungen gekommen wäre. Grundsätzlich wird angenommen, daß *jede* Bestrahlung ein gewisses Risiko bedeutet und daß das Risiko proportional zu der vom Individuum akkumulierten Dosis zunimmt, obwohl das so gut wie sicher *nicht* zutrifft und diese lineare Extrapolation nur eine Vorsichtsmaßnahme ist.

Strahlenschutz als selbständige Wissenschaft und eigene Berufsgattung gibt es, seit 1942 in Oak Ridge die »Health Physics Group« gebildet wurde. Das erwähnte »United Nations Scientific Committee on the Effects of Atomic Radiations« (UNSCEAR) berichtet seit 1955 regelmäßig über natürliche und künstliche Strahlenpegel und ihre Auswirkung auf alle Bereiche menschlichen Lebens. Schließlich wurde 1966 die »International Radiation Protection Association« (IRPA) gegründet, der heute 23 Gesellschaften mit über 8000 Mitgliedern in 64 Ländern angehören und die politisch und wirtschaftlich völlig unabhängig ist. Sie dient der Forschung und der Ausbildung von Strahlenschutzfachleuten, dem Erfahrungsaustausch und der Information, und die IRPA prüft auch alle Strahlenmeßgeräte.

Denn sind Strahlen nicht durch unsere Sinne feststellbar, so erfanden bereits 1928 der Kieler Physiker Hans Geiger und sein damals 22jähriger Assistent Walter Müller das nach ihnen benannte Zählrohr: Ein in der Achse eines zylindrischen Kondensators ausgespannter Draht bildet die Elektrode. An das Zählrohr wird eine Spannung gelegt, die etwas unterhalb der zu einer selbständigen Entladung nötigen liegt, und dringen nun durch eine mit einer dünnen Folie verschlossene Öffnung des Instruments radioaktive Strahlen, so machen sie die verdünnte Luft einen Augenblick lang elektrisch leitend. Ein Entladungsstoß wird durch diese Ionisation ausgelöst, den man hörbar oder sichtbar machen kann. Aus dieser auch zur Uransuche verwendeten höchst einfachen Vorrichtung wurden im Verlauf der Jahre Präzisionsinstrumente, die fast unvorstellbar geringe Strahlenmengen zu messen vermögen.

RADIOAKTIVE STOFFE KÖNNEN HEUTE NOCH IN ZEHNTAUSENDFACH NIEDRIGEREN KONZENTRATIONEN NACHGEWIESEN WERDEN, ALS DAS DURCH DIE EMPFINDLICHSTEN CHEMISCHEN UND PHYSIKALISCHEN ANALYSEMETHODEN MÖGLICH IST.

Bereits 0,000 000 000 000 000 000 1 Gramm (19 Dezimalstellen) radioaktives Natrium werden vom Geigerzähler registriert, und ein Gramm radioaktiver Kohlenstoff, vermengt mit 1700 Tonnen Kalk, ist ebenso exakt festzustellen wie die gleiche Menge Carbon 14 verteilt im Körper von 50 Millionen Ratten. Aus den ursprünglichen Geiger-Müller-Zählrohren wurden Automaten, die in der näheren und weiteren Umgebung aller Nukleareinrichtungen die jeweiligen Strahlenwerte feststellen und sofort Alarm geben, wenn auch nur die geringste Überschreitung der Norm erfolgt.

Diese Norm ist, wie schon gezeigt, fast unglaublich gering. Daß Kernkraftwerke überhaupt keine Strahlung abgeben sollten, ist aber eine völlig unsinnige Forderung, denn seit vor etwa drei Milliarden Jahren Leben auf der Erde entstand, ist es Strahlungen ausgesetzt, und zu Beginn der biologischen Entwicklung zweifellos weit stärkeren als heute, denn inzwischen zerfielen ja Unmengen radioaktiver Stoffe. Selten sind diese nach wie vor nicht, und die 30 Zentimeter der obersten Bodenschicht jedes Quadratkilometers der Erde enthalten im Durchschnitt etwa eine Tonne Uran und ein Drittel Gramm von dessen Zerfallsprodukt Radium. Diese Bodenschicht strahlt je nach der geologischen Formation verschieden stark, und diese Unterschiede werden längst zur Feststellung von Bodenschätzen verwendet. Und wie es Uran und Radium in der obersten Bodenschicht gibt, so rund fünfzig weitere Radionuklide, das heißt Stoffe, die ionisierende Strahlen abgeben. Derart riesige Mengen Kalium 40 z. B. sind vorhanden, daß der natürliche Zerfall dieses Isotops entscheidend zur Erdwärmeentstehung beiträgt. Der vorwiegend durch *natürliche* Nuklide zustande gekommene Wärmeinhalt unseres Planeten aber wird, wie erwähnt, auf das etwa Achtmilliardenfache der Wärme geschätzt, die alle bekannten Kohlevorräte enthalten, und was das zugleich an Strahlung bedeutet, ist klar. Radioaktives Kalium nehmen wir auf, wenn wir Milch trinken oder Käse essen. Ebenso nehmen wir durch die Nahrung ständig radioaktiven Kohlenstoff C-14 auf.

RADIOAKTIVITÄT IST SO NATÜRLICH WIE LUFT UND WASSER, SEIT ES MENSCHEN GIBT, SIND SIE STRAHLUNGEN AUSGESETZT, UND KEINER DER HEUTE MEHR ALS VIER MILLIARDEN ERDBEWOHNER KANN SICH IHNEN ENTZIEHEN:

Der Boden strahlt. Die Luft strahlt. Auch jeder Mensch selbst ist radioaktiv, denn er *speichert* z. B. das erwähnte Kalium 40 und den Kohlenstoff 14, der menschliche Körper enthält stets Polonium 210, und an einer Massenversammlung der Kernenergiegegner teilzunehmen ist so weitaus gefährlicher, als neben einem Kernkraftwerk zu wohnen.

Daß Strahlen einen *unentrinnbaren* Teil der Natur bilden, wußte man allerdings bis in die jüngste Vergangenheit nicht, und das scheinen die Kernenergiegegner noch heute nicht zu wissen: Die irdische Radioaktivität entdeckte Becquerel, wie gesagt, erst 1896, und

DIE HÖHEN- ODER WELTRAUMSTRAHLUNG

wies Victor Franz Hess erst 1912 nach. Die aber beträgt mit etwa 35 Millirem pro Jahr das mehr als Dreifache der 11 Millirem Bodenstrahlung – und das Fünfunddreißigfache der Kernkraftwerksstrahlung.

Hess war Assistent am Institut für Radiumforschung in Wien und entdeckte Strahlungen, die nicht in Bodennähe am stärksten sind wie die radioaktiver Substanzen, sondern die mit der Höhe zunahmen. Er führte zahlreiche Versuche auf Ballonfahrten durch, die ihn bis in 9000 Meter Höhe brachten, und schließlich konnte es keinen Zweifel mehr geben: Diese Strahlen kamen aus dem Weltraum. *Wie* sie dort entstehen, bleibt umstritten. Andrew Millikan nahm an, daß sich Helium- und Wasserstoffatome im Sterninnern unter besonderen Bedingungen vollständig in Strahlung verwandeln. Kosmische Strahlen wurden in Sonneneruptionen festgestellt, und als am 14. Dezember 1934 der Stern Nova Herkulis aufflammte, nahm die kosmische Strahlung um fast 2% zu. Jedenfalls steht fest:

> Die Elementarteilchen der kosmischen Strahlung besitzen millionenfach grössere Energien als die bei einer Atombombenexplosion freigesetzten Partikel.

Die Mesonen der kosmischen Strahlung durchdringen selbst meterdicke Panzerplatten. Höhen- oder »Ultrastrahlen«, wie sie auch genannt werden, wurden 230 Meter tief im Bodensee festgestellt und mehr als 550 Meter tief in einem Salzbergwerk, und da hatten sie noch mehr als 100 Milliarden Elektronenvolt. Die Energie dieser Strahlung *bleibt* größer als die von allen irdischen Geräten erzeugbare, denn sie kann bis 10 Billionen Elektronenvolt betragen, während Röntgenstrahlen etwa 200 000 Elektronenvolt haben, die vom Radium ausgesandten Gammastrahlen 3 Millionen und das erwähnte stärkste Super-Protonen-Synchrotron der Welt in Meyrin 400 Milliarden Elektronenvolt erzeugt. Die Mesonen der kosmischen Strahlung, die 130mal schwerer als Elektronen sind, stoßen mit den Molekülen der Erdatmosphäre zusammen, erzeugen so Sekundär- und Tertiärstrahlen. Sie werden durch die Erdatmosphäre sozusagen »verdünnt« – anders wären sie für alle Lebewesen tödlich. Ihre Dichte ist so auch zu gering, um alle Mutationen zu erklären. Aber daß sie Einfluß auf die Entwicklung des irdischen Lebens *hatten* und *haben,* ist unbestritten. Und im Durchschnitt wird *jeder* Mensch in *jeder* Minute von tausend solcher unsichtbaren Himmelskörper getroffen.

Da die Weltraumstrahlen den größten Anteil an der naturgegebenen Strahlenbelastung aller Lebewesen haben, hängt diese Belastung also wesentlich von der Höhenlage unserer Wohnorte ab – und da bedeuten 5000 km Reise in einem Düsenflugzeug, das ja in 10 bis 11 Kilometer Höhe fliegt, mit etwa 5 Millirem eine ebenso große zusätzliche Strahlenbelastung wie die *maximal* in der nächsten Nähe eines Kernkraftwerks zugelassene und die 50fache der 1978 in der Schweiz tatsächlich festgestellten Belastung der Bevölkerung durch Nuklearanlagen, die 0,1 Millirem betrug. Die Besatzungen von kommerziellen Düsenflugzeugen erhalten durch ihren Beruf zusätzlich zur normalen Strahlenbelastung 300 bis 400 Millirem jährlich an kosmischer Strahlung. Durch die großen Höhenunterschiede schwankt in der Schweiz die *natürliche* und damit unvermeidliche Strahlenbelastung zwischen 76 Millirem in Biel und 228 in Verscio im Tessin, erreicht sie auf Hochalmen 320 Millirem. Aber niemand fällt es ein, Höhen-»Kur«-Orte zu meiden, und fast alle Menschen fühlen sich in der Höhenluft wohler.

Hängt die naturgegebene Strahlungsmenge von der Höhe ab, so auch von der Bodenbeschaffenheit. Granit z. B. strahlt besonders stark, und so würde die aus Granit gebaute Grand Central Station in New York niemals eine Betriebsbewilligung als Kernkraftwerk erhalten, denn sie strahlt stärker als von der Nuclear Regulatory Commission zugelassen.

SCHON ALS DIE MENSCHEN HÄUSER ZU BAUEN BEGANNEN, ERHÖHTE SICH DIE STRAHLENBELASTUNG,

denn die Baustoffe strahlen dreimal so stark wie der Boden. Als Mittel aus rund 25 000 Messungen wurde 1977 in Westdeutschland eine Keimdrüsendosis der natürlichen Strahlung im Freien von 43 Millirem jährlich festgestellt. 30 000 Messungen in Wohnungen hingegen ergaben durch das Kalium 40, Thorium 232 und Radium 226 der Baustoffe 57 Millirem. Die Kernenergiegegner sollten also rasch in Zelte ziehen. Und ja nicht von München, Frankfurt oder Köln nach Hamburg, denn dort macht die natürliche Umweltstrahlung das Dreifache aus. Und schon gar nicht kommt natürlich ein Auswandern nach Brasilien oder Indien in Frage, denn dort leben seit Urzeiten Menschen nahe großen Monazitvorkommen, beträgt die *natürliche* Strahlung mit etwa 1500 Millirem jährlich das bis zu Hundertfünfzigtausendfache der Kernkraftwerksstrahlung.

Eine zusätzliche Strahlenbelastung von einem Millirem im Jahr, wie sie als Kernkraftwerksdurchschnitt gilt, entsteht z. B. durch:

Den Wohnsitz um 30 Meter höher verlegen, z. B. von einem Einfamilienhaus in ein Hochhaus ziehen.

Die Nahrungsaufnahme um 4% steigern.

Sieben Tage Bergurlaub in durchschnittlich 1600 Meter Höhe verbringen.

Täglich eine Stunde länger schwarzweiß fernsehen.

DIE STRAHLENBELASTUNG DER GESAMTBEVÖLKERUNG

betrug 1978 in den Vereinigten Staaten der »Environmental Protection Agency« zufolge (der staatlichen Umweltschutzbehörde) im Durchschnitt

Millirem pro Jahr			
naturbedingt		vom Menschen ausgelöst	
Höhenstrahlung	35	Eine Röntgenuntersuchung	50
Strahlung der Baustoffe	34	5000 km Düsenflug	5
Nahrungsmittelstrahlung	25	Farbfernsehen	1
Bodenstrahlung	11	In Kernkraftwerksn. wohnen	0,1
Radioaktivität der Luft	5	Nuklearbelastung insgesamt	0,01
	110		56,11

Aber diese naturbedingte Strahlung variiert in Millirem zwischen

Dallas, Texas	53
New York, N.Y.	93
Rolesville, N.C.	175

Schon ein Umzug von Baltimore nach Pittsburgh bedeutet 5 Millirem Mehrbelastung.

Kamen die Behörden in den USA auf 0,01 Millirem zusätzliche jährliche Belastung der *Gesamt*bevölkerung durch Kernkraftwerke, so wie erwähnt auch die der Schweiz, und die gleiche Zahl gilt für alle hochindustrialisierten Länder. Für die Weltbevölkerung beträgt dementsprechend die Belastung noch ungleich weniger. Aber selbst angenommen, es gäbe bereits überall Kernkraftwerke und andere Nukleareinrichtungen, dann beträgt – bei einem Weltdurchschnitt von 120 Millirem naturgegebener Strahlung jährlich –

»DIE RADIOAKTIVE VERSEUCHUNG DER MENSCHHEIT DURCH KERNKRAFTWERKE« EIN ZWÖLFTAUSENDSTEL DER SEIT JEHER WIRKSAMEN NATÜRLICHEN RADIOAKTIVITÄT.

Dennoch: Strahlungen *sind* gefährlich. Sie *können* nicht nur Krebs auslösen oder töten, sondern sie *haben* in Hiroshima und Nagasaki viele Tausende Menschen getötet. Aber wie schon gesagt, bisher noch *niemanden* irgendwo auf der Welt in Zusammenhang mit der friedlichen Kernenergienutzung. Und

NOCH NIEMALS UND NIRGENDS WURDEN BISHER DURCH STRAHLUNGEN VERURSACHTE GENETISCHE DEFEKTE BEI MENSCHEN FESTGESTELLT.

Auch nicht bei den Überlebenden der Hiroshima- und Nagasaki-Bombardierungen, obwohl die »Atomic Bomb Casualty Commission« der US-Regierung die intensivst denkbaren Untersuchungen anstellte. Und zwar wohl vor allem deshalb, weil erbliche Mißbildungen nur dann in Erscheinung treten können, wenn beide Eltern die gleichen Mutationen aufweisen, was bei der großen Zahl der Erbfaktoren äußerst unwahrscheinlich ist. Natürlich beweist das nicht, daß es nicht auch beim Menschen von Strahlen ausgelöste Mutationen geben *kann,* wie sie seit der Begründung der Strahlengenetik durch Hermann Joseph Müller im Jahre 1926 in zahllosen Fällen bei Versuchstieren ausgelöst wurden. Aber die wären jedenfalls statistisch nicht festzustellen, denn auch hier erweist sich die Natur allem Menschenwerk unendlich überlegen: Gene sind außerordentlich stabile Gebilde. Sie werden durch widrigste Umweltbedingungen so wenig verändert wie durch das Klima, schlechte Ernährung beeinflußt sie nicht, und selbst wenn schwere Vergiftungen, chronischer Alkoholismus z. B. den Körper der Eltern zerstört, bleibt die Erbsubstanz selber unberührt. Aber unverändert von Generation auf Generation übertragen werden Gene *nicht* immer, denn durch alle Zellteilungen hindurch muß jeder einzelne der Erbfaktoren genau kopiert, die Zahl der Chromosomen exakt verteilt werden. *Naturgegeben* gibt es dabei Versager, ein Viertel aller Fehlgeburten werden durch Chromosomen-Anomalien verursacht, und in den Vereinigten Staaten z. B. weisen drei Prozent der Lebendgeburten – jeder 33. Neugeborene also – genetische Fehler auf, meist einen Finger oder eine Zehe zuviel oder zuwenig, nicht selten leider auch angeborene Geistesfehler oder Mißfunktionen, die sich im späteren Leben verheerend auswirken. Echte Mißgeburten sind relativ selten, Spezialuntersuchungen der Welt-Gesundheits-Organisation aus dem Jahre 1962 zufolge kamen damals auf 1000 Lebendgeburten in Japan 12,2 und in Schweden 11,2, in Chicago 15 und in Birmingham 17,3. Aber

RUND 300 MILLIONEN MENSCHEN LEIDEN AN STARK SICHTBAREN DEFORMATIONEN,

jeder vierzehnte Mensch also, und wenn sich darunter auch Millionen Kriegsopfer und Verunglückte befinden, die überragende Mehrheit dieser Fehler ist angeboren.

Chromosomen-Übertragungsfehler, sogenannte Punktmutationen, werden heute je tausend Keimzellen mit 140 als *naturgegeben* angenommen.

Durch künstliche Bestrahlung aber ergeben bei Tierversuchen auch 1000 Millirem in 1000 Keimzellen nur zwei Punktmutationen, ein Siebzigstel der natürlichen also. Und 1000 Millirem sind das *Hunderttausendfache* der Gesamtbevölkerungsbelastung durch

Kernkraftwerke. Werden die heute geplanten Kernkraftwerke, Wiederaufarbeitungsanlagen etc. gebaut, so wird die gesamte Menschheit bis zum Jahre 2000 durch sie

PRO KOPF UND JAHR EINE ZUSÄTZLICHE GONADEN-BELASTUNG VON ETWA ZWEI TAUSENDSTEL MILLIREM

zu tragen haben. *Nur* auf die Bestrahlung der keimbereitenden Organe aber kommt es hier an, *nicht* auf die Gesamtkörperbelastung. Und selbst 500 Millirem würden die natürliche Mutationsrate nur um ein Einhundertvierzigstel erhöhen, und die müßten in einer einmaligen, konzentrierten Bestrahlung die Keimzellen treffen. Denn eindeutig steht fest: Bei zeitlicher Verteilung der Strahlungsdosen tragen natürliche Erholungsmechanismen zur Risikoverminderung bei. Wie *alle* Zellen bis zu einem gewissen Grad Strahlungsschäden selber – vor allem durch gewisse Enzyme – ebenso reparieren wie chemische Schäden, gibt es auch bei genetischen Effekten einen wirksamen, natürlichen Reparaturmechanismus.

Vor allem aber: Die *naturgegebene* Strahlenbelastung beträgt das Vielhundertfache und oft Vieltausendfache der vom Menschen verursachten, und

DIE NATÜRLICHE BODENSTRAHLUNG MUSS FRÜHER EIN VIELFACHES DER HEUTIGEN BETRAGEN HABEN,

das ergibt sich unanzweifelbar aus den Halbwertzeiten der radioaktiven Elemente. Diese natürliche Bodenstrahlung beträgt, wie erwähnt, in den Monazitgebieten Indiens und Brasiliens das Zehn- bis Zwanzigfache des Weltdurchschnitts, ohne daß *irgendwelche* schädlichen Wirkungen festzustellen wären. Da sind in den Hochanden die Menschen der bis zu fünffachen Höhenstrahlung der am Meer lebenden ausgesetzt, und schon lange bevor über Kernkraftwerke diskutiert wurde, versuchten die Krebsforscher festzustellen, ob es irgendeinen Zusammenhang zwischen der Höhenlage der Wohnorte und der Krebshäufigkeit gibt: Ein halbes Jahrhundert Bemühungen von Spezialisten aus Dutzenden Ländern ergaben *keinerlei* Anhaltspunkte dafür, daß auch die größten Unterschiede der natürlichen Strahlenbelastung irgendeine Rolle spielen. Und die Erklärung dafür könnte sein: Da Millionen Jahre lang die natürliche Strahlungsintensität weit höher gewesen sein muß, als sie es heute ist, paßte die Natur die Lebewesen diesem *höheren* Strahlenpegel an. Die Auslese aus Tausenden und Abertausenden Generationen ergab

LEBEWESEN, DIE GEGEN EIN VIELFACHES DER HEUTIGEN STRAHLENBELASTUNG IMMUN SIND.

Rein logische Überlegungen ergeben, daß Erbschäden auch durch eine »hundertprozentige« Nuklearwirtschaft so wenig zu erwarten sind wie irgendwelche andere Strahlenfolgen. Dem gesunden Menschenverstand zufolge gehört der »schleichende Tod«, den Kernkraftwerke angeblich nicht nur für den einzelnen, sondern für die Menschheit bedeuten, ebenso ins Reich der Phantasie wie all die andern *eingebildeten* Gefahren der Nuklearwirtschaft.

Ob sich Überlegungen wie diese rasch genug durchsetzen, ist leider eine andere Frage. Und nicht zuletzt, weil der Mensch, der sich immer mehr als ein winziges Rädchen in einer riesigen Maschinerie fühlt, auf die er keinerlei Einfluß mehr hat, als unterbewußte Reaktion in

EINE NEUE ART ANTHROPOZENTRISMUS

flüchtet: Jahrtausendelang wurden Entstehen, Leben und Heil des Menschen als Ziel und Zweck der Welt betrachtet; wie sich angeblich die Sonne und das Weltall um die Erde drehten, so wurde diese nur für den Menschen geschaffen. Diese Anschauung schien überwunden. Aber die Bedeutung des Menschen im Vergleich zur Natur wird heute von den Umweltfanatikern und Kernkraftwerksgegnern ebenso weit überschätzt wie seinerzeit von den Scholastikern. Die Wüsten, die die Natur schuf, sind unendlich viel größer als die menschlichen »dust bowls«, und einer NASA-Mitteilung vom 7. September 1973 zufolge registrierten z. B. die Skylab-Astronauten eine Sonneneruption, deren Oberflächenausdehnung die fünffache Ausdehnung der Erde hatte und der Wirkung von mindestens hundert Millionen Hiroshima-Bomben gleichkam. Was natürlich nicht heißen soll, daß unsere Nuklearwaffen harmlos seien und nicht alles Erdenkliche getan werden müßte, um sie abzuschaffen. Aber relativ sind auch unsere Zerstörungskräfte glücklicherweise äußerst beschränkt. Alle Strahlungen gelangen in die Erdatmosphäre. Dieser Luftozean, auf dessen Grund wir leben, wiegt 5633 Billionen Tonnen. Die wirklich zu verseuchen, wird der Mensch *niemals* imstande sein. Und sie irgendwie nennenswert anders zu beeinflussen ebensowenig.

Aber der Kampf um die Kernenergie wird weitergehen, weil es da ja um *viel* mehr und um ganz andere Dinge geht, als zugegeben wird. Wie es Herr Lovins 1977 in Bonn sagte: »Beim ›Soft-path‹-Ansatz wird die Energie ... als Mittel zur Erreichung gesellschaftlicher Ziele betrachtet.« Und wie Herr Goldsmith es 1978 der Londoner »Times« schrieb: »Selbst wenn die Kernenergie völlig sicher und vollkommen rein wäre, dürfte nicht übersehen werden, daß sie Industrien unterhalten hilft, die – sozial und was die Umwelt betrifft – zerstörerisch wirken.« Gegen die Industriegesellschaft des freien Westens geht es, nicht gegen Strahlungen oder Kernkraftwerkskatastrophen. Und seit die Kernenergiegegner merken, daß ihre Unheiltheorien auf die Dauer nicht wirksam bleiben werden, gehen sie von Behauptungen, die klar zu widerlegen sind, zu solchen über, die man zwar als grotesk bezeichnen, nicht aber durch Daten entkräften kann: Sie behaupten nun nämlich »seelische« und nicht länger nur materielle Gefahren für die Menschheit. In seiner Arbeit »A Psychological Perspective of the Nuclear Energy Controversy« schreibt z. B. der Amerikaner Philip D. Pahner: »Ich versuche hier deutlich zu machen, daß Atomkraftwerke als eine unmittelbare und symbolische Todesdrohung in einem Ausmaß und in einer Art empfunden werden, wie wir sie bisher weder kennen noch uns vorzustellen vermögen. Das unterwirft die Vorstellungen, die ein Individuum von seinem Leben, dem Sinn seiner Existenz und seiner Zukunft hat, einer erheblichen Belastung. Durch die Auswirkungen eines solchen seelischen Stresses könnten sowohl die kreativen Kräfte des einzelnen wie der Gesellschaft insgesamt untergraben werden.« Dr. Alexander Rauh, Dozent für Physik an der Universität Regensburg, aber schrieb am 11. Februar 1978 in der Münchner »Deutschen Gemeinschaft«: »Selbst wenn in einer künftigen Nukleartechnologie nichts Entscheidendes schiefgeht, so würde doch die Drohung einer Katastrophe, die ja auf keinen Fall passieren dürfte, eine neurotisierende Wirkung auf Staat und Bevölkerung ausüben...«

Die Angst vor einem Atomkrieg wurde also unwesentlich. Die vor Kernkraftwerken hingegen bedroht die seelische Gesundheit und die Nerven der Völker. Und so sollen sie lieber an Energie- oder Wassermangel zugrunde gehen.

Beides aber droht *wirklich.*

Keine Behauptung ist heute grotesk genug, um nicht Schlagzeilen zu machen und von zahllosen Menschen geglaubt zu werden. Das aber sind alles *Wähler.* In den kommunistischen Staaten spielen deren Ängste keine Rolle. Bei uns wohl, und so *besteht*

DIE GEFAHR, DASS PROBLEME, DIE ES GAR NICHT GIBT, DIE RECHTZEITIGE LÖSUNG DER ECHTEN VERHINDERN.

Wie sehr der drohende Ölmangel und damit ein Primärenergiemangel fast unvorstellbaren Ausmaßes ein *echtes* Problem ist, wurde bereits geschildert. Aber ein wirkliches Überlebensproblem für die Menschheit bedeutet seit langem auch die Frage der Wasserversorgung. Von der ist kaum je die Rede. Aber langfristig ist die ausreichende Wasserversorgung, von der unsere Ernährung ebenso wie jede industrielle Tätigkeit abhängen, *nur* durch den Menschen und *nur* mit Hilfe der Kernenergie möglich. Und *nur* durch die Lösung des Wasserproblems die des Neuland- und des Bevölkerungsproblems.

XII
Kernenergie verändert die Erde

Die Lösung des Wasserproblems und der Übergang
von der Verbrauchs- zur Kreislaufwirtschaft

Wenn wir, obwohl kaum jemand es merkt, mitten in einem Kampf ums Überleben stehen, so weil der *Wille* zu erlahmen droht, die Möglichkeiten, die es gibt, zu nutzen. Und weil Probleme, die keine sind, die Lösung der echten verhindern.

Eines der wichtigsten und akutesten dieser echten Probleme ist die Wasserversorgung der Menschheit, damit

> DIE VERSORGUNG MIT DEM NEBEN DER LUFT WICHTIGSTEN ALLER GRUNDSTOFFE,

ohne den kein Stück Brot und kein Kilo Stahl und keines von Hunderttausenden chemischen Produkten zu erzeugen ist. Wassermangel aber droht, weil die Niederschlagsmengen naturgegeben ebenso beschränkt sind wie die Ausdehnung unseres Lebensraumes: Wasser verdunstet, wird von der Sonne in den Himmel gehoben und kommt als Regen oder Schnee wieder zurück auf die Erde. Aber ob auf der 60 Millionen Menschen leben, 600 oder 6000 Millionen, der Wasserkreislauf bleibt praktisch der gleiche, es regnet auf mehr Menschen nicht mehr als auf wenige, während der Wasserbedarf keineswegs nur im Rhythmus der Bevölkerungszunahme, sondern ungleich schneller stieg und steigt. Zwar braucht jeder Mensch nur etwa zwei Liter Trinkwasser täglich, die heutige Weltbevölkerung nur etwa drei Milliarden Kubikmeter jährlich. Aber wer in Westeuropa 75 Jahre alt wird, hat im Durchschnitt 184 000mal einen Wasserhahn aufgedreht. Da bedeutet jedes Kilo Brot 4000 Liter Wasserbedarf, denn allein um eine Tonne Getreide zum Reifen zu bringen, sind etwa 3000 Tonnen Wasser nötig. Da kostet jede Tonne Stahl bis zu 300 Kubikmeter Wasser, jede Tonne Papier bis 400, jede Tonne Synthesekautschuk etwa 270 Tonnen Wasser. Da sind für jede Kilowattstunde Wärmekraftwerksstrom etwa 5 Liter Kühlwasser nötig – und die Weltstromerzeugung wird demnächst zehntausendmal so groß sein wie zu Beginn unseres Jahrhunderts. Bereits 1950 sah z. B. die amtliche amerikanische Rechnung folgendermaßen aus:

	Verbrauch pro Kopf und Jahr in Liter
Trinkwasser	760
Haushaltswasser	47 000
Industriewasserverbrauch	608 000
Landwirtschaftsbedarf	760 000
	1 415 760

oder rund 1416 Kubikmeter pro Kopf – und 1975 waren diese Zahlen teilweise doppelt so hoch, und hätten nun *alle* Menschen soviel Wasser verbraucht wie die Amerikaner, dann hätte alles verfügbare Süßwasser der Erde nur für 800 Millionen Menschen gereicht oder nur für ein Fünftel der tatsächlichen Weltbevölkerung. Und 130 Millionen Menschen in 75 Ländern *leiden* heute (der Weltgesundheitsorganisation zufolge) Wassernot.

Denn wenn die Niederschlagsmengen fast unvorstellbar groß sind, so sind sie leider nur zum kleinsten Teil praktisch zu nutzen. Zwar verdunstet die Sonne alljährlich etwa 425 Billionen Kubikmeter Wasser, die so gut wie verlustlos wieder auf die Erde zurückkommen, während auch eine Weltbevölkerung von sieben Milliarden bei einem superamerikanischen Wasserverbrauch von 3000 Kubikmetern pro Kopf und Jahr nur etwa 21 Billionen nötig hätte. Aber 325 Billionen Kubikmeter Niederschlag fallen auf die Weltmeere, nur 100 auf das Festland der Erde und da wiederum höchst unregelmäßig verteilt. Für Deutschland z. B. bedeutet der Niederschlagsdurchschnitt von 690 Millimeter oder 690 Liter pro Quadratmeter und Jahr 164 Regentage und 36 Tage, an denen es schneit. An der Westküste Südamerikas aber gibt es Gebiete, auf die nur einmal in 18 Jahren Regen fällt, und viele Häuser von Paita in Peru z. B. haben nur Sonnensegel als Dach. Dennoch aber beträgt die Wahrscheinlichkeit, daß das Mobilar naß wird, nur 1 zu 6500. Da fallen in den Khasi-Bergen Annams bis 12 000 Millimeter – 12 Kubikmeter – Regen jährlich. Aber in großen Teilen Kaliforniens weniger als 50 Millimeter. Ganz abgesehen davon, daß die niederschlagsreichsten Teile der Erde ihr Wasser sintflutartig binnen weniger Wochen erhalten, während monatelang Trockenheit herrscht, der Wasserreichtum also nur durch riesige Speicheranlagen genutzt werden kann, die nicht nur finanziell, sondern oft auch technisch undurchführbar sind. Schon die Trockengebiete und Wüsten, die praktisch überhaupt keine Niederschläge empfangen, machen heute mehr als die Hälfte des sogenannten »Ödlandes« aus, werden auf 37 Millionen Quadratkilometer geschätzt oder das mehr als Zweieinhalbfache allen Ackerlandes der Erde. Allein die Sahara ist fast so groß wie die Vereinigten Staaten und mehr als fünfmal größer als die neun EG-Staaten zusammengenommen.

Aber muß das so bleiben?

Ist dank der Kernenergie nicht auch

DAS IN-UMLAUF-SETZEN DES WASSERKAPITALS DER ERDE

möglich und damit eine Weltwirtschaftswandlung, kaum weniger tiefgreifend als seinerzeit die Nutzung des Energiekapitals, der gespeicherten Sonnenenergie durch die »Industrielle Revolution«?

Wenn heute in zahlreichen Großstädten ebenso wie in vielen Bergbaugebieten und Agrarregionen Wassermangel herrscht, so *nicht,* weil dagegen nichts getan werden kann. Denn wir haben nicht nur theoretisch, sondern auch praktisch die Möglichkeit, das Wasser der Ozeane zu »mobilisieren«, das ungenutzte Wasser der Meere dort verdunsten zu lassen, wo heute kein Tropfen verdunsten kann, und dadurch den naturgegebenen Wasserkreislauf auszuweiten. Was unsere Ozeane an Wasser zu bieten haben, ist aber fast unvorstellbar. Denn so unglaublich es klingt, alle Bäche, Flüsse und Ströme der Erde führen nur ein Millionstel des Wassers, das es auf der Erde gibt. Schon die Süßwasserseen sind hundertmal wasserreicher, und die vier Millionen Kubikkilometer des bis 800 Meter tief liegenden Grundwassers kommen der Wassermenge gleich, die alle Flüsse der Erde während 130 Jahren führen. Dementsprechend wird bei weitem das meiste Wasser, das wir verbrauchen, aus dem Boden gepumpt. Aber auch das Grundwasser spielt keinerlei Rolle im Vergleich zu den 1350 Millionen Kubikkilometern Meerwasser:

DIE OZEANE BERGEN 97% ALLEN WASSERS DER ERDE UND SPEICHERN DIE 3200FACHE JÄHRLICHE GESAMTNIEDERSCHLAGSMENGE.

Das Elffache allen über den Meeresspiegel ragenden Landes wäre nötig, um die Ozeane zuzuschütten, denn im Marianengraben z. B. ist das Meer über 11 000 Meter tief.

Nun enthält dieses Meerwasser zwar so viele Salze, daß Tiere und Pflanzen es nicht verarbeiten können, zahllose Schiffbrüchige in ihren Rettungsbooten verdursteten. Aber daß destilliertes Meerwasser reines Trinkwasser gibt, wußte Aristoteles bereits 330 vor Chr., und die erste Schiffsdestillationsanlage richtete der französische Arzt Gauthier bereits 1717 ein. Die Destillationsverfahren änderten sich bis in die jüngste Vergangenheit überhaupt nicht. Aber heute gibt es Vakuumverdampfer, die die gleiche Wärme dreimal verwenden; da wurden chemische Zusätze gefunden, die die Kesselstein- und Schaumbildung verhüten; und da wurde die Meerwasserentsalzung schließlich durch eine höchst »einfache« Idee entscheidend verbilligt: Bei der herkömmlichen Destillation wird Meerwasser so lange erhitzt, bis es verdampft und der Dampf *ohne* Arbeitsleistung zu Süßwasser kondensiert. Was denkbar einfach ist, aber den Haken hat, daß – wie jede Hausfrau weiß – Wasser zum Kochen zu bringen *sehr* viel Wärme kostet. Aber werden nicht auch in jedem Dampfkraftwerk ungeheure Wassermengen zum Sieden gebracht?

DIE PRAKTISCHE LÖSUNG DES WASSERPROBLEMS BESTEHT DARIN, SÜSSWASSER UND ELEKTRIZITÄT MIT DEM GLEICHEN ENERGIEAUFWAND ZU GEWINNEN.

Auch da gab es einen Haken: Das Salzwasser zerfraß sehr rasch alle »üblichen« Leitungen und Wärmeaustauscher. Erst heute haben wir Baustoffe, vor allem gewisse Kunststoffe und Titanlegierungen, denen das Salz nichts anhaben kann, und da können wir Salzablagerungen am falschen Platz verhindern. Durch *Mehrzweck*kraftwerke ist heute Meerwasser rentabel zu entsalzen, um etwa 20 Pfennig pro Kubikmeter zu gewinnen, während es in vielen deutschen Großstädten bekanntlich eine Mark und mehr kostet und das von der Landwirtschaft Israels verwendete Wasser z. B. auf durchschnittlich 28 Pfennig je Kubikmeter zu stehen kommt und die Erzeugung hochwertiger Agrarexportprodukte keineswegs verhindert. An zahlreichen Stellen der Erde *wird* Meerwasser seit langem entsalzt, und in Kuwait z. B. steht den jetzt rund 1,1 Millionen Einwohnern *nur* entsalztes Meerwasser zur Verfügung, die wenigen Brunnen, die es hier gibt, liefern nur Brackwasser. Kuwait, das bis 1938 vom Perlentauchen und dem Bau kleiner Holzschiffe lebte, 1977 aber 94 Millionen Tonnen zur Weltölversorgung beitrug, bezog sein Wasser jahrhundertelang in Holzfässern, die Segler aus dem Schatt-el-Arab holten, später durch Motortanker aus dem Irak. 1951 aber kam hier eine mit Erdgas betriebene Destillationsanlage in Betrieb, und heute gibt es so viel entsalztes Meerwasser, daß Kuwait nicht nur große Grünanlagen besitzt, sondern dieses Wasser auch zum Gemüse- und Obstbau nutzt.

Das aber könnte in allen Wüsten- und Trockengebieten geschehen. Nur sehr selten sind diese unfruchtbar. Wie heute in dem von Wüsten umschlossenen Nil-Tal mehr als 2000 Menschen auf jedem Quadratkilometer leben und die Oasen der Sahara zu den üppigsten Fruchtgärten der Erde gehören, so gibt es in allen Wüstengebieten überdurchschnittliches Wachstum, sobald sich Wasser findet, denn die Sonnenstrahlung ist hier ja viel intensiver als in den meisten anderen Ackerbaugebieten. Bisher fehlte das Wasser, denn binnen einem halben Tag, bestenfalls binnen fünf Tagen verdunstet in der Sahara die Wassermenge, die während des ganzen Jahres zur Verfügung steht, und wenn es auch hier unterirdische Wasseransammlungen gibt, so bleiben das Ausnahmen und ihre Nutzung schwierig und kostspielig. Die Meerwasserentsalzung aber kommt für fast alle Trockengebiete der Erde in Frage, weil diese z. B. in Marokko 1000 Kilometer Atlantikküste haben, auch Mauretanien an dieses immense Wasserreservoir grenzt und Libyen z. B. 1500 km Mittelmeerküste besitzt. Insgesamt haben die Wüsten der Welt rund 32 000 km Meeresküsten, und diese in Fruchtland zu verwandeln, ist heute *keine* Utopie mehr. Damit ist aber die Möglichkeit gegeben, ungeheuren Reichtum sozusagen aus dem Nichts zu schaffen, denn

KÜNSTLICHE BEWÄSSERUNG BEDEUTET ERTRAGSWERTSTEIGERUNG AUF DAS OFT SECHZEHNHUNDERTFACHE.

Wenn dennoch auf der Erde erst eineinhalb Hundertstel allen Ackerlandes künstlich bewässert werden, so vor allem, weil das sehr hohe Investitionen erfordert, die die armen Länder allein nicht aufzubringen vermögen. Aber dieses Kapital ist *sehr* rasch zu amortisieren, denn wird z. B. der Körnerertrag von Weizen bei 20% Bodenfeuchtigkeit gleich eins gesetzt, so bringen 40% bereits die 4,7fache Ernte, 60% die 6,7fache, während mehr Wasser die Erträge wieder sinken läßt. Ebenso wichtig ist, daß *nur* künstliche Bewässerung *sichere* Ernten bedeutet und gerade Trockengebiete für viele Nutzpflanzen ideal sind, weil z. B. schon ein einziger Regen zur unrechten Zeit Baumwollernten vernichten kann. Künstliche Bewässerung steigert die Erträge fast unglaublich: Der Hektar-Geldertrag des Lowveldes in Rhodesien z. B. betrug vor der Bewässerung durchschnittlich DM 2,80, weil nur extensive Weidewirtschaft betrieben und durch Trinkwassermangel nicht einmal genug Vieh gehalten werden konnte. Bewässert bringt nun jeder Hektar im Durchschnitt DM 4480,– oder das Sechzehnhundertfache, denn Zuckerrohr gedeiht hier nun ebenso hervorragend wie Tabak, teilweise werden drei Ernten jährlich eingebracht.

Als Wüsten und Trockengebiete gelten, wie gesagt, 3700 Millionen

Hektar. Schon bei nur 2000 DM Hektarertrag würde die künstlich bewässerbare Trockenfläche der Erde 7400 Milliarden DM *Mehr*ertrag jährlich bedeuten. Selbst wenn im Lauf der Zeit nur 1000 Millionen Hektar durch Meerwasserentsalzung besiedelbar gemacht werden und wir für dieses *Neuland* nur eine Dichte von 33 annehmen und für diese Menschen nur ein Bruttosozialprodukt von 400 DM pro Kopf und Jahr, so wäre

> ZUSÄTZLICHER LEBENSRAUM FÜR EINE MILLIARDE MENSCHEN UND EINE NEUGESCHAFFENE KAUFKRAFT VON VIER BILLIONEN DM

gewonnen. *Damit* wäre eine Vervielfachung der Sonnenenergienutzung erreicht, gegen die alle Projekte der Kernkraftgegner verblassen. Denn wirft der ausgedörrte Boden die Sonnenstrahlen ungenutzt ins Weltall zurück, so verwandelt Kulturland sie in Nahrung, speichert sie und nutzt sie durch Wasserverdunstung. Künstliche Bewässerung bedeutet

> AUSWEITUNG DES WASSERKREISLAUFES UND GEWINNUNG VON UNGLEICH MEHR EWIGER ENERGIE, ALS VERGÄNGLICHE EINGESETZT WIRD.

Schon wenn wir das Neuland mit den bisherigen Methoden nutzen, stellt es unermeßlichen Reichtum dar. Längst aber könnte das auch weit rationeller geschehen. Da könnte man, um nur ein Beispiel zu nennen, das entsalzte Meerwasser seichte Teiche bilden lassen, Kohlensäure einleiten und ein smaragdgrünes Gelee von Chlorellaalgen gewinnen. Denn wenn Landpflanzen nur den Bruchteil eines Prozents der photosynthetisch wirksamen Sonnenstrahlung nutzen, brachten es Chlorellaalgen selbst in Dr. Gummerts Kohlenstoffbiologischem Institut in Essen auf 30 000 Kalorien pro Quadratmeter und Jahr oder auf etwa 7,5% Sonnenenergienutzung. Bereits 1950 wurde da täglich die *Hälfte* des Algenbestandes geerntet, eine Zellverdoppelung alle 24 Stunden erreicht. Und das bedeutete, daß binnen 20 Tagen aus einem Kubikzentimeter Pflanzensubstanz ein Kubikmeter wurde.

In den in Frage kommenden Neulandgebieten wäre das Algenwachstum natürlich noch ein ganz anderes als im Ruhrgebiet. Inzwischen wurde das Problem der »Rassenreinhaltung« und der Verschmutzungsverhinderung der Kulturen gelöst, noch ertragreichere Algenarten (von denen es rund 400 eßbare gibt) gezüchtet, und da geben nun je tausend Quadratmeter oder ein Zehntel Hektar Algenteich 5000 Kilo Eiweiß und 760 Kilo Fett jährlich.

Beginnen aber könnte die Meerwassernutzung und damit das größte Meliorationswerk aller Zeiten in Nordafrika, an Europas »Hintertür«. Bereits 1951 erklärte der damalige Präsident der Harvard-Universität, Dr. James Bryant Conant, der »American Chemical Society«: »Um das Jahr 1985 wird Salzwasser billig in Süßwasser zu verwandeln sein;

WÜSTEN WERDEN GRÜNEN UND DAMIT DAS ZU EUROPA TENDIERENDE NORDAFRIKA UND DIE MITTELMEERLÄNDER GANZ NEUE BEDEUTUNG ERHALTEN.«

Schon wenn Europa diese Prognose wahrmacht, hat es nichts und niemanden mehr zu fürchten, würde es zum Kristallisationskern einer *neuen* Welt. Wahrgemacht werden aber *kann* dieses Zukunftsbild dank der Kernenergie. Denn wenn es heute relativ wenige Großentsalzungsanlagen gibt, so weil diese bisher nur mit Erdgas oder Erdöl billig genug betrieben werden konnten. Deren Vorräte sind begrenzt. Natürlich lassen sich solche Großanlagen erst in drei bis vier Jahrzehnten amortisieren, und niemand, der weiß, *wie* rasch das Ende unserer Kohlenwasserstoffvorräte zu erwarten ist, läßt sich auf die Finanzierung von Projekten ein, die *Generationen* von Arbeit erfordern. Projekte, denen vielleicht schon nach wenigen Jahren die Energiegrundlage fehlt.

Kernbrennstoffe gibt es für jeden überschaubaren Zeitraum. Kernkraftwerke können *ohne* Rücksicht auf vorhandene Infrastrukturen errichtet werden, für deren Versorgung braucht man Eisenbahnen so wenig wie Häfen, die Supertanker aufnehmen können.

Zur Meerwasserentsalzung sind die heutigen Leichtwasserreaktoren ebenso geeignet wie Brüter oder Hochtemperaturreaktoren, und wird Neuland erschlossen, so bedeutet das Mineraldüngerbedarf – Luftstickstoff vor allem –, ebenso wie überschüssiger Strom dazu verwendet werden kann, aus Meerwasser z. B. Magnesium zu gewinnen, wie das durchaus rentabel bereits seit 1941 in Freeport in Texas geschieht. Überschüssiger Strom kann durch Elektrolyse Wasserstoff aus dem Meerwasser freisetzen, der Strom auf diese Art gespeichert werden. Der Wasserstoff kann verflüssigt exportiert werden oder an Ort und Stelle als Wärmequelle dienen: Da erleichtern die kombinierten Entsalzungs- und Stromerzeugungsanlagen zugleich den

ÜBERGANG VON DER KOHLENWASSERSTOFF- ZUR WASSERSTOFFWIRTSCHAFT

und damit weitgehend vom Energieträger*verbrauch* zum Energieträger*kreislauf*.

Die Kohlenwasserstoffwirtschaft, die heute vorherrscht, beruht auf der Energiefreisetzung durch Verbrennung von Kohle, Erdöl und Erdgas. Dabei entsteht, wie gesagt, Kohlendioxid, das die Pflanzen zum Aufbau ihrer Substanz verwenden, und die geben gleichzeitig den für jede Verbrennung unentbehrlichen Sauerstoff ab. Aber alle in der Natur vorkommenden Kohlenwasserstoffe enthalten auch Schwefel und andere Stoffe, die die Umwelt verschmutzen, und alle diese Kohlenwasserstoffe entstanden vor vielen Millionen Jahren durch besondere klimatische und geologische Umstände, stellen als gespeicherte Sonnenenergie ein Energie*kapital* da, das nicht nachwächst und so eines Tages zu Ende gehen *muß*.

Unendlich viel größer als das Kohlenwasserstoff- ist das Wasserstoffkapital der Erde, denn Wasserstoff macht bekanntlich zwei Drittel des Wassers aus, und *wie*viel Wasser es gibt, wurde bereits geschildert. Wasserstoff brennt mit einer heißeren Flamme als Erdgas oder Erdöl und ist

DER EINZIGE NICHTNUKLEARE BRENNSTOFF, DER KEINERLEI UMWELTVERSCHMUTZUNG VERURSACHT,

denn sein Verbrennungsprodukt ist reines Wasser.

Erst 1766 von Cavendish entdeckt, ist Wasserstoff das leichteste aller Elemente und ein farb-, geruch- und geschmackloses Gas, das heute auch ein unentbehrlicher Industriegrundstoff ist: Wasserstoff wird für die Ammoniaksynthese der Mineraldüngerherstellung wie für die Kohlehydrierung gebraucht, vervielfacht die Benzinausbeute bei der Rohölraffination, ermöglicht die Fetthärtung – und damit die Margarine – wie *alle* Hydrierungen. Wasserstoff kühlt Turbogeneratoren und füllt Wetterballons, dient als Reduktionsmittel bei der Metallgewinnung (nun auch von Eisen aus Eisenerz *ohne* Koks und Kohle); wird zum autogenen Schweißen und Schneiden benutzt und ist der Treibstoff der Weltraumraketen und Weltraumfahrzeuge, der schwerere Lasten weiter als irgendein anderer bekannter Stoff befördert.

Gibt es Wasserstoff in praktisch unerschöpflichen Mengen, so ist er aber auch

DER EINZIGE SICH SELBST ERNEUERNDE BRENNSTOFF,

denn sein Verbrennungsprodukt ist, wie gesagt, reines Wasser, das sofort in den Wasser*kreislauf* der Natur zurückkehrt.

Jede Menge Wasserstoff kann schon heute und mit der vorhandenen Technologie gewonnen werden. Geschieht das durch Elektrolyse, können Leichtwasserreaktoren den nötigen Strom liefern, während mit Hilfe von Hochtemperaturreaktoren Wasserstoff durch thermische Reaktion zu gewinnen ist. Bei Entfernungen von über 400 Kilometer kostet der Rohrleitungstransport von Wasserstoff (je nach den Mengen) ein Drittel bis ein Achtel des Transports der gleichen Menge Elektrizität, und zum Unterschied von elektrischem Strom ist er billig zu speichern, als Gas z. B. in Naturkavernen wie Erdgas. Wasserstoff ist einfach zu verflüssigen. Er ist in konventionellen wie in MHD-Kraftwerken oder in Brennstoffzellen zu verwenden und liefert stets nicht nur Energie, sondern als »Abfall« reines Wasser.

Natürlich wurden die Vorteile einer »Wasserstoffwirtschaft« nicht erst heute entdeckt. Bereits Jules Verne ließ in »Die geheimnisvolle Insel« 1874 einen Ingenieur auf die Frage, was die Menschheit verbrennen werde, wenn sie keine Kohle und keine anderen fossilen Brennstoffe mehr habe, antworten: »Wasser!« Und er fügte hinzu: »Wasser besteht aus Wasserstoff und Sauerstoff… und die sind eine unerschöpfliche Quelle von Wärme und Licht.« Aber Voraussetzung der Massenwasserstoffnutzung war natürlich die entsprechend *billige* Wasserstoffgewinnung, und die ist auch heute *nur* mit Hilfe der Kernenergie denkbar, gleich, ob dieser Wasserstoff unmittelbar verwendet oder zur Kohleverflüssigung oder Methanerzeugung eingesetzt wird.

Gibt es Sofortmöglichkeiten für die Vervielfachung der Wasserstoffnutzung, so bieten besondere Formen dieses Elements, die Isotope Deuterium und Tritium, aber auch die Möglichkeit, die Energiesorgen der Menschheit ein für allemal zu beseitigen und

HUNDERTTAUSEND KILOWATTSTUNDEN STROM AUS EINEM GRAMM BRENNSTOFF DURCH DIE KERNFUSION

zu gewinnen.

Kernenergie kann bekanntlich auf zwei Arten freigesetzt werden: Durch Spaltung schwerer Atomkerne, die Kern*fission.* Und durch die Verschmelzung leichter Kerne, die Kern*fusion.* Das ist die Energiefreisetzungsmethode der Fixsterne, die Carl Friedrich von Weizsäkker und der aus Deutschland in die USA emigrierte Hans Albrecht Bethe bereits in den dreißiger Jahren in ihrem Ablauf genau rekonstruierten. Aber Voraussetzung dieser Kernfusion sind Temperaturen und Drücke, wie sie nur in den Sternen, vor allem der Sonne, herrschen – und wie sie auf der Erde bisher nur in Form der Wasserstoffbombe zustande kamen, bei der eine auf Kernspaltung beruhende Kettenreaktion die »Zündung« lieferte.

Dennoch scheint es sicher, daß der Menschheit auch Energie aus thermonuklearen Reaktionen zur Verfügung stehen wird, und zwar mit Wasser als Hauptausgangsstoff: Das Wasserstoffisotop Deuterium ist zu 0,014% im Wasserstoff des gewöhnlichen Wassers enthalten und kann so in unbegrenzten Mengen gewonnen werden, Tritium kommt in der Natur nicht vor, da sein Kern instabil ist und mit einer Halbwertzeit von 12,4 Jahren in Helium der Masse 3 übergeht. Tritium aber kann durch Bestrahlung von Lithium mit Neutronen gewonnen werden, und

LITHIUM, DAS LEICHTESTE ALLER METALLE,

das wie Silber glänzt und mit leuchtend karminroter Flamme verbrennt, gibt es reichlich. Eine Mischung von Lithiumchlorid und Lithiumbromid enthalten das Tote Meer in Palästina und Salzseen wie der Searles Lake in Kalifornien. Lithium kommt in Mineralquellen wie denen von Aßmannshausen, Baden-Baden und Kreuznach vor, und riesige Lithiumvorkommen gibt es in Kanada. Insgesamt gibt es mindestens doppelt soviel Lithium als Uran und Thorium zusammengenommen.

Bei der Verschmelzung von Deuterium von der Masse 2 und Tritium mit der Masse 3 entsteht ein Heliumisotop der Masse 4. Aber wie schon gesagt, nur bei Temperaturen von 50 bis 100 Millionen Grad C, und kommt es zur Kernfusion, dann erfolgt diese explosionsartig, falls sie nicht entsprechend »moderiert« und die überaus großen freigesetzten Energiemengen entsprechend rasch abgeführt werden.

Aus den Bemühungen um die Lösung dieser Aufgabe entstand ein völlig neues Wissensgebiet,

DIE HOCHTEMPERATURPLASMAPHYSIK.

»Plasma« nennen die Physiker einen vierten Zustand der Materie, neben den drei allgemein bekannten fest, flüssig und gasförmig. Ein Plasma ist ein Gemisch hocherhitzter Atomkerne und kann nur durch »imaginäre« Gefäße festgehalten werden, denn kein Werkstoff widersteht Temperaturen von 50 Millionen Grad und mehr. Aber das Zusammenhalten kann durch Magnetfelder geschehen, und heute stehen Magnete mit supraleitenden Spulen zur Verfügung, die mit flüssigem Helium gekühlt werden und Feldstärken bis 150 000 Gauss erzeugen, geradezu unvorstellbare Kräfte. Andere Möglichkeiten bietet die Lasertechnik, und bereits 1968 gelang es Nikolai G. Basow und seinen Mitarbeitern im sowjetischen Lebedew-Institut, die ersten Neutronen aus einem laserbeheizten Plasma zu beobachten.

Durch Laser kommt es in Deuterium-Tritium-Kügelchen zur »Implosion«, auf eine Kompression auf das Zehntausendfache der ursprünglichen Dichte und durch die entsprechende Aufheizung zur Fusion. Im September 1969 wurden im Forschungszentrum Limeil bei Paris durch einen Laserstrahl von 50 Milliarden Watt, der fünf Milliardstel Sekunden lang anhielt, einige Dutzende Wasserstoffkerne zu Heliumkernen verschmolzen. Noch höhere Energien wurden wenig später in Garching bei München durch neue Chemielaser gebündelt, und bei der Zehnjahresfeier des Instituts für Plasmaphysik in Garching gaben 1970 Forscher aus Amerika, der Sowjetunion und Europa ihrer Überzeugung Ausdruck, daß noch vor dem Jahre 2000 der Deuterium-Tritium-Fusionsprozeß technisch beherrschbar würde. Der führende Sowjetfachmann auf diesem Gebiet, Professor L. Artsimowitsch, meinte 1972 sogar, die Überwindung der technischen Schwierigkeiten sei innerhalb von zehn Jahren möglich. Zwar werden dazu Laser gebraucht, stark genug, um ein Liter Wasser in einer halben Millionstel Sekunde zu verdampfen, und Dutzende unvorstellbar schwierige technische Probleme bleiben noch zu lösen. Aber diese Lösungen *sind* absehbar, und eines Tages *wird* ein Gramm Deuterium genügen, um 100 000 kWh Strom zu erzeugen.

Eines Tages.

Unsere Energie-, Arbeitsbeschaffungs- und Bevölkerungs-Probleme aber müssen *heute* gelöst werden, und das *können* sie glücklicherweise, weil es Fissionskernkraftwerke bereits gibt und die technisch und wirtschaftlich reif *sind*. Und werden sie weltweit eingesetzt, um *allen* Menschen ein menschenwürdiges Dasein zu sichern, so bedeutet das nicht nur ungeheuren zusätzlichen Reichtum und Arbeit für Generationen, sondern eine *Friedens*förderung, wie es sie bisher noch nie gab. Ganz konkret z. B.

DIE SICHERUNG DES NAHOST-FRIEDENS, DER ESSENTIELL FÜR DIE ERHALTUNG DES WELTFRIEDENS IST.

Der Frieden im Nahen Osten hängt vor allem von Ägypten ab, und Ägyptens von allen Staats- und Regierungsformen unabhängiges Grundproblem zeigen sechs Zahlen: Im Jahre 1820 standen den damals 2,54 Millionen Ägyptern 2 Millionen Hektar Anbaufläche zur Verfügung, pro Kopf also 0,8 Hektar. Im Jahre 1978 war die Anbaufläche mit 4,4 Millionen Hektar zwar mehr als doppelt so groß, aber die Bevölkerung war auf das fast Zwanzigfache, auf 40,6 Millionen, gestiegen, und so gab es statt acht Zehntel nur ein Zehntel Hektar Äcker pro Kopf. Auch der 1968 fertiggestellte Assuan-Hochdamm änderte das nicht, der viereinhalb Milliarden Mark kostete, 165 Milliarden Kubikmeter Nilwasser speichert und die Urbarmachung von 520 000 Hektar Wüste erlaubte. Denn selbst in Wirtschaften von nur je 5 Hektar aufgeteilt, machte das ja nur die Ansiedlung von wenig mehr als hunderttausend Familien möglich. Viermal so groß wie die Bundesrepublik, besitzt Ägypten nur ein Sechstel der westdeutschen Ackerfläche. Es ist ein strichschmaler, grüner Streifen inmitten einer riesigen, graubraunen Wüste. Diese Wüste macht 97% des Landes aus, die Felder nur 3%. Ägyptens Hektarerträge gehören zu den höchsten der Welt. Der Pro-Kopf-Ertrag ist der geringste, und der sinkt weiter, denn der Geburtenüberschuß beträgt nun eine Million pro Jahr. Der Nil bleibt der große Lebensspender, liefert nun auch Strom für die Industrialisierung. Aber bei weitem nicht genug. Alexandria ähnelte Nizza. Jetzt ähnelt es Kalkutta, und die Hungernden flüchten in religiösen und politischen Fanatismus.

Ägypten braucht rasch Neuland.

Es bleibt eine Gefahr, solange es seine Schwierigkeiten durch das Ölgeld seiner reichen Nachbarn zu überwinden versucht – und nicht minder kann Israel jeden Tag wieder die Energieversorgung Europas gefährden, wenn es nicht zu einer Zusammenarbeit zwischen Juden und Arabern kommt.

Schon bevor es am 14. Mai 1948 zur Gründung des Staates Israel kam, wurde Palästina systematisch zu einer jüdischen »Heimstätte« gemacht und zahlreiche hier ansässige Araber vertrieben. Der »Befreiungskrieg« machte dann gut eine Million Palästinenser heimatlos, und im Sommer 1967 waren 1,2 Millionen Hilfsbedürftige bei den UN registriert, denn wenn die UNRWA insgesamt rund 12 000 Personen neu angesiedelt hatte, so betrug der Geburtenüberschuß der Flüchtlinge jährlich 35 000. Nun gab es für sie 57 Lager, und viele bestanden immer noch aus Zelten und waren so weit von der nächsten Quelle entfernt, daß die Frauen täglich zwei Stunden zum Wasserholen brauchten. Zweiundvierzig Nationen halfen diesen Menschen. Aber pro Kopf machte diese Hilfe 16 Pfennig täglich aus. Neue Existenzmöglichkeiten wurden *nicht* geschaffen. Ohne Bewässerungsanlagen ist in Jordanien so wenig Neuland zu gewinnen wie in Syrien, über das Jordanwasser aber kam es zu keiner Einigung und konnte es zu keiner kommen, denn der Jordan und der Yarmuk zusammen führen nur etwa eine Milliarde Kubikmeter Wasser jährlich, es genügt bei weitem nicht für einen der Anlieger, geschweige denn für beide. Immer mehr Flüchtlinge wurden so zu verzweifelten Terroristen, die allein im Untergang des Judenstaates eine Zukunftshoffnung sahen. Die Regierung in Washington wie alle übrigen Westregierungen wollte es sich weder mit den Juden noch den Arabern verderben und erzwang keine Langfristlösung. Die in Frage kommenden Nahostregierungen aber taten nichts, weil sie den *Haß* der Enteigneten gegen die Israeli heiß erhalten wollten.

So kam es zum Krieg von 1967, der die Flüchtlingszahl um weitere 400 000 erhöhte, die 1948 Geflüchteten zum Teil erneut vertrieb und auch das Wenige zerstörte, das sie neu aufzubauen vermochten. Da kam zu altem Haß noch blinderer neuer – aber über Vorschläge wie den Baron Edmond de Rothschilds vom 28. Juni 1967 wurde nicht einmal diskutiert.

Dieser Londoner jüdische Bankier hatte geraten, das Nahostproblem durch Meerwasserentsalzungsanlagen zu entschärfen, die Israel und Jordanien geschenkt werden oder eventuell in Libyen gebaut werden sollten, das mit 1,8 Millionen Quadratkilometern dreimal so groß wie Frankreich ist, aber nur zweieinhalb Millionen Einwohner hat und wo nur *ein* Hundertstel des Areals ständig bebaut wird. Am Tag darauf äußerte sich Michael Ionides, der ein allgemein anerkanntes Bewässerungsprojekt für diese Region ausgearbeitet hatte, positiv zu dem Vorschlag. Auch er war überzeugt, daß zwei Großentsalzungsanlagen nicht nur das Bewässerungsproblem technisch lösen, sondern aus Almosenempfängern Neusiedler machen konnten, ein Element des Aufbaus und des Friedens statt des Hasses und der Zerstörung. Die Kosten wurden damals mit etwa 3 Milliarden DM angenommen, einem kleinen Bruchteil nicht nur der durch die Ölpreisvervierfachung von 1974 verursachten Einfuhrkostensteigerung der Industriestaaten, sondern bereits der Mehrkosten durch die Sperre des Suezkanals.

Viele Versäumnisse wie die im Nahen Osten aber können wir uns nicht mehr leisten. An Dutzenden Stellen der Erde wird die Not drückend. Indien und Ägypten sind nur zwei Krisenherde unter vielen und wie schon gezeigt, *zwingt* Armut dazu, viele Kinder zu haben:

> DER ENGE ZUSAMMENHANG ZWISCHEN DEN GEBURTENRATEN UND DEM INDUSTRIALISIERUNGS-, DAS HEISST DEM ENERGIENUTZUNGSGRAD, STEHT EINDEUTIG FEST.

Auch in den Vereinigten Staaten, wo es jetzt 14 Geburten je 1000 Einwohner gibt, waren es 1790–1800 mit 55 weit mehr als heute in den Entwicklungsländern gewesen. Die Geburtenraten sanken in Japan, wie sie in der Sowjetunion sanken, in den riesigen, leeren Räumen Kanadas nicht anders als in denen Australiens, und wie heute die Bevölkerung in der Bundesrepublik und in der DDR stagniert, so in England. Weder das Klima noch das politische System ändern etwas daran, daß steigender Wohlstand bisher noch immer und überall das Bevölkerungswachstum verlangsamte oder stoppte. Natürlich hängt der Wohlstandsgrad nicht allein von der Naturkraftnutzung ab. Aber sie ist für jedes echte Wohlstandswachstum völlig unentbehrlich.

Langfristig ist also auch die »Bevölkerungsexplosion« kein Grund zur Angst. Wie all unsere Probleme wurde auch das des *zu* raschen Bevölkerungswachstums in *einigen* Ländern grotesk übertrieben und verallgemeinert. Denn wie alle anderen Untergangsprognosen und wie die meisten Umweltbefürchtungen beruhen die Übervölkerungsvoraussagen auf Extrapolation, das heißt der Weiterführung einer Zeitreihe über den letzten tatsächlich beobachteten Zeitpunkt oder Wert hinaus. Extrapolation aber ist eine pseudowissenschaftliche Methode, denn sie nimmt an, was gestern geschah, *müsse* auch in Zukunft geschehen, und wenn das für die Astronomie zutrifft und wir Sonnenfinsternisse richtig voraussagen können, so hielt sich der Mensch *nie* an mathematische Regeln und wird das in Zukunft noch weniger tun. Nichtsdestoweniger aber bleibt Tatsache, daß heute zwar die Verdopplungszeit der Bevölkerung in England 693 Jahre beträgt, im Weltdurchschnitt aber nur 41 Jahre. Auch 6 oder 8 Milliarden Menschen brauchen nicht zu hungern und werden nicht die »Umwelt verseuchen«. Aber um sie zu versorgen, müssen wir *sofort* die nötigen Maßnahmen treffen. Da haben wir *nicht* Zeit, auf die verbesserte Sonnenenergienutzung und auf Gezeitenkraftwerke zu warten. Und ebensowenig auf Fusionskraftwerke. Da ist auch

DIE LÖSUNG DES WELTBEVÖLKERUNGSPROBLEMS NUR DURCH DIE RASCHE UND UNBEHINDERTE HEUTIGE ART DER KERNENERGIENUTZUNG MÖGLICH:

Je eher wir den heute Unterprivilegierten ein menschenwürdiges Dasein ermöglichen, desto eher wird sich die Weltbevölkerung stabilisieren. Ob das aus Einsicht geschieht oder aus Egoismus, spielt nicht die geringste Rolle. Aber eindeutig erwiesen ist, wie gesagt: Je größer der Wohlstand und je höher der Bildungsgrad, desto geringer die Geburtenzahl. Für gut zwei Milliarden Menschen bedeutet »Lebensqualität« heute noch bessere Ernährung. Und so müssen wir die Sonnenenergienutzung vervielfachen, nicht indem wir mit untragbaren Kosten Hunderttausende Hektar mit Fangspiegeln bedecken, sondern indem wir Ödland bewässern. Der Wasserbedarf kann *nur* durch

Meerwasserentsalzung gedeckt werden, und das bedeutet *Mehr*bedarf an Energie. Ebenso bedeutet die ausreichende Mineraldüngerversorgung einen gewaltigen *Mehr*bedarf an Energie, denn um welche Mengen es da geht, wird ja schon daraus klar:

daß es heute auf der Erde rund 15 Millionen Quadratkilometer Ackerland gibt;

daß künstlich bewässert aber (der FAO zufolge) 91 Millionen Quadratkilometer oder das mehr als Sechsfache als Ackerland brauchbar wären;

daß vom heute bebauten Areal wiederum bestenfalls ein Siebentel künstlich bewässert und nur ein Zehntel halbwegs ausreichend gedüngt wird.

Auch für ungleich mehr Menschen als heute ist die Erde nicht zu klein,

denn wenn der Anteil der Nutzfläche am Gesamtareal in Dänemark z. B. 70 und in Westdeutschland 55 % beträgt, so in Iberoamerika nur 5 %. Aber *damit* die Sonne die heutigen Reserveräume fruchtbar machen kann, muß es reichlich andere Energieträger geben.

Die können nur die hochindustrialisierten Länder beschaffen, und die *müssen* das tun und *rasch* tun, denn sie geht die Not auf der Welt *unmittelbar* an. Unser eigener Wohlstand hängt schon heute entscheidend davon ab, daß die Kaufkraft *weltweit* steigt, und morgen wird er das noch mehr tun, denn unsere eigene Bevölkerung stagniert bekanntlich, unser eigener Markt nähert sich dem Sättigungsgrad. Um an der Spitze der Industrienationen zu bleiben, muß besonders auch in Deutschland die Produktion weiter rationalisiert und für die so freigesetzten Arbeitskräfte durch erhöhten Export und durch vervielfachte Entwicklungshilfe Beschäftigung geschaffen werden.

Alles schön und gut, mag man sagen. Aber

wo soll das Kapital für die rapide Ausweitung und Umstellung der Weltenergiewirtschaft herkommen?

Die Antwort lautet: Durch Finanzierung über den Preis, wie das bisher *immer* noch gelang: Bei der Elektrifizierung der Welt ebenso wie beim Schaffen der Mineralölwirtschaft. Bei der Mechanisierung des Straßenverkehrs und der gleichzeitigen Entwicklung der Luftfahrt und der modernen Nachrichtenmittel. Wie Deutschlands Wiederaufbau nach dem Zweiten Weltkrieg über den Preis finanziert wurde, so wandelte sich schon Japan *ohne* fremde Hilfe vom mittelalterlichen Feudalstaat und nach 1945 aus einer Ruinenlandschaft zur zweitpotentesten Wirtschaft der Erde. Aber da gibt es auch noch

UNGEHEURE KAPITALRESERVEN, AN DIE KAUM JEMAND DENKT: Oft genug wurde vorgerechnet, daß die Welt heute alljährlich etwa 800 Milliarden DM für Militärkosten ausgibt, kaufkraftmäßig etwa dreißigmal soviel wie zu Beginn unseres Jahrhunderts. Daß dieses Geld besser angelegt werden könnte, ist unbestreitbar. Daß es in absehbarer Zeit gelingt, aus den Rüstungskosten Entwicklungskosten zu machen, jedoch mehr als unwahrscheinlich.

Zu einer Beschränkung des Kernwaffenpotentials aber *könnte* es kommen. Es ist nicht undenkbar, daß *beide* »Supergroßen« zur Erkenntnis kommen, ihr »Overkill«-Potential sei eine unnütze Belastung. Was heute in Ost und West an Kernwaffen *lagert,* ist ein Vielfaches des zur Zerstörung aller in Frage kommenden Großstädte und Industrieregionen Nötigen, und so könnten Kernkraftwerke wichtiger für den Frieden als alle Abrüstungskonferenzen werden, denn durch sie würde der Verständigungswillen mit Riesensummen honoriert, Abrüsten erstmals nicht Verschrotten kostspieligen Materials, sondern Wertvollmachen heute wertloser Arsenale bedeuten: Der Energiegehalt der in Ost und West gelagerten »Overkill«-Kernwaffen wird auf 100 Billionen Kilowattstunden geschätzt. Und

KERNSPRENGSTOFF KANN IN KERNBRENNSTOFF VERWANDELT WERDEN.

Mindestens 3000 Milliarden DM könnten kurzfristig aus früheren Rüstungsausgaben zurückgewonnen und für Entwicklungsvorhaben, vor allem die Schaffung von mindestens 60 Millionen zusätzlichen Industriearbeiterplätzen verwendet werden. Auch das mag phantastisch klingen. Aber immer wieder *wurde* das Unmögliche vollbracht, und wollen wir unsere heutige *moralische* Krise überwinden, brauchen wir Ziele, für die zu kämpfen es sich lohnt.

Auch die Kernenergie ist kein Allheilmittel. Aber bereits als sie nur militärisch eingesetzt wurde, revolutionierte sie die Welt durch die geschilderte totale Wesenswandlung des Krieges. Wie furchtbar die Bombardierung von Hiroshima auch war, seither leben wir in einer *neuen* Welt, in einer Welt, in der sich Großkriege nicht mehr rentieren. Wie lange es dauern wird, ehe die »Supergroßen« daraus die richtigen Konsequenzen ziehen, ist schwer zu sagen. Aber selbst der Streit um die Proliferation könnte dazu beitragen, eine *echte* Abrüstung zu beschleunigen.

Zu allem andern, was den Kernkraftwerken vorgeworfen wird, gehört ja bekanntlich auch

DIE BEHAUPTUNG, JE MEHR KERNREAKTOREN GEBAUT WÜRDEN,

DESTO MEHR KERNWAFFENMÄCHTE WERDE ES GEBEN, UND DAS WERDE DIE GEFAHR EINES NUKLEARKRIEGES ERHÖHEN.

Auch hier werden die Tatsachen auf den Kopf gestellt: Völlig eindeutig gab es zuerst Atombomben und erst sechs Jahre später den ersten Atomstrom, nicht aus Pflügen wurden Schwerter, sondern aus Schwertern Pflüge. Zwar entsteht in Leichtwasserreaktoren Plutonium. Aber das wird in Brütern in Energie umgesetzt. Und der Generalinspektor der Internationalen Atomenergieagentur in Wien, Dr. Rudolf Rometsch, der für die Kontrolle des weltweiten Flusses von Spaltstoffen verantwortlich ist, erklärte 1978:

»JEDES ENTWICKELTE INDUSTRIELAND IST HEUTE IN DER LAGE, ATOMARE SPRENGSÄTZE OHNE DEN UMWEG ÜBER DIE KERNENERGIE HERZUSTELLEN.«

Um sich die erforderlichen Spaltstoffe in geeigneter Reinheit zu beschaffen, gibt es der Stanford University zufolge heute *sieben* Wege, die einfacher sind als die kommerzielle Wiederaufarbeitung des Kraftwerksabbrandes, die als die empfindlichste Stelle des Brennstoffkreislaufes gilt. Nicht nur Rometsch, sondern allen Fachleuten zufolge ist die vieldiskutierte »Bastlerbombe« ebenso ein Phantasieprodukt wie die immer wieder auftauchenden Meldungen über Motoren, die statt mit Benzin mit Wasser laufen. Für *Staaten* jedoch, die das wollen, war es *niemals* schwierig, in den Besitz von Plutonium zu gelangen: Bereits 1946 entwickelte z. B. die Schweiz *ohne* amerikanische oder britische Hilfe den Forschungsreaktor »Diorit« bei Würenlingen, der mit Natururanbrennstäben und Schwerem Wasser arbeitete und genug Plutonium für Kernwaffen hätte liefern können. In der am 19. Mai 1977 im Bonner Bundesministerium für Forschung und Technologie geführten Diskussion »Schnelle Brüter Pro und Contra« wies Professor Wolf Häfele vom Internationalen Institut für Angewandte Systemforschung in Laxenburg bei Wien darauf hin, daß heute rund fünfzig Staaten über das Wissen und die Infrastruktur verfügen, um mit einem Aufwand von nur etwa 50 Millionen Dollar Atombomben herzustellen. Und zwar auf acht verschiedene, von Kernkraftwerken unabhängige Arten. Keiner der anwesenden Kernenergiegegner konnte das bestreiten. Und so ist die Frage *längst* nicht mehr: »Kann die Kernwaffenproliferation verhindert werden?« Sondern

DIE EINZIG REALISTISCHE FRAGE IST: ERHÖHT DIE PROLIFERATION DIE KRIEGSGEFAHR ODER VERMINDERT SIE SIE?

Bei der Kernwaffendiskussion wird meist vergessen: Vom Juli 1945 bis August 1949 war ein Nuklearkrieg durchaus denkbar, denn *nur* die Vereinigten Staaten besaßen Atombomben, und wenn sie sie warfen, hatten sie – wie schon im Fall Hiroshima und Nagasaki – für sich selber *keinen* Schaden zu befürchten.

Seit dem 12. August 1953, als die Sowjetunion nicht nur über gewöhnliche Atombomben, sondern auch über Wasserstoffbomben verfügte, herrscht ein »Gleichgewicht des Schreckens«, wissen beide Supergroßen, daß sie sich gegenseitig vernichten, nicht aber den andern eliminieren können, ohne auch selber dabei zugrunde zu gehen. Und dieses Wissen trug unzweifelhaft mehr zur Vermeidung eines Dritten Weltkrieges bei als alle Abrüstungsgespräche.

Für alle anderen jedoch bedeutete dieses Gleichgewicht Erpreßbarkeit: Je nach der seit Jalta geltenden Machtabgrenzung Unterdrucksetzung entweder durch Moskau oder durch Washington. Und stets auch bestand die Möglichkeit, daß sich die USA und die Sowjetunion erneut einigten und gemeinsam ihren Willen gegen alle anderen durchsetzten. Und in Form des Atomsperrvertrages vom 1. Juli 1968 taten sie das auch: Sie bleiben unkontrolliert, während sich alle anderen Unterzeichner, die keine Atomwaffenmächte waren, den regelmäßigen Inspektionen von Beamten der Internationalen Atombehörde zu unterwerfen haben.

Erneut verständigten sich die beiden Supergroßen in den ersten Augusttagen des Jahres 1977, als die Sowjetregierung behauptete, Südafrika bereite in der Kalahariwüste eine Atombombenerprobung vor. Präsident Carter sandte Botschafter Gerard Smith nach Paris, denn Frankreich baut in Südafrika zwei Reaktoren. Präsident Giscard d'Estaing warnte Südafrika vor den »ernsten Folgen eines Atombombenversuchs«, und am 28. August konnte Präsident Carter erklären: »Südafrika hat uns mitgeteilt, daß es keine Kernwaffen besitzt und keine Kernwaffenversuche durchzuführen gedenkt.«

Aber die amerikanisch-sowjetische Atomherrschaft wurde bereits durch England geschwächt, das seit 1957 H-Bombenversuche im Pazifik durchführte, und entscheidend am 13. Februar 1960, als Frankreich seine Kernwaffenversuche in der Sahara vornahm. Natürlich ist Frankreichs nukleares Potential nicht mit dem der USA oder der Sowjetunion zu vergleichen, und ebensowenig das der Volksrepublik China, das es seit dem 16. Oktober 1964 gibt. Dennoch zählen sie. Denn militärische Macht soll eine Abschreckung bilden. Und falls die versagt, die Verteidigung des eigenen Territoriums ermöglichen. Erfolgt die Abschreckung u. a. mit nuklearen Waffen, so hat das einen wichtigen »Signalwert«: Der Wille, sich bis zum Letzten zu verteidigen, wird unterstrichen, denn jeder Einsatz von Nuklearwaffen bedeutet heute ja praktisch Selbstmord. Aber Staaten wie Israel oder Südafrika kann dieses »lieber untergehen als erobert werden« durchaus geglaubt werden, und damit stellt sich die Frage:

KOMMT ES ZU EINER »STACHELSCHWEINWELT«?

In der Natur gibt es Tausende Tier- und Pflanzenarten, die nur deshalb überlebten, weil ihre Feinde sie zwar vernichten *könnten,* das aber nicht tun, weil es zu viele Unannehmlichkeiten mit sich bringt: Der Gestank des Stinktieres läßt den Angreifern ebenso den Appetit vergehen wie die Stacheln des Stachelschweins. Brennesseln werden nicht gefressen, obwohl das keineswegs tödlich wäre, aber zu schmerzhaft, um der Mühe wert zu sein. Und der Waffenexperte Robert Sandoval aus Los Alamos meinte 1975: »Mit Nuklearwaffen als Grenzschutz könnte jede Nation, die keine Expansionsambitionen hat, ruhig schlafen. Sie wäre für ihre Nachbarn keine Gefahr. Aber auch keine erstrebenswerte Beute.«

Ob solch eine »Stachelschweinwelt« wirklich friedlich bliebe, ist keineswegs sicher. Aber wie das Schießpulver mit den Raubrittern aufräumte, deren Burgen vorher unangreifbar waren, so kann die Proliferation die Erpreßbarkeit vermindern, die mit der Atombombe in die Welt kam. Und sie kann – vielleicht – eines Tages Moskau und Washington davon überzeugen, daß militärische Macht in unserer heutigen Welt wertlos wurde und nur mehr *echte* Leistung über die Weltgeltung einer Nation entscheidet.

Keine Leistung ist heute mehr ohne reichliche Energiequellen denkbar, und

WIRKLICH REICHLICH STEHT HEUTE NUR MEHR DIE KERNENERGIE ZUR VERFÜGUNG.

Oder besser, sie *könnte* zur Verfügung stehen. Und *ob* Widerstände rechtzeitig überwunden werden, die ihrer Nutzung entgegenwirken, ist, das kann nicht oft genug wiederholt werden, eine Lebens- und Schicksalsfrage für uns alle. Denn:

Nur die Kernenergie kann die Erschöpfung der Öl- und Erdgasvorkommen lange genug hinausschieben, um die Umstellung des Bodenverkehrs auf die Elektrotraktion und die des Welt-Seeverkehrs auf den Atomantrieb zu ermöglichen. Da heute 99% aller Schiffe auf Öl angewiesen sind, kann *nur* die Kernenergie den Welthandel in Gang halten. Nur die nukleare Kohlehydrierung und Kohlevergasung kann der Chemie und der Luftfahrt genug Öl erhalten – und wahrscheinlich nur die Kernenergie einen Ölkrieg verhindern, der das Ende unserer Zivilisation bedeuten müßte.

Nur die Kernenergie ermöglicht den Übergang von der Kohlenwasserstoff- zur Wasserstoffwirtschaft, damit vom Energieträgerverbrauch zum Energieträgerkreislauf.

Nur die Kernenergie vermag das Wasserproblem zu lösen, durch Meerwasserentsalzung den naturgegeben beschränkten Wasserkreislauf auszuweiten, Wüsten in Fruchtland zu verwandeln und neuen Lebensraum für Milliarden Menschen zu schaffen. Wären rechtzeitig Meerwasserentsalzungsanlagen gebaut und Neuland für die zwei Millionen Palästinaflüchtlinge geschaffen worden, hätte es deren Terrorakte so wenig gegeben wie die Nahost-Kriege. Und *weltweit* wirkt die Kernenergienutzung als stabilisierender Friedensfaktor. Denn

Nur die Kernenergie kann rasch genug den Wohlstand der heute zwei Milliarden Armen der Welt steigern und so die Hauptursache der Bevölkerungsexplosion, die mangelnde wirtschaftliche Sicherheit und den Zwang, für die Altersversorgung und den Krankheitsschutz nur auf die eigenen Kinder zu vertrauen, beseitigen.

Diese nüchternen Feststellungen müßten genügen, die Kernenergiegegner von der Gefahr zu überzeugen, die ihre Einstellung für sie selber bedeutet, und sie zum Nachdenken darüber zu veranlassen, ob sie diese Einstellung gegenüber ihren Mitmenschen verantworten können.

Diese unleugbaren Tatsachen müßten

EINE ALLIANZ DER VERNÜNFTIGEN REALISTEN

zustande bringen und auch die Zweifler überzeugen, daß es ein Zurück nicht gibt und schon Stillstand sicheren Untergang bedeutet. Denn die Welt, in der wir leben, gleich ob wir sie für gut oder für schlecht halten, *ist* nun einmal eine Welt der Menschen und Maschinen und bietet *nur* dadurch der heutigen Weltbevölkerung Existenzmöglichkeiten.

Diese Welt entstand durch die Kombination der menschlichen Geisteskräfte mit den Naturkräften, und Mensch und Maschine bilden seit der »Industriellen Revolution« eine *unauflösbare* Symbiose.

Unsere heutige Welt entstand durch Forscher, Erfinder und Unternehmer und völlig unabhängig von jeder Ideologie. *Keine* Ideologie und *kein* politisches System kann sie ändern. Und die Naturgesetze, auf denen unser heutiges Leben beruht, gelten nicht nur für *alle* Völker und Rassen, sondern auch für unsere Kinder und Kindeskinder. Die Rechnung ist einfach: Jedem Menschen stehen heute rund 200 unsichtbare Helfer zur Seite. Wollten wir auf diese verzichten, wäre auf der Erde Raum für 20 Millionen und nicht für mehr als 4 Milliarden Menschen.

Unsere heutige Welt wurde *erfunden.* Auch die von morgen kann nur ein Produkt des Geistes sein, und so werden die Gehirnströme stets wichtiger als jede andere Form der Elektrizität bleiben. Aber wie Geist und Körper untrennbar sind, so der Mensch, die Energie und die Technik. Soll *allen* Menschen ein menschenwürdiges Dasein ermöglicht werden, so brauchen wir nicht weniger, sondern ungleich *mehr* Energie als heute. *Mehr* Erfinder und Techniker. Und *mehr* echte Unternehmer, das heißt phantasiebegabte und risikobereite *Realisierer.*

Jahrtausendelang lebte die Menschheit ausschließlich von der Energie*ernte:* Den Produkten der Photosynthese in Form von Nahrungsmitteln und Holz, von der Windkraft und der Wasserkraft. Unsere heutige Welt entstand durch die Nutzung des Energie*kapitals* der Erde, der gespeicherten Sonnenenergie in Form von Kohle, Mineralöl und Erdgas, und keine Form von Kapital reicht für ewige Zeiten, falls sie nicht ständig neu ergänzt wird. Wir *müssen* also von der Verbrauchs- zur Kreislaufwirtschaft übergehen und *können* das dank der Kernenergie. Durch die wird der Kreis geschlossen: Alles Leben auf der Erde hängt seit jeher von der Kernenergie der Sonne ab. Solange die Sonne scheint, bilden auch die ungeheuren Wasservorräte unserer Ozeane eine unerschöpfliche Wasserstoffquelle, denn sie werden ja durch die Niederschläge direkt und indirekt ständig erneuert, und so können wir bereits mit unseren heutigen technischen Mitteln von der Kohlenwasserstoff- zur Wasserstoffwirtschaft übergehen. Mit der Technologie von morgen werden wir den Sonnenenergiemechanismus auf der Erde anwenden und jede denkbare Menge Energie durch Kernfusion gewinnen.

Wann das gelingen wird, kann niemand exakt voraussagen. Aber *jede* tiefgreifende Umstellung der Energieversorgung erfordert Jahrzehnte, und so unterliegen wir einem unerbittlichen Terminzwang. *So* lange wurde gegen die Natur und gegen den gesunden Menschenverstand gewirtschaftet und statt der Energieträger, die es am reichlichsten und überall gibt, die verwendet, die relativ am seltensten sind, daß wir heute keinen Tag mehr zu verlieren haben und die Zeit, die wir zum Schaffen einer Kreislaufenergiewirtschaft brauchen, *nur* mehr durch die schnellstmögliche Vervielfachung unserer heutigen Kernreaktoren zu gewinnen ist.

Durch die Versäumnisse von gestern wurde der weltweite Ausbau der Nuklearwirtschaft zur Lebensfrage
und neue Versäumnisse *existenz*bedrohend.

Natürlich kommt es nicht auf die Energieversorgung allein an. Aber wie Leib und Seele nicht zu trennen sind, so kann es ohne entsprechende materielle Grundlage keine Kultur und keine soziale Gerechtigkeit geben, und die bisher *einzige,* echte Sozialrevolution war, wie schon gezeigt, die »Industrielle Revolution«. Weite Teile der Welt wurden von ihr noch nicht erfaßt. Aber Naturkräfte gibt es reichlich für *alle* Menschen. Und so leben wir nicht nur in einer Welt, die reich *bleibt,* sondern trotz ihrer flächenmäßigen Begrenzung noch ungleich reicher als heute gemacht werden kann. Da leben wir in einer Welt, die trotz Neid und Mißgunst, kurzsichtigem Egoismus und tausenderlei einander entgegenwirkender Sonderinteressen langsam eine bessere Welt wird. Nach wie vor und vielleicht mehr denn je besteht

die Gefahr, dass der Mensch am Menschen zugrunde geht.
Wie schon zu Beginn dieses Buches gezeigt, ist der Kampf um die Kernenergie ja nur eines von vielen Verfallssymptomen, nur ein Beweis unter anderen für die allgemeine Geistesverwirrung und die fast schon krankhafte Verlogenheit, die unser öffentliches Leben beherrscht.

Und so bleibt die entscheidende Frage: Werden die Wählermassen rechtzeitig erkennen, *wie* sehr zu ihrem Vorteil sich die Welt während der letzten drei oder vier Generationen veränderte und *wodurch?* Werden sie begreifen, daß sich ihre Lebenshaltung vom fünften vorchristlichen bis zum 19. nachchristlichen Jahrhundert kaum veränderte und *nur* durch Forscher, Erfinder und Unternehmer und *nicht* durch Untergangspropheten, denen solides Wissen ebenso mangelt wie echtes Mitfühlen mit den Unzähligen, die noch immer kein menschenwürdiges Dasein haben, heute *jedem* von uns Dinge zur Verfügung stehen, die vor wenigen Generationen auch den Mächtigsten und Reichsten unerreichbar blieben?

Da beherrschte Kaiser Karl V. ein Weltreich, in dem die Sonne nicht unterging. Aber mit 48 Jahren war er ein hinkender, grauhaariger Greis, dessen Zähne so schlecht waren, daß er das Essen in großen

Bissen hinunterschlingen mußte. Stets hatte er es kalt. Die meisten seiner Länder kannte er nur vom Hörensagen, denn für niemanden gab es Reisemöglichkeiten ohne heute unvorstellbare Strapazen.

Da gab es am Hof des »Sonnenkönigs« Ludwig XIV. unvorstellbaren Luxus. Aber nie warmes Essen, denn der Weg von der Küche zum Speisesaal war zu weit, und Thermosgefäße gab es so wenig wie Wärmeplatten. Zwar gab es in Versailles 324 Mann Küchenpersonal. Aber auch Ludwig XIV. hatte keine Zähne, denn die wissenschaftliche Zahnheilkunde begründete Pierre Fauchard erst 1728, und die ersten brauchbaren Kunstgebisse gab es 1860. Da gab es auch für Kaiser und Könige erst Ende des 19. Jahrhunderts elektrisches Licht. Und da war wie sie auch der genialste und selbstloseste Staatsmann jahrtausendelang nicht in der Lage, wirksam Seuchen oder den Hunger zu bekämpfen. Da waren auch beim besten Willen die Mächtigsten machtlos gegen das Elend der Massen, denn das war jahrtausendelang *naturbedingt:* Die verwertbare körperliche Leistung des Menschen kommt hundert Kilowattstunden im Jahr gleich. Zur nackten Existenz aber braucht er tausend.

Heute haben wir die Mittel, allen Menschen ein menschenwürdiges Dasein zu bieten.

Heute *kann* das Menschenrecht auf Energie, das heißt auf die Hilfe der Naturkräfte, verwirklicht werden, und ob das auch geschieht, liegt an *uns,* an jedem einzelnen, zum selbständigen Denken Befähigten. Das liegt an unserem Glauben, daß alle denkbaren Probleme lösbar *sind* und daß es *Sinn* hat, zu arbeiten, zu planen und Risiken auf sich zu nehmen. Diesen Glauben aber kann jeder stärken, der Kontakt mit anderen Menschen hat. Und das *muß* er tun, denn was heute in den Vereinigten Staaten geschieht, *darf* in Europa nicht geschehen: Ein reiches Erbe darf nicht durch mangelnden Lebensmut und *eingebildete* Gefahren verspielt werden. Die Welt, in der wir heute leben, wurde durch Selbstvertrauen und Zukunftsglauben geschaffen. Sie wurde und wird immer wieder durch jene bedroht, die ihre eigene Untauglichkeit als tragisches Allgemeinschicksal hinstellen und alles Neue bekämpfen, weil sie selber nicht imstande sind, neue Möglichkeiten und neue Wege zu finden oder auch nur als solche zu erkennen. Stets lassen kritische Zeitenwenden diesen Pessimismus gefährlich überhandnehmen. Aber so gefährlich wie heute war er noch nie, denn nun stehen den Unheilpropheten Massenkommunikationsmittel zur Verfügung, wie es sie *niemals* zuvor gab. Und so bleibt nur *ein* Weg: Phantasiereicher sein als die Neinsager. Den

Lebensmut all derjenigen anstacheln, die nur darauf warten, zum Kampf für ein großes Ziel aufgerufen zu werden. Dieses Ziel aber zeichnet sich immer klarer ab: Schaffen einer »Welt«, die diesen Namen verdient. Denn »Welt« kommt von »weralt«, und das heißt *Gemeinschaft* der Menschen.

Literaturverzeichnis

American Nuclear Society: Nuclear Power and the Environment. Hinsdale, Illinois, 1976.

Atomic Industrial Forum: The Nuclear Controversy in the U.S.A. New York, 1972.

Atomwirtschaft-Atomtechnik, Düsseldorf, Broschüren-Reihe Kernenergie und Umwelt: Gefährdet Kernenergie die Umwelt? · Wie sicher sind Kernkraftwerke? · 25 Fragen zur nuklearen Sicherheit · Kernprobleme: Uran. Plutonium. Aufarbeitung · Gibt es Alternativen zur Kernenergie? · Wahrscheinlichkeit und Folgen schwerer Reaktorunfälle · Mehr Kernkraftwerke mehr Risiko? · Kernenergie und Öffentlichkeit · Kernkraftwerke unter Kontrolle · 28 Experten zur Kernenergie.

Aurand, K.: Kernenergie und Umwelt. Berlin 1976.

Autorengruppe des Projekts SAIU an der Universität Bremen: Zum richtigen Verständnis der Kernindustrie – 66 Erwiderungen. Berlin 1975.

Battelle-Institut: Bürgerinitiativen im Bereich von Kernkraftwerken. Frankfurt 1975.

Barwich, H. u. E.: L'Atome Rouge. Paris 1969.

Beckmann, Petr: The health hazards of not going nuclear. Boulder, Colorado, 1976.

Biermann, W.: Plutonium und Polizeistaat. Berlin 1977.

Braun, H.: Umweltschutz bei nuklearer und konventioneller Energiegewinnung. Stuttgart 1973.

Bundesministerium für Forschung u. Technologie: Zur friedlichen Nutzung der Kernenergie – eine Dokumentation der Bundesregierung. Bonn 1977.

Bundesministerium für Forschung u. Technologie: Über die Entwicklung des natriumgekühlten Schnellbrutreaktors. Bonn 1977.

Bundesministerium für Forschung u. Technologie: Argumente der Energiediskussion: Schnelle Brüter Pro und Contra. Villingen 1977.

Bundesministerium für Forschung u. Technologie: Argumente der Energiediskussion: Energiebedarf und Energiebedarfsforschung. Villingen 1977.

Bundesministerium für Forschung u. Technologie: Energiequellen für morgen? Nichtfossilie-nichtnukleare Primärenergiequellen. Bonn 1976.

Bundesministerium für Forschung u. Technologie: Kernenergie – eine Bürgerinformation. Bonn 1976.

Bundesministerium für Forschung u. Technologie: Auf dem Weg zu neuen Energiesystemen, Teil 1–6. Bonn 1975.
Bundesministerium des Innern: Bericht über den Störfall am 13. 1. 1977 im Kernkraftwerk Gundremmingen. Bonn 1977.
Bundesministerium des Innern: Sicherheit kerntechnischer Einrichtungen und Strahlenschutz. Rechenschaftsbericht und Programm. Bonn 1974.
Bundesministerium des Innern: Sicherheitskriterien für Kernkraftwerke. Bonn 1974.
Bundesministerium des Innern: Umwelt und Energie. Bonn 1974.

Camilleri, J. A.: Civilization in Crisis. Cambridge, Engl., 1976.
Cohen, B. L.: Environmental Impact of Nuclear Power. Pittsburgh 1975.
Cohen, B. L.: The Hazards of Plutonium Dispersal. Pittsburgh 1975.
Commoner, Barry: The Poverty of Power. London 1976.
Crawley, G. M.: Energy. New York 1975.

Dean, Gordon: Report on the Atom. New York 1953.
Deubner, Chr.: Neues Spaltmaterial. Die Nuklearpolitik der Europäischen Gemeinschaft. Konstanz 1976.

Ebbin, S., u. K. Kasper: Citizen Groups and the Nuclear Power Controversy. Cambridge, Mass., 1974.
Edye, E.: Was kommt nach Öl und Gas? Hamburg 1977.
Energiewirtschaftliches Institut Köln: Mut zur marktwirtschaftlichen Energiepolitik. Köln 1977.
Euler, K. J.: Nichtkonventionelle Energiequellen und -verfahren. München 1977.
Euler, K. J., u. A. Scharmann: Wege zur Energieversorgung. München 1977.

Feinberg, J. G.: Die Geschichte des Atoms. Köln 1955.
Fischerhof, H.: Atomgesetz mit Verordnungen. Baden-Baden 1976.
Ford Foundation: Nuclear Power Issues and Choices. Cambridge, Mass., 1977.
Fuller, J.: We Almost Lost Detroit. New York 1975.

Gerwin, R.: So ist das mit der Kernenergie. Düsseldorf 1976.
Gerwin, R.: Prometheus wird nicht sterben. Energie für Heute und Morgen. Düsseldorf 1976.
Gerwin, R.: Atomenergie in Deutschland, Düsseldorf 1964.
Gerwin, R.: So ist das mit der Entsorgung. Düsseldorf 1978.
Gowing, M.: Britain and Atomic Energy. London 1964.
Groves, Leslie: Now it can be told. New York 1963.
Grümm, H.: Vergleichsmaßstäbe für das Risiko der Kernenergie. Wien 1978.
Grümm, H.: Nutzen und Risiko der Energieversorgung, insbesondere der Kernenergie. Wien 1977.
Grupe, H., u. W. Koelzer: Fragen und Antworten zur Kernenergie. Bonn 1977.

Günther, H. (= W. de Haas): In Hundert Jahren – Die künftige Energieversorgung der Welt. Stuttgart 1931.
Guttman D., u. B. Willner: The Shadow Government. New York 1976.

Haefele, W.: Second Status Report of the IIASA Project on Energy Systems. Laxenburg 1976.
Haefele, W., u. W. Sassin: Zukünftige Energieversorgung: Optionen und Strategien. Bergbau, Rohstoffe. Energie. Essen 1976.
Hauptberatungsstelle für Elektrizitätsanwendung: Energieversorgung. Daten und Fakten. Frankfurt 1978.
Hawickhorst, W.: Reaktorsicherheit. Erlangen 1978.
Herbig, Jost: Kettenreaktion. München 1976.
Hildebrandt, R., H. D. Schilling u. W. Peters: Der Verbrauch an Primärenergieträgern in der Welt, in den USA und der BR. Essen 1977.
Hoffmann, G. E., B. Tietze u. A Podlech: Numerierte Bürger. Wuppertal 1975.
Hülsmann, H.: Verantwortung von Wissenschaft – von Manhattan nach Wyhl. Meisenheim 1977.

Institut für Reaktorsicherheit: Zehn Jahre IRS. Köln 1975.
International Atomic Energy Agency: Nuclear Power and Public Opinion. Five Papers. Wien 1977.
International Atomic Energy Agency: Safeguarding Nuclear Materials. 2 Bde. Wien 1976.
International Atomic Energy Agency: Management of Radioactive Waste from the Nuclear Fuel Cycle. Wien 1976.
International Atomic Energy Agency: Radiation Safety in Hot Facilities. Wien 1970.
International Institute for Applied Systems Analysis: A Future Energy Scenarion »Year 2030«. Laxenburg 1978.
Irving, D.: The Virus House (Deutsche Atomarbeiten während des Zweiten Weltkrieges). London 1967.

Jahrbuch der Atomwirtschaft. Düsseldorf 1978.
Jungk, Robert: Der Atomstaat. München 1977.
Jungk, Robert: Heller als Tausend Sonnen. Stuttgart 1956.

Kahn, H.: The next 200 Years. New York 1976.
Kaiser, K., u. B. Lindemann: Kernenergie und Internationale Politik. München 1975.
Kertz, W.: Geothermische Energie, ihre derzeitige und eventuell zukünftige Nutzung. Göttingen 1976.
Klasing, Kl.: Apokalypse auf Raten. München 1971.
Kraftwerk Union AG: Geschäftsbericht 1976. Mülheim (Ruhr) 1977.
Krebs, A.: Strahlenbiologie. Berlin 1968.

Liebrück, M.: Die Entwicklung des Energiebedarfs in der BR Deutschland. Rüschlikon 1972.

Lilienthal, D.: The Journals. The Atomic Energy Years, 1949–50. New York 1964.
Lockheed Ocean Systems: Energy from the Sea. Sunnyvale, Calif., 1976.
Lovins, A. B.: Scale, Centralization and Electrification in Energy Systems. Oak Ridge 1977.

Maddox, J.: The Doomsday Syndrome. London 1972.
Mandel, H.: Wege zur Sicherung der Energieversorgung. München 1977.
Martin, Ch. N.: L'heure a-t-elle sonné pour le monde? Paris 1955.
Matthöfer, H.: Interviews und Gespräche zur Kernenergie. Karlsruhe 1977.
Mez, L., und M. Wilke: Der Atomfilz. Gewerkschaften und Atomkraft. Berlin 1977.
Michaelis, H.: Kernenergie. Stuttgart 1977.
Möss, N.: Men Who Play God. New York 1968.
Müller, W., u. B. Stoy: Entkopplung. Wirtschaftswachstum ohne mehr Energie? Stuttgart 1978.
Mullen, R. K.: The International Clandestine Nuclear Threat. Santa Barbara, Calif., 1975.

Nader, R., u. J. I. Abbots: The Menace of Atomic Energy. New York 1977.
Novik, Sheldon: Katastrophe auf Raten. Wie sicher sind Atomkraftwerke? München 1971.

Olson, C.: Unacceptable Risk. New York 1976.

Penczynski, P.: Welche Energiestrategie können wir wählen? Berlin 1978.
Prokol-Gruppe Berlin: Der sanfte Weg. Stuttgart 1976.
Prüß, K.: Kernforschungspolitik in der BR. Frankfurt 1974.
Puiseux, L.: Energiekraftquellen der Erde. München 1974.
Putnam, P. C.: Energy in the Future. London 1954.

Rasmussen, N. C., u. andere: Reactor Safety Study (Wash–1400). Cambridge, Mass., 1975.
Renn, Ortwin: Kernenergie aus der Sicht der Bevölkerung. Analyse von Einstellungen und Motiven. Jülich 1977.

Schaefer, H.: Kernfragen. Unsere Energieversorgung heute und morgen. Düsseldorf 1978.
Schieber, W.: Energiequelle Windkraft. Berlin 1942.
Schmidt, E. F.: Unkonventionelle Energiewandler. Berlin 1975.
Schmidt, G.: Problem Kernenergie. Wiesbaden 1977.
Schurr, S. H., u. B. C. Netschert: Energy in the American Economy 1850–1975. Baltimore 1960.
Stoy, Bernd: Wunschenergie Sonne. Heidelberg 1978.
Stoy, Bernd: Sonnenenergie, Geothermische Energie, Massenanziehung. Zur Frage der wirtschaftlichen und umweltfreundlichen Nutzung unerschlossener Energiequellen. Heidelberg 1976.

Strohm, H.: Schnelle Brüter und Wiederaufarbeitungsanlagen. Hamburg 1977.

Taylor, G. R.: Das Selbstmord-Programm. Frankfurt 1971.

Wagner, Fr.: Die Wissenschaft und die gefährdete Welt – eine Soziologie der Atomphysik. München 1964.
Webb, R. E.: The Accident Hazards of Nuclear Power Plants. Cambridge, Mass., 1976.
Weizsäcker, C. F. von: Wege in der Gefahr. München 1977.
Wilrich, M., u. Th. B. Taylor: Nuclear Theft. New York 1974.
Wilson, C. L. WAES: Energy Global Prospects 1985–2000. New York 1977.
Wilson, R., u. W. J. Jones: Energy, Ecology and the Environment. New York 1974.
Winkler, J. P., u. P. Gygax: Sonnenenergie in Theorie und Praxis. Karlsruhe 1976.
Winnacker, K.: Schicksalsfrage Kernenergie. Düsseldorf 1978.
Winnacker, K., u. K. E. J. Wirtz: Das unverstandene Wunder. Kernenergie in Deutschland. Düsseldorf 1975.
Wohlstetter, A.: Moving in a nuclear crowd. Chicago 1977.
World Energy Conference, Istanbul 1977: Report in World Energy Demand 1985 to 2020. New York 1978.
Wüstenhagen, H. H.: Bürger gegen Kernkraftwerke. Reinbeck 1976.

Zischka, A.: Europas bedrohte Hauptschlagader. Bern 1976.
Zischka, A.: Kohle im Atomzeitalter. Gütersloh 1961.
Zischka, A.: Vom Tretrad zur Atomenergie. Gütersloh 1958

Personenregister

Sachregister